Unterste

Theologische Aspekte der Tiefenpsychologie von C. G. Jung

Patmos-Paperback

Herbert Unterste

Theologische Aspekte der Tiefenpsychologie von C. G. Jung

Patmos Verlag Düsseldorf

1. Auflage 1977
Umschlaggestaltung R. Eschert
Gesamtherstellung: Druckerei Gebr. Rasch & Co., Bramsche
ISBN 3-491-77575-2

Inhaltsverzeichnis

Einleitung

Vorliegende Arbeit möchte einen Beitrag zum Gespräch zwischen Theologie und Tiefenpsychologie leisten. Das Grenzgebiet der Psychologie hat schon seit einiger Zeit Theologen herausgefordert, sich mit ihm zu beschäftigen. Bislang wurde dieser theologisch-psychologische Dialog vorwiegend von den praktischen Theologen bestritten, die schon früh erkannten, daß die Ergebnisse der Tiefenpsychologie einen nicht zu unterschätzenden Beitrag für eine fruchtbare Seelsorge liefern könnten. Zu erinnern wäre hier an den Zürcher Pfarrer Oskar Pfister, der bereits mit Sigmund Freud in regem Briefwechsel stand. C. G. Jung hat sich den Dialog mit den Theologen ausdrücklich gewünscht. Die ärztliche Praxis und seine symbolgeschichtlichen Studien ließen ihn erkennen, daß der Psychotherapeut – meint er den ganzen Menschen – unmöglich achtlos an dem religiösen Phänomen vorübergehen kann. Auf der Seite der Theologen kam man dem Wunsch C. G. Jungs nach Dialog mit der Theologie nur zögernd entgegen. Auch hier waren es vorab die praktischen Theologen, die sich für die pastoralpsychologischen Aspekte der analytischen Psychologie interessierten.[1]

Wo eine Diskussion des gesamten theologischen Fragenkomplexes der analytischen Psychologie erfolgte, geschah sie meist vom Standpunkt einer scholastischen Theologie her, die für gewisse Positionen Jungs kaum Verständnis aufbringen konnte. Es wären hier Raymond Hostie und Victor White zu nennen, die sich eingehend mit dem Verhältnis zwischen Psychologie und Religion bei C. G. Jung auseinandergesetzt haben.[2]

In neuester Zeit hat sich Ulrich Mann von einer stark in der Religionsgeschichte verwurzelten Theologie her um die Würdigung der analytischen

1 Vgl. O. *Haendler,* Die Predigt; *J. Goldbrunner,* Individuation; *H. Schär,* Seelsorge und Psychotherapie; *J. Rudin,* Psychotherapie und Religion.

2 Vgl. *R. Hostie,* C. G. Jung und die Religion; *V. White,* Gott und das Unbewußte; *ders.,* Seele und Psyche.

Psychologie bemüht und ihre Fruchtbarkeit für die Auseinandersetzung mit der systematischen Theologie aufgewiesen.[3]

In vorliegender Arbeit geht es nicht um eine Gesamtdarstellung der theologischen Implikationen der Psychologie C. G. Jungs, sondern um die kritische Würdigung der Quaternität in seinem Werk. Handelt es sich bei der Quaternität auch um ein begrenztes Thema, so stellt es doch ein Leitmotiv der analytischen Psychologie dar, das wie ein roter Faden das ganze Werk Jungs durchzieht und als der eigentliche Verstehensschlüssel zu seinem Denken zu betrachten ist.

Bei der Beschäftigung mit der Psychologie von theologischer Warte ergibt sich ein nicht geringes Verstehensproblem. Da es keine wissenschaftliche Metasprache für Theologie und Psychologie gibt, besteht ständig die Gefahr, sich bei der Behandlung dieses Grenzgebietes zwischen zwei Stühle zu setzen und sich den Zorn beider Seiten zuzuziehen, die sich im häufig überlappenden Gebrauch zweier verschiedener „Sprachspiele"[4] irritiert fühlen.

Der Verfasser dieser Schrift glaubte das Verstehensproblem nur annähernd lösen zu können, indem er sich selbst auch praktisch in die analytische Psychologie einführen ließ.

In einem einleitenden Kapitel soll auf die Methode C. G. Jungs eingegangen werden, auf die Haupteinwände, die man gegen diese Methode erhoben hat; und auf Jungs Verhältnis zur Religion und zum Christentum im allgemeinen.

Das zweite Kapitel befaßt sich mit der psychologischen und symbolgeschichtlichen Bedeutung der Quaternität.

Im dritten Kapitel wird das Verhältnis der Quaternität zur christlichen Trinität untersucht.

Im nachfolgenden geht es um das Problem des Vierten, das in der Jungschen Psychologie die Aspekte des Schattens und des Weiblichen beinhaltet. Somit beschäftigen sich diese Kapitel einmal mit der Symbolik des Bösen, wie sie in der Religionsgeschichte und in der speziellen Heilsgeschichte erscheint, zum anderen mit der des Weiblichen, die im christlichen Kulturraum ihren Ausdruck in der Kirche und in der Gestalt Mariens gefunden hat.

Eine abschließende theologische Würdigung sucht die Ergebnisse der Arbeit kritisch zu sichten und sie für eine christliche Anthropologie fruchtbar zu machen.

3 Vgl. *U. Mann,* Symbole und tiefenpsychologische Gestaltungsfaktoren der Religion; *ders.,* Das Christentum als absolute Religion; *ders.,* Theogonische Tage.

4 Vgl. zum Begriff „Sprachspiel" *L. Wittgenstein,* Schriften I, 293.

I. Jungs Verhältnis zur Religion

Wenn es schon schwer ist, das Gebiet der Psychologie allgemein von anderen Wissenschaftsbereichen abzugrenzen, so ist dies besonders schwierig bei der Psychologie C. G. Jungs. Jung sucht bewußt den Dialog mit anderen wissenschaftlichen Disziplinen. So sagt Peter Seidmann, daß die „Analytische Psychologie", oder auch die „Komplexe Psychologie" genannt, die am umfassendsten angelegte ist.[1] Jungs Bemühen geht nicht nur dahin, Sinologen und Indologen ins Gespräch zu ziehen; er nimmt auch das Gespräch mit der modernen Physik auf. Sein Interesse scheint unerschöpflich zu sein.

So kann es nicht wundernehmen, daß der evangelische Pfarrerssohn auch schon früh den Dialog mit den Theologen gesucht hat. Doch die Resonanz war nicht groß; die Antwort, wenn sie überhaupt kam, war zögernd, mit Vorbehalten. Das unter Theologen verbreitete Mißtrauen gegenüber der Tiefenpsychologie machte den Dialog nicht leichter, war es doch der Vater der Psychoanalyse, der mit harter und unerbittlicher Kritik an Religion und Theologie nicht gespart hatte, der nicht allein gewisse religiöse Praktiken in Frage stellte, sondern die Religion als System einer Illusion und einem Wahn verglich.[2] Durfte man von einem Schüler Sigmund Freuds, wenn auch einem abtrünnigen, größeres Verständnis für Religion und Theologie erwarten als von seinem Meister? Ist Jung nicht gerade in seinem „gnostischen Interesse" für die Religion[3] dem wahren Glauben gefährlicher als die klare und überschaubare Freudsche Konfrontation?

Die Skala der Stellungnahmen zu Jungs Werk geht von entschiedener Ablehnung über kritische Anerkennung bis zur vorbehaltlosen Verherrlichung.

1 Vgl. *P. Seidmann,* Der Weg der Tiefenpsychologie, 169.

2 Vgl. *S. Freud,* Zwangshandlungen und Religionsübungen, 126–139; *ders.,* Die Zukunft einer Illusion, 323–389; *ders.,* Der Mann Moses und die Monotheistische Religion, 101–246 u. a. m.

3 Vgl. *M. Buber,* Gottesfinsternis, 567.

Es werden ihm „gnostische, romantische und biologistische Grundmotive“[4] vorgeworfen. Auch mit dem Vorwurf des Psychologismus spart man nicht.[5]

Jung bemerkt zu diesen Vorwürfen: „Ich darf meine Kritiker darauf hinweisen, daß ich nicht bloß als Gnostiker und dessen Gegenteil, sondern auch als Theist und Atheist, als Mystiker und als Materialist aufgefaßt worden bin. Ich will in dem Konzert so mannigfaltiger Meinungen dem, was ich von mir selber halte, kein zu großes Gewicht geben, sondern ein Urteil über mich aus anscheinend unverdächtiger Quelle, nämlich einem Leitartikel des BRITISH MEDICAL JOURNAL vom 9. Februar 1952, zitieren: ‚Facts first and theories later is the keynote of Jung's work. He is an empiricist first and last.‘ Diese Ansicht findet meinen Beifall.“[6]

Jung betrachtet sich also, wie aus diesem Zitat deutlich wird, als Empiriker, und er verharrt zeit seines Lebens auf diesem Standpunkt, was wiederum viele andere Bemerkungen in seinem Werk belegen. Dennoch hat es seine manchmal schillernde Sprache den Kritikern leicht gemacht, ihn in Kategorien einzuordnen, gegen die sich zu wehren er immer wieder für nötig hielt. Es scheint unumgänglich erforderlich, kurz auf die Haupteinwände gegen Jung einzugehen.

1. Psychologismus?

Der Vorwurf des Psychologismus, wie ihn V. E. von Gebsattel erhebt, läßt sich mit P. Walder in drei Punkten zusammenfassen:

1. Fehlen eines Wahrheitskriteriums für religiös numinose Erfahrungen,
2. Verwässerung des Numinosen,
3. Tendenz zur Vergottung der menschlichen Seele.[7]

Jung hat sich an verschiedenen Stellen seines Werkes mit diesem Vorwurf beschäftigt. Er geht dabei von der Begriffsbestimmung dessen aus, was er unter Psyche versteht.

Psyche ist für ihn „das allerrealste Wesen, weil es das einzig Unmittelbare ist“.[8] Was wir auch immer empfinden, fühlen, wahrnehmen, denken, abstrahieren: es handelt sich immer unmittelbar um einen psychischen Akt. Das psychische Phänomen ist darum nicht weniger real als das physische,

4 *A. Görres*, Methode und Erfahrungen der Psychoanalyse, 88.
5 Vgl. *V. E. von Gebsattel*, Religion und Psychologie.
6 *C. G. Jung*, Gesammelte Werke (GW), Bd. 11, 658.
7 *P. Walder*, Mensch und Welt bei C. G. Jung, 152.
8 *C. G. Jung*, Wirklichkeit der Seele, 24.

welches als solches ja nur im Medium des Psychischen erkannt werden kann. Darüber hinaus betrachtet Jung die Psyche als das Bindeglied zwischen einem einseitig realistischen und einem nicht weniger einseitigen, idealistischen Standpunkt. Er glaubt, daß sich beide Positionen, die in ihrer Art einen Gegensatz darstellen, unter dem psychologischen Gesichtspunkt vereinigen lassen. Philosophische Systeme, wie die des Realismus oder des Konzeptualismus haben für ihn nur relative Gültigkeit. Am Beispiel des Universalienstreits in der Scholastik zeigt er auf, daß die mit soviel Ernst und Scharfsinn geführte Diskussion weithin eine Frage des Typus ihrer Vertreter sein kann.[9]

Ob die Jungsche Typologie einen adäquaten Schlüssel für die Lösung dieses Problems bietet, soll hier nicht entschieden werden. Mit dem Hinweis auf das Typenproblem in der Geistesgeschichte wird jedoch deutlich, daß die Wahrheitsfrage sich nicht auf den rein philosophischen Fragehorizont begrenzen läßt.

2. *Die hermeneutische Frage*

Was H. G. Gadamer die „philosophische Stunde der Hermeneutik"[10] nennt, läßt die psychologische Fragestellung nicht vergessen. Denn wie K.-O. Apel zu Recht bemerkt, „gehört zum hermeneutischen Verstehen nicht nur reflexive Distanzierung, sondern auch präreflexives Engagement".[11]

Letzteres ist aber nicht mehr allein bewußtseinsmäßig zu erfassen. Das lebendige Engagement ist spontanes Verhalten, das bis in seine letzten Motivationen nicht mehr reflexiv eingeholt werden kann. Sprache – Verstehen – Lebenspraxis – Lebenssituation bilden nach Lorenzer ein Ganzes.[12] Denn im Sprachspiel, wie schon Wittgenstein schrieb, sind Sprache und Tätigkeit miteinander verwoben.[13] Es ist das ein Gedanke, den sich auch J. Habermas zu eigen macht, wenn er schreibt: „Bei einem nicht deformierten Sprachspiel besteht Kongruenz der Äußerungen auf allen drei Ebenen der Kommunikation: die sprachlich symbolisierten, die in Handlungen repräsentierten und die in leiblichen Expressionen verkörperten Äußerungen widersprechen sich nicht, sondern ergänzen sich metakommunikativ."[14]

9 Vgl. *C. G. Jung*, Psychologische Typen, GW 6, 38–50.
10 *H.-G. Gadamer*, Wahrheit und Methode, 477.
11 *K.-O. Apel*, Szientistik, Hermeneutik, Ideologiekritik, 33.
12 Vgl. *A. Lorenzer*, Sprachzerstörung und Rekonstruktion, 161.
13 *L. Wittgenstein*, Schriften I, 293.
14 *J. Habermas*, Der Universalitätsanspruch der Hermeneutik, 139.

Die hermeneutische Frage läßt sich schwerlich auf reines Sprachgeschehen reduzieren, wie das aus der Diskussion Habermas–Gadamer erhellt, und das auch Gadamer, aus der Kenntnis der Arbeiten von Piaget, Helmuth Plessner, Michael Polanyi und Hans Kunz über außersprachliche Verstehensformen, gern bereit ist zuzugeben.[15]

Wenn sich Jung auch nicht ausdrücklich mit der philosophischen Frage der Hermeneutik beschäftigt hat, so hat er aber in der psychotherapeutischen Praxis die Erfahrung gemacht, daß alles Verstehen des Patienten immer auch von dem, was er die „persönliche Gleichung" des Analytikers nennt, abhängt. Wenn man auch nicht einseitig philosophische oder theologische Konzeption auf die persönliche Gleichung ihrer Autoren zurückführen kann, so wird man dennoch zugeben müssen, daß die „Struktur unserer Seele die Erfahrung der Umwelt mitbedingt"[16]. Nicht allein die persönliche Lebensgeschichte oder früheste Kindheitserlebnisse eines Menschen werden sein Vorverständnis prägen, den Frage- und Antworthorizont seines Denkens abstecken, sondern auch die körperliche Konstitution wird ihren Einfluß geltend machen. Kretschmer spricht von „Wurzelformen der Persönlichkeit".[17] Der Cyclothyme neigt dazu, die Welt einheitlich zu sehen, sei es nun vorwiegend pessimistisch oder vorwiegend optimistisch, während der Schizothyme die Welt als gespalten, problematisch und voller Spannungen erlebt.

Wenn Jung sagt, daß „wir unmittelbar nur in der Bilderwelt leben", so meint er damit, daß in der Psyche, in dem „esse in anima", der Standpunkt des „esse in re" und des „esse in intellectu solo" noch vereint sind.[18] In den Bildern der Seele sind Stofflichkeit und Geist noch verbunden, hat die Idee noch einen Leib. Noch in seinem Alterswerk „Mysterium Coniunctionis" beklagt Jung das Mißverständnis, dem er die „Realität des Psychischen" ausgesetzt sieht. Wenn schon das Mittelalter enorme Schwierigkeiten hatte, zwischen Realismus und Idealismus ein Drittes anzunehmen, so findet er ähnliches Unverständnis auch noch bei den Gebildeten heutzutage.[19]

15 *H.-G. Gadamer,* Replik, 291.
16 *H. Schär,* Was ist Wahrheit?, 127.
17 *E. Kretschmer,* Körperbau und Charakter, 417.
18 *C. G. Jung,* Die Dynamik des Unbewußten, GW 8, 372.
19 *C. G. Jung,* Mysterium Coniunctionis, GW 14/2, 205.

3. *Die Methode Jungs*

Aus diesem Mißverständnis erwächst dann die Fehlinterpretation seiner Methode. Als eine Wissenschaft zwischen Naturwissenschaft und Geisteswissenschaft hat die Psychologie es immer schwer, sich einer sauberen Methode zu bedienen; und gerade wo sie gegenstandsgerecht und damit methodisch sauber arbeiten will, kann sie sich nicht auf eine einzige Methode beschränken. Wenn hinzukommt, daß ein Psychologe sich nicht auf klinische Phänomene beschränken möchte, sondern sein Interesse auf vergleichende Religionsforschung, auf Mythen- und Märchenforschung, auf den riesigen Komplex der Ethnologie ausweitet, so kompliziert sich das Methodenproblem weiter. Wir können sagen, daß sich eine gewisse Unschärfe der Jungschen Methode einmal durch den sehr heterogenen Wissensstoff, den er verarbeitet, ergibt; zum anderen weigert er sich, reduktiv vorzugehen und sich auf ein kausales Erklärungsprinzip wie Freud oder auf ein finales wie Adler festlegen zu lassen. Kommt auch bei beiden eine beweisbare Wahrheit heraus, so ist es doch immer nur „eine Partialwahrheit, die keinen Anspruch auf allgemeine Gültigkeit erheben kann".[20] Jung sucht sowohl den kausalen als auch den finalen Standpunkt zu berücksichtigen: Trieb- und Ich-Psychologie ergänzen sich. Will man diese Komplementarität leugnen, so wird man die eine auf Kosten der anderen reduzieren.[21]

In diesem Bemühen, sich nicht auf einseitige Positionen festlegen zu lassen, kommt ein zentrales Anliegen Jungs zum Ausdruck: nämlich in der Psyche den Ort zu finden, wo die Subjekt-Objekt-Spaltung überwunden wird. Medard Boss beurteilt diesen Versuch Jungs, über die Subjekt-Objekt-Spaltung hinauszuwachsen, wie folgt: „Wie kein anderer Psychologe vor ihm, erkannte er deutlich die Künstlichkeit einer gedanklichen Trennung der menschlichen Wirklichkeit in psychische Subjekte und in isolierte Außenweltobjekte, an der die bisherige Psychologie wie an einem Krebsübel krankte. Er ahnte denn auch bereits die unmittelbare Bezogenheit des Weltphänomens auf das menschliche Selbst."[22] Bei dieser Würdigung durch einen Daseinsanalytiker empfindet man es als einen bedauernswerten Verlust, daß es nicht zu einem Gespräch zwischen Jung und Heidegger gekommen ist, denn beide, den Philosophen und den Psychologen, verbindet – wenn auch naturgemäß auf verschiedene Art – das Bemühen, über das uralte Problem des Subjekt-Objekt-Denkens hinauszuwachsen.

20 *C. G. Jung*, Psychologische Typen, GW 6, 63.
21 Vgl. a.a.O. 62–63.
22 *M. Boss*, Der Traum und seine Auslegung, 55.

Inwieweit dem Bemühen Jungs in dieser Hinsicht Erfolg beschieden war, kann man dahinstellen. Igor A. Caruso meint, daß Jung, obwohl „der scharfsinnigste Psychologe unserer Tage", sich nicht von seinen szientistischen Vorurteilen befreien konnte, um den befreienden Schritt zu tun.[23] Jean Gebser sieht den Grund darin, daß Jung als Wissenschaftler diesen Schritt nicht wagen konnte, „weil die dafür notwendige Denkform erst im Entstehen begriffen ist".[24] Erzogen im naturwissenschaftlichen Denken der Medizin seiner Zeit, war es für ihn als einzelnen psychologisch gesehen kaum möglich, dieses uralte Problem zu überwinden. So sehr er auch durch seine psychotherapeutische Praxis und das Studium der Manifestationen des Humanum in der Vergangenheit für die Einseitigkeit des naturwissenschaftlichen wie geisteswissenschaftlichen Standpunktes sensibilisiert war, so fehlte ihm doch die Denkform, die die Bewältigung des Problems ermöglicht hätte. Eine Denkform kann sich der einzelne nicht aus den Fingern saugen. Das Entstehen einer Denkform ist ein langer, über Generationen dauernder Prozeß, zu dem der einzelne seinen mehr oder minder großen Beitrag leistet, den er aber nicht bewußt bestimmen kann. So ist es nur zu verständlich, daß Jung nicht über seinen eigenen Schatten springen konnte.

Was Jung vor allem am gängigen naturwissenschaftlichen Standpunkt kritisierte, war seine einseitige Naturerklärung durch das Kausalgesetz. In der Beschäftigung mit der Parapsychologie kam er zu der Überzeugung, daß die Erklärung durch das Kausalgesetz nicht allen Fakten gerecht wird. Im Gespräch mit der modernen Physik[25] entwickelte Jung den Begriff der *„Synchronizität als Prinzip akausaler Zusammenhänge"*, womit er die „Gleichartigkeit eines äußeren physischen Vorganges mit einem psychischen"[26], unabhängig von einem Kausalnexus, meint.

Für Jung ist die Psyche prinzipiell offen nach beiden Seiten: nach der Seite der körperlichen Welt, wie nach der einer ‚transzendentalen Wirklichkeit'. Was Jung verhaltener über die Beziehung des Archetypus zur transzendentalen Wirklichkeit sagt, faßt er eindeutiger im Begriff der *‚Transgressivität'*, wenn er von der Beziehung der Archetypen zur physikalischen Welt spricht. Transgressivität meint eine „Art Rahmenüberschreitung", in der psychoide Gegebenheiten – von ihm als Archetypen bezeichnet – „nicht eindeutig und ausschließlich nur im psychischen Bereich festgestellt werden, sondern ebensosehr auch in nichtpsychischen Umständen erschei-

23 Vgl. *I. A. Caruso*, Psychoanalyse und Synthese der Existenz, 43.
24 *J. Gebser*, Abendländische Wandlung, 192.
25 Vgl. das Gemeinschaftswerk von *C. G. Jung* und *W. Pauli*, Naturerklärung und Psyche.
26 *C. G. Jung*, GW 8, 573.

nen können".[27] Die Psyche wird somit zum Schnittpunkt zweier Welten. Die eine bezeichnen wir als körperlich-materiell, die andere als eine geistige Welt. Ob beide lediglich Erscheinungsformen einer im Prinzip gleichen Realität sind, wagt Jung nicht zu entscheiden.

4. Die Wahrheitsfrage

Entschieden wehrt sich Jung dagegen, seine Methode mit Metaphysik oder Theologie verwechselt zu sehen. Er will keine Antwort auf die Wahrheitsfrage geben, weil er der Überzeugung ist, daß eine empirische Psychologie darüber nicht zu befinden hat. „Die Tatsache, daß die Wissenschaft in Gebiete vorstößt, wo Glaube und Zweifel sich um die Wahrheitsfrage streiten, beweist keineswegs, daß sie damit in diesen Kampf einzugreifen oder einen Anspruch auf Wahrheitsentscheidung zu erheben gedenkt. Ihre ‚Wahrheit' besteht einzig und allein in der Feststellung von Tatsachen und deren unvoreingenommener Erklärung im Rahmen einer empirischen Psychologie. Keinesfalls steht es ihr zu, über Gültigkeit oder Ungültigkeit von Tatsachen zu entscheiden oder gar deren moralischen oder religiösen Wert feststellen zu wollen. Ich muß dies so ausführlich betonen, weil meine Methode immer wieder verdächtigt wird, eine mehr oder weniger verkappte Theologie oder Metaphysik zu sein."[28]

Wir ersehen aus diesem Zitat, daß sich Jung entschieden dagegen wehrt, Noetisches in Psychisches zu projizieren, was ein Wesenszug des Psychologismus wäre. „Zum Noetischen gehört aber auch der Wille zum Sinn", wie Victor E. Frankl mit Recht bemerkt. Es ist ein Verdienst der Logotherapie und Existenzanalyse, darauf hingewiesen zu haben, daß es nicht möglich ist, „die metaphysischen Bedürfnisse der Patienten in Tinctura Valeriana zu ertränken".[29] Die Wahrheitsfrage ist zu eng verknüpft mit der Sinnfrage, als daß man sie chemisch rein trennen könnte. Wo es um letzte Wahrheiten geht, geht es auch immer zugleich um den Sinn der Existenz. So sehr auch Jung besorgt ist, keine Extrapolation zu betreiben und sich mit aller Redlichkeit des Wissenschaftlers auf sein Sachgebiet zu beschränken, so kommt er dennoch nicht umhin – was in seiner Nachfolge die Logotherapie zum Thema macht – zu sagen, daß die „Psychoneurose im letzten Verstande ein Leiden der Seele ist, die ihren Sinn nicht gefunden hat".[30]

27 A.a.O.
28 *C. G. Jung*, Mysterium Coniunctionis, GW 14/2, 221.
29 Vgl. *V. E. Frankl*, Theorie und Therapie der Neurosen, 123.
30 *C. G. Jung*, GW 11, 358.

Die Sinnfrage ist aber zugleich die Frage nach Gott. Wenn Jung es ablehnt, Gott definieren zu wollen, so möchte er damit nicht die Existenz einer transzendentalen Wirklichkeit leugnen: Das ‚daß' Gottes ist ihm einleuchtend, doch das ‚was' Gottes zu umschreiben, dies scheint ihm eine schier unlösbare Aufgabe. Immer, wo man es dennoch tut, sollte man sich bewußt bleiben, daß es nicht in einer apodiktischen, endgültigen und nicht mehr diskutablen Form geschehen kann. Denn man würde sich damit zugleich der Möglichkeit weiteren Nachdenkens über den so definierten Gegenstand begeben. Die „fides quaerens intellectum" wäre zum Stillstand gekommen und erstarrt. Glaube bestünde nur mehr in der Repetition unveränderlicher Formeln. Denn „über einen indiskutablen Gegenstand kann und darf man nicht denken". Die zerspaltene Christenheit – „Religion der brüderlichen Liebe" – bietet ihm ein trauriges Beispiel, „wo jede Fraktion sich rettungslos in der Falle ihrer Alleinrichtigkeit gefangen hat".[31]

Das Gottesbild hat sich gemäß den verschiedenen Völkern und Epochen geändert und kann sich auch selbst in den verschiedenen Phasen eines Einzellebens ändern. So kann man von einer Pluralität der Gottesbilder sprechen. Gott hat viele Namen. Das ist eine Tatsache, zu der sich Jung vorbehaltlos bekennt. Vom Standpunkt eines bestimmten religiösen Bekenntnisses könnte diese Haltung als Relativismus mißverstanden werden. Sein Interesse für die Symbolwelt des Religiösen – sei es im Dogma, in der Kunst, in den Mythen, in den oft abstrusen Vorstellungen der mittelalterlichen Alchemie oder in den Träumen seiner Patienten – hat ihm den Vorwurf der psychologischen Auflösung religiöser Inhalte eingebracht. Dieser Vorwurf wurde vor allem dort erhoben, wo er christliche Dogmen zum Thema psychologischer Überlegungen machte.

Doch Jung ging es nicht allein um die Psychologie des religiösen Menschen, sondern vor allem um die der Religion bzw. der religiösen Inhalte.[32]

5. Relativismus?

Daß der Vorwurf des Relativismus zu Unrecht besteht, geht aus einer wichtigen Unterscheidung hervor, auf die später noch ausführlicher zurückzukommen ist. Doch schon hier sei vermerkt, daß Jung zwischen dem „Archetypus an sich" und archetypischen „Vorstellungen oder Bildern" unterscheidet. Der Archetypus an sich ist ein psychoider Faktor, der un-

31 *C. G. Jung*, GW 14/2, 332.
32 *C. G. Jung*, Zur Psychologie westlicher und östlicher Religion, GW 11, 498.

anschaulich und nicht bewußtseinsfähig ist. Die archetypischen Bilder und Vorstellungen dagegen sind bereits bewußte Variationen über ein Grundthema, das selbst bewußtseinsunfähig ist.[33] Die Konkretisierungen, die dem Bewußtsein angehören, sind dem Wandel der Geschichte unterworfen: der Kulturgeschichte der Menschheit, wie auch der persönlichen Geschichte jedes einzelnen. Mit Jolande Jacobi kann man geradezu von einer „Hierarchie der Archetypen" sprechen, die von Zügen, die der ganzen Menschheitsfamilie eigen sind, bis in die feinen Verästelungen eines Einzelschicksals gehen.[34]

Auf die Gottesfrage angewandt bedeutet das, daß alle Vorstellungen von Gott, seien es nun kollektive oder individuelle, Variationen über ein Grundthema sind, das selbst verborgen und unaussprechlich bleibt. Die Wahrheit, der Sinn unseres Lebens, den wir Gott nennen, ist das nie Ausschöpfbare. Sich der Verborgenheit und des Geheimnischarakters Gottes bewußt zu sein und sich die Geschichtlichkeit seiner Anschauungen und des Verstehens überhaupt einzugestehen, bedeutet noch nicht Relativismus.[35] Bei aller Einsicht in die Wandelbarkeit archetypischer Bilder und Vorstellungen und dem Geheimnischarakter der Wahrheit bleibt die Frage offen: Woher nimmt der Mensch die Maßstäbe, um seinen Standort zu bestimmen, die Überzeugung, sich zu einem bestimmten ‚Credo' zu bekennen? Woher bezieht er die Überzeugung, daß er so richtig und anders falsch handelt? Die Antwort Jungs darauf ist, daß das nicht eine Sache der Psychologie ist, sondern auf einer Glaubensentscheidung beruht. Der Psychologe Jung ist nicht primär an der philosophischen Wahrheitsfrage interessiert, sondern vielmehr an dem, was wirkt. Als Arzt und Psychotherapeut weiß er nur zu gut, „daß metaphysische Standpunkte für die Wohlfahrt der menschlichen Seele von größter Wichtigkeit sind".[36] Der Psychologe „muß sich damit begnügen, womöglich festzustellen, was das psychisch Wirksame ist. Dabei darf er sich nicht darum kümmern, ob die betreffende Figur eine transzendentale Illusion ist oder nicht. Darüber entscheidet der Glaube und nicht die Wissenschaft."[37]

Hier wird deutlich, daß Jung in erster Linie Praktiker ist. Aber gerade als Praktiker ist er in der Psychotherapie als ganzer Mensch gefordert, der seine Überzeugungen nicht verleugnen kann. Freilich muß er zu ihnen in kritischer Distanz verbleiben, um einen Raum der Begegnung zu ermög-

33 Vgl. *C. G. Jung*, GW 8, 244.
34 Vgl. *J. Jacobi*, Komplex, Archetypus, Symbol, 65–66.
35 Vgl. *E. Richter*, Relativismus, 953.
36 *C. G. Jung*, GW 8, 338.
37 *C. G. Jung*, Das Geheimnis der Goldenen Blüte, 28.

lichen, in welchem der Patient seinerseits gleichberechtigt seine Überzeugungen vertreten kann, ohne befürchten zu müssen, nicht akzeptiert zu werden. Heilung geschieht aus der echten Begegnung.[38]
In Jungs Sorge, sich mit einer Idee zu identifizieren, sie zu verabsolutieren, verbergen sich zwei Beweggründe. Der eine ist ein praktischer: das Bestreben, ein echtes Verständnis zwischen Psychotherapeut und Patient zu ermöglichen. In der Nicht-Identifikation mit einem System sieht er seine besondere Chance, in die Ideenwelt des Patienten einzudringen, ohne sie zu vergewaltigen oder sie unnötig zu verfälschen. Der zweite ist ein mehr theoretischer: die Erkenntnis des Modellcharakters aller Systeme. Jung drückt es so aus: „Die Absicht der Forschung besteht ja nicht darin, sich im Besitz der alleinrichtigen Theorie zu wähnen, sondern durch Bezweiflung aller Theorien der Wahrheit allmählich näher zu kommen."[39]
Man kann bemängeln, Jung habe seine philosophischen Voraussetzungen nicht genügend überprüft.[40] Dennoch wird man einräumen müssen, daß er sich wie kaum ein anderer Tiefenpsychologe der Relativität seines Standpunktes bewußt war. In der Kritik an Freud sagt Jung zu diesem Thema: „Ich habe den süßbitteren Trank der kritischen Philosophie nie verschmäht, sondern in refracta dosi vorsichtig zu mir genommen. Viel zu wenig – werden meine Gegner sagen. Fast zu viel – sagt mein eigenes Gefühl. Leicht, allzu leicht vergiftet die Selbstkritik das köstliche Gut der Naivität, jene Gabe, die jedem schöpferischen Menschen so unerläßlich ist. Auf alle Fälle hat mir die philosophische Kritik geholfen, den subjektiven Bekenntnischarakter jeder Philosophie einzusehen – auch der meinigen."[41]

6. Die Jungsche Denkform

Trotz der grundsätzlichen Absage an jeglichen Psychologismus und trotz seines Bemühens, sich auf das ureigenste Gebiet der Psychologie zu beschränken, findet man an manchen Stellen von Jungs Werk eine schillernde Terminologie vor, die den Vorwurf des Psychologismus verständlich macht. Die Ungenauigkeit der Terminologie legt sich nahe einerseits durch das Objekt der Psychologie, vor allem der Tiefenpsychologie – ist doch die Tätigkeit der unbewußten Psyche eine Phantasietätigkeit, die auf die Welt der Bilder zurückgreift.[42] Es ist dabei auch die Überlegung,

38 Vgl. *Hans Trüb,* Heilung aus der Begegnung.
39 *C. G. Jung,* GW 8, 338.
40 Vgl. *R. Hostie,* C. G. Jung und die Religion, 131.
41 *C. G. Jung,* Freud und die Psychoanalyse, GW 4, 388.
42 Vgl. *T. Wolff,* Einführung in die Grundlagen der Komplexen Psychologie, 44.

daß die überscharfe Terminologie den Blick auf das Phänomen zu sehr einschränken könnte, so daß man den Begriff mit der Sache selbst verwechselte. Sich beim Gebrauch einer ‚klaren' Terminologie zugleich bewußt zu bleiben, daß zwischen ihr und der Sache selbst nie eine völlige Deckungsgleichheit ist, erfordert sehr viel Selbstdisziplin. Wenn Jung den mehrdeutigen Begriff dem eindeutigen bewußt vorzieht, so geschieht das aus der Erwägung heraus, daß das ‚ungenaue' Wort den Vorzug haben könnte, die Erfassung des Phänomens nicht von vornherein als abgeschlossen betrachten zu lassen – hat man nur die scheinbar exakte Etikettierung.

Andererseits schreibt Jung über ein Gebiet, das er als Pionier selbst noch nicht ganz erforscht hat und wo ihm oft Intuitionen und Ahnungen die Feder führen. Er selbst formuliert es so: „Aus diesem Grunde ist nicht alles, was ich vorbringe, aus dem Kopf geschrieben, sondern auch einiges aus dem Herzen, was der geneigte Leser nicht übersehen möge, wenn er im Verfolg der intellektuellen Linie an gewisse, manchmal nicht ganz ausgebesserte Bruchstellen kommt. Einen harmonischen Fluß der Darstellung kann man nur dort erwarten, wo man über Dinge schreibt, die man schon weiß. Wenn man aber, getrieben von der Notwendigkeit des Helfens und Heilens, Wege sucht, so muß man auch von jenen Dingen reden, die man eigentlich noch nicht weiß."[43] Man wird bei der Lektüre der Jungschen Schriften auch immer wieder mit einer Eigentümlichkeit seines Denkens konfrontiert, die ich als *Umkreisen einer Mitte* beschreiben möchte. Was Hans Leisegang als Merkmale der Denkform des Gedankenkreises beschreibt, trifft auch für die Jungsche Denkform zu. „Die Begriffe, mit denen diese Logik vorzugsweise arbeitet, sind keine Abstraktionen, keine Gattungsbegriffe, die andere unter sich begreifen, sondern solche, die aus dem Kreislauf des Lebens- und Geistprozesses die wesentlichen Stationen hervorheben, besonders den Anfang, die Mitte, das Ende: Sommer – Winter, Tag – Nacht, Licht – Finsternis, Eins – Alles, Geist – Fleisch, usw. Jeder Begriff fordert nicht zu seinem Verständnis andere über- und untergeordnete, sondern seinen diametral gegenüberliegenden Gegensatz."[44] Jungs Denken ist nicht das geradlinige eines Freud, das sich am naturwissenschaftlichen Modell orientiert, sondern vielmehr die bildhafte Aussage, die sich einmal dem scharfen Begriff nähert, sich ein andermal von ihm entfernt. „Jung verwendet", so sagt Wolfgang Hochheimer, „die Sprache vornehmlich in ihrer Hinweisfunktion und als Erlebnisanstoß."[45]

43 *C. G. Jung,* GW 7, 129.
44 *H. Leisegang,* Denkformen, 142.
45 *W. Hochheimer,* Die Psychotherapie von C. G. Jung, 11.

Und Jung selbst bemerkte gegenüber einem Freund noch in den letzten Tagen seines Lebens: „Nur Dichter können mir ganz folgen.“[46] Es ist darum nicht möglich, Jung auf eine eindeutige Terminologie festzulegen. Wer es versucht, wird immer wieder irritiert. Um ihn zu verstehen, wird man versuchen müssen, die Art seines Denkens möglichst nachzuvollziehen.

7. Gnostizismus?

Martin Buber macht Jung den Vorwurf des Gnostizismus, denn Jung unterscheide nicht grundsätzlich zwischen dem „Selbst“ und dem „in sich Seienden“, und er verkünde die „Religion der reinen Immanenz“.[47]
Nun ist die Gnosis religionsgeschichtlich ein nicht leicht zu fassendes Phänomen. Wenn Harnack sie noch als „akute Hellenisierung des Christentums“[48] bezeichnete, so ist es der neueren Forschung gelungen, den Nachweis zu erbringen, „daß es Gnosis ohne christliche Einflüsse gab“[49], ja, daß es sich bei der Gnosis im Grunde um eine „nichtchristliche Bewegung der Spätantike“[50] handelt. Die moderne Interpretation spricht von „Daseinshaltung“[51] oder „mythischer Projektion der Selbsterfahrung“[52]. „Gnostische Denkweise scheint einem tief menschlichen Bedürfnis entgegenzukommen.“[53] Theosophie und Anthroposophie auch in unserer Zeit geben davon beredtes Zeugnis.
In der Gnosis bemerken wir, im Unterschied zum Mythos, ein ausgeprägtes Interesse für innerseelische Prozesse. Hier besteht eine gewisse Übereinstimmung mit dem Interesse der Psychologie, insbesondere mit dem der Tiefenpsychologie. Jungs Interesse für die Gnosis entsprang einer ähnlichen Leidenschaft für die mittelalterliche Alchemie. In der Alchemie sah er eine Fortsetzung der Gnosis, in beiden jedoch eine primitive Vorform der späten Nachfahrin Tiefenpsychologie.[54] Wenn es in Gnosis und Tiefenpsychologie beide Male um Innenerfahrung geht, so liegt der wesentliche Unterschied zwischen beiden jedoch darin, daß die Gnosis Weltdeutung sein will, während Jung aus seinen Erkenntnissen psycho-

46 M. Serrano, Letzte Begegnung mit C. G. Jung, in: N. Z. Z. 1961, 30. Juli, Blatt 5.
47 *M. Buber*, Gottesfinsternis, 567.
48 *A. Harnack*, Lehrbuch der Dogmengeschichte, 250.
49 *H. Schär*, Was ist Wahrheit?, 185.
50 *R. Haardt*, Die Gnosis, 9.
51 *H.-M. Schenke*, Hauptprobleme der Gnosis, 118; in Anlehnung an *H. Jonas*, Gnosis und spätantiker Geist.
52 Vgl. *G. Quispel*, Gnosis als Weltreligion.
53 *H. Schär*, a.a.O. 187.
54 *C. G. Jung*, Psychologie und Alchemie, 633.

logische Zusammenhänge deutet und gerade nicht ein religiöses System aufbauen will.[55]

Wenn es richtig ist, daß sich Religion nicht auf Innenerfahrung allein reduzieren läßt, so kann man andererseits nicht leugnen, daß es diesen Aspekt des religiösen Erlebnisses auch gibt. „Wir können die Religion betrachten als *verständliches Ereignis;* oder wir können sie gelten lassen als *nicht mehr verständliche Offenbarung.* Das Erlebnis (in seiner ‚Rekonstruktion') ist ein Phänomen. Die Offenbarung ist es nicht; die Antwort aber, die der Mensch der Offenbarung gibt, seine Aussage über das Offenbarte, ist wiederum ein Phänomen, aus dem sich indirekt auf die Offenbarung schließen läßt."[56] In jeder echten Offenbarungsreligion gibt es einen Kern, der nicht mehr durch menschliche Kategorien zu erhellen ist. Offenbarung aber, sonst wäre sie keine, muß einen Bezug zur Erlebnisfähigkeit des Menschen haben. Diese Erlebnisfähigkeit, die wir verstehen als Rezeptor und Reflex des sich offenbarenden Gottes, ist das Studienobjekt der Psychologie Jungs.

In der Erwiderung auf Bubers Vorwurf weist Jung darauf hin, daß er lediglich als Psychiater verstanden werden möchte, der sein Erfahrungsmaterial darlegt. Empirismus solle nicht als Gnostizismus mißverstanden werden. „Mein Kritiker scheint sich nicht bewußt zu sein, daß er, wenn er selber von Gott spricht, zunächst aus seinem Bewußtsein und sodann aus seiner unbewußten Voraussetzung aussagt. ... Ich sage ausdrücklich, daß alles, schlechthin alles, was von ‚Gott' ausgesagt wird, menschliche Aussage, d. h. psychisch sei."[57]

Diese Aussage Jungs läßt an Deutlichkeit nichts zu wünschen übrig. Doch bei aller Konzentration aufs Empirische hält er sich für das Transzendente offen,[58] wenn er im obigen Zusammenhang schreibt: „Es ist gewiß nicht die Aufgabe einer Erfahrungswissenschaft, festzustellen, inwiefern ein solcher seelischer Inhalt vom Dasein einer metaphysischen Gottheit bewirkt und bestimmt sei. Das ist Sache der Theologie, der Offenbarung und des Glaubens."[59]

55 Vgl. *H. Schär,* Was ist Wahrheit?, 190.
56 *G. van der Leeuw,* Phänomenologie der Religion, 778.
57 *C. G. Jung,* Antwort an Martin Buber, GW 11, 661.
58 Vgl. *U. Mann,* Symbole und Tiefenpsychologische Gestaltungsfaktoren der Religion, 165–166.
59 *C. G. Jung,* GW 11, 661.

8. *Religion als Gotteserfahrung*

Während Jung der Religion ausgesprochen positiv gegenübersteht und er Philosophie und Theologie respektiert in dem Bemühen, keine unzulässigen Grenzüberschreitungen zu machen, bekennt er in seinem Erinnerungsbuch, daß er mit der ‚theologischen Religion' jedoch nichts anfangen konnte. Jung wollte nicht nur glauben, er wollte wissen. Glaube bedeutete ihm nur ein mittelbares Wissen, ein ‚Für-wahr-Halten' auf das Zeugnis anderer hin, die ihrerseits eine unmittelbare Erfahrung des Göttlichen gemacht haben. Wichtiger als der Glaube war ihm das religiöse Erlebnis.[60] Bezeichnend für diese Haltung ist die kurze Antwort, die er vor dem englischen Fernsehen einem Interviewer gab, der ihn nach seinem Glauben an Gott befragte: „I do not believe, I know."[61]

War er in seinem Urteil über die Theologie auch nicht so hart wie Freud, der sie als eitles „Rückzugsgefecht" anprangerte,[62] so war doch auch Jungs Haltung ihr gegenüber eher skeptisch. Eine Skepsis, die sicher auch ihren Grund darin fand, daß ihm von seiten der Theologen nicht das erforderliche Verständnis entgegengebracht wurde. Noch in seinem Erinnerungsbuch, wo er Bezug nimmt auf die heftigen Reaktionen auf sein Buch „Antwort auf Hiob", beklagt er diese abwehrende Einstellung der Theologen beider Konfessionen. „Es ist mir nie in den Sinn gekommen, daß jemand meinen könnte, ich wollte eine metaphysische Wahrheit verkünden. Aber das werfen mir die Theologen vor, weil das theologische Denken gewohnt ist, sich mit ewigen Wahrheiten zu befassen. Wenn der Physiker sagt, das Atom sei von der und der Beschaffenheit, und ein Modell davon entwirft, beabsichtigt er auch nicht, damit eine ewige Wahrheit auszudrücken. Aber die Theologen kennen das naturwissenschaftliche und insbesondere das psychologische Denken nicht."[63] Es ist die „Hypostasierung ihrer Bilder", die er den religiösen Philosophen zum Vorwurf macht, das Unverständnis für die Modellnatur ihrer Aussagen. Seinen Kritikern spricht er genügende Erkenntniskritik ab, wenn sie nicht verstehen wollen, daß es neben historischer Wahrheit auch eine psychologische Wahrheit gibt.[64]

Die „Überzeugung, daß theologische Wissenschaft und neue psychologische Schulen einander nötig haben"[65], und die Forderung nach einer Synopse

60 Vgl. *C. G. Jung*, Erinnerungen Träume Gedanken, 99.
61 *C. G. Jung*, GW 11, XII.
62 Vgl. *S. Freud*, GW 14, 431–432.
63 *C. G. Jung*, Erinnerungen Träume Gedanken, 220–221.
64 Vgl. *C. G. Jung*, GW 8, 78.
65 *V. Maag*, Das Gottesbild im Buche Hiob, 83.

von Theologie und Psychologie, insbesondere der Tiefenpsychologie C. G. Jungs,[66] sind auf theologischer Seite erst jüngeren Datums.
Das Gespräch zwischen praktischer Theologie und analytischer Psychologie hat bereits seit geraumer Zeit begonnen.[67] Das verständnisvolle Gespräch – nicht das apologetische –, dieses Gespräch der systematischen Theologie mit der Tiefenpsychologie steht dagegen noch weithin aus.
Gott hat viele Namen, so könnte man das Verhältnis Jungs zur Religion umschreiben. Wenn er sich auch christlicher Tradition verpflichtet fühlt, da seine eigenen Wurzeln in einer Kultur gründen, die von christlichem Gedankengut mitgeprägt ist, so kann er als Wissenschaftler dennoch keine verbindliche Aussage über Wahrheit oder Unwahrheit einer Religion machen. Da alle Religionen Sinnsuche sind und sich als Antwort auf einen Anruf verstehen, dessen transzendentales Woher zu beweisen nicht Sache des Psychologen ist, sind sie ihm gleich interessant, gleich wertvoll als Niederschlag dessen, was Rudolf Otto das Erlebnis des Numinosum nannte.[68]
Im religiösen Erlebnis wird der Mensch von einem Größeren ergriffen, dem er sich ausgeliefert erfährt. Darum ist Religion nicht notwendig mit einem kirchlichen Bekenntnis identisch. Wir finden bei Jung eine ähnliche Unterscheidung zwischen religiösem Erlebnis und Konfessionen, wie sie Otto Haendler zwischen *Urglaube* einerseits und *Kern-* und *Randglauben* andererseits macht.[69] Der Urglaube beruht auf religiöser Urerfahrung, die fähig ist, einen Menschen völlig umzuwandeln, so daß aus einem Saulus ein Paulus wird. Kern- und Randglauben haben nicht mehr dieselbe verwandelnde Kraft und Ursprünglichkeit. Jung sagt: „Konfessionen sind kodifizierte und dogmatisierte Formen ursprünglicher religiöser Erfahrung. Religion dagegen bezeichnet die besondere Einstellung eines Bewußtseins, welches durch die Erfahrung des Numinosum verändert worden ist."[70]
Wenn nach Jung auch prinzipiell jeder Mensch diese Erfahrung des Numinosum machen kann, so hat es sich doch in der Geschichte gezeigt, daß es die Erfahrung großer einzelner war, die von Religionsstiftern, von Propheten und Heiligen, die kraft ihrer Persönlichkeit fähig waren, eine Jüngergemeinde um sich zu scharen, die in Treue und Loyalität der Er-

66 Vgl. *U. Mann,* Das Christentum als absolute Religion, 40.
67 Vgl. *J. Goldbrunner,* Individuation; *H. Schär,* Seelsorge und Psychotherapie; O. *Haendler,* Die Predigt.
68 Vgl. *R. Otto,* Das Heilige.
69 O. *Haendler,* Angst und Glaube, zit. n. *H. Schär,* Was ist Wahrheit?, 217.
70 *C. G. Jung,* GW 11, 5.

fahrung ihres Stifters oder Meisters nachzuleben versuchte.[71] Gerade die jüdische Geschichte macht deutlich, daß auch ein Volk, eine Kollektivität ihre Erfahrungen mit der Gottheit machen kann. Wenn sich diese Erfahrungen über Generationen erstrecken, scheinen sie unauslöschlich.[72] In vielen Offenbarungstexten sehen wir, wie individuelle Erfahrung und Kollektiverfahrung sich gegenseitig durchdringen und sich häufig auch wechselseitig bedingen.

Erfahrungen solcher Art mögen verpflichtenden Charakter für den haben, der sie macht, und sie mögen ihre Gültigkeit über Generationen hin nicht verlieren; doch wird man sich erinnern müssen, daß Urerfahrung in einem ganz bestimmten sozio-kulturellen Kontext gemacht wird, und daß sie damit in ihrer Formulierung ihrer Zeit verhaftet ist. Spätere Generationen, die nach einer Urerfahrung leben wollen, sehen sich mit der Notwendigkeit konfrontiert, eine Erfahrung nachzuvollziehen, die sich ihnen in einem fremdartigen Gewand präsentiert. Es ist dies eine Schwierigkeit, mit der sich jede längere Zeit existierende Konfession auseinanderzusetzen hat.

Die Frage nach dem, was gültig ist, was dauert, ist gewöhnlich in der jeweiligen Gegenwart nicht zu entscheiden. Erst im historischen Rückblick ist sie zu beantworten. Solange aber das Ganze der Geschichte nicht abgeschlossen ist, ist auch jede auf die Geschichte bezogene Antwort nur eine Teilantwort. Alle Antworten auf die Wahrheitsfrage tragen den Charakter der Unabgeschlossenheit. „Die Aufgaben der Zeitalter sind verschieden, und immer kann man erst nachher mit Sicherheit erkennen, was sein mußte, was nicht hätte sein sollen. In der jeweiligen Gegenwart wird immer der Streit der Meinungen herrschen ... Nur die Geschichte entscheidet. Die Wahrheit ist nicht ewig, sie ist ein Programm. Je ‚ewiger' eine Wahrheit ist, desto unlebendiger und wertloser ist sie, denn sie sagt uns nichts mehr, weil sie selbstverständlich ist."[73] Dem Einwand, daß es vielerlei ‚religiöse Wahrheiten' gebe, vielerlei Religionssysteme, die sich oft diametral gegenüberstehen und deren Aussagen logische Widersprüche aufweisen, begegnet Jung mit dem Hinweis, daß logische Ungereimtheit „sogar das Wesen der religiösen Behauptung ausmacht. ... Die Paradoxie gehört sonderbarerweise zum höchsten geistigen Gut; die Eindeutigkeit aber ist ein Zeichen der Schwäche. Darum verarmt eine Religion innerlich, wenn sie ihre Paradoxien verliert oder vermindert; deren Vermehrung aber bereichert, denn nur das Paradoxe vermag die Fülle des Lebens an-

71 Vgl. *H. Schär,* Was ist Wahrheit?, 219.
72 Vgl. *U. Mann,* Theogonische Tage, 505.
73 *C. G. Jung,* GW 6, 61–62.

nähernd zu fassen, die Eindeutigkeit und das Widerspruchslose aber sind einseitig und darum ungeeignet, das Unerfaßliche auszudrücken."[74]

Was Jung hier in provokativer Weise formuliert, erinnert an das Axiom des Tertullian: „credo quia absurdum". Es ist sicher nicht zufällig, daß Jung gerade in diesem Zusammenhang Tertullian über die Auferstehung zitiert. Das Lob der Paradoxie dürfen wir wohl bei Jung in der Weise verstehen, wie Jean Gebser die Unterscheidung zwischen okeanischem, perspektivischem und paradoxalem Denken trifft. „Das perspektivische Denken teilt, während das okeanische verbindet. Das paradoxale Denken schließlich erkennt sowohl die Gegensätze wie auch eine dahinter- oder darüberstehende Einheit."[75] Das Paradox verweist vielleicht wie nichts anderes mehr auf den Geheimnischarakter religiöser Wahrheit. Eine Religion ohne das Mysterium kann nicht leben, ist doch Gott selbst undurchdringliches Geheimnis.

Religiöse Erfahrung ist Urerfahrung, die prinzipiell jeder Mensch machen kann, auch der, der keinen theologischen Glauben kennt oder sich vom kirchlichen Leben abgewandt hat. Ja, es ist geradezu eine Notwendigkeit für den modernen Menschen, diese Urerfahrung zu machen, damit er nicht in ein Vakuum falle, wenn die traditionellen Formen religiösen Lebens ihn nicht mehr ansprechen.[76] Denn das religiöse Bedürfnis ist ein Faktum,[77] das ernst genommen werden will und das man nicht mehr auf „Elementareres" zurückführen kann. Religion entspringt dem „geistigen Prinzip", das für Jung so ursprünglich ist wie die primitive Instinktwelt. „*Das Geistige erscheint in der Psyche auch als Trieb*, ja, als eine wahre Leidenschaft, wie Nietzsche es einmal ausdrückt, ‚als ein verzehrendes Feuer'. Es ist kein Derivat eines anderen Triebes."[78]

In der Konzeption Jungs sind Instinkt und Geist an ihrer Wurzel eins. Im Archetypus sind Bios und Geist miteinander verbunden: „Mit anderen Worten, der Trieb paart sich stets und unvermeidlich mit etwas wie einer Weltanschauung, so archaisch unklar und dämmerhaft diese auch sein mag."[79] In den Religionen errichtet der Mensch eine „geistige Gegenposition gegenüber der primitiven Triebnatur. Das war von jeher die Funktion aller Religionen."[80]

74 *C. G. Jung*, Psychologie und Alchemie, 30.
75 Zit. n. *H. Schär*, Was ist Wahrheit?, 149.
76 Vgl. *C. G. Jung*, Seelenprobleme der Gegenwart, 83.
77 Vgl. *C. G. Jung*, GW 3, 214.
78 *C. G. Jung*, GW 8, 63–64.
79 *C. G. Jung*, GW 16, 87.
80 *C. G. Jung*, GW 8, 65.

9. Die Institution Religion

Die Religionen bedeuten für Jung „große psychotherapeutische Systeme",[81] die er für die seelische Hygiene als ungemein wichtig erachtet: „ist doch ein zielgerichtetes Leben im allgemeinen ein besseres, reicheres, gesünderes als ein zielloses.[82] Dies wird besonders relevant, wenn der Mensch in die zweite Lebenshälfte eintritt, in der die Begrenztheit der Zeit deutlicher erfahren wird, er aber eine neue Zukunft erhält durch den Glauben an ein „überweltliches Ziel".

Die Religionen sind es nach Jung auch, die dem Menschen helfen, die „regressiven Neigungen", die ihn nicht aus der Kindheit, aus der Abhängigkeit der Eltern entlassen möchten, zu bekämpfen.[83] Dieser Gedanke wird später von Erich Fromm aufgenommen, wenn er sagt, es sei die „Fixierung in inzestuöse Bindungen", die sich nicht nur in der Familie zeigt, sondern auch in allen Gruppen, denen ein Individuum angehört. Die Religion mit autoritärem Charakter unterstütze diese Bindung, obgleich es die Religion war, die für das Individuum einen Schritt der Befreiung darstellte, indem sie es aus der zu engen und manchmal auch dumpfen Atmosphäre der Familiengruppe in das größere Gefüge der religiösen Gemeinschaft einführte. Aufgabe des Individuums sei, über die inzestuösen Bindungen hinauszuwachsen und zur jeweiligen eigenen Gruppe in eine kritische Distanz zu treten. Erst dann könne man von einem eigentlichen Erwachsensein sprechen.[84]

Auch unter diesem Aspekt erscheinen Jung die Religionen als „heilsame Mächte", deren Bedeutung der Arzt nicht übersehen darf, will er den Patienten nicht wichtiger Hilfen der Heilung berauben. So heißt es in der „Psychologie der Übertragung": „Da nun in unserer Welt nichts von heilsamen Mächten sichtbar ist, als jene großen ‚psychotherapeutischen' Systeme, die man als Religionen bezeichnet, und von denen man das ‚Heil der Seele' erwartet, so ist es ganz natürlich, daß nicht wenige den gerechtfertigten und nicht selten auch geglückten Versuch unternehmen, mit neugewonnenem Verständnis für die Bedeutungsschwere überlieferter Heilswahrheiten sich einer der bestehenden Konfessionen einzuordnen. Diese Lösung ist insofern normal und darum befriedigend, als die dogmatisch formulierten Grundwahrheiten der christlichen Kirche die Natur der inneren Erfahrung in fast vollkommener Weise ausdrücken. Es ist darin ein

81 *C. G. Jung*, Symbole der Wandlung, 621.
82 *C. G. Jung*, Seelenprobleme der Gegenwart, 272.
83 Vgl. *C. G. Jung*, Symbole der Wandlung, 621.
84 Vgl. *E. Fromm*, Psychoanalyse und Religion, 97–102.

kaum zu überbietendes Wissen um die Geheimnisse der Seele enthalten und in großen, symbolischen Bildern dargestellt.“[85]

Damit die Religionen ihre therapeutische Wirkung voll entfalten können, ist es notwendig, daß sie in ihrer Selbstdarstellung auch zugleich Ausdruck der sich ständig verändernden Bewußtseinslage ihrer Anhänger sind. Hier liegt wahrscheinlich das größte psychologische Problem der Religion überhaupt. Eine Weltreligion mit ihren Institutionen und ihren Symbolen verändert sich nicht in demselben Rhythmus wie das Bewußtsein des einzelnen. So kann es zu unerträglichen Spannungen kommen, wenn der einzelne sein religiöses Erleben in der offiziellen Religion nicht mehr aufgefangen und ausgedrückt sieht. Der schwerfällige Gang der Veränderung von Institutionen kann es ihm unmöglich machen, sich noch in ihnen beheimatet zu fühlen. Es ergibt sich damit das Problem der Identifikation.

Doch nicht allein das soziologische Gesetz von der nur langsamen evolutiven Veränderung von Institutionen ist für diese Problematik verantwortlich. In jedem Menschen besteht auch mehr oder weniger die Tendenz, in einmal eingeschliffenen Verhaltensformen zu verharren, vor allem wenn er ein bestimmtes Alter der Lernfähigkeit überschritten hat.[85] Jung sagt dazu: „Der Mensch vergißt nämlich immer wieder, daß etwas, das einstmals gut war, nicht für immer und ewig gut bleibt. Er geht aber die alten Wege, die einstmals gut waren, noch lange, wenn sie schon schlecht geworden sind, und er kann sich nur mit den größten Opfern und unter unerhörten Mühen damit abfinden, daß das einstmals Gute heute vielleicht alt geworden und nicht mehr gut ist. Es geht ihm so im Kleinen wie im Großen. Die Wege und Weisen seiner Kindheit, die einstmals gut waren, kann er kaum ablegen, auch wenn ihre Schädlichkeit längst erwiesen ist. Dasselbe, nur in gigantischer Vergrößerung, ist der Fall mit der historischen Einstellungsveränderung. Eine allgemeine Einstellung

85 *C. G. Jung,* GW 16, 205.

86 Aus der Verhaltensforschung wissen wir, daß es auch im Tierreich zur Ausbildung von Traditionen kommen kann. Aber auch hier ergibt sich eine unterschiedliche Lernfähigkeit von neuen Traditionen, die an Alter und Geschlecht der Tiere gebunden zu sein scheint. „Die Entstehung und Ausbreitung neuer Verhaltensweisen wurden von den japanischen Biologen genau untersucht. Sie erforschen seit 1948 die Gruppen der japanischen Bergaffen (Macaca fuscata) . . . Auf der Insel Koschima lebte eine Gruppe von 61 Affen. 1953 begann ein eineinhalbjähriges Weibchen die mit Sand beschmutzten Bataten im Wasser zu waschen, bevor sie sie verzehrte. Einen Monat später nahm eine Spielgefährtin die neue Methode an, dann ihre Mutter. 1962 hatten 72% die neue Mode angenommen, nur die alten Männchen, die meisten alten Weibchen und Mitglieder einer schwach begabten Familie blieben konservativ.“ (*A. Remane,* Sozialleben der Tiere, 17)

entspricht einer Religion, und Religionswechsel gehören zu den peinlichsten Momenten der Weltgeschichte."[87]

Jungs Überlegungen machen deutlich, daß die Entwicklung des Menschen und eine sich verändernde Umwelt auch die Umwandlung seiner Obervorstellungen erforderlich macht. Ihre verfestigten Formen haben diese Obervorstellungen in den Religionen und ihren Institutionen gefunden. Sie umzuwandeln bedarf es eines langwierigen Prozesses der ‚Mentalisation', der schrittweisen Veränderung der Denk- und Anschauungsweise der in diesen Institutionen lebenden Menschen. Es kann hier ein tiefer Konflikt entstehen zwischen der Treue zu sich selbst und den Einsichten, die man neu hinzugewonnen hat einerseits, und andererseits der Loyalität der Religion und ihren Institutionen gegenüber, in die man hineingeboren und in denen man erzogen wurde. Um sich selbst treu zu bleiben, werden sich viele Menschen in einer solchen Situation des Umbruchs, in der gerade heute das Christentum der westlichen Welt steht, nur noch *partiell* mit den überkommenen Formen institutioneller Religion identifizieren können und deshalb vielleicht sogar mit ihnen brechen.

Ob der totale Bruch überhaupt möglich ist, ist freilich vom psychologischen Standpunkt höchst zweifelhaft. Jung würde diese Möglichkeit verneinen. Denn niemand kann dauerhaft seine eigenen Wurzeln verleugnen. Noch der Protest lebt aus der Tradition, die er bekämpft.

Die ‚partielle Identifikation' macht es dem einzelnen dagegen möglich, in einer religiösen Institution zu verbleiben, ohne sich selbst aufzugeben und ohne dem geschichtlichen Auftrag untreu zu werden: an der Verlebendigung der Religion mitzuarbeiten, in dem Bewußtsein, daß religiöse Symbole und religiöse Institutionen nicht erstarren sollten, sondern sich dynamisch fortentwickeln müssen, sollen sie nicht in Begriffs- und Institutionsvergötzung erstarren. Es ist dieser Gedanke, den H. R. Schlette auf die Kirche anwendet, wenn er schreibt: „Die partielle Identifikation ist die Bedingung der Möglichkeit *wahrer* Identifikation mit der Kirche, aber die *wahre* Identifikation ist gerade nicht die ‚totale'."[88] Dem lebendigen Gott ist nur in einer lebendigen Religion zu dienen.

10. Religion: Sinnsuche

Aus Jungs Überlegungen wird deutlich, daß er sich nicht auf *ein* religiöses System festlegen konnte, so tief er auch selbst vom Denken des christlichen Abendlandes geprägt war. Religion bedeutet ihm die Frage nach dem

87 *C. G. Jung*, GW 6, 197.
88 *H. Schlette*, Die sogenannte ‚partielle Identifikation' mit der Kirche, 403.

Sinn menschlicher Existenz: die Frage, die ihn bis ans Ende seines Lebens umgetrieben und die ihn nie losgelassen hat. In seinem Erinnerungsbuch formuliert er: „Die entscheidende Frage für den Menschen ist: Bist Du auf Unendliches bezogen oder nicht? Das ist das Kriterium seines Lebens."[89]

Die Gleichsetzung der religiösen Frage mit der Sinnfrage ist nicht Jung allein vorbehalten. In der Religionsphilosophie finden wir ähnliche Formulierungen. Wenn Max Scheler davon spricht, daß der Mensch immer einen Höchstwert hat, mit dem er seine Absolutheitssphäre ausfüllt, sei es nun Gott oder ein Götze,[90] so ist eine frappante Übereinstimmung mit Jung unverkennbar, der schreibt: „Religion ist eine Beziehung zu dem höchsten oder stärksten Wert, sei er nun positiv oder negativ."[91]

Weil es bei der Religion immer um den „Bezug des Menschen auf den Wesens-, Existenz- und Sinngrund seiner selbst"[92] geht, wie Heinrich Fries schreibt, wird man fragen müssen, ob nicht jede existentielle Stellungnahme bereits als Religion zu bezeichnen ist.[93] Denn, so sagt Paul Tillich, „das fundamentale Symbol für das, was uns unbedingt angeht, ist ‚Gott', auch da, wo der Akt des Glaubens die Leugnung Gottes einschließt".[94]

Bei dieser Suche nach dem Sinn der eigenen Existenz kommt eine höhere Wahrheit ins Spiel. „Es gibt", so bemerkt Franz Rosenzweig, „Wahrheiten, in denen Menschen sich schnell verstehen, weil sie unwichtig sind. Es gibt aber auch Wahrheiten, die sich der Mensch etwas kosten läßt. Und es gibt schließlich Wahrheiten, die erst dadurch verstanden werden, daß einer sie mit dem Einsatz seines Lebens bewährt."[95]

Diese höhere Wahrheit, die den ganzen Einsatz seiner selbst herausfordert, und die Jung den „Trieb zur Selbstverwirklichung" nennt,[96] scheint in allen menschlichen Begegnungen das Entscheidende zu sein. Wahre Begegnung, wie sie auch gerade in der psychotherapeutischen Übertragungssituation geschehen kann, meint mehr als das konkrete Gegenüber des Analytikers. „Sollte der Drang des Unbewußten vielleicht nur scheinbar nach der Person greifen, in tieferem Sinne aber nach einem Gotte? Könnte das Verlangen nach einem Gotte eine unbeeinflußter dunkelster Triebnatur entquellende *Leidenschaft* sein? Vielleicht tiefer und stärker als die

89 *C. G. Jung*, Erinnerungen Träume Gedanken, 327.
90 Vgl. *M. Scheler*, Vom Ewigen im Menschen, 561 ff.
91 *C. G. Jung*, GW 11, 88.
92 *H. Fries*, Religion, 430.
93 *H. R. Schlette*, Religion,1164–1165.
94 *P. Tillich*, Wesen und Wandel des Glaubens, 57.
95 *F. Rosenzweig*, Kleinere Schriften, 396.
96 *C. G. Jung*, GW 7, 203.

Liebe zur menschlichen Person? Oder vielleicht der höchste und eigentliche Sinn dieser unzweckmäßigen Liebe, die man Übertragung nennt? Vielleicht ein Stück wirklicher ‚Gottesminne', die seit dem 15. Jahrhundert dem Bewußtsein entschwunden ist?"[97]

11. *Das Christentum als Frage und Antwort*

Wir sind dem nachgegangen, was Jung unter Religion versteht. Religiösen Institutionen steht er skeptisch gegenüber. Sinnsuche, die Frage nach dem Absoluten, ist für ihn Religion. Doch wie steht Jung zur Religion seiner Väter, wie ist sein Verhältnis zum Christentum?

Die allgemeine Einstellung Jungs zur Religion ist, wie bereits deutlich wurde, als durchaus positiv zu bezeichnen, wenngleich er es vermeidet, Wertungen einzelner Religionen zu geben. In jeder Religion kann Erfahrung des Göttlichen geschehen. Das Gotterleben ist jedoch immer von den kulturellen Voraussetzungen geprägt – eine Erkenntnis, die noch zuwenig Eingang in der philosophischen und theologischen Beschäftigung mit der Gottesfrage gefunden hat. Schon diese Tatsache macht es verständlich, daß sich Jung bei allem Respekt und aller Hochachtung gegenüber anderen Religionen und Glaubensüberzeugungen der christlichen Kulturwelt verpflichtet fühlt. Zu sehr war ihm deutlich geworden, daß der Mensch nie von seinen Wurzeln abstrahieren kann und darum auch noch im Kampf gegen die Religion seiner Väter von dieser leben würde. Es ist psychologisch unmöglich, die Vergangenheit, und nicht nur die persönliche, sondern auch die familiäre, regionale, nationale, in die jeder Mensch auf mannigfaltige Weise eingebettet ist, einfach abzuwerfen.

Wie sehr sich Jung dem Christentum verpflichtet fühlte, und wie sehr er auch das tragische Schicksal der Gespaltenheit der Christenheit als persönliches Schicksal empfunden hat, geht aus einem Diskussionsbeitrag Gebhard Freis hervor, der auf einen Brief Jungs zurückgreift: „Er (Jung) hat an mich geschrieben, er habe wohl manches über den Wert des Katholizismus gesagt, aber die evangelische Kirche sei ihm ein zu großes geistiges Eigentum, als daß er etwa nicht ihr treu sein wollte. Freilich, so fügt er nun hinzu, ich bin Christ, und der fortlebende Christus ist nun seit der Mitte des 16. Jahrhunderts ans Kreuz der Zerspaltung geschlagen. Und ich würde mich, sagt er von sich aus, für einen schlechten Christen halten, wenn ich dieses Kreuz der Zerspaltenheit nicht auf mich nehmen würde, oder wenn ich mich quasi ablösen würde von diesem Kreuz der Zerspal-

97 *C. G. Jung*, GW 7, 146.

tenheit und fliehen würde in ein strenges Entweder-Oder. Und mir scheint, auch wenn man nun selber positiver auf der katholischen oder evangelischen Seite steht, wird man doch immerhin eine große Hochachtung haben vor einem Menschen, dem das Christentum ein solches inneres Anliegen ist, daß er sagt: ich erleide an mir die ganze Gespaltenheit, die sich im Christentum zeigt."[98]

Dieses Bekenntnis zum Glauben seiner Väter möchte Jung jedoch nicht als Glauben an metaphysische Wesenheiten verstanden wissen. Die Absolutheit Gottes, jenseits aller menschlichen Erfahrung, läßt ihn kalt.[99] Was ihn interessiert, ist – es sei wiederholt – die Erfahrungsmöglichkeit Gottes. In diesem Sinne hat Jung auch eine viel engere Beziehung zur Mystik als zur wissenschaftlichen Theologie. Mit Meister Eckart weiß er sich wesensverwandt in dem Satz, daß „Gott immerdar in der Seele geboren werden muß".[100]

Es geht ihm nicht nur um die „imitatio Christi", sondern vielmehr um die Erfahrung Jesu Christi mit Gott in jedem einzelnen. „Die Imitatio Christi wird auf die Dauer den Nachteil haben, daß wir einen Menschen als göttliches Vorbild verehren, der höchsten Sinn verkörpert, und vor lauter Nachahmung vergessen, unseren eigenen höchsten Sinn zu verwirklichen. Es ist nämlich nicht ganz unbequem, auf den eigenen Sinn zu verzichten. Die Nachahmung Christi könnte leicht auch tiefer verstanden werden, nämlich als Verpflichtung, seine beste Überzeugung, die immer auch völligster Ausdruck des individuellen Temperamentes ist, mit solchem Mut und solcher Aufopferung zu verwirklichen, wie dies Jesus getan hat."[101]

In diesem Zitat wird deutlich, daß Jung nicht auf die Diskussion der Gottessohnschaft Jesu Christi eingeht. Christus ist für ihn, wie Buddha, ein Symbol des Selbst. Prinzipiell wären für ihn Buddhaerlebnis und Christuserlebnis austauschbar, doch empirisch gesehen wird der Abendländer schwerlich ein Selbsterlebnis im Buddhaerlebnis haben, weil für ihn das Christuserlebnis – ist das Christusbild doch in den tiefsten Schichten der westlichen Seele verwurzelt – der Weg zum Gotteserlebnis ist.

Gerade das letzte Zitat macht deutlich, daß es nicht angeht, Jung in ein geläufiges Schema von Christentum oder gar christlichen Kirchen einzuordnen. Doch zugleich läßt sich nicht in Abrede stellen, daß er sich auf

98 *G. Frei,* Diskussionsbeitrag zum Vortrag von Prof. Haendler: Unbewußte Projektionen auf das christliche Gottvaterbild, 218; vgl. auch *G. Frei,* Die Grundgedanken der Psychologie C. G. Jungs, in *V. White,* Gott und das Unbewußte, 326–330.

99 Vgl. *C. G. Jung,* Das Geheimnis der Goldenen Blüte, 46.

100 *C. G. Jung,* a.a.O. 47.

101 *C. G. Jung,* a.a.O. 49–50.

seine Art Christus verpflichtet fühlte: in seiner Erkenntnis, daß Jesus Christus für die westliche Welt zum Schicksal geworden ist. Das Bild Christi mag in der Seele des modernen Menschen in einer hochtechnisierten und säkularisierten Welt immer mehr verblassen, doch verloschen ist es damit nicht. Wenn in der „Post-Hippie-Bewegung" Jesus Christ Superstar gefeiert wird, so drückt sich in diesem verzerrten Christusbild die Sehnsucht einer enttäuschten Jugend nach dem Erlebnis mit dem Übersinnlichen aus. Der Rückgriff auf die Gestalt Christi spricht von ihrer auch heute noch schicksalsmächtigen Kraft.

Könnte dieses Wissen um das wirkkräftige Bild Jesu Christi in der Seele nicht eine echte Chance für die Theologie bedeuten, würde sie sich ernsthaft mit dem tiefenpsychologischen Aspekt der Gestalt Christi beschäftigen?[102]
Jung zumindest glaubt, daß dies sehr fruchtbar wäre: „Wenn die christliche Doktrin die Psychologie, die schicksalsmäßig mit ihr zusammenstößt, assimilieren kann, so bedeutet dies ein Zeichen von Lebenskraft, denn Leben ist Assimilation. Was aber nicht mehr assimilieren kann, stirbt. Die Assimilation des Aristoteles hat seinerzeit die Gefahr gebannt, die von seiten der Araber drohte. Solche Dinge möge die theologische Kritik bedenken, bevor sie sich mit der Psychologie nur negativ auseinandersetzt."[103]

102 Vgl. dazu den Versuch von *K. Niederwimmer,* Jesus.
103 *C. G. Jung,* GW 14/2, 76, Anm. 262.

II. Die Quaternität

1. *Die Vierheit der Grundfunktionen*

Von der Typenlehre C. G. Jungs hat eigentlich nur die Unterscheidung von Introversion und Extraversion wirklichen Eingang in die allgemeine psychologische Literatur gefunden. Die Funktionenlehre blieb relativ unbekannt. Die wenigen Arbeiten über dieses Thema beschränken sich vorzugsweise auf die englischsprachige Literatur.[1] Und doch bildet gerade die Funktionenlehre den Schlüssel für das tiefere Verständnis der Jungschen Psychologie im allgemeinen und unseres Themas im speziellen.

1.1. Aufriß der Typologie und Funktionenlehre

Schon sehr früh – 1913 hielt Jung einen Vortrag „Zur Frage der Psychologischen Typen" am Psychoanalytischen Kongreß in München – befaßte sich Jung mit dem Problem der Typologie. Sein langjähriger Mitarbeiter und Assistent C. A. Meier sagt, daß Jung bereits bei der Erarbeitung des Assoziationstests auf das Typenproblem gestoßen sei.[2] Wenn sich auch Jung nicht eigentlich die Mühe genommen hat, seine Typologie eingehend mit der seiner frühesten Vorläufer zu vergleichen, so weiß er sich dennoch in ihrer Nachfolge. In einem Vortrag, gehalten am Internationalen Kongreß für Erziehung in Territet 1923, erinnert er an Hippokrates, der das Ordnungsprinzip der vier Elemente: Feuer, Luft, Wasser, Erde, das Empedokles auf die Naturdinge anwandte, mit dem menschlichen Körper in Verbindung brachte, und an Galenus, der diese Lehre zu der Unterscheidung von Sanguiniker, Phlegmatiker, Choleriker und Melancholiker weiterentwickelte.[3]

1 Vgl. *J. B. Wheelwright* und *J. A. Buehler*, Jungian Type Survey; *L. J. Stricker* and *J. Ross*, Some correlations of a Jungian personality inventory; *I. N. Marshall*, The four functions: a conceptual analysis, 1–32.

2 *C. A. Meier*, Individuation und psychologische Typen, 7.

3 *C. G. Jung*, Psychologische Typen, GW 6, 552.

1.1.1. Introversion – Extraversion

In der Erarbeitung seiner Typologie stieß Jung zuerst auf zwei verschiedene Einstellungen, die er im Umgang mit seinen Patienten beobachten konnte, die ihm aber von universeller Bedeutung schienen. Das Problem der Neurosenwahl ließ ihn erkennen, daß, bevor man dieses Problem lösen könne, man sich mit dem ‚wie' der Reaktion des Individuums beschäftigen müsse.[4] So sagt er: „Es gibt eine ganze Menschenklasse, die im Momente der Reaktion auf eine gegebene Lage sich zuerst etwas zurückzieht, etwas wie leise ‚nein' sagt und dann erst zum Reagieren gelangt, und eine andere Klasse, die in der gleichen Situation unmittelbar mit der Reaktion herauskommt, anscheinend im vollen Vertrauen darauf, daß ihr Handeln selbstverständlich richtig sei."[5] Es ist dieser verschiedene *Reaktionshabitus*, der ihn die Unterscheidung in *introvertierte* und *extravertierte* Einstellung treffen läßt. Doch erwies sich diese Einteilung bald als zu einfach. Jung mußte feststellen, daß es auch in den beiden Klassen noch gewaltige Unterschiede gab, daß sich auch zwei Introvertierte noch untereinander grundlegend unterscheiden konnten. So entwickelte er neben den zwei allgemeinen *Einstellungstypen* noch die vier *Funktionstypen*.[6]

1.1.2. Die vier Funktionen

„Die bewußte Psyche", so sagt Jung, „ist eine Art Anpassungs- oder Orientierungsapparat, der aus einer Anzahl verschiedener Funktionen besteht." Der eine Mensch orientiert sich in seinem Leben vornehmlich durch sein Denken. Bevor er etwas tut, überlegt er es sich gut, zieht seine logischen Schlußfolgerungen, und er fühlt sich unbehaglich in einer Situation, die er nicht vorher genau durchdacht hat. Der andere beurteilt alles nach seinem Gefühl, ob ihm z. B. etwas angenehm oder unangenehm ist. Ein dritter beschränkt sich darauf, die konkrete Wirklichkeit einfach wahrzunehmen und nicht viel darüber nachzudenken. Und schließlich ein vierter verläßt sich auf seine Ahnungen.[7]

So kommt Jung zu einer Vierteilung der psychischen Grundfunktionen. Er unterscheidet zwei *rationale* Funktionen: *Denken* und *Fühlen*, und zwei *irrationale* Funktionen: *Empfinden* und *Intuieren*.[8]

Die *Denkfunktion* beinhaltet nur das „gerichtete Denken", das vom „assoziativen Denken" zu unterscheiden ist. Letzteres ist nur „bloßes Vor-

4 Vgl. *C. G. Jung*, GW 6, 574.
5 A.a.O. 578.
6 Vgl. a.a.O. 579–580.
7 A.a.O. 561.
8 Vgl. *C. G. Jung*, GW 6, 460.

stellen". Es gehört zu der irrationalen Funktion der „intellektuellen Intuition". Das gerichtete Denken dagegen bezeichnet er als rationale Funktion, weil es „nach der Voraussetzung der bewußten vernünftigen Norm die Vorstellungsinhalte unter Begriffe anordnet".[9]

Das *Fühlen* ist eine „wertende Funktion" (ähnlich dem ‚emotionalen Fühlen' bei Max Scheler), die gleichfalls eine „rationale Funktion" ist, weil das Fühlen eine „Art des Urteilens" darstellt, ein „subjektives Annehmen oder Zurückweisen". Fühlen möchte Jung nicht verwechselt wissen mit Gefühl im landläufigen Sinn, das wir nach seiner Meinung besser mit Empfindung wiedergeben würden.[10] Das Fühlen tritt konkret zwar häufig gemischt mit Empfindungen auf, ist aber nicht damit zu verwechseln, weil es auch das „abstrakte Fühlen" gibt. Das Fühlen ist dem Denken verwandt, weil es die „Bewußtseinsinhalte nach ihrem Wert anordnet". Je konkreter das Fühlen ist, desto subjektiver und persönlicher ist der von ihm erteilte Wert, je abstrakter, desto allgemeiner und objektiver die Wertung.[11] Die *Empfindung* ist der Sinn für das Konkrete. Jung faßt sie als die „bewußte Perzeption" in Gegenüberstellung zur „unbewußten Perzeption" der Intuition. Auch bei der Empfindung gibt es Grade der Abstraktion. Abstrakte Empfindung z. B., so meint er, eigne vor allem dem Künstler.[12]

Die *Intuition* schließlich ist für Jung „eine Art instinktiven Erfassens, gleichviel welchen Inhaltes". Sie ist, wie die Empfindung, eine „irrationale Wahrnehmungsfunktion". „Die Intuition tritt auf in *subjektiver* oder *objektiver* Form; erstere ist eine Wahrnehmung unbewußter psychischer Tatbestände, die wesentlich subjektiver Provenienz sind, letztere eine Wahrnehmung von Tatbeständen, die auf subliminalen Wahrnehmungen am Objekt beruhen." Hier wie auch bei den anderen Funktionen gibt es „konkrete und abstrakte Formen" der Intuition, je nach dem Grad der Mitbeteiligung der Empfindung.[13]

Für diese Vierteilung der Funktionen vermag Jung keinen Grund a priori anzugeben. Er beruft sich auf seine jahrelange Erfahrung, die ihn dazu bewogen habe, gerade diese vier Funktionen als psychische Grundfunktio-

9 A.a.O. 458.

10 Zur Unterscheidung von Gefühl und Empfindung schreibt Jung: „Sodann muß man sich wohl oder übel einmal darüber verständigen, daß das Gefühl des Bedauerns z. B. begrifflich vom Gefühl, daß das Wetter ändern werde, geschieden werden sollte. Ich habe darum vorgeschlagen, ersteres Gefühl als das eigentliche Fühlen zu bezeichnen, das im letzteren Fall dagegen verwendete Wort ‚Gefühl' im psychologischen Gebrauch zu unterdrücken und durch Empfindung zu ersetzen." (A.a.O. 583)

11 Vgl. a.a.O. 468–469.

12 Vgl. 220, 464.

13 Vgl. *C. G. Jung*, GW 6, 481.

nen anzunehmen. So sagt er: „Ich unterscheide diese Funktionen voneinander, weil sie sich nicht aufeinander beziehen resp. reduzieren lassen.“[14] Auf die Frage: Warum gerade vier? antwortet er: „Daß mit der Vier eine gewisse *Totalität* (Hervorhebung durch Verf.) erreicht ist, kann folgende Überlegung zeigen. Die Empfindung stellt fest, was tatsächlich vorhanden ist. Das Denken ermöglicht uns, zu erkennen, was das Vorhandene bedeutet, das Gefühl, was es wert ist, und die Intuition schließlich weist auf die Möglichkeiten des Woher und Wohin, die im gegenwärtig Vorhandenen liegen. Damit dürfte die Orientierung im Gegenwärtigen ebenso vollständig sein, wie die geographische Ortsangabe nach Breite und Länge. Die vier Funktionen sind etwas wie die vier Himmelsrichtungen, ebenso willkürlich und ebenso unerläßlich wie diese.“[15]
Bei genauer Betrachtung handelt es sich allerdings nicht allein um vier Typen, sondern eigentlich um acht. Denn da alle vier Funktionstypen noch einmal variiert werden durch die zwei allgemeinen Einstellungstypen von Introversion und Extraversion, muß man präzise von introvertierten und extravertierten Funktionstypen sprechen.[16] Es ergibt sich also ein Doppelquaternio, ein Begriff, der für Jung die eigentliche Totalität darstellt und der im Verlauf dieser Studie noch wiederkehren wird.

1.1.3. Hauptfunktion, Auxiliärfunktion und inferiore Funktion

Da der Mensch nie alles zugleich haben kann, so ist ihm auch im gleichzeitigen Gebrauch aller Funktionen eine Grenze gesetzt. Die eine Funktion wird er mehr gebrauchen als die andere. So entwickelt er vor allem die Funktion, die er im Leben am häufigsten bewußt anwendet. Die anderen drei Funktionen bleiben „in einem mehr oder weniger primitiv infantilen, oft nur halb bewußten oder gelegentlich sogar ganz unbewußten Zustand, und damit bilden sie eine für jeden Typus charakteristische Minderwertigkeit, die ein integrierender Bestandteil des Gesamtcharakterbildes ist“.[17]
Jung meint, daß der Mensch in seiner psychischen Entwicklung notwendigerweise vorerst *eine* der vier genannten Funktionen differenziert und sich bewußt mit dieser im Leben orientiert. Er nennt diese Funktion *Hauptfunktion.* So wird sich z. B. ein Denktyp vor allem durch sein Denken orientieren und seine Probleme auf diesem Wege zu lösen versuchen. Intuition und Empfindung wären ihm dabei nur Auxiliärfunktionen,

14 A.a.O. 470.
15 A.a.O. 586.
16 A.a.O. 566.
17 *C. G. Jung*, GW 6, 585.

während die Fühlfunktion undifferenziert und beinahe völlig unbewußt bliebe. In dem Diagramm der vier Funktionen sind die zwei rationalen, wie auch die zwei irrationalen einander entgegengesetzt. Denn, wie Jung sagt, kann eines Menschen hauptsächlicher Reaktionshabitus auf Irrationalität gründen, doch „entweder auf Empfindung oder auf Intuition, aber nicht auf beide zugleich, denn Empfindung ist gegenüber der Intuition ebenso antagonistisch, wie das Denken gegenüber dem Fühlen. Wenn ich nämlich mit meinen Augen und Ohren feststellen will, was tatsächlich vorkommt, so kann ich alles andere, nur nicht zugleich vage um alle Ecken herumträumen und -phantasieren, was eben der Intuitive tun muß, um seinem Unbewußten oder dem Objekt den nötigen Spielraum zu gewähren. Begreiflicherweise ist darum ein Empfindungstypus der Antipode des Intuitiven.“[18]

Was wir am Denktypus als Hauptfunktion erläutert haben, gilt analog für alle anderen Typen.

Erkennt man die Hauptfunktion leicht an ihrer „Stärke, Unerschütterlichkeit, Konsequenz, Verläßlichkeit und Angepaßtheit“, so macht die Umschreibung der der Hauptfunktion entgegengesetzten *„inferioren* oder *minderwertigen Funktion“* (beide Termini erscheinen nicht sehr glücklich) schon größere Schwierigkeiten. „Ein wesentliches Kriterium“, so meint Jung, „ist ihre Unselbständigkeit und die dadurch veranlaßte Abhängigkeit von Menschen und Umständen, sodann ihre launenhafte Empfindlichkeit, ihre Unzuverlässigkeit im Gebrauche, ihre Suggestibilität und ihr verschwommener Charakter.“[19]

Zwischen Hauptfunktion und minderwertiger Funktion gibt es noch eine dritte Variante der Funktionen. Jung nennt sie *auxiliäre Funktion* oder *Hilfsfunktion.* Es handelt sich bei ihr um eine *relativ bewußte* Funktion, deren sich der Mensch noch neben seiner Hauptfunktion bedienen kann und die ihn teilhaben läßt an ‚Rationalität‘ oder ‚Irrationalität‘ je nachdem, ob seine Hauptfunktion irrational oder rational ist. „Die sekundäre Funktion ist erfahrungsgemäß immer eine solche, deren Wesen anders, aber nicht gegensätzlich zur Hauptfunktion ist; also z. B. kann sich ein Denken als Hauptfunktion leicht mit Intuition als sekundärer Funktion paaren oder auch ebensogut mit Empfindung, aber, wie gesagt, niemals mit Fühlen.“ Eine Komplikation kann sich ergeben, wenn die Hilfsfunktion dieselbe Differenzierung wie die Hauptfunktion erreicht. In diesem Fall würde sich eine Veränderung der Einstellung ergeben. Rationalität würde in Irrationalität umschlagen oder umgekehrt. Hieraus zieht Jung

18 A.a.O. 584.
19 *C. G. Jung,* GW 6, 585.

den Schluß, daß die Hilfsfunktion nur insofern möglich und nützlich ist, „als sie der Hauptfunktion *dient,* ohne dabei einen Anspruch auf die Autonomie ihres Prinzips zu erheben".[20]

So wie die Hilfsfunktion die Hauptfunktion unterstützt und an deren Bewußtheit teilhat, steht die ihr entgegengesetzte Funktion der minderwertigen Funktion nahe und könnte daher analog zur relativ bewußten Auxiliärfunktion *relativ unbewußt* genannt werden. Diese der Auxiliärfunktion entgegengesetzte Funktion wird im Sprachgebrauch der analytischen Psychologie auch häufig *2. Hilfsfunktion* genannt.

Eine Hilfe stellen diese beiden Auxiliärfunktionen nicht nur für die bewußte Orientierung des Individuums dar, sondern sie sind zugleich die Brücke zum Unbewußten und zur sogenannten minderwertigen Funktion. „Der Zugang zum Unbewußten und zu der am meisten verdrängten Funktion erschließt sich sozusagen von selbst und mit genügender Wahrnehmung des bewußten Standpunktes, wenn der Entwicklungsweg über die sekundäre Funktion geht, also im Falle eines rationalen Typus über die irrationale Funktion."[21]

1.2. Die Funktionenlehre und psychische Ganzheit

Im vorausgehenden wurde bereits deutlich, daß Jung den vier Funktionen eine gewisse Totalität beimißt. Diese Totalität erscheint in der Praxis jedoch als ein nicht zu erreichendes Ideal; würde sie ja nichts weniger bedeuten als die gleichmäßige Bewußtheit aller vier Funktionen. Die Aufteilung in Hauptfunktion, Hilfsfunktion und minderwertige Funktion wäre hinfällig. Es stellt sich damit die Frage, ob es sich bei dem Ganzen nicht einfach um ein theoretisches Konstrukt handelt, einer Utopie der Ganzheit, der man vergeblich nachjagt.

Dieser Einwand wäre berechtigt, wollte man die Quaternität der Funktionen als ein statisches Modell begreifen. Doch handelt es sich bei der Funktionenlehre nicht um ein Diagramm, das man vom Papier direkt aufs Leben übertragen kann. In den Ausführungen Jungs über die Bewußtmachung der inferioren Funktion wird deutlich, welchen entscheidenden Wert er dem Faktor Zeit und damit dem dynamischen Element in der Funktionenlehre beimißt.

1.2.1. Die Bewußtmachung der minderwertigen Funktion

So wertvoll die Hauptfunktion für die bewußte Orientierung im Leben ist und wie lebensnotwendig sie schlechthin erscheinen mag, so stellt ihre

20 A.a.O. 442.
21 *C. G. Jung,* GW 6, 443.

einseitige Differenzierung aber auch ein nicht zu unterschätzendes Problem dar. Dies wird deutlich vor allem in der zweiten Lebenshälfte, die Jung um das fünfunddreißigste Lebensjahr beginnen läßt. Wenn es um diese Zeit nicht gelingt, die ‚minderwertige Funktion' aus ihrer inferioren Stellung zu befreien und zu einer neuen Zentrierung der Persönlichkeit zu gelangen, ist eine große Chance des Lebens hoffnungslos vertan. Jung sagt dazu in einem Vortrag, „Die Lebenswende": „Je mehr man sich der Lebensmitte nähert, und je mehr es einem gelungen ist, sich in seiner persönlichen Einstellung und sozialen Lage zu festigen, desto mehr will es einem scheinen, daß man den richtigen Lauf des Lebens und die richtigen Ideale und Prinzipien des Verhaltens entdeckt habe. Darum setzt man dann ihre ewige Gültigkeit voraus und macht sich eine Tugend daraus, an ihnen hängen zu bleiben. Man übersieht dabei die eine wesentliche Tatsache, daß die Errichtung des sozialen Zieles auf Kosten der Totalität der Persönlichkeit erfolgt. Vieles, allzu vieles: Leben, das auch hätte gelebt werden können, blieb vielleicht in den Rumpelkammern verstaubter Erinnerungen liegen, manchmal sind es auch glühende Kohlen unter grauer Asche."[22] „Um zwölf Uhr mittags beginnt der Untergang. Und der Untergang ist die Umkehrung aller Werte und Ideale des Morgens."[23]

Die „Totalität der Persönlichkeit" ist hiernach Aufgabe der zweiten Lebenshälfte. In der ersten ist eine gewisse Einseitigkeit der Entwicklung unvermeidbar. Es geht hier um die genügende Differenzierung der Hauptfunktion.

Wenn die Psychologie Freuds vorwiegend eine Psychologie der ersten Lebenshälfte darstellt, wo es um Anpassung an die Welt, die Lösung von Problemen wie Beruf, Ablösung von den Eltern, Partnerwahl usw. geht, so glaubt Jung – ohne die Schwierigkeiten der ersten Lebenshälfte und die Notwendigkeit ihrer Lösung leugnen zu wollen –, daß doch das eigentliche Problem des Menschen die Sinnfindung ist, die sich in der zweiten Lebenshälfte um so brennender stellt, als gewöhnlich um diese Zeit die oben angedeuteten Probleme der ersten Lebenshälfte mehr oder weniger gelöst sind.

Die „Umkehrung aller Werte und Ideale des Morgens" bedeutet jedoch nicht, daß man alles, was in der ersten Lebenshälfte geworden ist, verleugnen müsse. Es geht vielmehr darum, die früheren Werte neu einzuordnen, wodurch sie natürlich einen anderen Stellenwert erhalten.

Das Versäumnis dieser Umstellung und ein Beharren auf dem einmal erreichten Standpunkt führt zur frühzeitigen greisenhaften Erstarrung des

22 *C. G. Jung*, GW 8, 451.
23 A.a.O. 453.

Lebens. Die Verfestigung und Unlebendigkeit vieler älterer Menschen dürfte hierin ihren Grund haben. Das ‚Primitive' und ‚Infantile' der undifferenzierten inferioren Funktion bietet zugleich die Chance neuer Ursprünglichkeit und neuen Aufbruchs.[24]

Was für das Individuum gilt, versucht Jung auch für die Kulturgeschichte des Abendlandes nachzuweisen. Vor allem in seinem Buch „Psychologische Typen" stellt er abendländische Kulturgeschichte unter dem Gesichtspunkt seiner Typologie und Funktionenlehre dar. Hier wird deutlich, wie er das Verhältnis von Hauptfunktion und inferiorer Funktion im Bereich der Kultur einschätzt. Der Mensch, der sich mit der herrschenden Funktion der Gesellschaft konform zeigt, wird geschätzt.

Eine Gesellschaft, die z. B. das rationale Denken fördert, wird eine große Anzahl von Individuen dazu bestimmen, sich diesem einseitigen Bild vom Menschen anzupassen. „Aber diese einseitige Entwicklung muß und wird zu einer Reaktion führen, weil die unterdrückten minderwertigen Funktionen nicht bis ins Endlose vom Mitleben und von der Entwicklung ausgeschlossen werden können."[25]

Doch Jung ist sich darüber im klaren, daß die Veränderung der bewußten Einstellung keine Kleinigkeit ist, „denn der Inbegriff einer allgemeinen Einstellung ist stets ein mehr oder weniger bewußtes Ideal, geheiligt durch Gewohnheit und historische Tradition, gegründet auf dem Felsboden des angeborenen Temperaments. *Die bewußte Einstellung ist immer zum mindesten eine Art Weltanschauung, wenn sie nicht geradezu eine Religion ist.*"[26] Die ungesunde Spannung zwischen Hauptfunktion und inferiorer Funktion, die sich im Individuum als neurotischer Konflikt zeigt, ist häufig lediglich ein Symptom für eine viel tiefer reichende Spannung zwischen einer veralteten weltanschaulichen oder religiösen Obervorstellung, die das gesellschaftliche Leben beherrscht und der Macht der verdrängten Funktion, die nicht leben kann und die sich darum gewaltsam und eruptiv, und häufig in zerstörerischer Form bemerkbar macht. Das Heilmittel besteht sicher nicht darin, sie noch mehr zu verdrängen, sondern sie bewußt zu machen und ihr einen Lebensraum zu geben.

1.2.2. Gegensatzvereinigung und Selbstwerdung

Was im obigen über die Bewußtmachung der minderwertigen Funktion gesagt wurde, führt uns eigentlich zu dem grundlegenden Problem des Gegensatzes – nicht allein zwischen Hauptfunktion und minderwertiger

24 Vgl. *C. G. Jung*, GW 6, 564.
25 A.a.O. 78.
26 *C. G. Jung*, GW 6, 566.

Funktion, zwischen Introversion und Extraversion, sondern zwischen Bewußtsein und Unbewußtem ganz allgemein.

Das *Unbewußte* hat für Jung eine andere Bedeutung als für Freud. Mit diesem teilt Jung die Ansicht über ein persönliches Unbewußtes, das vor allem als ein Reservoir von verdrängten Inhalten aus der persönlichen Lebensgeschichte des Individuums zu verstehen ist. Über das persönliche Unbewußte hinaus postuliert Jung jedoch noch ein *kollektives Unbewußtes*, dessen Inhalte „nicht aus persönlichen Acquisitionen, sondern aus der ererbten Möglichkeit des psychischen Funktionierens überhaupt, nämlich aus der ererbten Hirnstruktur stammen".[27] Das persönliche Unbewußte ist für Jung lediglich eine dünne, oberflächliche Schicht, die dem kollektiven Unbewußten aufruht. Wenn Freud von der Forderung einer totalen Bewußtmachung ausgeht, wenn er sagt: „Aus Es muß Ich werden", so hält Jung diese Forderung für schlicht unmöglich. Das kollektive Unbewußte ist einer totalen Bewußtmachung unzugänglich. Es stellt daher eine eigenständige Größe[28] dar, die nicht auf Bewußtsein reduzierbar ist. Vielmehr erscheint das Unbewußte als Gegensatz zum Bewußtsein.

In dieser Gegensatzstruktur der Psyche unterscheidet sich Jung grundlegend von der Konzeption Freuds, der, wie bekannt, den ‚psychischen Apparat' in ‚Es', ‚Ich' und ‚Überich' aufteilt. Das ‚Ich', postiert zwischen ‚Es' und ‚Überich', gehorcht dem Realitätsprinzip, dem das Lustprinzip des ‚Es' zu weichen hat, wie es in der oben genannten Forderung Freuds zum Ausdruck kommt. Mit der Idee eines kollektiven Unbewußten hat sich Freud nie befreunden können, wenngleich er in seinem Spätwerk „Der Mann Moses und die monotheistische Religion" – wie ein spätes Zugeständnis an seinen einstigen Schüler – von Relikten der Menschheitsgeschichte in der Psyche des einzelnen spricht.

Wenn das ‚Ich' bei Freud der entscheidende Faktor des psychischen Geschehens ist, so ist für Jung das ‚Ich' ein Komplex unter anderen.

Dieses unterschiedliche Verständnis des Unbewußten und die abweichende Bewertung des Ich läßt sich weitgehend durch den verschiedenen Werdegang Jungs und Freuds erklären. Es ist bei Jung nicht allein der Einfluß seines Studiums der Mythologie und der Symbolgeschichte, die ihm die

27 *C. G. Jung*, GW 6, 527.

28 Wenngleich Jung betont, daß es sich beim Unbewußten nur um ein Postulat handle – ist es ja, seiner definierten Natur nach jenseits aller Erkennbarkeit (a.a.O. 563) –, so kann man sich bei der geläufigen Verwendung dieses Begriffes des Eindrucks nicht erwehren, daß Jung hypotasierend mit diesem, wie mit anderen Begriffen verfährt. Wir sollten uns daher bei der Verwendung dieses Begriffes, wie auch anderer, an den eigenen theoretischen Vorbehalt Jungs erinnern.

Konzeption eines kollektiven Unbewußten nahelegte und dem ‚Ich' einen anderen Stellenwert zumaß, sondern auch seine Ausbildung als Psychiater und seine Beeinflussung durch Pierre Janet. Als Psychiater hatte sich Jung, anders als Freud, vor allem mit dem Problem der Geisteskrankheiten zu beschäftigen. So galt auch bis zum Ende seines Lebens – schon sein frühes großes Werk „Symbole der Wandlung" trägt den Untertitel „Analyse des Vorspiels zu einer Schizophrenie" – sein psychiatrisches Interesse dem bis heute nicht gelösten Problem der Entstehung der Schizophrenie.

Doch gerade im schizophrenen Formenkreis taucht immer wieder ein Phänomen auf, das P. Janet ‚doublement des personnalités' nannte. Dieses Auseinanderfallen in ‚Teilpersönlichkeiten', die sich der Kontrolle des Ich entziehen, war für Jung der Beweis dafür, daß nicht das Ich die Ganzheit der Persönlichkeit ausdrücken kann. In der Geisteskrankheit kann es zur Teilpersönlichkeit werden, die mit anderen Teilpersönlichkeiten koexistiert. Ja, in manchen Formen des schizophrenen Irreseins hat man den Eindruck, daß das Ich vom Unbewußten verschlungen wird, so wie in der Mythologie der tragische Held oder frühsterbende Gott von den Tieren der Unterwelt oder von der ‚furchtbaren Mutter' verschlungen wird. Es gehört zu den Besonderheiten der Jungschen Komplexlehre, daß Jung die ‚autonomen Komplexe' zu den ‚normalen Lebenserscheinungen' zählt, die „die Struktur der unbewußten Psyche ausmachen".[29] Ein Komplex braucht nicht notwendigerweise als etwas Krankhaftes abgestempelt zu werden. Ein Komplex oder Komplex-Haben will nur besagen, „daß Unvereintes, Unassimiliertes, Konflikthaftes besteht, ein Hindernis vielleicht, aber auch ein Anreiz zu größeren Anstrengungen, und damit vielleicht sogar eine neue Erfolgsmöglichkeit. Komplexe sind daher in diesem Sinn geradezu Brenn- oder Knotenpunkte des seelischen Lebens, die man gar nicht missen möchte, ja, die gar nicht fehlen *dürfen,* weil sonst die seelische Aktivität zu einem fatalen Stillstand käme."[30] „Komplexe sind nämlich recht eigentlich die *lebendigen Einheiten der unbewußten* Psyche."[31] Jung erwägt dabei auch die Möglichkeit, daß Komplexe ein eigenes Bewußtsein haben.[32]

Jung gebraucht, wenn er von der Psyche spricht, den Vergleich mit dem Sternenhimmel. Die Psyche ist keine Einheit, sondern eine ‚Konstellation'. Wenn der Ich-Komplex in dieser Konstellation mit der Sonne zu vergleichen wäre, so gibt es neben der Sonne noch andere Lichter: eben die ande-

29 *C. G. Jung,* GW 8, 120.
30 *C. G. Jung,* GW 6, 573.
31 *C. G. Jung,* GW 8, 116.
32 Vgl. *C. G. Jung,* GW 8, 112; 14/1, 67.

ren Komplexe.[33] Erst wo der Ich-Komplex seine Oberherrschaft in dieser Konstellation verliert und sich ein anderer Komplex verselbständigt, kommt es zu einer Störung der Gesamtpsyche, die in extremen Fällen als Psychose diagnostiziert werden muß.
Die Vormachtstellung des Ich-Komplexes schreibt Jung der Bewußtseinsentwicklung zu, die die Intensität dieses Komplexes in einem Maß gesteigert hat, daß die übrigen Komplexe ihre ursprüngliche Autonomie verloren haben, die sie jedoch wiedergewinnen, sobald sich eine Dissoziation der Persönlichkeit abzeichnet.[34]
So unterstreicht die Komplexlehre Jungs noch einmal das, was schon in der Funktionenlehre über die Bewußtmachung der minderwertigen Funktion gesagt wurde. Das Brechen der Vormachtstellung des Ich-Komplexes, der bewußten Einstellung der Hauptfunktion, bedeutet nicht allein eine Umkehrung aller Werte, sondern zugleich eine tiefe Erschütterung der gesamten Persönlichkeit. Es ist immer eine Stunde der Krisis, wo es auf Messers Schneide steht, ob eine neue Zentrierung der Persönlichkeit, die nicht mehr den Ich-Komplex zum Zentrum hat, sondern das Selbst, gelingt, oder ob die Mächte des Unbewußten das Ich einfach überspülen und der Mensch in einer Psychose endet. In einem anderen Vergleich, der diese Bedrohtheit des Ich-Komplexes zum Thema hat, gebraucht Jung das Bild der Insel für den Ich-Komplex, der vom Meer des Unbewußten umgeben ist. Die Insel ist ständig bedroht, vom Meer überflutet zu werden. Nach Jung hat diese Bedrohtheit des Bewußtseins durch das Unbewußte seinen Grund darin, daß nicht das Bewußtsein Bedingung des Unbewußten ist, sondern umgekehrt. Er sagt dazu: „Das kollektive Unbewußte ist das psychische Ahnenleben bis zurück in erste Anfänge. Es ist die Voraussetzung und der Mutterboden alles bewußten seelischen Geschehens und daher auch ein Einfluß, der die Freiheit des Bewußtseins in hohem Maße kompromittiert, indem es beständig bestrebt ist, alle Bewußtseinsvorgänge wieder in die alten Bahnen zu leiten. Aus dieser positiven Gefahr erklärt sich der außerordentliche Widerstand des Bewußtseins gegen das Unbewußte."[35]
Wenn im vorhergehenden auf die möglicherweise destruktive Wirksamkeit des Unbewußten dem Bewußtsein gegenüber hingewiesen wurde, so darf man doch nicht den positiven Aspekt des Unbewußten für das Bewußtsein vergessen. Hier ist die *kompensatorische Funktion* des Unbewußten vor allem zu nennen. Das Unbewußte wirkt korrigierend auf die

33 Vgl. *C. G. Jung*, GW 14/2, 112.
34 Vgl. *C. G. Jung*, GW 8, 114–115.
35 Vgl. *C. G. Jung*, GW 8, 128.

Einseitigkeit des bewußten Standpunktes. Dies wird deutlich z. B. in den Träumen, die „in der Regel der bewußten Einstellung eine Korrektur" geben können. Jung betrachtet diese Feststellung als gesichertes Ergebnis der wissenschaftlichen Erfahrung.[36]

Der kompensatorischen Beziehung zwischen Bewußtsein und Unbewußtem liegt die Konzeption der Psyche als „geschlossenes System" zugrunde. Jung bedient sich dabei eines physikalischen Modells. So wie nach dem Energieerhaltungsgesetz der Physik die Summe der Energie gleichbleibt, wenn auch die einzelnen Teile dabei variieren können, verliert sich auch keine psychische Energie, lediglich ihre Modalität kann variieren. Die Libido verhält sich nach dem „Äquivalenzprinzip": Wo ein psychisches Energiequantum aus der bewußten Psyche scheinbar verschwindet, taucht es im Unbewußten mit um so größerer Intensität wieder auf.[37]

Das Problem der Gegensatzvereinigung bedeutet also weder eine Stärkung des Ich-Bewußtseins, eine einseitige Akzentuierung des bewußten Standpunkts, noch eine Mystifizierung des Unbewußten, die alles Heil aus dem Unbewußten erwartet. Wenn zuweilen etwas undifferenziert von der Weisheit des Unbewußten geredet wird, so muß man sich erinnern, daß Hinweise des Unbewußten erst verstanden werden wollen, bevor sie für den Menschen relevant werden können. In jeglichem Verstehen werden wir aber einen gewissen Bewußtseinsanteil nicht verleugnen können. Bei der Behandlung des Problems des Gegensatzes zwischen Bewußtsein und Unbewußtem und seiner Vereinigung würde man besser daran tun, weniger auf den beiden ‚Größen' dieses Gegensatzes zu insistieren als auf der Beziehung zwischen ihnen. Diese Beziehung kann mangelhaft oder befriedigend sein. Im Psychotiker kann sie abgerissen sein, im Neurotiker ist sie gestört, und im Normalmenschen ist sie gewöhnlich unterentwickelt. In der intensiven Beschäftigung mit den Produkten des Unbewußten besteht nach Jung die Chance, zur Ganzheit zu kommen. In dem Maße, in dem sich das Bewußtsein mit den Inhalten des Unbewußten auseinandersetzt und damit zeigt, daß es sie ernst nimmt und nicht verdrängt, kann der Mensch zur Überzeugung gelangen, daß in ihm verborgene Schätze ruhen, die gehoben werden und ihm neue Möglichkeiten des Lebens erschließen könnten.

Ganzheit ist ein Ideal, ein Ziel, das in keinem Menschenleben völlig erreicht wird. Ganzwerdung oder Selbstwerdung, wie es Jung auch nennt, ist ein Programm, um dessen Erfüllung man sich ständig mühen muß, ohne sie jedoch je zu erreichen. In diesem Prozeß, den Jung den Individua-

36 Vgl. *C. G. Jung*, GW 6, 563.
37 Vgl. *C. G. Jung*, GW 8, 20 ff.

tionsprozeß nennt, wird es dem Menschen immer deutlicher, daß das eigentliche Zentrum seiner Persönlichkeit nicht sein Ich sein kann, sondern etwas, was Ich-Bewußtsein und Unbewußtes in einer Synthese umfaßt. Jung nennt dieses eigentliche Zentrum der Person das *Selbst*. Das Selbst ist nicht nur das Ich, wie es auch nicht nur das Unbewußte ist; es enthält beides. In ihm sind die Gegensätze von bewußt und unbewußt, von Hauptfunktion und minderer Funktion, von Rationalität und Irrationalität, von Introversion und Extraversion zu einem Ausgleich gekommen. Jung betont, daß das Selbst ein *Postulat* sei. „Als empirischer Begriff bezeichnet das Selbst den Gesamtumfang aller psychischen Phänomene im Menschen. Es drückt die Einheit und Ganzheit der Gesamtpersönlichkeit aus. Insofern aber letztere infolge ihres unbewußten Anteils nur zum Teil bewußt sein kann, ist der Begriff des Selbst eigentlich zum Teil potentiell empirisch und daher im selben Maß ein *Postulat*. Mit anderen Worten, er umfaßt Erfahrbares und Unerfahrbares bzw. noch nicht Erfahrenes. Insofern die Ganzheit, welche sowohl aus bewußten als auch aus unbewußten Inhalten besteht, ein Postulat ist, ist ihr Begriff *transzendent*, denn sie setzt das Vorhandensein von unbewußten Faktoren aus empirischen Gründen voraus und charakterisiert damit eine Wesenheit, die nur zum Teil beschrieben werden kann, zu einem anderen Teil aber pro tempore unerkennbar und unbegrenzbar bleibt. „Begrifflich kann das Selbst als Ganzheit und darum als Einheit, in der die Gegensätze geeint sind, verstanden werden, empirisch jedoch, so meint Jung, erscheint es als ein Spiel von Licht und Schatten.[38] Mit den empirischen Erscheinungsformen des Selbst wollen wir uns im nächsten Kapitel eingehender beschäftigen.

2. *Ganzheitssymbolik*

Wie wir bereits sahen, ist psychische Ganzheit ein Postulat, das Jung aufstellt, das aber in einem konkreten menschlichen Leben nicht zu verwirklichen ist. So ist Ganzheit nicht empirisch festzustellen. Was jedoch empirisch festzustellen ist, ist ein Prozeß, dem eine Tendenz zur Ganzheit innewohnt. Dieser Prozeß ist erkennbar durch seine Symbolik. Nicht allein in den Träumen seiner Patienten konnte Jung diese Symbolik feststellen, er fand auch frappante Übereinstimmungen der Traumsymbole mit den Symbolen in Geschichte und Kunst der Völker.

38 *C. G. Jung*, GW 6, 512–513.

2.1. Der Symbolbegriff

Bevor wir uns mit Ganzheits- bzw. mit Quaternitätssymbolen beschäftigen, müssen wir den Begriff des Symbols bei Jung zu erhellen versuchen. Seitdem Freud in seinem epochalen Werk der „Traumdeutung" den Traum und seine Symbolik als die „via regia" zum Unbewußten genannt hatte, hat sich die Tiefenpsychologie immer wieder mit dem Symbolbegriff auseinanderzusetzen gehabt. Die Geschichte des psychoanalytischen Symbolbegriffs faßt Alfred Lorenzer in drei Phasen zusammen: Zunächst wird Symbol als ‚Erinnerungssymptom' auf der Basis einer ‚physiologischen' Psychologie konzipiert. Im Umgang mit hysterischen Krankheitsfällen wird ihm die Dimension der ‚Bedeutung' zugemessen. Schließlich werden Symbole als fixe Zeichen eines Vokabulars unbewußter Inhalte angesehen. Man spricht nun von der „Sprache des Unbewußten". Das Ideal von Objektivität scheint erreicht zu sein. Man braucht nur noch das ‚Wörterbuch der unbewußten Symbolik' aufzuschlagen, und schon ist jedweder Traum gedeutet. „Die Subjektivität schien überwunden, an ihre Stelle trat die ‚Objektivität' eines von der Individualität des Einzelnen wie von der Besonderheit der Kultur unabhängigen Vokabulars der ‚Sprache des Unbewußten'."[39]

Auch Jung scheint in manchen Formulierungen an diese falsche Objektivität der Symbole des Unbewußten zu glauben. Sieht man jedoch genauer hin, so kann man sich davon überzeugen, daß der Symbolbegriff bei Jung wesentlich differenzierter ist, als es auf den ersten Eindruck hin erscheinen mag.

Symbole sind nach Jung abzugrenzen von Zeichen. „*Symbolische* und *semiotische* Bedeutung sind ganz verschiedene Dinge. Jede Auffassung, welche den symbolischen Ausdruck als Analogie oder abgekürzte Bezeichnung einer bekannten Sache erklärt, ist semiotisch. Eine Auffassung, welche den symbolischen Ausdruck als bestmögliche und daher zunächst gar nicht klarer oder charakteristischer darzustellende Formulierung einer *relativ unbekannten Sache* erklärt, ist symbolisch."[40] *Allegorie* ist „Paraphrasierung eines bewußten Inhaltes"[41] und damit auch kein Symbol.

Symbole gehören teils dem Bereich des Unbewußten, teils dem Bereich des Bewußtseins an. Sie können daher auch nicht in einen klaren Begriff gefaßt werden, sondern nur erahnend umschrieben werden.

Weil das Unbewußte keine statische Größe ist und man darum besser von ‚unbewußten Prozessen' sprechen würde; und weil es eine Wechselwirkung

39 *A. Lorenzer*, Sprachzerstörung und Rekonstruktion, 72.
40 *C. G. Jung*, GW 6, 515.
41 *C. G. Jung*, Von den Wurzeln des Bewußtseins, 7, Anm. 5.

zwischen Bewußtsein und Unbewußtem gibt, verändern sich auch ständig die Symbole in ihrer Bedeutung. Symbole können auch sterben. „Das Symbol ist nur lebendig, solange es bedeutungsschwanger ist. Ist aber ein Sinn aus ihm geboren, d. h., ist derjenige Ausdruck gefunden, welcher die gesuchte, erwartete oder geahnte Sache noch besser als das bisherige Symbol formuliert, so ist das Symbol tot, das heißt, es hat nur noch historische Bedeutung."[42]

Es ist in diesem Zusammnhang auch auf die Beziehung zwischen Symbol und *Archetypus* einzugehen. Die Unterscheidung zwischen beiden Termini ist bei Jung nicht immer sehr klar. In der Sammlung von Definitionen, die Jung seinem Werk über „Psychologische Typen" anfügt, erscheint die Beschreibung des Archetypus unter dem Stichwort „Bild". Das erstere drückt „persönlich unbewußte Inhalte" aus, während das letztere „immer kollektiv ist". Die Entstehung dieses Bildes stellt sich Jung als „mnemischen Niederschlag", als *Engramm* vor, das sich durch Verdichtung unzähliger, einander ähnlicher Vorgänge gebildet hat. Es ist somit eine typische Grundform eines gewissen, immer wiederkehrenden seelischen Erlebens.[43]

Den von Jacob Burckhardt entlehnten Ausdruck „Urbild", den Jung in seinen frühen Schriften gebraucht hatte, ersetzt er später durch den ihm entsprechender erscheinenden Begriff des „Archetypus".[44] Offensichtlich war es ihm darum zu tun, das mehr Formale des Archetypus als „Strukturelement und anordnenden Faktor im Unbewußten" zu betonen und ihn damit vom Bild, das bereits eine Inhaltlichkeit ausdrückt, abzurücken. Um genau zu sein, möchte Jung zwischen ‚Archetypus' und ‚archetypischer Vorstellung' unterschieden wissen. „Der Archetypus stellt an sich eine hypothetische, unanschauliche Vorlage dar, wie das in der Biologie bekannte ‚pattern of behaviour'."[45] Was Jung „archetypische Vorstellung" nennt, könnte auch mit Symbol bezeichnet werden. Der Archetypus dagegen stellt eine unbewußte Disposition dar, die vom Bewußtsein wahrgenommen wird und damit eine Inhaltlichkeit bekommt. „Der Archetypus an sich ist ein psychoider Faktor, der sozusagen zu dem unsichtbaren, ultravioletten Teil des psychischen Spektrums gehört. Er scheint als solcher nicht bewußtseinsfähig zu sein."[46] Das Symbol entsteht also aus dem Zu-

42 *C. G. Jung*, GW 6, 516.
43 Vgl. *C. G. Jung*, GW 6, 453.
44 Im Jahre 1919 gebraucht Jung den Ausdruck ‚Archetypus' zum erstenmal bei einem Vortrag in London.
45 *C. G. Jung*, Von den Wurzeln des Bewußtseins, 6, Anm. 4.
46 *C. G. Jung*, GW 8, 244. Vgl. auch *A. Lorenzer*, Sprachzerstörung und Rekonstruktion, 85–86.

sammentreffen des Bewußtseins mit dem Unbewußten. Es ist sozusagen die Schaltstelle, wo Unbewußtes bewußt werden kann. Jung spricht von der *transzendenten Funktion* des Symbols und meint damit, daß das Symbol als *Energietransformator* tätig sein kann, daß sich im Prozeß der Symbolisierung Einstellungen ändern können. In der Vereinigung von Gegensätzen schafft es immer neue Synthesen, die auf der einen Seite etwas über den augenblicklichen Bewußtseinsstand des Individuums und seiner Beziehung zum Unbewußten aussagen; zugleich bietet es aber auch durch bewußte Bearbeitung die Grundlage für neue Synthesen zwischen Bewußtsein und Unbewußtem. In der Zweipoligkeit des Symbols ist auch immer die fundamentale Polarität des Menschen mitenthalten. Damit wird das Symbol zu einem eminenten Mittel der Selbsterkenntnis. In seiner Bildhaftigkeit wird es der ‚Sinnlichkeit' des Menschen gerecht und fordert ihn zugleich heraus, es begrifflich zu umschreiben, ohne es jedoch damit intellektuell auflösen zu können, insofern es sich um ein lebendiges Symbol handelt.

Jung unterscheidet zwischen *sozialen* und *individuellen* Symbolen. Soziale Symbole müssen das „Verwandte einer größeren Menschengruppe in sich schließen, um auf sie wirken zu können", während es beim individuellen Symbol dem Bewußtsein des Individuums überlassen bleibt, in einem bestimmten psychischen Produkt ein Symbol zu erkennen. Wenn Jung von der „symbolischen Einstellung des betrachtenden Bewußtseins" spricht, von dem es abhängt, ob der Mensch etwas für sich als symbolkräftig erkennt, so hat man den Eindruck, daß sich Jung bei dieser Erklärung im Kreise dreht und idem per idem erklärt. Es erhebt sich ja die Frage, woher der eine denn seine symbolische Einstellung habe, bzw. warum sie der andere nicht habe. Was der eine nur als ein Symptom erkennt, ist für den anderen ein Symbol. Symbolische Einstellung würde nach Jung die Fähigkeit bedeuten, den Dingen einen Sinn zu geben, ihnen eine Bedeutung zuzuweisen, die über das hic et nunc hinausweist und Zukunft eröffnet. Es hieße nun allerdings Jung mißverstehen, wenn wir das Symbol aus der subjektiven Einstellung des einzelnen hervorgehen lassen wollten. Doch besteht offenbar in dieser Beziehung zwischen den Menschen ein erheblicher Unterschied, der die einen in übertriebener ‚Nüchternheit' alles möglichst auf seine ‚causa' reduzieren läßt, während sich für die anderen in allem ein Sinn auf Zukünftiges verbirgt. Symbolische Einstellung bedeutet für Jung, wie aus diesen Überlegungen ersichtlich wird, finales Denken. Welche Bedeutung wir letztlich den Dingen und unseren eigenen psychischen Produkten zusprechen, ob wir es mit Symptomen oder mit

Symbolen zu tun haben, das bleibt, so ist die Auskunft Jungs, „unserem Takt und unserer Kritik überlassen zu entscheiden".[47]
Eine weitere wichtige Erklärung über das Symbol gibt Jung, wenn er sagt, daß das Symbol ein Gebilde höchst komplexer Natur sei, da es sich aus den Daten aller psychischen Funktionen zusammensetze. So trägt jedes echte Symbol in sich die Grundzeichnung der vier Grundfunktionen, aber auch deren Problematik, vor allem die des Zusammenspiels von Hauptfunktion und minderwertiger Funktion, wie wir oben schon Gelegenheit hatten zu sehen. Im echten Symbol stehen sich Hauptfunktion und minderwertige Funktion als Thesis und Antithesis gleichwertig gegenüber. Bestünde eine Unterlegenheit des einen Teiles, so würde das Symbol vorwiegend ein Produkt des anderen Teiles sein und in demselben Maße auch weniger Symbol als Symptom sein, nämlich Symptom einer unterdrückten Antithesis.[48] Es sei abschließend zum Begriff des Symbols noch vermerkt, daß, wenn in jedem Symbol auch immer der Archetypus gegenwärtig ist und der Archetypus seinerseits „immer ein potentielles Symbol" ist,[49] die Symbolik des Archetypus nicht immer dieselbe sein muß, sondern vielmehr den historischen, sozialen und auch individuellen Bedingungen entsprechend wechselt. So wird auch klar, daß es müßig ist, ein Vokabular der ‚Sprache des Unbewußten' aufstellen zu wollen. Es ist darum ganz im Sinne des Jungschen Symbolbegriffs, wenn sich Alfred Lorenzer entschieden gegen die Ontologisierung des Unbewußten in der Psychoanalyse wendet, wenn er schreibt: „Die These einer zweipoligen Anlage der Erkenntnisbildung – das Ich als Organisationszentrum und das Ubw als Reizzentrum – wahrt die Betonung der Differenz vom Ubw und Bw, reinigt zugleich aber die psychoanalytische Theorie von dem Einschlag einer Ontologisierung des Unbewußten."[50]

2.2. *Quaternitätssymbole*

2.2.1. Unbewußte und bewußte Ganzheit

In der Ganzheitssymbolik ist nach Jung eine wichtige Unterscheidung zu treffen. Nicht jede Ganzheit ist auch schon eine bewußte Ganzheit. Es gibt nach Jung eine faktische oder unbewußte Ganzheit, und es gibt eine diskriminierte Ganzheit. Wenn erstere durch einen einfachen Kreis symbolisiert werden kann, so symbolisiert man letztere besser durch einen in vier

47 C. G. *Jung,* GW 6, 519.
48 Vgl. a.a.O. 520.
49 Vgl. *J. Jacobi,* Komplex Archetypus Symbol, 86.
50 *A. Lorenzer*, Sprachzerstörung und Rekonstruktion, 77.

gleiche Sektionen aufgeteilten Kreis. So sagt er: „Dementsprechend kann die faktische Persönlichkeit durch einen kontinuierlichen Kreis dargestellt werden; als bewußte müßte sie aber als ein, durch eine bestimmte Teilung charakterisierter Kreis beschrieben werden, was am ehesten auf eine Quaternität hinausläuft. Die Vierheit der Grundfunktionen des Bewußtseins entspricht dieser Forderung.“[51] Was Jung die „faktische“ oder „unbewußte“ Ganzheit nennt, ist die in jedem Menschen schlummernde Möglichkeit einer differenzierten Ganzheit. Häufig kann man bei Beginn einer Analyse verfolgen, wie diese unbewußte Ganzheit in ihrer Symbolik immer differenzierter wird. Nicht selten beginnt ein Individuationsprozeß mit Tiersymbolen, und unter diesen findet sich auffällig häufig das der Schlange, des undifferenzierten Urdrachens oder des sich in den Schwanz beißenden Uroboros. Im weiteren Verlauf des Prozesses wird das Anfangssymbol des Urdrachens ersetzt durch andere Tiersymbole. Warmblüter treten an die Stelle der Kaltblüter. Zunehmend ‚vermenschlichen‘ sich auch die Symbole. Der im Urdrachen noch unbewußte Gegensatz wird sichtbar und gibt sich seine Symbole. Aber auch die ständigen Versuche der Psyche, eine neue Synthese zu schaffen, schlägt sich in den immer differenzierter werdenden Symbolen der Ganzheit nieder. Es sind diese Symbole der Ganzheit, die Jung meint, wenn er von Ganzheitssymbolen spricht, ohne weiter zu spezifizieren. Unter ihnen ist es das Quaternitätssymbol, in dem Jung sein Funktionsschema vorgebildet sieht. So sagt er: „Es muß in diesem Zusammenhang aber hervorgehoben werden, daß das, was wir heute als Funktionsschema bezeichnen, archetypisch vorgebildet ist, und zwar durch eines der ältesten Ordnungsschemata, welches die Geschichte kennt, nämlich durch die Quaternität, welche stets eine reflektierte resp. differenzierte Ganzheit darstellt. Ganz abgesehen von ihrer sozusagen universalen Verbreitung erscheint sie auch spontan in den Träumen, wo sie meist die Ganzheit der Persönlichkeit bzw. der Psyche ausdrückt.“[52]

2.2.2. Universale Verbreitung und Geschichte der Quaternität

Nicht allein in den Träumen seiner Patienten findet Jung das Quaternitätssymbol vor, sondern auch in den Religionen, in den Mythen und Märchen der Völker. Bei dieser Behauptung erhebt sich die berechtigte Frage, die nicht nur die Quaternität betrifft, sondern auch für andere Symbole gilt: Woher bezieht Jung die Berechtigung, von der Traumwelt seiner Patienten auf Mythen, Märchen und gar Dogmen zu extrapolieren oder

51 *C. G. Jung*, GW 14/1, 221.
52 *C. G. Jung*, GW 14/1, 222.

umgekehrt Übereinstimmungen zwischen diesen und den Träumen moderner Patienten herzustellen? Gibt es diese Übereinstimmungen überhaupt? Und was die Quaternität betrifft, ist Jung hier nicht von einer fixen Idee besessen, die ihn nun dazu veranlaßt, in allem auf dem weiten Erdenrund Ganzheitssymbole zu entdecken? Ist für Jung die Vier nicht so etwas wie die sexuelle Libido für Freud? Ein nüchterner Geist wird immer skeptisch bleiben und zu Recht. In der Welt der Symbole wird man auf letzte Klarheiten verzichten müssen. Die Feststellung von Ähnlichkeiten oder gar Übereinstimmungen ist immer eine Ermessensfrage. Die Methode der Amplifikation bei Jung (Amplifikation bedeutet Erweiterung und Bereicherung des Trauminhalts mit allen ähnlichen, möglichen, analogen Bildern, die vor allem aus Mythen, Märchen und Sagen bezogen werden mit dem Zweck, seine Bedeutung klarer werden zu lassen[53]) ist wie die der freien Assoziation bei Freud aus dem Bemühen um Heilung erwachsen. In der psychiatrischen Beschäftigung mit Geisteskranken wurde es ihm zu einer drängenden Aufgabe, die Welt des ‚Geistesgestörten' besser zu verstehen. Die Frage entstand: Gibt es überhaupt einen Zugang zum ‚Denken', zu der verwirrenden Bilderwelt psychotischen Wahns? Oder sind alle Brücken zwischen gesundem und krankhaftem Denken und Fühlen abgerissen? Wir dürfen Jung glauben, daß es dieses ärztliche Bemühen war, das ihn zu seinen weitverzweigten kulturhistorischen Studien führte und ihn für Wissenszweige interessiert sein ließ, die augenscheinlich weitab von ärztlicher Wissenschaft liegen.

Eine Episode, die Jung selbst erzählt, mag dies veranschaulichen: Als Jung noch Oberarzt im Burghölzli, der kantonalen psychiatrischen Klinik der Stadt Zürich war, wurde er eines Tages von einem Schizophrenen beiseite genommen, der ihn fragte, ob er den Sonnenpenis nicht sehe, der sich ständig bewege und der der Ursprung des Windes sei. Vier Jahre später, im Jahre 1910, fällt ihm ein Buch in die Hände, eine Bearbeitung des Pariser Zauberpapyrus. Der Autor Dieterich weist darin das gleiche Mythologem für die Liturgie des Mithraskultes nach. Da es sich bei dem Kranken um einen einfachen Mann handelte, war es kaum möglich, daß er von dieser Studie gewußt hatte.[54] Schon das Wissen darum, daß man mit den oft bedrängenden Traumbildern und Visionen nicht allein ist, sondern daß sich diese Symbole in den ‚großen Menschheitsträumen' der Märchen, Mythen und Sagen wiederfinden, kann heilend wirken. Wenn wir auf die Heilwirkung der Verknüpfung zwischen individuellen Symbolen und Symbolen der Kunst und Religionsgeschichte hingewiesen haben, so mag

53 Vgl. *J. Jacobi*, Die Psychologie von C. G. Jung, 128–129.
54 Vgl. *C. G. Jung*, Seelenprobleme der Gegenwart, 162.

damit der Einwand der Extrapolation nicht entkräftet sein, doch weist sich tiefenpsychologisches Verstehen nicht in erster Linie durch logische Stringenz aus, sondern vor allem durch den Heilerfolg.
Bei allen Vorbehalten und aller berechtigten Skepsis ist Jung zuzugeben, daß Quaternitätssymbole in überraschend großer Zahl in allen Bereichen des Menschlichen auftauchen.
Das Quaternitätssymbol hat eine lange Geschichte. Schon rhodesische Felsenzeichnungen aus dem Paleolithikum – Radzeichnungen, die möglicherweise älter als die Erfindung des Rades selbst sind – deuten darauf hin.[55] Funde aus der Bronzezeit weisen in dieselbe Richtung.[56] „Es kann heute kaum in Frage gestellt werden, daß solche Symbole buchstäblich von China bis Peru und bis in die Zeiten der Vorgeschichte gefunden werden."[57] Arnold Ehrhardt, ein Gelehrter, der sicher nicht bestrebt ist, die Theorie Jungs abzustützen, spricht gar von einer Vorherrschaft dieses Symbols im klassischen Altertum.[58] Bei den Griechen sind es vor allem die Pythagoräer, die der Vierzahl eine überragende Rolle zusprechen, während Platon der Dreizahl den Vorzug gibt. „Die römische Landmeßkunst war das Wissen von der Einteilung des Landes in Vierecke."[59] Im Iran kann man von einer „zervanistischen Tetradentheologie" sprechen.[60] Die Vierheit erscheint auch in den sogenannten Mandalas des Fernen Ostens, wo sie Gegenstand der religiösen Meditation sind.[61] Bei vielen „Naturvölkern" finden wir eine ähnliche Symbolik.[62]
Was für archaische Kulturen gilt, hat seine Gültigkeit auch für den modernen Menschen nicht verloren. In der Informationstechnik genügt die Kontrolle durch Vier als Schärfegrenze für vollständige Information.[63] In der heutigen theoretischen Physik taucht das vierdimensionale Mikowski-Einsteinsche Weltmodell auf; Wilkinson hat vier physikalische Grund-

55 Vgl. *C. G. Jung,* GW 11, 62 Anm. 44.
56 Felsenzeichnungen aus den Königsgräbern in Tara (Irland) gehen in das zweite Jahrtausend v. Chr. zurück.
57 *V. White,* Seele und Psyche, 101.
58 Vgl. *A. Ehrhardt,* Vir bonus quadrato lapidi comparatur, 177.
59 *A. Ehrhardt,* a.a.O. 179.
60 *G. Widengren,* Die Religion Irans, 290.
61 Vgl. *H. Zimmer,* Mythen und Symbole in Indischer Kunst und Kultur, 160.
62 *M. Eliade,* Images et Symboles, 60. Lévi-Strauss, der eingehend die Bororos, einen Indianerstamm in Mato Grosso (Brasilien) studiert hat, konnte feststellen, daß das Rund des Dorfes, das wiederum in vier Sektionen eingeteilt ist, für den Indianer von fundamentaler Bedeutung ist. Sobald man diese Dorfstruktur auflöst und die Indios in Reihendörfer ansiedelt, verlieren sie ihre Orientierung. Aller Sinn für die Traditionen, das soziale und religiöse Leben, geht ihnen verloren. Vgl. *C. Lévi-Strauss,* Tristes tropiques, 198.)
63 Vgl. *W. W. Sawyer,* Algebra, 78.

prinzipien in der Natur postuliert, und auch Eddington postuliert vier Naturkonstanten.[64] Der Psychiater und Psychotherapeut C. G. Jung weist das Vorkommen der Vier in Form von Mandalas vor allem in der Kombination von Kreis, Viereck und Kreuz in den Träumen seiner Patienten nach.[65] Die Vierteilung bedeutet nach H. Kükelhaus eine Urgebärde des Menschen.[66] Mit M. L. von Franz können wir zusammenfassend sagen: „In China, bei den nord- und südamerikanischen Indianern, in der vorchristlichen Antike und Mittelmeerkultur, in Indien, bei den Inkas und Mayas dominieren Vierheitsorientierungen in allen Weltmodellen und Gottesvorstellungen. Bei uns blieb die Vier im Mittelalter – trotz der Trinitätslehre – *die* Zahl der Elemente, der Aggregatszustände, der alchemistischen Stufen, der Temperamente etc."[67]

Den Grund der universellen Verbreitung des Quaternitätssymbols sieht Jung in der Tendenz zur Ganzheit, die in jedem Menschen angelegt ist. So sagt er: „In Wirklichkeit aber ist der Individuationsprozeß, jener je nachdem einfache oder komplizierte biologische Vorgang, mit dem jedes lebende Wesen zu dem wird, wozu es von Anfang an zu werden bestimmt ist. Dieser Vorgang drückt sich selbstverständlich beim Menschen ebensosehr psychisch wie somatisch aus. Er erzeugt auf der psychischen Seite z. B. jene bekannten Quaternitätserscheinungen, deren Parallelen in Irrenhäusern sowohl wie im Gnostizismus und sonstigen Exoticis, nicht zuletzt auch in der christlichen Allegorik gefunden werden. Es handelt sich also keineswegs um mystische Spekulationen, sondern um klinische Beobachtungen und deren Deutung durch Vergleichung mit verwandten Erscheinungen auf anderen Gebieten."[68]

Ganzheit ist nach Jung der Sinn des Lebens. Wenn aber Sinnsuche und Sinnfindung Wesenszüge der Religion sind, so darf es nicht befremden, wenn Jung schreibt: „Die Anwendung der vergleichenden Methode zeigt unzweifelhaft, daß die Quaternität eine mehr oder weniger direkte Darstellung des in seiner Schöpfung sich manifestierenden Gottes ist. Wir könnten daher schließen, daß das spontan sich in den Träumen moderner Menschen produzierte Symbol etwas Ähnliches meint – nämlich den inneren Gott."[69]

64 *A. Eddington,* The Philosophy of Physical Science, 58.
65 Vgl. *C. G. Jung,* Gestaltungen des Unbewußten, 198.
66 Vgl. *H. Kühelhaus,* Urzahl und Gebärde, 71 ff.
67 *M.-L. v. Franz,* Zahl und Zeit, 110.
68 *C.G. Jung,* GW 11, 335.
69 A.a.O. 63.

2.2.3. Modelle der Quaternität

2.2.3.1. Mandalas

Mandalas nennt Jung Ganzheitssymbole, die gewöhnlich eine Quaternität oder ein Mehrfaches von Vier enthalten. In „Gestaltungen des Unbewußten“ gibt Jung eine Aufstellung der formalen Elemente des Mandalasymbols:

1. *Kreis-*[70] bzw. Kugel- oder Eigestalt.
2. Die Kreisgestalt ist ausgestaltet als *Blume* oder als *Rad*.
3. Ein Zentrum ist ausgedrückt durch *Sonne, Stern, Kreuz*, meist vier-, acht- oder zwölfstrahlig.
4. Die Kreise, Kugeln und Kreuzgestalten sind öfters als *rotierende* (Svastika) dargestellt.
5. Der Kreis ist dargestellt durch eine um ein Zentrum gelegte *Schlange*, kreisförmig (Uroboros) oder spiralig (orphisches Ei).
6. Die *Quadratur des Zirkels* als Kreis in einem Viereck oder vice versa.
7. *Schloß, Stadt, Hof* (temenos), quadratisch oder kreisförmig.
8. *Auge* (Pupille und Iris).
9. Es kommen neben tetradischen Figuren auch – aber viel seltener – triadische und pentadische vor. Letztere sind jedoch nach Jung als „gestörte“ Ganzheitsbilder zu betrachten.[71]

Es ist hierbei jedoch zu beachten, daß, wo der Gegensatz von Einheit und Vierheit in einem Mandala betont wird, auch der Pentas oder Quincunx als Symbol der Ganzheit, und zwar der ungestörten Ganzheit, erscheinen kann. Die Vier ist dann gewissermaßen der Rahmen des als Zentrum besonders hervorgehobenen *Einen*.[72]

Wenn die Quaternität nach dem Schema 3 + 1 strukturiert ist, ist es die Trias nach dem Schema 3 − 1, meint Jung. In der Quaternität wird die undifferenzierte inferiore Funktion bewußt gemacht, während sie in der Dreiheit verdrängt wird. So entsteht ein Übergewicht auf der Seite der Bewußtheit, und es ist damit nicht mehr ein echtes Symbol der Ganzheit.[73]

70 Die Aufteilung des Kreises in 360° scheint willkürlich zu sein, doch schreibt Ernst Anrich zu recht: „In dieser uralten, vorbabylonischen Einteilung des Kreises in 360° ergibt sich eben die Wirkung des unbewußten Wissens, das aus seiner tiefen Weisheit eben zur Empfehlung der 360gradigen Einteilung führte – wie des Zwölfer- (Dutzend-) Systems bei vielen Ganzheiten. Die 360teilige Einteilung ist also gerade ein Beweis für das zugrunde liegende Wirken bestimmter Zahlen und Zahlverhältnisse.“ (*E. Anrich*, Moderne Physik und Tiefenpsychologie, 515, Anm. 296.)

71 C. G. *Jung*, Gestaltungen des Unbewußten, 199.

72 Vgl. C. G. *Jung*, Ein moderner Mythus, 100.

73 Vgl. a.a.O. 101.

Die Bedeutung der Mandalas liegt nach Jung darin, daß sie fähig sind, „religiöse Vorstellungen und Gedanken" oder „philosophische Ideen" auszudrücken. Zugleich besteht eine Wechselwirkung zwischen Mandala und Unbewußtem. Geboren aus dem Unbewußten wirken sie durch ihren „symbolischen Gehalt" auf dieses wiederum zurück.[74] Diese Wirkung auf das Unbewußte kann noch dadurch verstärkt werden, daß man versucht, durch „aktive Imagination"[75] das innere Bild zu beleben und weiter herauszubilden. So vermag es zunehmend zentrierend auf die Psyche zurückzuwirken. Denn erst in der bewußten und eben auch individuellen Auseinandersetzung mit einem solchen inneren Ganzheitsbild kann es seine ganze Kraft entfalten und Träger der Heilung für eine gespaltene Persönlichkeit werden.[76]

2.2.3.2. Der Heiratsquaternio

Unter allen Modellen der Quaternität, an denen Jung versucht, ihr Wesen aufzuzeigen, erhält der Heiratsquaternio eine besondere Bedeutung, da er praktisch bei allen primitiven Völkern vorkommt und sich auch in den Märchen in aller Welt niedergeschlagen hat.[77] In der Ethnologie ist er unter der Bezeichnung des „cross-cousin-marriage" bekannt, das sich aus der Überkreuzung von matrilinearer und patrilinearer Trennungslinie ergibt.[78] John Layard sagt, daß durch dieses Heiratsmodell versucht wird, die gegensätzlichen Prinzipien der Exogamie und Endogamie auszubalancieren. „Daher heiratet in mancher primitiven Gesellschaft ein Mann die Frau, die einer Schwester so nahe wie möglich kommt, aber nicht seine Schwester ist, das heißt eine Kusine ersten Grades. Und da die Mutter als Elternteil am eindeutigsten festliegt, sucht er sich eine Frau unter deren nächsten Verwandten in seiner Generation, um die Homogenität zu erhalten. Aber auch das exogamische Prinzip muß eingehalten werden. So ist es eines der grundlegenden Modelle in der primitiven Gesellschaft, daß ein Mann nicht die Tochter der Schwester seiner Mutter, sondern die Tochter des Bruders seiner Mutter heiratet."[79] Die komplizierten Regeln des sogenannten „cross-cousin-marriage" sind also nicht ein Ergebnis abstru-

74 Vgl. C. G. *Jung*, Gestaltungen des Unbewußten, 198.

75 Die „aktive Imagination" ist eine Methode, die von Jung eingeführt wurde und die er als indiziert betrachtet, „wenn die ‚Auflösung' (Analyse!) die Gegensätze in solchem Maße konstelliert hat, daß eine Vereinigung oder Zusammensetzung (Synthese!) der Persönlichkeit zur gebieterischen Notwendigkeit wird" (GW 14/2, 267).

76 C. G. *Jung*, GW 11, 335.

77 Vgl. *H. von Beit*, Symbolik des Märchens, Bd. 2, 208–276.

78 *J. Layard*, The Incest Taboo and the Virgin Archetype, 253 ff.

79 *J. Layard*, Familie und Sippe, 66.

sen Denkens, sondern der Lösungsversuch für das Problem des Inzest-Tabus, in dem Lévi-Strauss den Übergang von Natur zur Kultur sieht.[80] In seiner „Psychologie der Übertragung“ benutzt Jung diese ethnologische Vorlage, um die nicht weniger komplizierte psychische Beziehung zwischen den Geschlechtern darzustellen. Psychologisch bedeutet die Begegnung zwischen Mann und Frau für Jung eine vierfache Beziehung:

1. eine unkomplizierte, persönliche Beziehung;
2. eine Beziehung des Mannes zu seiner Anima, und eine solche der Frau zu ihrem Animus;
3. eine Beziehung von Animus und Anima und vice-versa;
4. eine Beziehung des weiblichen Animus zum Mann (welche stattfindet, wenn die Frau mit dem Animus identisch ist) und eine solche der männlichen Anima zur Frau (welche stattfindet, wenn der Mann mit seiner Anima identisch ist).[81]

Anima und *Animus:* Die Bezeichnungen von Animus und Anima bedürfen einer kurzen Erklärung, handelt es sich doch um sehr zentrale Begriffe in der Jungschen Psychologie.

Die ‚Anima‘ ist das Unbewußte im Mann, das weibliche Züge trägt und in den Träumen des Mannes als weibliche Gestalten oder in weiblicher Symbolik erscheint. Die ‚Anima‘ ist zugleich für den Mann die Brücke zu einem tieferen Eindringen in die archetypischen Inhalte seines kollektiven Unbewußten. Der ‚Animus‘ ist das Unbewußte in der Frau, das männliche Züge trägt und für den dasselbe in umgekehrtem Sinne gilt. Jung gründet diese Aufteilung in ‚Anima‘ und ‚Animus‘ in dem biologischen Faktum, daß jeder Mann einen weiblichen Chromosomenanteil besitzt, so wie jede Frau einen männlichen.[82]

Übertragung: Auf dem Hintergrund dieser Relation sieht Jung auch das Problem der Übertragung, das damit eine Ausweitung erfährt gegenüber der Übertragungstheorie von Sigmund Freud, der im Phänomen der Übertragung die Reaktivierung von Vater- und Mutterbild sieht. Da Jung zur Objektstufe noch die Subjektstufe der Deutung hinzufügt, kommen die oben zitierten *vier* Beziehungsmöglichkeiten zustande.

Der Rekurs auf die Subjektstufe ist nicht eine Arbiträrität Jungscher Psychologie. In dieser Unterscheidung kommt der phänomenologische Sachverhalt zur Sprache, daß das Bild eines Objekts mit dem realen

80 „La prohibition de l'inceste est le processus par lequel la nature se dépasse ellemême. Elle constitue la demarche fondamentale grâce à laquelle, par laquelle, mais surtout en laquelle s'accomplit le passage de la nature à la culture.“ (*C. Lévi-Strauss,* Les structures élémentaires de la parenté, 29).

81 *C. G. Jung,* GW 16, 234–235.

82 Vgl. *C. G. Jung,* Von den Wurzeln des Bewußtseins, 57 ff.

Objekt nie ganz identisch ist. Es ist aus dieser notwendigen Unterscheidung heraus, daß Jung sagt: „Man tut gut daran in der praktischen Psychologie, wenn man das Bild, die *Imago* eines Menschen streng unterscheidet von seiner wirklichen Existenz. Infolge des äußerst subjektiven Zustandekommens einer Imago, ist sie nicht selten eher ein Bild eines subjektiven Funktionskomplexes als des Objektes selbst. Darum ist es bei der analytischen Behandlung unbewußter Produkte wesentlich, daß die Imago nicht ohne weiteres als mit dem Objekt identisch gesetzt, sondern vielmehr als ein Bild der subjektiven Beziehung zum Objekt aufgefaßt wird. Die Anwendung der Deutung auf der *Subjektstufe* erlaubt uns eine nicht nur umfassende psychologische Deutung des Traumes, sondern auch literarischer Werke, in denen die einzelnen Figuren Vertreter für relativ selbständige Funktionskomplexe in der Psyche des Dichters sind."[83]

Vom *primitiven* Heiratsquaternio, der ein *soziologisches* Phänomen ist, unterscheidet Jung den *kultürlichen* Heiratsquaternio, der ein *mystisches* Phänomen ist. Wenn ersterer in der modernen Gesellschaftsordnung auch weithin verschwunden ist, so lebt er aber dennoch als geistige Idee fort. Die Alchemie hat diese Beziehung im Psychologem der zwei überkreuzten Bruder-Schwesterheiraten dargestellt:

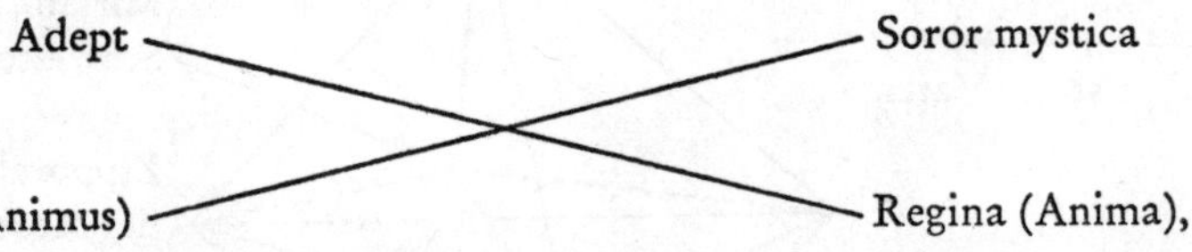

wobei Rex und Regina in der Regel Bruder und Schwester oder auch gelegentlich Sohn und Mutter sind.[84]

Jung meint, daß in der menschlichen Psyche sowohl eine exogame als auch endogame Tendenz besteht. Wenn ein gewisser Betrag an psychischer Energie durch eine einseitige, z. B. exogame Haltung des Bewußtseins in den Hintergrund gedrängt wird, so entsteht eine gewisse Dissoziation der Persönlichkeit. Der bewußten Persönlichkeit mit exogamer Tendenz tritt eine unbewußte mit endogamer gegenüber. Weil letztere unbewußt ist, wird sie als fremd empfunden und tritt daher in projizierter Form in Erscheinung. So erklärt sich Jung die königliche Inzestprärogative im alten Ägypten. Was dem gewöhnlichen Menschen verboten ist, ist Königen und Fürsten erlaubt. Da aber zumeist die magische Macht des Königs von Göttern hergeleitet wird, so verschiebt sich die Inzestprärogative auf die

83 *C. G. Jung*, GW 6, 514–515.
84 *C. G. Jung*, GW 16, 241.

Götter. So ergibt sich der inzestuöse Hierosgamos. Was aber in der Gestalt der Gottheit *manifest projiziert* ist, ist in ihrer eigenen psychologischen Gestalt introjeziert.[85]
Das Dilemma des Übertragungsproblems besteht darin, daß Anima und Animus nicht als Persönlichkeitskomponenten erkannt und auf das menschliche Gegenüber projiziert werden. Dasselbe gilt nach Jung auch für die gegenwärtige, christlich geprägte Bewußtseinskultur. Im christlichen Dogma erscheinen die psychischen Komponenten von Anima und Animus in der Projektion von Braut und Bräutigam.[86]

2.2.3.3. Gnostische Quaternionen und geistesgeschichtliche Entwicklung
Was Jung am Heiratsquaternio erläutert, führt er breiter aus in der Deutung der gnostischen Quaternionen, die er in seinem Buch „Aion" abhandelt. Die Vierheit im Mosesquaternio der Naassener ist nach folgendem Schema konstruiert:

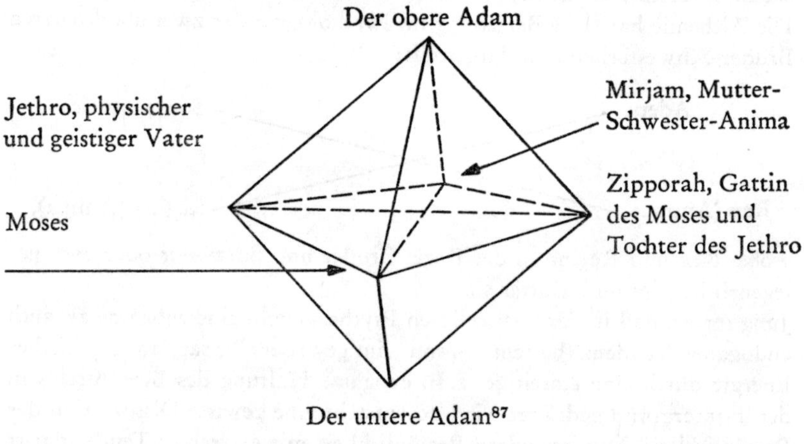

Was in dieser Figur der Doppelpyramide verdeutlicht werden soll, ist einmal die „Struktur der Persönlichkeit Mosis", das Geflecht der Beziehungen, in denen der konkrete Mensch Moses gelebt hat, die zugleich jedoch eine Spiegelung der inneren Beziehung zwischen den Komponenten des psychischen Lebens, wie Ich, Anima und Schatten, ist. Da alle Symbol-

85 *C. G. Jung*, GW 16, 243.
86 Vgl. a.a.O. 245.
87 Vgl. *C. G. Jung*, Aion, 328.

gestalten aber zugleich ambivalent sind, finden wir die Bezeichnungen ‚unterer' und ‚oberer' Adam. Da es sich bei dem Mosesquaternio um eine Variante des allgemeinen Heiratsquaternio handelt, kann man ihn auch vereinfachend durch das Grundschema:

Mann . . . . Kusine als Frau
Schwester des Mannes . . . . Bruder der Frau

darstellen.

Jung bemerkt zu diesem Grundschema, daß es häufig variiert erscheint: „z. B. kann die Schwester durch die Mutter ersetzt sein, oder der Bruder der Frau durch eine vaterähnliche Gestalt. Das Inzestmotiv bleibt aber als Charakteristikum erhalten. Da es sich um ein urtümliches, für die Psychologie der Liebesbeziehung, sowohl als der Übertragung, bezeichnendes Schema handelt, so liegt es auf der Hand, daß es, wie alle charakterologischen Schemata, eine ‚günstige' und eine ‚ungünstige' Erscheinungsform aufweist, denn auch die in Frage kommenden Beziehungsformen weisen empirisch denselben Unterschied auf: alles, was der Mensch tut, hat einen positiven und einen negativen Aspekt."[88]

So kann Jung denn auch von einem *Schattenquaternio* sprechen, weil die oben angeführten Gestalten auch einen ‚dunklen Aspekt' aufweisen. In jedem konkreten Menschen gibt es den ‚oberen Menschen' und den ‚Schatten'.

Das obige Schema, die Figur des ‚Senarius' wird auseinandergefaltet in den Doppelquaternio: ‚Oberer Mensch' und ‚Schatten'. Der ‚untere Adam' wird auf dem Hintergrund seiner tierischen Abstammung gesehen, in seiner „dunklen, tierischen Vorstufe". Als Kaltblüter und in ihrem durch die Mythologie reichlich belegten negativen Aspekt eignete sich die Schlange am besten zur Symbolisierung des Gemeinten (s. S. 62).

Gegen den Vorwurf, es handle sich hier um ‚müßige Spielerei', nimmt Jung die Gnostiker in Schutz. Sie versuchen auf ihre Weise, die uns höchst skurril erscheinen mag, mit dem Problem des Bösen fertigzuwerden, es irgendwie in ein umfassendes Weltbild einzuordnen. „Wie die Apophisschlange der klassische Feind des ägyptischen Sonnengottes war, so der Teufel, ‚die alte Schlange', der des Christus, des ‚novus Sol'."[90]

88 *C. G. Jung*, Aion, 331.
89 Vgl. *C. G. Jung*, Aion, 332.
90 A.a.O. 333.

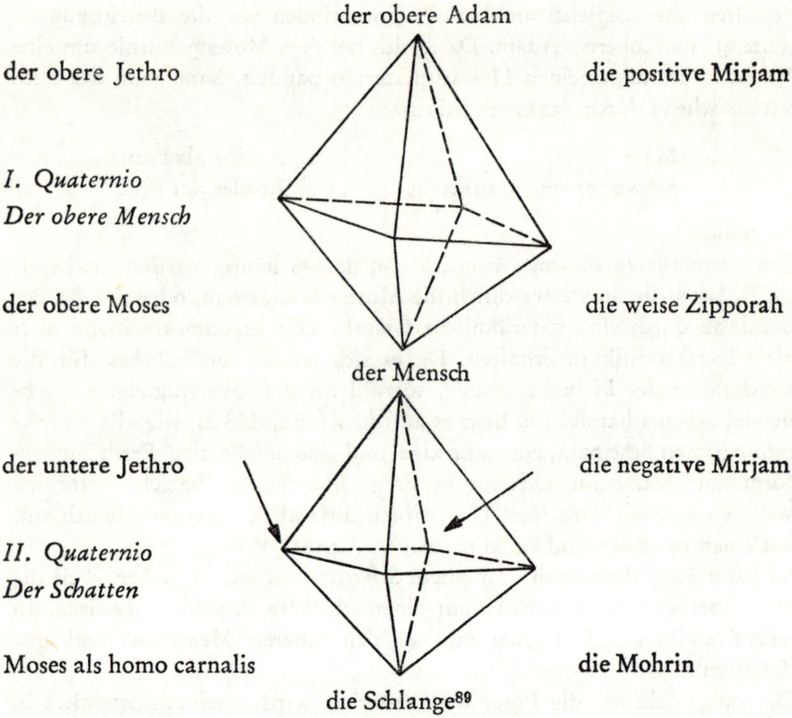

Die Entwicklung des Demiurgs zum Teufel und die der alchemistischen Idee des *Mercurius,* des „teils materiellen, teils immateriellen Geistes", sieht Jung in einer gewissen Parallelität.[91] Es ist die eigenartig negative Färbung der Materie, der Erde und des Weltlichen überhaupt, die nicht nur die Spätantike durchzieht, sondern auch bis tief ins Christentum gedrungen ist.

„Im Geiste des Mittelalters und der Spätantike stellt die erste Doppelpyramide die Welt des Geistes oder die Metaphysik dar, die zweite, die sublunare Natur, und zwar insbesondere die instinkthafte menschliche Disposition, das ‚Fleisch'."[92]

Daß „die Schlange wider alles Erwarten eine Entsprechung des Anthropos darstellt", sieht Jung erhärtet durch die Tatsache, daß die Bibel von der Schlange als eine ‚allegoria Christi' spricht.[93] Die Schlange ist ja auch in den Mythen der Antike kein eindeutig negatives Symbol, denn sie wird

91 A.a.O. 334.
92 A.a.O. 336.
93 Joh 3, 14.

zugleich als höchste Weisheit gefeiert. Es ist die Weisheit der von Apollo besiegten Schlange, die sich die Pytheia im Apollotempel zunutze macht.[94] In diesem positiven Gehalt wird sie zum Symbol des Apollonsohnes und Gottarztes Asklepios und seiner Tochter Hygieia. In den Asklepien des Altertums, die modernen Wallfahrtsorten glichen, suchten die Kranken Heilung bei der Schlange.[95]

Die Schlange ist der unterste Teil der „Schatten-Doppelpyramide". Für Jung ist der Schatten die ‚inferiore Persönlichkeit', deren unterste Stufe sich von der Triebhaftigkeit des Tieres nicht mehr unterscheiden läßt. Indem der Schatten an sich schon den meisten Menschen unbewußt ist, entspricht die Schlange dem gänzlich Unbewußten und Bewußtseinsunfähigen, welches aber als kollektives Unbewußtes und als Instinkt eine eigentümliche Weisheit und ein oft als übernatürlich empfundenes Wissen zu besitzen scheint.[96]

Das Schlangensymbol führt uns zu einem anderen Quaternitätssymbol der Gnostiker, dem *Paradiesquaternio*. Hier glaubt Jung eine noch größere ‚Regression'[97] feststellen zu können, und zwar vom Tierreich zur Pflanze und zur anorganischen Natur, deren alchemistischer Inbegriff das Geheimnis des Stoffes, nämlich der *Lapis*, ist.

„Der Lapis ist zwar als Einheit gedacht, muß aber erst aus den vier Elementen zusammengesetzt werden." Darum das Bemühen der Alchemisten

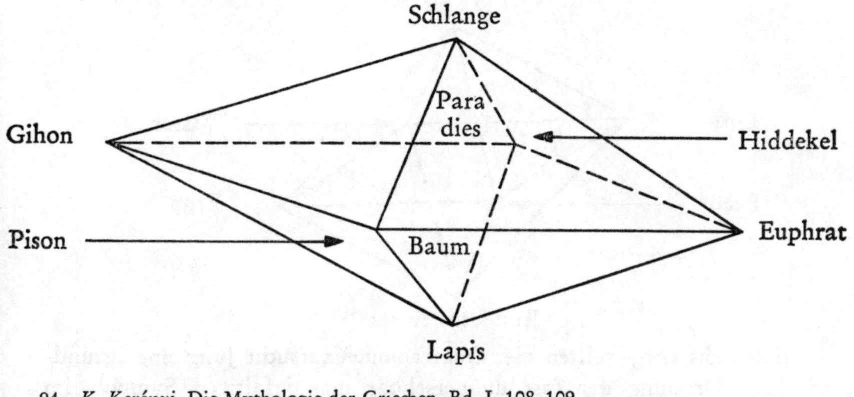

94 *K. Kerényi*, Die Mythologie der Griechen, Bd. I, 108–109.

95 Vgl. *C. A. Meier*, Antike Inkubation und moderne Psychotherapie, 74; *K. Kerényi*, Der göttliche Arzt, 36–39; *J. Leipoldt*, Von Epidauros bis Lourdes.

96 *C. G. Jung*, Aion, 336–337.

97 Der Terminus ‚Regression' hat im Jungschen Sinn nicht unbedingt den Beigeschmack des Negativen, des Rückfalls in Infantilität. Er bedeutet vielmehr eine Richtung der Libido, die als augenscheinlicher Rückschritt jedoch Vorbedingung für neuen Impuls und eigentliche Wiedergeburt ist.

um den Lapis. Die vier Elemente bedeuten psychologisch „Konfliktzustand und gegenseitige Abstoßung". Im ‚opus' des Alchemisten wird versucht, aus der Vierheit der Elemente die Einheit des Steines zu schaffen. Jung vergißt nicht zu vermerken, daß der ‚lapis' eine „direkte Parallele zum Urmenschen, zum Adam secundus (Christus) und zur Schlange ist". Der Lapis ist „eine weitere Anthroposentsprechung".[98]
Die Verbindung der Elemente jedoch geschieht beim ‚opus' der Alchemisten in einem Gefäß, in der runden Retorte. „Das Gefäß ist für den Alchemisten etwas durchaus Wunderbares: ein ‚vas mirabile'. Es muß *rund* sein, damit es den sphärischen Kosmos nachahme. Es ist eine Art von ‚matris' resp. ‚uterus', aus welchem der ‚filius philosophorum', der wundersame Stein, geboren wird."[99]
Jung nimmt an, daß bei all den alchemistischen Unternehmungen nicht so sehr der naturwissenschaftliche Aspekt intendiert war, aus dem sich dann später die moderne Chemie entwickelt hat, als vielmehr die innere Wandlung, die sich in der Suche nach dem ‚filius philosophorum' verbarg.
Die Bedeutung des hermetischen Gefäßes bestand in seinem symbolischen Gehalt. „Das runde hermetische Gefäß, in welchem sich die geheimnisvolle Wandlung vollzieht, bedeutet die Gottheit, die (platonische) Weltseele und die Ganzheit des Menschen."[100]
So finden wir denn am Nadir der vierten Doppelpyramide das Rund:

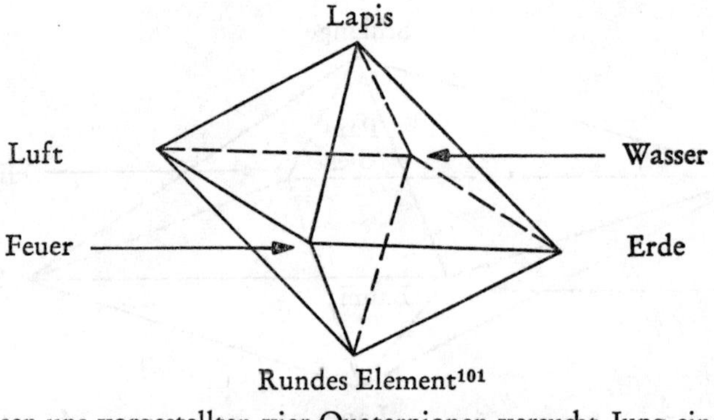

In diesen uns vorgestellten vier Quaternionen versucht Jung eine „grundsätzliche Ordnung der fast unübersehbar mannigfaltigen Symbole im Gnostizismus und in dessen Fortsetzung der Alchemie".[102] Vom oberen

98 *C. G. Jung,* Aion, 339–341.
99 Vgl. *C. G. Jung,* Psychologie und Alchemie, 326–327.
100 *C. G. Jung,* Aion, 347.
101 A.a.O., 342.
102 A.a.O. 349.

Adam, dem ‚himmlischen Urmenschen', über den Menschen, die Schlange und den Lapis, bis zum rein formalen Element des Rund, wird versucht, in dieser Serie symbolhaft die Totalität des Seins einzufangen.

Jung glaubt, daß in dieser Anordnung der vier Quaternionen symbolhaft der Gang der Geschichte der letzten zwei Jahrtausende zum Ausdruck kommt. Wenn er den „unteren Adam der Naassener durch einen Schattenquaternio symmetrisiert", so „geschieht dies in Übereinstimmung mit der historischen Entwicklung. Die nach oben weisende pneumatische Einstellung, welche den frühchristlich-gnostischen Geisteszustand charakterisiert, wird durch den Schattenquaternio kompensiert.

Der Übergang vom ersten zum zweiten Quaternio schildert zugleich eine historische Entwicklung, welche im XI. Jahrhundert vielerorts zu einer offenen Anerkennung des bösen Prinzips als Weltschöpfer führt.

Die Schlange und die chthonische Schlangenweisheit bezeichnen die Peripetie des großen Dramas. Der darauffolgende Paradiesquaternio mit dem Lapis bringt die Anfänge der Naturwissenschaft (Roger Bacon [1214 bis 1294], Albertus Magnus [1193–1280]). Vom Lapis, d. h. von der Alchemie, führt eine direkte Linie in die moderne Naturwissenschaft, d. h. zu dem Quaternio der alchemischen Aggregatzustände, welcher in letzter Linie auf dem Raum-Zeit-Quaternio beruht."[103]

Im Gespräch mit der modernen Physik, vor allem mit W. Pauli, kam Jung zu der Überzeugung, daß in der Korrespondenzlehre des Robert Fludd, die der Drei-Prinzipien-Lehre Keplers weichen mußte, eine Vorahnung dessen steckte, was Jung Synchronizität nennt. Synchronizität ist für ihn ein Prinzip akausaler Zusammenhänge, das das Kausalitätsprinzip ergänzt. Mit ihm, so scheint ihm, sind parapsychologische Phänomene leichter zu erklären, wie auch die kausalistisch nicht mehr erklärbaren Phänomene der modernen Atomwissenschaft.

Jung entwirft dabei folgendes Modell eines Quaternio:

Unzerstörbare Energie

Konstanter Zusammenhang durch Wirkung (Kausalität) — Inkonstanter Zusammenhang durch Kontingenz bzw. Gleichartigkeit oder ‚Sinn' (Synchronizität)

Raum-Zeit-Kontinuum[104]

103 A.a.O. 364–367.
104 *C. G. Jung*, GW 8, 572.

„Die Entwicklung vom zweiten bis und mit dem vierten Quaternio beschreibt die Veränderung des Weltbildes im Laufe des zweiten christlichen Jahrtausends."[105]

Wenngleich die „Quaternität das Ordnungsschema par excellence ist",[106] denn „Quaternitäten drücken nicht nur Ordnung aus, sie bewirken auch eine solche",[107] so bedeutet noch nicht jede Quaternität die „Bindung äußerster Gegensätze". Denn worum es bei diesem psychischen Ordnungsschema geht, ist die Überwindung der Gegensatzproblematik im Menschen. Wenn z. B. die „Horusquaternität" nur von den vier Söhnen des Horus gebildet wird, so bedeutet das, daß sie nicht vollständig sein kann, weil ihr ein wichtiges Element, das des Weiblichen, fehlt.

Das Alter einer Quaternität – die ägyptische Horusquaternität ist älter als die gnostische Mosesquaternität – bedeutet noch nicht ihre Überlegenheit über die jüngere. Es bleibt jeweils zu prüfen, ob auch die Quaternität das Problem der Gegensatzproblematik verarbeitet. Der Horusquaternio ist ein ausgesprochener patriarchaler Quaternio.[108] Der echte Quaternio muß Totalität bedeuten und darum Hell und Dunkel, Gut und Böse, Männlich und Weiblich umfassen.

Das folgende Schema eines Quaternio könnten wir als Ausdruck von Totalität und Charakterisierung des psychologischen Selbst betrachten:

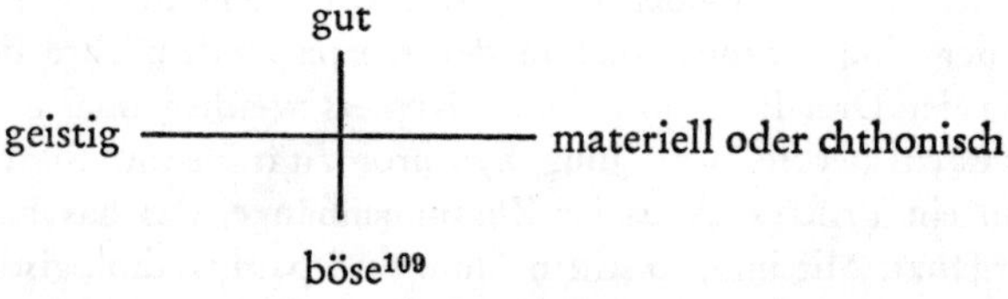

Quaternitäten können auch einen überwiegend therimorphen oder anthropomorphen Charakter aufweisen. So meint Jung, daß im Alten Testament die „therimorphe Quaternität" vorgeherrscht habe (z. B. in der Ezechielsvision, wo nur ein Viertel menschliche Züge trägt), während in der christlichen Bilderwelt der Fall umgekehrt gelegen habe.[110] Jung sieht im gewöhnlich als ‚Halbtier' abgebildeten Teufel die quaternäre Ergänzung zur christlichen Trinität, die aus ‚drei menschlichen Personen' besteht,

105 *C. G. Jung*, Aion, 367.
106 A.a.O. 347.
107 *C. G. Jung*, GW 8, 517.
108 *C. G. Jung*, Aion, 349–350.
109 A.a.O. 100.
110 Vgl. *C. G. Jung*, GW 11, 454.

wobei zu bemerken ist, daß die dritte Person, der Hl. Geist, nicht ohne weiteres als ‚menschliche Person' kenntlich ist.[111]
In einer Gegenüberstellung von alchemistischer und ‚christlicher Quaternität' kommt Jung zu der Ansicht, daß sich das alchemistische Quaternitätsschema einer Totalitätsvorstellung stärker annähert – wenngleich es auch nur die Stoffwelt zu betreffen scheint – als das christliche, das in seinem dogmatischen Gehalt eben doch eine Trinität sei, die das göttliche Sein umfaßt, doch nicht das Universum.
Das Kreuz, so konzediert er, als „Marterinstrument des menschgewordenen Gottes" ist zugleich als Quaternität Symbol der stofflichen Welt. In dieses Kreuzschema möchte er jedoch als Ergänzung der Trinität auch den Teufel mit einbeziehen, als Widerpart Christi, des nur guten Gottessohnes.

Pater
Auctor

Filius
Salvator

Diabolus
Antichristus

Spiritus Sanctus

Der Rhythmus beider Schemata: des alchemistischen und christlichen, ist komplementär, so wie das „Verhältnis des Unbewußten zum Bewußtsein bis zu einem gewissen Grade komplementär ist". Die Bewegung des ‚alchemistischen Dramas' führt von ‚unten', d. h. von der Finsternis der Erde, nach ‚oben' zu dem geflügelten, d. h. geistigen Wesen des filius macrocosmi und der lux moderna; das christliche Drama dagegen stellt ein Herabkommen des himmlischen Reiches auf die Erde dar. Jung spricht in diesem Zusammenhang von einer Spiegelung beider Bewegungen. Während die Erlöserfigur der Alchemie *„Seele der Natur"*, die in den Stoff eingesenkte Sapientia Dei ist, wird Christus vom Vater gezeugt und ist Gott.[112]
Was Jung hier ausdrücken möchte, ist die Überzeugung, daß die Weisheit Gottes nicht allein in der entweltlichten Form des „nur oben", sondern auch im „unten", dort, wo man sie nicht vermuten möchte: in der Materie, ‚in stercore' zu finden ist. Die Alchemie hat diesen Sachverhalt geahnt und ist darum eine notwendige Kompensation zur entweltlichenden Tendenz im offiziellen Christentum gewesen.

111 *C. G. Jung*, Ein moderner Mythus, 85.
112 Vgl. *C. G. Jung*, GW 14/1, 110–113.

III. Quaternität und Trinität

1. Das Christentum und sein Schatten

Wenn sich Jung, wie wir gesehen haben, so ausgiebig mit den Symbolen in Gnosis und Alchemie beschäftigt, so hat das seinen Grund in der Überzeugung Jungs, daß beide eine kompensatorische Unterströmung zur offiziellen Lehre des Christentums darstellen. Jung ist ein profunder Kenner der Alchemie, der sich aber nicht so sehr für den chemiehistorischen Aspekt der Alchemie interessierte als vielmehr für ihre geistesgeschichtliche Bedeutung. Im Studium dieses Aspekts hat Jung Pionierarbeit geleistet und ein Interpretationsmodell zur Verfügung gestellt, das den weithin abstrus erscheinenden alchemistischen Vorgängen und ihrer Symbolik auch für uns Moderne einen Sinn verleiht.

Nach Jung ging es in der Alchemie nur vordergründig um die Gewinnung von Gold aus der Retorte oder um das Finden des Steins der Weisen. Hintergründig bedeutet die Alchemie den Versuch, eine ganzheitliche Weltinterpretation zu sichern. Durch die spiritualisierende Tendenz des Christentums wurde das Chthonische im allgemeinen Bewußtsein abgewertet. Die Alchemie sucht in der Beschäftigung mit dem Stoff, mit der schwarzen Erde[1] diese Lücke auszufüllen. Jung sieht sich in dieser Ansicht bestätigt durch die neue Hochblüte der Alchemie im 16. und 17. Jahrhundert in Europa, die mit der Reformation zusammenfällt. „Der Wegfall des weiblichen Elementes, nämlich des Kultes der Gottesmutter, im Protestantismus tat ein übriges, um die Spiritualität des dogmatischen Christusbildes von der Verbindung mit dem irdischen Menschen zu lösen und damit allmählich ins Unbewußte entgleiten zu lassen. Wenn so große und so

1 Nach heutiger Auffassung stammt das Wort Alchemie seinem Stamm nach aus dem Ägyptischen. Nach Plutarch wird das schwarzerdige Ägypten von seinen Priestern als chemia bezeichnet, dem auch der hieroglyphische Name Ägyptens „Keme" das Schwarze, das Schwarzerdige entspricht. Von der Bedeutung chemie – schwarz ausgehend, ist demnach chemeia die Beschäftigung mit dem „Schwarzen". (Vgl Handwörterbuch des Deutschen Aberglaubens, Bd. 1, 244.)

bedeutsame Bilder der Vergessenheit anheimfallen, so verschwinden sie damit nicht aus dem Bereich der Menschheit, noch büßen sie ihre psychische Macht ein. Wer im Mittelalter die Mystik der Alchemie besaß, blieb im Zusammenhang mit dem lebendigen Dogma, auch wenn er ein Protestant war. Hier liegt sogar wahrscheinlich der Grund, warum die Hochblüte der Alchemie gerade in das Ende des XVI. und in das XVII. Jahrhundert fiel: sie bildete für den Protestanten gewissermaßen ein letztes Mittel, um noch katholisch zu sein."[2] Die Alchemie verhält sich nach Jung, wie der Traum zum Bewußtsein. Denn was im Bewußtsein keinen Platz mehr hat, was verdrängt wird, taucht häufig in Traumgestalten dennoch wieder auf. Wenn Jung im obigen Zitat vom lebendigen Dogma spricht, so meint er damit mehr als das in scholastische Formeln gefaßte. Dogmen sind Obervorstellungen für Jung, die sich nicht eigentlich ein für allemal fixieren lassen, sondern in ständiger, wenn auch unmerklicher Umwandlung begriffen sind. Konstant bleiben sie nur auf dem Papier, aber nicht in der Psyche derer, die an sie glauben. Obervorstellungen, sollen sie lebendig bleiben, müssen im Kontakt mit dem Strom des Unbewußten bleiben, das an ihrem Entstehen grundlegend beteiligt ist.

Der das Christentum beherrschenden Obervorstellung der Drei, die in der christlichen Trinität ihren Ausdruck gefunden hat, wird in der Alchemie, wie in der Gnostik, die Vier entgegengehalten. Ein zentrales Axiom, das die ganze Alchemie beherrscht, ist der Satz der Maria Prophetissa[3]: „Die Eins wird zu Zwei, die Zwei zu Drei, und aus dem Dritten wird das Eine als Viertes."[4] Weil die offiziellen dogmatischen Symbole psychisch unbefriedigend waren – und hierunter fällt auch das Trinitätssymbol–, sucht der mittelalterliche Mensch eine Kompensation, die in den Symbolen der Alchemie ausgedrückt wird, vorab im Symbol der Vier. Aber nicht nur in der Kollektivbewegung der Alchemie, sondern auch im Unbewußten seiner Patienten fand Jung immer wieder die Vier vor. Damit möchte er kein neues Dogma stiften. Er stellt lediglich eine überraschende Übereinstimmung zwischen dem Unbewußten seiner modernen Patienten und den Gedankengängen der Alchemie und Gnostik fest. Zugleich sind sie ihm ein Beleg dafür, daß er als Analytiker nicht einfach seine Ideen und Vorstellungen dem Unbewußten seiner Patienten induziert. Dies wäre ein

2 *C. G. Jung*, GW 14/2, 116–117.

3 Maria Prophetissa oder auch jüdische Maria ist eine legendäre Gestalt, die, als Schülerin des berühmten Magiers Oannes, neben Demokrit und Pammenes als Mitbegründerin der Alchemie gilt und deren Werke noch bei den späteren Alchemisten teilweise erhalten sind. (Vgl. Handwörterbuch des Deutschen Aberglaubens [HDA abgekürzt im folgenden], 249.)

4 Vgl. *C. G. Jung*, Psychologie und Alchemie, 41.

ernstzunehmender Einwand, zumal man mit großer Sicherheit annehmen kann, daß es nicht nur eine bewußte Beeinflussung zwischen Analytiker und Patient gibt, sondern auch eine unbewußte.[5]
Im Brief an einen evangelischen Theologen drückt Jung die Gründe, die ihn dazu bewogen, sich mit dem Trinitätsdogma kritisch auseinanderzusetzen, wie folgt aus: „Der Grundgedanke meiner Schrift ist der Nachweis, daß das Unbewußte des religionslosen modernen Menschen (neben anderen Dingen) anstelle des Trinitätsschemas die Quaternitätssymbolik setzt. Ein solcher Nachweis kann nicht wohl geleistet werden ohne vergleichende-psychologische und -religionshistorische Methode. Der vergleichende Apparat kann auch, der Natur der Sache entsprechend, nicht in der traditionellen christlichen Geistessphäre gefunden werden, sondern notwendigerweise nur in jenen von der Kirche unterdrückten paganistisch-gnostisch-naturphilosophischen Geistesströmungen, welche aus den neuplatonischen und -pythagoräischen Quellen des hellenistischen Synkretismus zum Teil durch arabische Tradition bis tief ins Mittelalter anhielten. Wenn ich aus wissenschaftlichen sowohl wie aus sehr praktischen therapeutischen Gründen wage, auf die paganistischen Relikte der Antike im Mittelalter zurückzugreifen, so geschieht dies – weiß Gott – nicht, um ein neues Dogma zu stiften, sondern vielmehr um den Nachweis zu erbringen, daß auch beim modernen Menschen der Satz gilt, daß für eine verlorene religiöse Anschauungsform zunächst eine ältere resp. archaische Symbolbildung eintritt, und daß diese Ersetzung nicht bloß ‚mechanisch', sondern zugleich auch sinnvoll ist in Hinsicht auf das Zeitgeschehen . . . Meine gesamten Ausführungen sind vergleichende Parallelen zum Traum."[6]
Aus diesem Zitat geht hervor, daß Jung das Trinitätssymbol als geistesgeschichtlich jünger erachtet als die Quaternitätssymbolik. Wir haben uns hier allerdings zu erinnern, daß Jung die Quaternität als ein natürliches Ganzheitssymbol versteht, das sowohl in einem noch „unbewußten" Zustand wie auch in einem differenzierten auftreten kann. Die Dreiheit dagegen ist ein *künstliches* Ordnungsschema,[7] das jedoch innerhalb der Bewußtseinsentwicklung der Menschheit eine ganz entscheidende Rolle spielt.

5 Vgl. *W. E. Furrer*, Objektivierung des Unbewußten.
6 *C. G. Jung*, GW 11, 666–667.
7 Vgl. a.a.O. 182.

2. *Die Trias in der Entwicklungsgeschichte der Menschheit*

Bei aller Sympathie, die Jung für die Quaternität zeigt, kam er nicht umhin, auch die große Bedeutung der Drei anzuerkennen. Ja, selbst in der Alchemie, die er als Kronzeugin für die Quaternitätssymbolik anführt, muß er ein Schwanken, eine gewisse Unsicherheit in der Verwendung von Drei und Vier feststellen. Nicht einmal das bereits zitierte Axiom der Maria Prophetissa zeigt eine eindeutige Entscheidung zugunsten der Vier. „In der Alchemie gibt es vier sowohl als drei ‚regimina' (Verfahren), vier und drei Farben. Es gibt zwar immer vier Elemente; aber öfter sind drei zusammengefaßt, und eines hat eine Sonderstellung."[8] Jung erklärt sich dieses eigentümliche Schwanken zwischen der Vier und der Drei mit der Bedeutung des Weiblichen, die zahlensymbolisch der Vier eignet, wie das Männliche der Drei. „Vier hat die Bedeutung des Weiblichen, Mütterlichen, Physischen, Drei die des Männlichen, Väterlichen, Geistigen. Die Unsicherheit zwischen Vier und Drei bedeutet also soviel als ein Schwanken zwischen Geistig und Physisch: ein sprechendes Beispiel dafür, daß jede menschliche Wahrheit eine vorletzte ist."[9]

Triaden sind ein nicht seltenes Phänomen der Religionsgeschichte. Sie treten in solcher Häufigkeit auf, daß Nathan Söderblom eine Klassifikation dieser verschiedenen Dreiheitssymbole versucht hat. Er unterscheidet Mythologische, Reiterative, Hierarchisch-vermittelnde, Emanations-, Enumerative Dreiheiten und schließlich Dreiheiten in gestifteten Religionen. Die *mythologische* Dreiheit entsteht nach ihm, wenn es darum geht, die unüberschaubare Mannigfaltigkeit der Götterwelt zu ordnen und zusammenzufassen. „Hier tritt naturgemäß eine Gruppe hervor, die aus Vater, Mutter und Kind besteht." Diese Art der Dreieinigkeit sieht er auch in der christlichen Geschichte verwirklicht: „Die wirkliche Dreieinigkeit der mittelalterlichen und katholischen Kultur besteht aus Vater, Sohn und Mutter."[10]

Die *hierarchisch-vermittelnde* Dreiheit entsteht aus der Suche nach barmherzigeren Helfern im Gefühl der Hilflosigkeit und des Ausgeliefertseins an die mächtigen Göttergestalten des Vaters und des Sohnes. So glaubt er diesen Aspekt in der Vermittlerrolle des Sohnes zum Vater und schließlich des Geistes zwischen Mensch und Gott zu sehen.[11]

8 *C. G. Jung*, Psychologie und Alchemie, 45–46.
9 *C. G. Jung*, Psychologie und Alchemie, 46.
10 *N. Söderblom*, Vater, Sohn und Geist unter den heiligen Dreiheiten und vor der religiösen Denkweise der Gegenwart, 6.
11 A.a.O. 8–11.

Die *Emanations*-Dreiheiten rechnet Söderblom den Naturreligionen zu, wenn auch die Hochreligionen sich von dieser Idee nie haben ganz entfernen können.[12]

Die *reiterativen* Dreiheiten bestehen einfach in einer dreifältigen Darstellung einer Gottheit in Bild oder Formel. Diese Darstellung fand auch für die christliche Trinität Eingang in der darstellenden Kunst.

Die *enumerative* Dreiheit zieht drei miteinander verehrte Gottheiten zusammen. Sie können die Gottheiten sein, die alle anderen an Rang überragen.[13]

Die Eigentümlichkeit der Dreiheiten in gestifteten Religionen sieht Söderblom in „dem wesentlichen und notwendigen Charakter der Zahl Drei".[14]

Wenn es offenbar in der Religionsgeschichte ein „Formgesetz der Dreiheit"[15] gibt, dem nicht allein die außerchristlichen Göttertriaden folgen, sondern dem auch die christliche Trinität ihre Entstehung mitverdankt, so konnte sich Jung bei aller Vorliebe für die Vier schlecht diesem Phänomen verschließen. In seinem „Versuch einer psychologischen Deutung des Trinitätsdogmas" unternimmt er es denn auch, diese vollendete Form des Archetypus der Dreiheit[16], die christliche Trinität, darzustellen. Angeregt durch den Traum eines Theologen, den Jung bereits bei seinen „Terry Lectures" berichtet, befaßt er sich in den folgenden Jahren ausgiebig mit dem Studium der christlichen Trinität. Das Resultat dieser Studien fand seinen Niederschlag in der oben genannten Arbeit über die Trinität.

Es ist sicher nicht müßig, nochmals darauf hinzuweisen, daß Jung sich entschieden dagegen wehrt, daß er das Dogma in Psychologismus auflöse. So wie ihm die transzendente Wirklichkeit Gottes eine Sache des Glaubens ist, so auch die transzendente Wirklichkeit der Trinität. Sein Interesse galt der Trinität als einer „representation collective". Da kollektive Obervorstellungen eine entscheidende Bedeutung für das Wohl oder Wehe der menschlichen Seele haben, fühlte sich Jung als Arzt gedrängt, auch diese Frage zu behandeln. Wenn sich Millionen von Menschen gläubig zum Symbol der Trinität bekennen, wird man ihm nicht die psychische Wirksamkeit absprechen können.[17] So wie es mit Notwendigkeit aus der unbewußten Seele hervorgegangen ist,[18] so wirkt es als bewußte kollektive Obervorstellung auf diese zurück.

12 A.a.O. 11–13.
13 A.a.O. 14.
14 *N. Söderblom*, Vater, Sohn und Geist . . ., 17.
15 Vgl. *Rühle*, Dreieinigkeit, 431.
16 Vgl. *C. G. Jung*, GW 11, 206.
17 Vgl. a.a.O. 123.
18 Vgl. a.a.O. 177.

Schon als Kind hatte Jung die Trinität brennend interessiert. In seinem Erinnerungsbuch erzählt er, wie er einmal bei der Vorbereitung auf die Konfirmation – der Vater erteilte ihm persönlich den Konfirmationsunterricht –, im Katechismus blätternd, auf den Paragraphen über die Dreieinigkeit Gottes stieß. „Das war nun etwas, was mein Interesse herausforderte: Eine Einheit, die zugleich eine Dreiheit ist. Das war ein Problem, dessen innerer Widerspruch mich fesselte. Ich wartete sehnlichst auf den Moment, wo wir zu dieser Frage kommen würden. Als wir soweit waren, sagte mein Vater: ‚Wir kämen jetzt zur Dreieinigkeit, wir wollen das aber überschlagen, denn ich verstehe eigentlich nichts davon.' Einerseits bewunderte ich die Wahrhaftigkeit meines Vaters, andererseits aber war ich aufs tiefste enttäuscht und dachte: Da haben wir's, sie wissen nichts davon und denken auch nichts. Wie kann ich dann davon reden?"[19]
Wir sehen aus diesem Zitat, daß dieses Erlebnis sehr einschneidend für Jung gewesen sein muß. Er erwähnt es übrigens auch noch an anderer Stelle seines Werkes.[20] Es wird in ihm auch deutlich, daß schon früh in Jung das Interesse für das Paradox wach war und daß es ihm schon als Kind darum ging zu wissen, Glaubenswahrheiten denkend zu verstehen und sie nicht als unergründliche Geheimnisse im Unverstandensein zu belassen.
Der Weg des Vaters, der die Trinität überging und sie in den Bereich des Unverständlichen verbannte, war nicht der Weg C. G. Jungs. Auf diesem persönlichen Hintergrund müssen wir sein Bemühen verstehen, der Trinität eine psychologische Erklärung zu geben. Von den theologischen Erklärungen war er enttäuscht, weil sie ihm zu wenig ergiebig erschienen und zu sehr abstrakt, als daß sie die ungeheure Wirkung auf die menschliche Psyche auch nur annähernd hätten verständlich machen können.
Die Geschichte des Trinitätsdogmas[21] zeigt, daß es nicht um öde Begriffsspalterei ging, sondern um die theologische Formulierung einer Wahrheit, die die Theologen zumindest ansatzweise in den Schriften des Neuen Testaments grundgelegt sahen. Wie man Trinität auch immer verstehen will: ob nach Harnack als „ein Werk des griechischen Geistes auf dem Boden des Evangeliums"[22], ob mit Horkheimer als Versuch, den strengen jüdischen Monotheismus mit der polytheistischen Umwelt des Christentums zu versöhnen[23] oder als Sichtbarmachen der Personhaftigkeit Gottes

19 *C. G. Jung,* Erinnerungen Träume Gedanken, 58.
20 Vgl. *C. G. Jung,* Von den Wurzeln des Bewußtseins, 20.
21 Vgl. *F. H. Kettler:* „Trinität", 1025–1032.
22 *A. Harnack,* Lehrbuch der Dogmengeschichte I, 20.
23 Vgl. *M. Horkheimer,* Die Sehnsucht nach dem ganz Anderen, 63–64; vgl. auch *G. van d. Leeuw,* Phänomenologie der Religion, 188.

im „innertrinitarischen Du", wie es Heiler sieht;[24] immer geht es dabei für den Psychologen auch um Erkenntnis und Sinngebung der menschlichen Person. Das Erlebnis verschiedener Tendenzen und Kräfte im Menschen und zugleich das Erlebnis einer über- und umgreifenden Einheit sind ihm Analogie zu der kulturgeschichtlichen Entwicklung des Trinitätsdogmas. In der Psychologie Jungs gibt es einen „Polytheismus der Archetypen", aber zugleich auch einen „Monotheismus des Selbst".

2.1. Trinität und Bewußtwerdungsprozeß

Für Jung ist die „Dreiheit eine Entfaltung des Einen zur Erkennbarkeit". Die Drei erscheint als „Synonym für einen Entwicklungsprozeß in der Zeit" und bildet somit eine Parallele zur „Selbstoffenbarung Gottes als des absoluten Einen in der Entfaltung der Drei".[25]

Zahlensymbolisch bedeutet zwei der Gegensatz, die Aufspaltung des Einen, der „uranfänglichen Unbewußtheit". Die Eins ist eigentlich noch keine Zahl. Erst mit der Zwei beginnt das Zählen. „Die Zweiteilung war notwendig", sagt Jung, *„um die ‚eine' Welt aus dem Zustand der Potentialität in die Wirklichkeit überzuführen.* Zwei ist die erste Zahl, mit der die Vielheit und damit die Wirklichkeit beginnt."[26] Religionsgeschichtlich wurde sie wohl erstmals als Polarität, als Ent-Zweiung, als Prinzip des Lebendigen, der Anziehung und Abstoßung, des positiven und negativen Pols im chinesischen Gegensatzpaar des Yang und Yin eingeführt. Die Zwei ist, wie alle geraden Zahlen, als weiblich gedacht.[27] Tiefenpsychologisch bedeutet die Zwei Zweifel und Konflikt.[28]

Die Drei ist Differenzierung, Ausfaltung des Einen, aber zugleich auch Überwindung des Widerspruchs, des Gegensatzes, des Konfliktes der Zwei. So ist nach Jung die Trinität eine höhere Form der Gottesvorstellung als die bloße Einheit. Sie entspricht „einem reflektierteren, bewußteren Zustand der Menschheit".[29]

Jung verfolgt die zunehmende Explizierung der Trinitätsidee von den Aussagen des Neuen Testaments über das „Symbolum Apostolicum", das „Symbolum des Gregorius Thaumaturgus", das „Nicaenum", das „Symbolum Nicaeno-Constantinopolitanum", bis hin zum „Symbolum der Lateransynode". Diese verschiedenen theologischen Symbola betrachtet

24 *F. Heiler*, Erscheinungsformen und Wesen der Religion, 559–560.
25 C. G. *Jung*, GW 11, 132.
26 C. G. *Jung*, GW 14/2, 229–230.
27 Vgl. *A. Schimmel*, Zahlensymbolik, 1861.
28 Vgl. *L. Paneth*, Zahlensymbolik im Unbewußtsein, 14.
29 C. G. *Jung*, GW 11, 150.

Jung als Amplifikationen des konstellierten Archetypus, der schon im Neuen Testament am Werk ist.[30]
Was Jung vor allem an dieser theologischen Entwicklung des Trinitätsgedankens schätzt, ist, daß die dogmatischen Formulierungen es immer wieder vermieden haben, sich auf rationalistische Abwege zu begeben und sich z. B. einer so plausiblen Häresie wie dem Arianismus zu verschreiben. Sie sind dem Paradoxalen echter religiöser Aussagen treu geblieben.
In der christlichen Trinitätsidee sieht Jung „den in der ägyptischen Königstheologie erstmals erschienenen Archetypus der Homoousie von Vater, Sohn und Ka-mutef wieder ad integrum hergestellt". Das bedeutet für ihn jedoch nicht, daß damit die christliche Trinität auf die ägyptische Triade zurückgeführt werden könne, weil aus dieser entsprungen. Vielmehr glaubt er, daß diese verschiedenen Triaden und ‚Trinitäten' Variationen über ein Grundthema, das des Archetypus der Dreiheit sind. Dieser Archetypus ist selbst nicht mehr erkennbar. Anschaulich wird er nur in Triaden und Dreieinigkeiten, in den Dreifachheiten von Segens-, Fluchformeln und Lobpreisungen. Was die Trinitätsspekulation sichtbar macht, ist die unsägliche Mühe, diesen Archetypus in die Vernunftwelt des Menschen einzubauen. Dieses Stück Geistesgeschichte aus politischen oder sozialökonomischen Ursachen ableiten zu wollen, betrachtet Jung als simplifizierende Verkürzung. Für ihn liegt der einzig stichhaltige Grund im „Erscheinen der christlichen ‚Botschaft', durch welche der abendländische Mensch psychisch revolutioniert wurde".[31]
Gerade die ständige Berufung auf den Heiligen Geist bei der Ausarbeitung und theologischen Entwicklung des Dogmas ist ihm ein Beweis dafür, daß es nicht aus einer bewußten Quelle hervorgegangen sein kann, sondern in einer unbewußten seinen Ursprung haben muß.[32]
Sieht Jung auch den entscheidenden Faktor für die Konstellierung des Archetypus der Trinität in der unbewußten Psyche, so schließt das nach ihm nicht aus, daß zwischen Idee und Gesellschaftsordnung eine Wechselwirkung besteht. „Unzweifelhaft entspricht die Dreieinigkeitslehre ursprünglich einer *patriarchalen Gesellschaftsordnung.* Dabei ist allerdings nicht festzustellen, ob die soziale Bedingung die Idee hervorgebracht oder umgekehrt die Idee primär die soziale Ordnung revolutioniert hat."[33]
Die Gegenüberstellung von Patriarchat und Matriarchat und seine Diskussion ist seit dem Erscheinen von Bachofens „Mutterrecht" nicht mehr

30 Vgl. a.a.O. 152–161.
31 *C. G. Jung*, GW 11, 162–163.
32 Vgl. a.a.O. 164.
33 A.a.O. 165.

verstummt. In der Nachfolge Jungs hat Erich Neumann in einem überzeugenden Wurf seines Buches „Ursprungsgeschichte des Bewußtseins“ die mythologischen Daten mit den Begriffskategorien der analytischen Psychologie interpretiert und eine Koinzidenz von Bewußtwerdung und patriarchalem Mythos aufgezeigt. Gerade der Heldenmythos in patriarchaler Zeit weise nicht nur auf das soziale Phänomen des Zurückweichens einer matriarchalen Kultur durch Überlagerung durch eine patriarchale Kultur hin, sondern zugleich auf den Sieg des Bewußtseins in seinem Kampf mit dem Unbewußten. Das Uroborische des Unbewußten in seinem Aspekt der verschlingenden Mutter ist eine ständige Bedrohung für das noch schwache Bewußtsein. Die Befreiung des Bewußtseins aus den Fesseln des Unbewußten stellt nach Neumann, in Anlehnung an Jung, das Mythologem des Drachenkampfes dar, der vom Helden äußerste Anstrengung verlangt und der in mannigfaltigen Varianten nicht nur im Mittelmeerkulturraum beheimatet ist, sondern sich in der einen oder anderen Form als ein universaler Mythos erweist, der sich auch auf anderen Kontinenten vorfindet. Im Sieg des Bewußtseins über das Unbewußte findet zugleich der Sieg des Patriarchats über das Matriarchat statt. Die Mutter bedeutet nach Neumann immer Natur. Auch dort, wo sie zur Geistmutter geworden ist, eignet ihr noch der Charakter der Unwandelbarkeit. Sie symbolisiert das Unbewußte und ist darum „in einem ganz anderen Sinne ewig als das Vaterbild“. Der Vater dagegen repräsentiert die Kulturwerte, die sich in einem ständigen Wandel befinden, so unmerklich dieser Wandel sich für den einzelnen auch vollziehen mag. So kann Neumann sagen: „Die Vaterfigur wandelt sich mit der Kultur, die sie repräsentiert.“[34] Neumann knüpft hier an Überlegungen an, die Jung über Anima und Animus in „Die Beziehungen zwischen dem Ich und dem Unbewußten“ anstellt.[35]

Wenn Karl Jaspers in seinem Buch „Vom Ursprung und Ziel der Geschichte“ von der ‚Achsen-Zeit‘ spricht, so möchte er damit ebenfalls auf ein nicht übersehbares Phänomen in der Weltgeschichte hinweisen, wo es in der Geschichte der Menschheit eine entscheidende Wende gegeben hat, die in eine Beziehung zum Übergang von Matriarchat zu Patriarchat zu setzen und psychologisch als die entscheidende Phase der Bewußtseinsentwicklung anzusehen ist. Sicherlich wäre es verfehlt, die Unterscheidung von prälogischem und logischem Denken bei Lévy-Brühl überzustrapazieren. Daß es auch logisches Denken bei sogenannten ‚Naturvölkern‘ gibt,

34 *E. Neumann,* Ursprungsgeschichte des Bewußtseins, 142.
35 Vgl. *C. G. Jung,* Die Beziehungen zwischen dem Ich und dem Unbewußten, 147–158.

hat die neuere Ethnologie hinreichend erwiesen.[36] Dennoch gibt Lévi-Strauss zu, daß es zwischen wildem Denken und wissenschaftlichem Denken einen Unterschied der Perspektive gibt. Ersteres geht von einem äußerst konkreten, letzteres von einem äußerst abstrakten Standpunkt aus.[37] Mit Ulrich Mann dürfen wir den Unterschied zwischen logisch-empirischem und logisch-konstruktivem Denken machen und die eigentliche Wende der Achsenzeit im Aufkommen des tragischen Lebensgefühls sehen, das Mann aus dem Scheitern der konstruktiven Pläne herleitet, die der Mensch, dank seines völlig freigewordenen logischen Vermögens, in die Zukunft entwirft. Im Unterschied zu Jaspers jedoch läßt er die Achsenzeit bereits im dritten Jahrtausend beginnen, wo er ein zunehmendes individuelles Denken zu bemerken glaubt und den Beginn einer absoluten Religion sieht. Das Ende der Achsenzeit fällt für ihn mit dem Ausgang der Antike zusammen.[38]

Wie man diese Zeit auch immer begrenzen und festlegen will,[39] man scheint sich doch weithin darüber einig zu sein, daß es in der Entwicklungsgeschichte der Menschheit eine entscheidende Wende gegeben haben muß, in der das Denken des Menschen eine neue Dimension gewann.

Die Entstehung einer geistigen Kultur machte auch den Zwiespalt zwischen Trieb und Geist, zwischen Natur und Kultur fühlbarer. Die größere Bewußtwerdung bedeutete zugleich das Erlebnis des Gegensatzes, das sich noch in den Mythen jener Zeit widerspiegelt. Diese Gegensatzspannung, sollte sie nicht in Gespaltenheit enden, bedurfte nach Jung einer neuen Synthese. Die „erlösende Ganzheitsformel“ war das trinitarische Symbol, geboren aus der *„Notwendigkeit der unbewußten Seele“*, unter Beihilfe des menschlichen Denkens.[40]

So ist es nach Jung die kompensatorische Funktion des Unbewußten, die der durch die Bewußtwerdung entstandenen Spaltungstendenz in der Psyche ein die Gegensätze einigendes Symbol entgegenstellt. Die Frage, ob dies in Wirklichkeit gelungen sei und ob die Trinität eine adäquate Lösung des Gegensatzproblems bedeute, geht Jung in der expliziten Untersuchung des Trinitätsdogmas nach, wie es im folgenden dargestellt werden soll.

Vorausgeschickt sei aber noch eine Bemerkung zur Methode der Jungschen

36 *C. Lévi-Strauss,* Das wilde Denken, 308.
37 Vgl. *C. Lévi-Strauss,* Das wilde Denken, 309–310.
38 Vgl. *U. Mann,* Das Christentum als absolute Religion, 104–108.
39 *A. Weber,* Der Dritte und der Vierte Mensch, läßt die chthonische Periode um 1200 v. Chr. zu Ende gehen. Ein ähnliches Schema vertritt *E. Fromm,* Der moderne Mensch und seine Zukunft, 49.
40 *C. G. Jung,* GW 11, 177.

Darstellung. Vorausgehend war davon die Rede, daß das Trinitätsdenken mit der patriarchalischen Gesellschaftsordnung eng verknüpft sei. Es handelte sich also weitgehend um Kollektivvorgänge, und das Trinitätssymbol wurde verstanden als eine aus dem kollektiven Unbewußten entsprungene Lösung auf ein Kollektivproblem hin. Jung zieht jedoch für die Darstellung seines Themas auch Material aus den Träumen seiner Patienten heran. Er begründet dieses Vorgehen mit dem Hinweis, daß auch kollektive Symbole letztlich ihren Ursprung in der Seele Einzelner haben. So kann die Erforschung der Symbolwelt des Unbewußten im Einzelnen zugleich als Erforschung des Unbewußten als solchem betrachtet werden. Die Parallelbeschäftigung mit dem Traummaterial seiner Patienten und der Symbolwelt in Religions- und Kulturgeschichte der verschiedenen Völker verschiedenster Epochen ließen ihn eine frappante Übereinstimmung in der archetypischen Grundstruktur der verschiedenen Symbole erkennen. Somit glaubt Jung, auch bei der psychologischen Behandlung des Trinitätsdogmas von der Psyche des einzelnen ausgehen zu dürfen. „Man kann die Trinität um so leichter wie einen Traum behandeln, als ihr Leben ein Drama darstellt, wie jeder einigermaßen entwickelte Traum.“[41]

2.1.1. Der Vater

Der Vater bedeutet im allgemeinen den frühen Bewußtseinszustand, in welchem man noch Kind ist. In dieser Phase übernimmt der Mensch einfach eine vorgefundene Lebensform, ohne weiter darüber nachzudenken. Bedenkenlos hält er sich an die überkommene Lebensordnung, die für ihn Gesetzescharakter hat, und die er nicht in Frage stellen kann. Es ist der unreflektierte Zustand des Kindes, „ohne intellektuelles oder moralisches Urteil“.[42]

„Der Vater repräsentiert die Welt der moralischen Gebote und Verbote. Der Vater ist der Vertreter des *Geistes,* welcher sich der Triebhaftigkeit hindernd in den Weg stellt.“[43] Wir spüren in diesen Ausführungen Jungs noch Anklänge an die Gedanken über den „Urhordenvater“, wie sie Freud in den Schriften „Totem und Tabu“ und „Der Mann Moses und die monotheistische Religion“ entwickelt hat. Jung denkt dabei jedoch nicht an ein Menschheitstrauma, sondern einfach an den Gegensatz von Geist und Trieb, wobei der Geist durch den Vater symbolisiert wird. „Der Vater ist der Vertreter des traditionellen Geistes, wie er sich in Religion

41 C. G. *Jung,* GW 11, 197.
42 C. G. *Jung,* GW 11, 197.
43 C. G. *Jung,* Symbole der Wandlung, 448.

und allgemeiner Weltanschauung äußert."[44] In der biblischen Religion findet Jung die Entsprechung dazu in der Figur des alttestamentlichen Jahwe. Als mächtiger Vatergott wird er von den Juden ohne Diskussion akzeptiert: auch da, wo die in der Bibel beschriebenen Handlungen Jahwes nicht mit einer weiter entwickelten Moral übereinzustimmen scheinen. Erst allmählich entwickelt sich ein moralisches Urteil, das sich mit dem überkommenen unkritischen Glauben in schwere Konflikte verwickelt sieht, die ihren dramatischen Ausdruck im Buch ‚Ijob' gefunden haben. Erich Fromm unterstreicht diesen Gedanken, wenn er schreibt, daß „das ganze Alte Testament eine Herausarbeitung des patriarchalen Grundgedankens sei".[45]

Im Vergleich zum Matriarchat mag mit Böttcher die Vaterreligion als Läuterung verstanden werden, als „eine der großartigsten Revolutionen zur Befreiung des menschlichen Geistes von den unerträglich gewordenen Mißverständnissen und Entartungen der frühzeitlichen Mutterreligionen"[46]. Doch zugleich wird man sich erinnern müssen, daß das matriarchalische Erbe nicht harmonisch integriert, sondern verdrängt wurde. Damit entstand kulturgeschichtlich ein Ungleichgewicht zugunsten des patriarchalen Geistes.

Es war somit auch die Gefahr gegeben, daß das Gottesbild einseitig unmenschlich werde. Vollmenschlich bleibt es nur, wenn es Väterliches und Mütterliches in sich vereint.[47] Im Psychischen bedeutet der Vater das „kollektive Bewußtsein", die Mutter das „kollektive Unbewußte".[48] Es sind die zwei Pole des Lebens, mit denen sich der Mensch auseinandersetzen muß. Bei allem Übergewicht des patriarchalen Gedankens sind dennoch beide Pole im Gottesbild des Alten und Neuen Testaments erhalten geblieben. So schreibt Erich Fromm: „Es ist interessant, das jeweilige Gewicht des Vater- und des Mutterprinzips bei der Auffassung Gottes in der jüdischen und in der christlichen Religion zu verfolgen. Der Gott, der die Sündflut schickt, weil jedermann außer Noah sündig war, ist das väterliche Gewissen. Der Gott, der zu Jonas sagt ‚Und mich soll der großen Stadt Ninive nicht jammern, in der über hundertzwanzigtausend Menschen sind, die zwischen rechts und links noch nicht unterscheiden können, dazu die Menge Vieh?' (Jon. 4,11), spricht mit der Stimme der allverzeihenden Mutter. Dieselbe Polarität zwischen der väterlichen und der mütterlichen Rolle Gottes ist in der weiteren Entwicklung der jüdischen

44 *C. G. Jung*, Psychologie und Alchemie, 84.
45 *E. Fromm*, Der moderne Mensch und seine Zukunft, 50.
46 *H. Böttcher*, Gott hat viele Namen, 243.
47 Vgl. *C. G. Jung*, Das Geheimnis der Goldenen Blüte, 24.
48 *C. G. Jung*, Psychologie und Alchemie, 109.

wie der christlichen Religion, besonders in der Mystik, deutlich sichtbar."[49]
Die patriarchale Bewußtseinslage, in der die Bibel entstand, hat in Judentum und Griechentum eine je verschiedene Ausprägung erfahren. „Während die jüdisch-christliche Tradition den moralischen Aspekt herauskehrte, fand der griechische Gedanke den höchsten schöpferischen Ausdruck im intellektuellen Aspekt des patriarchalen Geistes."[50] Es ist der „Faktor der persönlich-moralischen Bindung" in der religiösen Beziehung zu Jahwe, der in Israel schon früh eine bedeutende Rolle gespielt hat und der darum das ethische Problem mit viel größerer Heftigkeit stellen mußte, als dies in anderen Religionen der Fall war. Die Eigenart Jahwes sieht Jung in seiner ‚*Persönlichkeit*', im Gegensatz zur Figur des Zeus, der „zwar eine Gestalt, aber keine Persönlichkeit ist". Zeus, so meint Jung, wurde von den Griechen nicht als wirklicher Partner erlebt. Im Judentum wird Jahwe dagegen als Partner erlebt, der mit dem Menschen in einer blutvollen Beziehung lebt, dem es am Menschen liegt, ja dessen erstes Anliegen die Menschen sind. Er läßt sie seine Liebe, aber auch seinen Zorn erfahren, so wie es zwischen zwei Menschen auch geschieht.[51]
In dieser lebendigen Beziehung, ja in dieser „Menschlichkeit" wird Gott auch als wandlungsfähig erlebt. (Wir lesen in der Bibel immer wieder, daß es Gott reute und er anderen Sinnes wird.) Zur echten Partnerschaft gehört, daß beide Partner wandlungsfähig bleiben. Der philosophische Begriff der Unwandelbarkeit Gottes wurde im jüdischen Gotteserlebnis offensichtlich nicht als so störend empfunden, daß er diese besondere Erfahrung verunmöglicht hätte.
Thorleif Boman hat den Unterschied von hebräischem und griechischem Denken herausgearbeitet und dabei den dynamischen Charakter des hebräischen Denkens in Gegenüberstellung zum statischen Denken der Griechen unterstrichen. Er verschließt sich auch nicht der von Hempel[52] aufgeworfenen Frage, ob Israel in irgendeiner Periode sich Jahwe theriomorph vorgestellt habe.[53]
Wenn wir vorher mit Jung von der intensiven persönlichen Bezogenheit Gottes auf sein Volk und auch auf den einzelnen (z. B. David) gesprochen haben und in diesem Zusammenhang auf das echte Partnerschaftsverhältnis Gottes zum Menschen schlossen und damit auch auf seine Wandlungsfähigkeit, so ist diese Annahme nicht allein durch die einschlägigen Belege

49 *E. Fromm,* Der moderne Mensch und seine Zukunft, 47, Anm. 22.
50 A.a.O. 51.
51 Vgl. *C. G. Jung,* GW 11, 397–398.
52 Vgl. *J. Hempel,* Gott, Mensch und Tier im Alten Testament, 217 ff.
53 *Th. Boman,* Das Hebräische Denken im Vergleich mit dem Griechischen, 84.

der Schrift, die von häufiger Sinnesänderung Jahwes spricht, gerechtfertigt, sondern auch durch die philosophisch-psychologische Betrachtungsweise einer Beziehung zwischen Menschen, die, soll sie echt sein, die Veränderungsfähigkeit beider Partner voraussetzt.[54] Die Frage bleibt jedoch: Wieso muß Gott sich wandeln? Die Antwort Jungs darauf ist: Weil der Mensch im Alten Testament seinen Gott weithin triebhaft wie sich selbst erlebt, theriomorph und anthropomorph zugleich. Das Gottesbild des Alten Testaments ist die Projektion seiner Autoren und derer, die sich in ihm wiedererkennen. Die Auseinandersetzung mit diesem Gottesbild, die bewußte Auseinandersetzung wandelt nicht nur den Menschen, sondern auch das Gottesbild. So kann Jung denn schreiben: „Wer Gott erkennt, wirkt auf ihn."[55]

2.1.2. Der Sohn

Wenn der Vater den Zustand des Unreflektierten symbolisiert, den Zustand des nur Wahrgenommenen, so bedeutet der Sohn die Loslösung vom Vater, die Reflektiertheit. Loslösung jedoch meint nicht Vatermord, wie er von Freud im ‚Urhordenvatermord' konzipiert wurde, sondern Auseinandersetzung, „bewußte Unterscheidung vom Vater und dem von ihm repräsentierten Habitus". Die Identifikation des Sohnes mit dem Vater und die nachfolgende Beseitigung des Vaters im Vatermord wäre nach Jung kein Fortschritt, keine Bewußtseinsdifferenzierung, sondern Repetition einer alten Verhaltensform. Indem der Sohn sich vom väterlichen Habitus loslöst, ohne jedoch den Vater zu vernichten, wird er sich an der Konfrontation mit dem Vater seiner eigenen Individualität bewußt. Doch das Selbständigwerden, das Bekenntnis zur eigenen Individualität geht nicht ohne Konflikt und ohne Entscheidung ab.[56] „Der Zustand des ‚Sohnes' ist daher ein *Konfliktzustand* par excellence."[57] Der Vater symbolisiert das Gesetz. Identifiziert sich der Sohn nicht mit dem Vater, so muß er in der Abhebung vom Vater auch gegen das Gesetz rebellieren. Religionsgeschichtlich sieht Jung im Sohn das Christentum symbolisiert, das sich nur im harten Konflikt von dem auf den Vater zentrierten Judentum lösen konnte.[58] Inwieweit diese Loslösung im Christentum gelungen ist,

54 Vgl. *A. Mandel, K. H. Mandel, E. Stadtker, D. Zimmer,* Einübung in Partnerschaft durch Kommunikationstherapie und Verhaltensforschung, München 1971 (vor allem das Kapitel: Philosophische Aspekte der Partnerbeziehung).

55 *C. G. Jung,* GW 11, 420.

56 Vgl. *C. G. Jung,* a.a.O. 197.

57 A.a.O. 199.

58 Vgl. a.a.O. 198.

bleibt die Frage. Der Konflikt zwischen Gesetz und Evangelium ist wohl bis heute nicht zufriedenstellend ausgetragen.

Doch Sohn bedeutet *Transitus*, denn der Sohn soll ja wieder zum Vater werden. Er soll nicht in der reinen Loslösung verharren, im reinen Protest gegen die Welt der Väter, sondern selbst ein Zeugender werden. Jung sagt :„Sohn bedeutet den Übergang von einem dauerhaften Anfangszustand, genannt Vater und auctor rerum, zu dem eigenen Vatersein. Der ‚Sohn' ist vorübergehend, und dank dieser Tatsache sterben die Sohngötter einen frühen Tod."[59] In der Mythologie ist es das Motiv des frühsterbenden Gottes, im allgemeinen der Sohngeliebte der Großen Mutter, die ihn in ihrem furchtbaren, verschlingenden Aspekt nie hat erwachsen werden lassen. Es ist der „puer aeternus", wie ihn Marie-Louise von Franz glänzend dargestellt hat[60] und dem wir auch im täglichen Leben begegnen, als dem Mann, der von der Mutter unbewußt besessen ist, so daß er nicht zu einer normalen Beziehung zur anderen Frau kommen kann. Wenn der Sohn so von der Mutter ‚kastriert' werden kann, so gibt es auch die ‚patriarchale Kastration', die Neumann als Geist-System beschreibt, das „als übermächtiges altes Gesetz, als alte Religionsform, alte Moral, alte Gesellschaft, altes Gewissen, Konvention, Tradition oder irgendeine andere geistige Gegebenheit den Sohn festhält und sein Neues und Zukünftiges verhindert".[61]

Nur der Sohn, der weder der furchtbaren Mutter noch dem furchtbaren Vater erliegt oder, in psychologischen Kategorien ausgedrückt: der sich weder mit seiner Triebnatur noch mit dem kollektiven Bewußtsein seiner Zeit identifiziert, sondern es schöpferisch überschreitet, ist der eigentliche Held und wahrhaft ein neuer Vater und Vertreter des Fortschritts.

Wenn Adonis und Tammuz als mythologische Urbilder des „puer aeternus" gelten können, so verhält es sich mit Jesus Christus anders, was Jung auch zu würdigen weiß. „Das vorbildhafte Leben des Christus stellt an sich einen *Transitus* dar und bedeutet daher soviel wie Brücke und Wandlung zu der dritten Phase, wo in einem gewissen Sinne der *väterliche Anfangszustand wieder hergestellt wird*. Wäre letztere eine bloße Wiederholung der ersten Phase, so würden die Errungenschaften der zweiten Phase, nämlich Vernunft und Reflexion, verlorengehen und einer erneuerten quasi-Bewußtheit irrationaler und unreflektierter Natur Platz machen. Soll dies nicht geschehen, so müssen die Werte der zweiten Phase festgehalten werden, d. h. Vernunft und Reflexion müssen erhalten blei-

59 *C. G. Jung*, GW 11, 198.
60 *M.-L. v. Franz,* Puer aeternus, 1970.
61 *E. Neumann*, Ursprungsgeschichte des Bewußtseins, 154.

ben. Das durch die Verselbständigung des Sohnes neu gewonnene Bewußtsein bleibt in der dritten Phase bestehen, muß aber anerkennen, daß nicht es die Quelle der letzthinnigen Entscheidungen und der ausschlaggebenden Erkenntnisse, nämlich dessen, was man mit Fug und Recht als ‚*gnosis*' bezeichnen kann, ist, sondern eine als inspirierend zu bezeichnende Instanz, welche in der Projektion ‚Heiliger Geist' genannt wird."[62]

Christus ist also kein „puer aeternus", der als Unfruchtbarer in den Schoß der großen Mutter, wie Adonis zu Aphrodite oder Tammuz zu Kybele, getötet von den Göttinnen selbst,[63] zurückkehrt. Er kann von sich sagen: „Ich werde euch den Parakleten senden"[64], und an anderer Stelle: „Glaubet mir, daß ich im Vater bin und der Vater in mir ist"[65]. Diesen Sachverhalt der Wesensgleichheit mit dem Vater hat das Dogma in immer neuen Formulierungen bekannt.[66] Der Heilige Geist geht aus dem Vater und aus dem Sohn wie aus einem Prinzip hervor.[67]

Christus ist und bleibt wesensgleich mit dem Vater. Sein Tod bedeutet kein Untertauchen im Schoß der Erde, wie der der Fruchtbarkeitsgötter. Vielmehr bedeutet er eine neue Seinsweise für die Gläubigen. Der erhöhte Christus ist „kirchenstiftend".

So kann denn Jung den Übergang vom „Sohnsein" zum „Erwachsenensein" wie folgt interpretieren: „Die Erwachsenheit ist dann erreicht, wenn der Sohn seinen eigenen Kindheitszustand dadurch wiederherstellt, daß er sich einer väterlichen Autorität unterwirft ..." oder anders gesagt: „Wie der Übergang von der ersten in die zweite Phase das Opfer der kindlichen Abhängigkeit fordert, so muß beim Übergang in die dritte Phase die ausschließliche Selbständigkeit aufgegeben werden."[68] Das Ich weiß sich nicht mehr autonom, sondern einem umfassenderen Ganzen verpflichtet. Diese Abhängigkeit kann als eine innere erlebt werden, als das Hören auf die Stimme der eigenen Tiefe, aber auch „in projizierter Form", als Unterwerfung unter eine Autorität, „z. B. die Autorität der kirchlichen Lehre".[69]

Wenn Jung von Projektion spricht, so ist das nicht in einem abwertenden,

62 *C. G. Jung*, GW 11, 199.
63 *K. Kerényi*, Die Mythologie der Griechen, Bd. I, 56.
64 Joh 16, 7.
65 Joh 14, 11.
66 Vgl. *H. Denzinger* et *A. Schönmetzer S. J.*, Enchiridion Symbolorum, 44(13), 125(54), 150(86), 526(276), 852(462), 1337(708).
67 A.a.O. „Fideli ac devota professione fatemur, quod Spiritus Sanctus aeternaliter ex Patre et Filio, non tamquam ex duobus principiis, sed tanquam *ex uno principio*, non duabus spirationibus, sed unica spiratione procedit." 850(460) (Conc. Lugd. II).
68 *C. G. Jung*, GW 11, 199–200.
69 *C. G. Jung*, GW 11, 199–200.

entwirklichenden Sinn zu verstehen, sondern als die Äußerung des Psychologen, dem es unmöglich erscheint, psychische von metaphysischen Faktoren zu unterscheiden. „Die Unterwerfung an irgendeine metaphysische Instanz ist, psychologisch gesehen, eine Unterwerfung an das Unbewußte. Es gibt keine wissenschaftlichen Kriterien, nach denen sogenannte metaphysische Faktoren von psychischen unterschieden werden könnten. Das bedeutet aber keineswegs, daß die Psychologie die Existenz metaphysischer Faktoren leugnet."[70]

Wenn der Psychologe auch der Meinung ist, daß der Mensch seine falschen, nicht mehr adäquaten und überlebten Projektionen zurücknehmen soll, so ist es noch nicht ausgemacht, daß man alle Projektionen zurücknehmen müsse. Nicht für jeden ist der Weg der Mystiker beschreitbar, die Gott in der eigenen Seele suchen. Nur allzu viele Pseudo-Mystiker beweisen, daß dieser Weg auch in die Geisteskrankheit hineinführen kann. Es braucht psychisch genügend starke Persönlichkeiten, um diesen inneren Weg zu gehen. Das Leben der wahrhaft großen Mystiker ist dafür der Beweis. Die Kirche hat immer in kluger Zurückhaltung gewußt, daß der Weg der Mystiker ein gefährlicher Weg ist, längst nicht für alle gangbar.

Die Unterwerfung unter die äußere oder innere Autorität sind zwei verschiedene Wege, um dem, was Schleiermacher als „schlechthinnige Abhängigkeit" bezeichnet, Ausdruck zu verleihen. Den größeren oder geringeren Wert eines dieser Wege festzustellen, ist nur möglich in Hinsicht auf den einzelnen. *Nur was dem jeweiligen Menschen möglich ist, kommt ihm auch zu.*

Der Archetypus Christus

Christus bedeutet für Jung mehr als eine historische Persönlichkeit. So bringt er dem Problem der Historizität Jesu auch nur mäßiges Interesse entgegen. Er kann sagen: „Ich zweifle nicht an der historischen Wirklichkeit eines Jesus von Nazareth, aber die Gestalt des ‚Menschensohnes' und Erretters Christus hat archetypische Voraussetzungen."[71] Die erregende Frage ist, wie gerade „der jüdische Prophet Jesus die entscheidende Antwort auf die geistige Situation des hellenistischen Synkretismus erteilen konnte".[72] Jung möchte mit dieser Frage nicht mißverstanden werden in dem Sinn, daß die psychischen Dispositionen der damaligen Epoche sozusagen die Christusgestalt erzeugt hätten. Wenn auch dem Archetypus im Denken Jungs eine grundlegende Bedeutung zukommt, so macht er doch

70 A.a.O. Anm. 34.
71 *C. G. Jung*, GW 14/1, 135.
72 *C. G. Jung*, GW 14/2, 100.

unmißverständlich darauf aufmerksam, daß er nicht an einen kausalen Zusammenhang denkt. „Man möge beachten, daß ich nicht so weit gehe, zu behaupten, der Archetypus *erzeuge* die göttliche Gestalt."[73] Jung denkt hier eher an ein synchronistisches Verhältnis.[74]

„Dem äußeren Tatbestand des dogmatischen Christus antwortet von innen jenes Urbild, das längst vor der christlichen Ära einen Purusha und einen Gajomar erzeugt und dessen Mithilfe die Assimilation der Offenbarung unterstützt hat."[75]

Es ist die Frage, wieso Jesus von Nazareth die universale Bedeutung des Christus bekommen konnte, die alte Frage nach der überraschend schnellen Ausbreitung des Christentums. „So dunkel der Kern dieser Erscheinung dem modernen Bedürfnis nach Tatsächlichkeit vorkommen mag, so sicher ist es auch, daß kein ursacheloses Nichts jene gewaltigen psychischen Wirkungen, welche durch die Jahrhunderte anhalten, hervorgerufen hat."[76]

Schon in den Evangelien glaubt Jung eine Tendenz zur Metaphysizierung der Christusgestalt zu entdecken. So vor allem bei Paulus, aber auch bei den Synoptikern, ganz unübersehbar schließlich im Johannesevangelium. In diesem Zusammenhang kommen wir nicht umhin, einen längeren Passus zu zitieren, der in sehr prägnanter Form die Einstellung Jungs zu diesem Problem wiedergibt: „Schon auf sehr früher Stufe also verschwand der wirkliche Mensch Jesus hinter den Emotionen und Projektionen seiner näheren und weiteren Umgebung; er wurde sofort und beinahe restlos an die seelischen ‚Bereitschaftssysteme', die ihn umgaben, assimiliert und damit in deren archetypisch geformten Ausdruck umgewandelt. Er wurde zu jener kollektiven Gestalt, welche das zeitgenössische Unbewußte erwartete, und darum fragt man vergeblich, wer und wie er ‚eigentlich' war. Wäre seine Gestalt nichts als menschlich und historisch getreu, so wäre sie nach aller Wahrscheinlichkeit ebenso unerleuchtend wie die eines Pythagoras, Sokrates oder Apollonius von Tyana. Er wirkte darum offenbarend, weil und insofern er *ewiger* (und darum unhistorischer) *Gott* war, und er konnte als solcher nur wirken dank dem consensus generalis, der unbewußten Erwartung. Hätte niemand dem wundertätigen Rabbi aus Galiläa etwas Besonderes angesehen, so hätte die Finsternis gar nicht gemerkt, daß überhaupt ein Licht geleuchtet hat. Ob er aus eigener Kraft

73 A.a.O. 100.

74 Synchronizität versteht Jung als „*sinngemäße Koinzidenz* zweier oder mehrerer Ereignisse, wobei es sich um etwas anderes als Zufallswahrscheinlichkeit handelt." (HGW 8, 579.)

75 *C. G. Jung*, 14/2, 100.

76 *C. G. Jung*, GW 11, 163.

das Licht entzündet hat, oder ob er der war, welcher unter der allgemeinen Lichterwartung als Erleidender zusammenbrach, darüber kann bei dem Mangel an zuverlässiger Nachricht nur der Glaube entscheiden. Auf alle Fälle ist der urkundliche Befund in bezug auf die allgemeine Projektion und Assimilation der Christusgestalt unzweideutig. Die Kooperation des kollektiven Unbewußten ist aufs reichlichste belegt, denn die religionshistorischen Parallelen sind im Überfluß vorhanden. Bei dieser Sachlage muß man sich daher fragen, was wohl im Menschen durch die ‚Botschaft' angerührt worden sei, und was aus ihm darauf geantwortet habe."[77]

Christus als Symbol des Helden und des Selbst

Wenn es auch immer schwerhalten wird, einen Archetypus inhaltlich zu bestimmen, handelt es sich doch in erster Linie um psychische Bereitschaftssysteme, so glaubt Jung doch die Frage, die er sich oben stellte, in dem Sinn beantworten zu können, daß es sich bei Christus um zwei Arten der symbolischen Aussage handelt.

Einmal wird er dargestellt mit den „*Attributen des Heldenlebens*". In diesem Sinn nimmt er teil an dem säkularen Bewußtseinsprozeß, wie ihn Jaspers in seinem Begriff der Achsenzeit dargestellt und Erich Neumann ihn in der „Ursprungsgeschichte des Bewußtseins" beschrieben hat. Der Held ist der symbolische Ausdruck für das Bewußtsein, das sich aus dem Unbewußten siegreich erhebt, sich von der Welt des Vaters, der mehr oder minder großen Unbewußtheit befreit und damit auch das moralische Problem in seiner ganzen Schärfe stellt. Es ist also nicht nur die „unwahrscheinliche Herkunft, göttlicher Vater, gefährdete Geburt, knappe Rettung, frühe Reifung (Heldenwachstum), Mutter- und Todüberwindung, Wundertaten, tragisches frühes Ende, symbolisch bedeutsame Todesart, postmortale Wirkungen"[78], die das Schicksal Christi als das des Helden erweisen, sondern auch der Ruf der Entscheidung, der von ihm ausgeht. Im Helden wird psychologisch der Aspekt des Nur-Sohnes deutlich.

Zugleich ist Christus aber auch ein Symbol *allumfassender Ganzheit*", ist er doch selber Gott. Das Mandala des Kreises ist ein beliebtes Symbol für Gott.[79] Diese mandalaförmige Anordnung ist auch belegt für Christus als den „Rex gloriae", umgeben von den vier Evangelisten oder vom Chor

77 *C. G. Jung*, GW 11, 168.
78 A.a.O. 168–169.
79 Deus est circulus cuius centrum est ubique, circumferentia vero nusquam (Liber Hermetis, Liber Trismegisti, Codex Parisinus 6319 und Codex Vatic. 3060). Auf die Kreisförmigkeit gnostischen Denkens macht *Leisegang* (Denkformen, 1928, 60 ff): „Im Anfang war das Wort, und das Wort war bei Gott, und Gott war das Wort", aufmerksam.

der Heiligen.[80] Die Quaternität Christi ist weiter belegt durch das Kreuz und Christus als Jahr.[81]

Die Alchemie gebraucht gern das Symbol des Hermaphroditus für Christus, um seinen Ganzheitscharakter deutlich zu machen. Doch handelt es sich hier um ein nicht legitimes Selbstsymbol. Das Selbst bedeutet immer Ziel. Kreis und Quaternität „sind die häufigsten und deutlichsten Charakteristica der Zielvorstellung". Der Hermaphroditus ist keine „Gestalt des Zieles", vielmehr ein „Symbol des Anfangszustandes, nämlich der Ausdruck einer Identität mit Anima oder Animus".[82]

In diesem „Noch-beieinander-Sein" der Gegensätze im Hermaphroditus wird deutlich, wie das richtige und unrichtige Verhältnis von Bewußtsein und Unbewußtem aussieht. Das „Selbstsymbol" des Hermaphroditus ist in irgendeiner Weise noch ein „Monstrum", das noch entmischt werden muß, damit die wahre „coniunctio" möglich werde.[83] In dieser verschiedenen Bezogenheit von Bewußtem zum Unbewußten wird der Unterschied zwischen Magie und Religion deutlich. Magie ist der noch nicht entmischte Zustand, in dem das Ich vom Unbewußten *besessen* wird.

Wahre Religion dagegen bedeutet, daß die Entmischung stattgefunden hat und das Ich in einer bewußten Beziehung zum Unbewußten lebt, einer Beziehung, die der inneren Spannung nicht entbehrt. Der Mensch erlebt sich getrennt von Gott und doch mit ihm eins, in der unaussprechlichen Paradoxie einer „complexio oppositorum".[84]

Um im „Bilde Christi" zu bleiben: Es ist nicht der „androgyne Christus" der Alchemie, sondern der mit seiner Kirche, seinem „corpus Mysticum" in einer wahren „coniunctio" vermählte Christus, der ein Symbol des Selbst ist.[85]

Obgleich es Vorformen der Christusgestalt gegeben hat – Jung erinnert an Purusha und Gajomar –, so war dennoch die Zeit nicht reif für die Konstellierung des „Archetypus des Selbst in jeder Seele". Die Gestalt des Pharao Echnaton stellt eine solch tragisch verfrühte Suche dar. Er mußte denn auch scheitern. Es ist auch im Ägypten des Echnatons, wo sich zum erstenmal die Idee einer Theologie der Trinität zu entwickeln beginnt, die jedoch bald nach seinem Tode aufgegeben worden ist, aber dennoch

80 C. G. *Jung*, GW 11, 169.
81 C. G. *Jung*, Aion, 296.
82 C. G. *Jung*, GW 16, 340.
83 A.a.O. 336.
84 Vgl. *M.-L. v. Franz*, Religiöse oder magische Einstellung zum Unbewußten, 44.
85 C. G. *Jung*, GW 14/2, 206.

eine „historische Fernwirkung“ erlangte. Die alexandrinische Theologie wird später zum „Mittler ägyptischen Gutes an das Christentum“.[86]
„Christus verwirklichte die Idee des Selbst.“[87] Das apokalyptische Bild des Menschensohnes, meint Jung, stelle die Vereinigung der Gegensätze noch besser dar als das Christusbild der Evangelien, in dem „die innere Gegensätzlichkeit fast unsichtbar geworden“[88] ist.

Es ist in diesem Punkt, wo der Satz von Christus als Symbol des Selbst eine Einschränkung erfährt. Symbol des Selbst und die psychologische Definition von Ganzheit müssen nicht identisch sein. „Psychologisch ist das Selbst definiert als die psychische Ganzheit des Menschen. Zum *Symbol des Selbst* kann alles werden, von dem der Mensch eine umfassendere Ganzheit voraussetzt als von sich selber.“ Voraussetzungen decken sich aber nicht unbedingt mit dem Faktischen. Und hier setzt eine entscheidende Kritik Jungs an Christus als dem Symbol des Selbst ein. Es fehlen der Gestalt Christi „die Nachtseite der seelischen Natur, die Finsternis des Geistes und die Sünde“.[89] Wir werden noch ausführlicher auf diesen Punkt zurückkommen müssen. Doch sei schon hier angemerkt, daß der erhöhte Herr, der „Christus Mysticus“, eine Dimension besitzt, die von Jung nicht genügend beachtet wird und wo nicht die Sünde, aber der erlöste Sünder mit einbezogen ist.

„Integration des Bösen“ bedeutet ja auch im Sinn der analytischen Psychologie nicht die einfache Einfügung in eine vorgeformte Idee des Selbst, sondern einen Prozeß, in dem das „Böse“ eine Wandlung erfährt.

Aus der Überlegung heraus, daß Christus etwas an der vollen Menschheit fehle, folgert Jung, daß die in Jesus Christus begonnene Inkarnation eine Fortsetzung haben müsse. „Die Inkarnation Gottes in Christo bedarf insofern einer Fortsetzung und Ergänzung, als Christus infolge der ‚parthenogenesis‘ und der Sündlosigkeit kein empirischer Mensch war.“[90]

Die „Vergöttlichung“ Christi auf Kosten seiner Menschheit, läßt es verstehen, daß es für viele Menschen psychologisch schwierig ist, das Wort der Schrift nachzuvollziehen, daß Jesus unser Bruder ist, obgleich er, wie es das Dogma will, ohne Sünde war.[91] Die Sünde und Schuld scheint so sehr zum empirischen Menschen zu gehören, daß das Wort „er wurde uns

86 Vgl. *S. Morenz*, Ägyptische Religion, 155, 272. Auf einem Amulett um 100 n. Chr. befindet sich ein Distichon, das der christlichen Trinitätsformel sehr nahe kommt: „Einer ist Bait, eine ist Hathor, eine ist Akori – diesen gehört *eine* Kraft. Sei gegrüßt, Vater der Welt, sei gegrüßt, dreigestaltiger Gott“ (*Spiegelberg*, ARW 21, 1922, S. 225/7, zit. n. *Morenz*, a.a.O. 270).

87 *C. G. Jung*, GW 11, 170.

88 *C. G. Jung*, GW 14/2, 207.

89 *C. G. Jung*, GW 11, 170.

90 *C. G. Jung*, 11, 444.

gleich, außer in der Sünde"[92] psychologisch eine enorme Distanz bedeutet. Es ist aus diesem psychologischen Empfinden heraus, wenn Jung von Christus schreibt: „Er blieb außerhalb und oberhalb der wirklichen Menschheit."[93]
Zugleich möchte er mit dieser Aussage nicht die Vorbildhaftigkeit der Person Jesu Christi in Abrede stellen. „Dieses anscheinend einzigartige Leben ist deshalb zum geheiligten Symbol geworden, weil es der psychologische Prototyp des einzig sinnvollen Lebens ist, nämlich eines Lebens, welches nach der individuellen, d. h. absoluten und unbedingten Verwirklichung seines ihm eigentümlichen Gesetzes strebt."[94]

2.1.3. Der Geist

In der Einwohnung des Heiligen Geistes im Menschen sieht Jung die Fortsetzung der Inkarnation. „Da der Heilige Geist die dritte Person der Trinität darstellt und in jeder der drei Personen jeweils der ganze Gott gegenwärtig ist, so bedeutet die Einwohnung des Heiligen Geistes nichts weniger als eine Annäherung des Gläubigen an den Status des Gottessohnes. Man begreift daher unschwer den Hinweis: ‚Ihr seid Götter.' Dieser deifizierenden Wirkung des Heiligen Geistes kommt natürlich die dem Erwählten eigentümliche Imago Dei entgegen. Gott in der Gestalt des Heiligen Geistes schlägt sein Zelt bei und in den Menschen auf, denn er ist offenbar gesonnen, nicht nur in den Nachkommen Adams, sondern auch in einer unbestimmt großen Anzahl von Gläubigen, oder vielleicht in der Menschheit überhaupt, sich fortschreitend zu verwirklichen."[95]
Damit die Inkarnation vollständig sei, will sich Gott im empirischen Menschen inkarnieren. Denn was in der Inkarnation Jesu von Nazareth geschah, ist die Vermählung Gottes mit der Lichtseite des Menschen, aber nicht mit der Schattenseite, mit dem ganz Erdhaften. Wenn Christus auch der Gottesknecht war, so ging er als Makelloser doch letztlich unberührt durch diese Welt. Das Engagement Jesu mit dieser Welt scheint ihm ein begrenztes, da er selbst rein bleibt von Schuld. Er ist das Licht, das in der Finsternis leuchtet, aber nicht von dieser begriffen wird.
Dagegen bedeutet der „Heilige Geist nicht eine Prärogative des menschgewordenen Gottes allein, sondern er dehnt sich auf den befleckten Men-

91 Vgl. *Denzinger*, Enchiridion Symbolorum, 44(13), 74(18), 159(65), 261(122), 301(148), 434(224) sq. 487(251), 505(258), 539(286), 554(290), 1347(711), 2529(1463).
92 Vgl. Kanon der Hl. Messe, Viertes Hochgebet; Hebr 4, 15.
93 *C. G. Jung*, 11, 444.
94 *C. G. Jung*, Wirklichkeit der Seele, 202.
95 *C. G. Jung*, 11, 444.

schen aus".[96] Es ist dies eine Idee, die vor allem der Alchemie lieb war und von Joachim von Fiori im Gedanken des „Reiches des Hl. Geistes" abgewandelt wurde.[97]

In dieser Lehre sieht Jung aber auch die Gefahr der „Inflation" für den Menschen,[98] die Möglichkeit der „Selbstvergottung" und Selbstanmaßung, wie sie Jung im „Falle Nietzsche" deutlich zu erkennen vermeint. „Je unbewußter sich das religiöse Problem der Zukunft stellt, desto größer ist die Gefahr, daß der Mensch den Gotteskeim in sich zu einer lächerlichen oder dämonischen Selbstaufblähung mißbrauchen wird, anstatt sich bewußt zu bleiben, nicht mehr als der Stall zu sein, in dem der Herr geboren wird."[99] Was einmal in den großen Symbolen des christlichen Glaubens an psychischer Energie gebunden war, fällt in das Unbewußte des Menschen zurück, dem die alten Formeln und Bilder nichts mehr sagen. Es sollte nun eine bewußte Beschäftigung mit diesen Inhalten beginnen, was aber nur in den seltensten Fällen geschieht. So entfaltet denn das Unbewußte seine dämonische Wirkung. Der Mensch ist versucht, sich mit dem zu identifizieren, von dem er sich abhängig wissen sollte.

Gegen Ende seiner „Psychologischen Deutung des Trinitätsdogmas" wirft Jung die Frage auf, wieso eine so „differenzierte Religionsform" wie das Christentum überhaupt auf das „Symbol des Gottmenschen ohne Makel" und auf die „archaische Triade" zurückgreife, um daraus sein trinitarisches Gottesbild aufzubauen". Er erklärt es mit dem Prozeß der Kompensation. Das Christentum ist kulturgeschichtlich ein Gegenschlag gegen zu große Primitivität und Unbewußtheit. Die „kompensierende Vergeistigung" drückt sich im rettenden Symbol der Drei aus.[100]

Die Differenzierung des Bewußtseins bedeutet jedoch Opfer, Verzicht auf Ganzheit. Dabei wird das „Nicht-Geistige", oder was in einer patriarchalen Gesellschaft dafür gilt, verdrängt. Das große Weibliche, die Sexualität, die Erde, wird mit einem negativen Akzent versehen und weithin abgespalten und verteufelt. Nur so vermag sich das Bewußtsein zu behaupten. Somit ist die Trinität ein Symbol des männlich-väterlichen Geistes,[101] das für die Geburt des Christentums eine Notwendigkeit dar-

96 *C. G. Jung*, Ein moderner Mythos, 98.
97 Vgl. *C. G. Jung*, GW 14/1, 29.
98 Inflation gebraucht Jung für die Identifikation des Ichs mit einem Archetypus. Diese Identifikation kann das klinische Bild eines schizophrenen Wahns erzeugen, in dem sich jemand für Gott selbst hält.
99 *C. G. Jung*, GW 11, 195–196.
100 *C. G. Jung*, GW 11, 208–209.
101 *C. G. Jung*, Psychologie und Alchemie, 40–41, 46.

stellte, aber in seinem Opfercharakter an dem Mangel an Ganzheit krankt.

Jung sieht die kulturgeschichtliche Entwicklung in der Perspektive des „epigenetischen Prinzips", das offensichtlich nicht nur für das Wachstum von Organismen bestimmend ist oder für die Entwicklung der gesunden Persönlichkeit,[102] sondern auch für die Herausbildung von Menschheitssymbolen.

Die Zielvorstellung von Ganzheit läßt ihn die Frage nach einem Symbol stellen, das Ganzheit besser ausdrücke als die Trinität.

102 Vgl. *E. H. Erikson,* Wachstum und Krisen der gesunden Persönlichkeit, 10.

IV. Das verdrängte Vierte

Die vorausgehende Darstellung der Gedanken Jungs über die christliche Trinität muß, wie schon eingangs erwähnt, auf dem Hintergrund seiner Funktionenlehre gelesen werden. Was die Trinität von der Quaternität unterscheidet, ist, daß es sich bei ersterem um ein künstliches Ganzheitssymbol handelt, das für eine bestimmte Phase der Menschheit die im Menschen angelegte Tendenz zur Ganzheit symbolisieren konnte, aber das nur auf Kosten der Verdrängung eines Vierten. Diese Meinung erläutert Jung mit der von der Quaternität verschieden strukturierten Trinität, die, wie bereits erwähnt, nach dem Schema 4 − 1 gebildet ist, während die Quaternität nach dem Schema 3 + 1 geformt ist. Die „4 − 1-Struktur" der Trinität bedeutet für Jung die Verdrängung der vierten inferioren Funktion, wodurch ein Übergewicht auf der Seite des Bewußtseins entsteht.[1] Das Trinitätssymbol wird dadurch ein Ganzheitssymbol auf der Bewußtseinsebene, aber kein Symbol des ganzen Menschen, das Bewußtes und Unbewußtes gleicherweise in sich schließen müßte.
Dennoch ist es die Meinung Jungs, daß bereits die Trinität eine „verkappte Quaternität"[2] ist, da die Triade ja durch einen Verdrängungsprozeß zustande gekommen ist. In dem Maße, in dem die verdrängte vierte Funktion bewußt gemacht wird, wird auch das quaternäre Grundmuster der Ganzheit wieder sichtbar. Die Parallelisierung von Funktionenlehre und Trinitätslehre wird im folgenden Jungschen Zitat besonders deutlich: „In der Funktionspsychologie sind zunächst zwei Funktionen, die differenzierte und deren Auxiliärfunktion bewußt als männlich, und in Träumen repräsentiert durch Vater und Sohn, die unbewußten Funktionen dagegen durch Mutter und Tochter. Da nun der Gegensatz zwischen den beiden Auxiliärfunktionen längstens nicht so groß ist wie zwischen der differenzierten und der minderwertigen Funktion, kann auch die dritte, nämlich die unbewußte ‚auxiliäre' Funktion ins Bewußtsein

1 Vgl. *C. G. Jung*, Ein moderner Mythus, 101.
2 *C. G. Jung*, GW 14/1, 202.

gehoben und dadurch männlich werden. Sie wird aber etwas von ihrer Kontamination mit der minderwertigen Funktion mit sich nehmen und dadurch eine gewisse Vermittlung mit dem Dunkel des Unbewußten bilden. Dieser psychologischen Tatsache entsprechend, unterlag auch der Heilige Geist der häretischen Deutung als Sophia, da er ja der Vermittler der Geburt im Fleische war und auf diese Weise das Sichtbarwerden der lichten Gottheit im Dunkel der Welt ermöglichte. Dieser Zusammenhang war es wohl, welcher dem Heiligen Geist den Verdacht der Weiblichkeit eintrug."[3] Die „weibliche Interpretation" des Hl. Geistes ist umstritten,[4] wenngleich gewisse gnostische Sekten das weibliche Prinzip mit dem Heiligen Geist identifiziert haben, so die Naassener, die Nikolaiten und die Montanisten[5]. Für Jung spielt jedoch die Unterscheidung von orthodox und häretisch, von kanonischen und nicht-kanonischen Schriften nur eine zweitrangige Rolle. Die Qualifikation von orthodox oder heterodox ist für ihn ein Sekundärvorgang, der theologische Bedeutung hat, doch für die psychologische Betrachtungsweise nur von sekundärer Relevanz ist. So setzt er sich auch leicht über mögliche theologische Bedenken hinweg, die bei der Interpretation des Hl. Geistes als weibliches Prinzip auftauchen könnten. Für ihn ist wichtig, daß es diese Interpretation gegeben hat und daß sie eine nicht unbedeutende Zahl von Anhängern gefunden hat.

Ein anderes Problem ist zu wissen, in welchem Verhältnis die sogenannten häretischen Aussagen zu den orthodoxen stehen. In diesem Sinne sind ihm die Alchemisten wiederum wichtig, die ähnlich wie die Gnostiker geahnt haben, daß der geistigen Trinität das Dunkle, das Erdhaft-Weibliche fehlt. Wenn die Interpretation des Hl. Geistes als weibliches Prinzip bei den Gnostikern auf diesen Zusammenhang hinweist, so wird von den Alchemisten eine untere, chthonische Trinität postuliert, die eine Entsprechung zur Trinität der Gottheit ist.[6] Diese Forderung der Alchemisten kann Jung vom psychologischen Standpunkt nur unterstreichen. „Die ‚*Dreiheit*' kann nur als ‚*relative Ganzheit*' gelten, da sie in der Regel entweder eine geistige (bzw. gedachte) Totalität, wie die Trinität, oder eine instinkthafte (bzw. chthonische), wie die triadische Natur der Unterweltsgötter (die sogenannte ‚untere Triade'), darstellt. Psychologisch ist aber die Dreiheit, wenn sie sich nach dem Kontexte auf das Selbst beziehen sollte, als defekte Vierheit zu verstehen resp. als Übergangszustand zur Vierheit. Eine Triade hat empirisch als Komplement eine entgegen-

3 *C. G. Jung,* Psychologie und Alchemie, 214.
4 Vgl. *E. Benz,* Ist der Geist männlich?, 452 f.
5 Vgl. *E. O. James,* The cult of the Mother-Goddes, London 193.
6 *C. G. Jung,* Symbolik des Geistes, 39.

gesetzte Dreiheit. Das Komplement der Vierheit ist die Einheit."[7] Das Quaternitätsschema legt nach Jung „dem trinitarischen Denken die *Fessel der Wirklichkeit dieser Welt* an"[8].
Wir haben zu fragen, was Jung eigentlich meint, wenn er von dem verdrängten Vierten spricht. Wenn wir im Zusammenhang mit der Funktionenlehre von der Verdrängung der vierten, minderwertigen Funktion sprechen, so könnte leicht der falsche Eindruck entstehen, daß das eigentlich keine so großen Konsequenzen haben dürfte, weil es sich ja nur um eine der vier Funktionen handelt. Die anderen drei bleiben ja mehr oder weniger bewußt. Doch bei dieser Überlegung ist zu beachten, daß die Einstellung zur minderwertigen vierten Funktion zugleich die Einstellung zum Unbewußten als solchem ausdrückt. Denn „die vierte Funktion ist mit dem Unbewußten kontaminiert und zieht, wenn bewußt gemacht, das ganze Unbewußte mit sich"[9]. Das bedeutet umgekehrt, daß eine verdrängende Einstellung der minderwertigen Funktion gegenüber auch eine ablehnende Haltung dem Unbewußten überhaupt gegenüber ist. Von einem einseitig bewußten Standpunkt aus, wird das Unbewußte mit einem negativen Akzent versehen. Die Identifikation des Bewußtseins mit dem Guten schlechthin belegt das Unbewußte folgerichtig mit der Qualifikation des Bösen.

1. Das Problem des Bösen

Das Problem des Bösen erscheint in der Psychologie C. G. Jungs eng verbunden mit dem, was Jung den *Schatten* nennt. Er bevorzugt auch hier, wie so oft in seinem Werk, einen Ausdruck, den man eher bei einem Dichter suchen möchte als in einer Abhandlung über das Wesen des Psychischen. Doch Jung verteidigt die Wahl des Ausdrucks mit folgender Überlegung: „Die Natur dessen, was eingesehen und assimiliert werden muß, hat die poetische Sprache mit dem Worte ‚Schatten' so trefflich und so plastisch ausgedrückt, daß es beinahe anmaßlich wäre, sich über den Gebrauch dieses Sprachgutes hinwegzusetzen. Schon der Ausdruck ‚inferiorer Persönlichkeitsanteil' ist ungeeignet und irreführend, wohingegen der Terminus ‚Schatten' nichts präsumiert, das ihn inhaltlich bestimmen würde."[10] Der Schatten stellt nach Jung also den „inferioren Persönlichkeitsanteil" dar oder auch die „negative Ichpersönlichkeit"[11]. Der Schatten personifi-

7 *C. G. Jung,* Aion, 324.
8 *C. G. Jung,* GW 11, 194.
9 *C. G. Jung,* Psychologie und Alchemie, 214.
10 *C. G. Jung,* Theoretische Überlegungen zum Wesen des Psychischen, GW 8, 238.
11 *C. G. Jung,* Psychologie und Alchemie, 246.

ziert das persönliche Unbewußte,[12] dessen Inhalte jedoch mit denen des kollektiven Unbewußten amalgamiert sind.[13] Das persönliche Unbewußte ist wie die Spitze eines Eisberges, „jener Teil des kollektiven Unbewußten, der in die persönliche Sphäre hineinragt“[14].

Es hieße allerdings das Problem des Bösen minimalisieren, wollte man es einzig auf das durch den Schatten personifizierte persönliche Unbewußte beschränken. Jung spricht von der „negativen Seite des Unbewußten“, das durch den „vom Bewußtsein abgestoßenen ‚Schatten‘ nur noch mehr belastet ist“[15]. Er kritisiert in diesem Sinne auch Freud, der die „dämonische Gefährlichkeit der dunklen Seite, die ja nicht nur in relativ harmlosen Infantilismen besteht, mehr oder weniger übersehen“[16] habe. Der Schatten beschwört nämlich die Gegensatzproblematik[17] herauf, der man nicht allein mit Vernünftigkeit beikommen kann. S. Freud geht bekanntlich von der Voraussetzung aus, daß alles Verdrängte – und die Inhalte des persönlichen Unbewußten, und nur dieses existiert für ihn – grundsätzlich bewußt gemacht werden kann. Wenn aber, wie Jung annimmt, der Schatten seine Fortsetzung auch im kollektiven Unbewußten findet, ist es nicht möglich, ihn völlig bewußt zu machen, weil es nicht möglich ist, das kollektive Unbewußte in Bewußtheit aufzulösen. Da das Ziel der Jungschen Psychologie nicht einfach in der Stärkung des Ichs liegt, sondern das Ich-Bewußtsein und Unbewußtes umfassende Ganze des Selbst ist, kann die Lösung des Problems des Bösen nicht darin liegen, daß die Inhalte des persönlichen Unbewußten bewußt gemacht werden – so notwendig das auch ist –, sondern es muß ein Arrangement gefunden werden, das es dem Menschen erlaubt, mit seinem grundsätzlich nicht aufhebbaren Schatten leben zu können.

Des Schattens, so meint Jung, entledigt man sich gern durch den Mechanismus der *Projektion:* „entweder dadurch, daß man seinen Nachbarn in engerem oder weiterem Sinne mit all den Untugenden belastet, die man offenkundigerweise selber hat, oder daß man seine Sünden mittels ‚contritio‘ oder – sanfter – der ‚attritio‘ einem göttlichen Mittler überläßt“[18].

Wie man mit der Tragik des Schicksals umgeht, die eine „unvermeidliche Beigabe der Ganzheit ist“, ist nach Jung eine Frage der Einstellung. Die

12 *C. G. Jung,* GW 14/1, 116.
13 *C. G. Jung,* Psychologie und Alchemie, 55.
14 *C. G. Jung,* GW 14/1, 177, Anm. 65.
15 A.a.O. 161.
16 Vgl. a.a.O., 282
17 *C. G. Jung,* Psychologie und Alchemie, 61.
18 A.a.O. 50–51.

Einstellung dem Schatten gegenüber gibt ihm in der Projektion seine ganz bestimmte Gestalt. Jung führt das wie folgt aus: „Mein unvermeidliches Schicksal bedeutet soviel als ein dämonischer Wille zu eben diesem Schicksal, ein Wille, der mit dem meinigen (dem Ich-Willen) nicht notwendigerweise koinzidiert. Wenn er aber dem Ich entgegengesetzt ist, so kann man nicht umhin, darin eine ‚Macht', d. h. ein Göttliches oder Infernalisches, zu fühlen. Die Ergebenheit in das Schicksal wird es einen Gotteswillen nennen; der aussichtslose und verzehrende Kampf gegen die Bestimmung wird darin eher den Teufel sehen."[19]

1.1. Das zwielichtige Gottesbild

Zu sehr war Jung von der Tragik des menschlichen Lebens beeindruckt, als daß er sich mit der Auskunft hätte zufriedengeben können, es handle sich beim Bösen nur um eine „privatio boni". Die Mächtigkeit des Bösen war für ihn überdeutlich, als daß er sich mit dieser für ihn verharmlosenden Feststellung hätte begnügen können. Diese Lösung des Theodizeeproblems schien ihm zu einfach. Ist das Böse nicht die Gegenmacht des Guten? Ist das Leben nicht Sinn und Unsinn zugleich, und bleibt in diesem Kampf zweier scheinbar gleichstarker Mächte dem Menschen allein die „ängstliche Hoffnung, der Sinn werde überwiegen und die Schlacht gewinnen"[20]? Gehört diese Tragik nicht notwendigerweise zum Menschsein? Jung glaubt, daß „die Gegensätze unausrottbare und unerläßliche Bedingungen unseres seelischen Lebens überhaupt sind, und zwar dermaßen, daß Existenz und Leben an sich schon Schuld bedeuten"[21]. Hinter dieser Aussage steht das Bild von dem Ich, das aus dem Unbewußten hervorgeht und sich fälschlicherweise für autonom hält, ohne seine wesentliche Verbundenheit mit dem Ganzen der Psyche zu sehen und sich einem Größeren: der Ganzheit des Selbst unterzuordnen. Denn „selbst ein gottgeweihtes Leben wird doch immer noch von einem Ich gelebt, das gegenüber Gott von einem Ich spricht und ein Ich behauptet, das nicht sofort in die Gottheit fällt, sondern sich eine Freiheit und einen Willen reserviert, die es gewissermaßen außerhalb der Gottheit aufrichtet"[22].

Diese Errichtung einer autonomen Position des Ichs gegenüber dem Unbewußten scheint eine notwendige Entwicklung des Bewußtwerdungsprozesses zu sein. Bewußtwerdung geschieht erst da, wo das ‚Ureine' des Un-

19 *C. G. Jung*, Psychologie und Alchemie, 51, Anm. 2.
20 *C. G. Jung*, Erinnerungen Träume Gedanken, 360.
21 *C. G. Jung*, GW 14/1, 185.
22 *C. G. Jung*, ebd.

bewußten sich differenziert, sich entzweit und die Gegensatzspannung sichtbar wird.
Wenn auch das Selbst bereits potentiell im undifferenzierten Unbewußten angelegt ist, so bedarf es des Prozesses der Bewußtwerdung als einer unabdingbaren Phase auf dem Wege zur Selbstwerdung. Wo die Gegensatzproblematik nicht sichtbar geworden ist, wo sie vom Menschen nicht gelebt wird, wo er diese Zerreißprobe nicht zu bestehen hatte, dort bleibt er in seiner Dumpfheit, ohne zu dem zu kommen, was Jung mit dem Begriff des Selbst eigentlich meint.
Dieses quaternär strukturierte Selbst ist die Zielvorstellung des Selbstwerdungsprozesses, das differenzierte Gottesbild, das dem dumpfen, unbewußten des Anfangs gegenübergestellt werden kann, wo das Gottesbild noch sehr oft mit dem Tier identifiziert wird. Die Religionsgeschichte gibt uns für letzteres mannigfache Belege. Noch im AT, so meint Jung, werden wir in manchen Abschnitten mit einer überwiegend tierischen Darstellung des Gottesbildes konfrontiert. Jung erinnert an die Ezechielvision der vier Seraphim. Nur einer davon hat ein Menschengesicht, die anderen drei haben Tiergesichter. „Das Motiv erscheint auch in gewissen Darstellungen der Horussöhne und in den Evangelistenemblemen, sowie in den drei synoptischen und dem einen ‚gnostischen' Evangelium, last not least auch in den *vier Personen der christlichen Metaphysik:* Trinität und Teufel."[23]
Daß das Tier so oft in der Religionsgeschichte zum Symbol eines Gottes wurde, dürfte mit dem ausgesprochenen Fremdheitserlebnis des Menschen beim Tier zusammenhängen. Das Tierleben ist für den Menschen nicht einfühlbar, und zu vielen Tieren gibt es auch nicht die Möglichkeit eines affektiven Kontaktes. Im Fremden wird gewöhnlich der Feind gesehen. Dort wo er sich unberechenbar und übermächtig erweist, umgibt man ihn leicht mit numinoser Aura. In der Verehrung sucht man sich vor seinem nicht vorausschaubaren Agieren zu schützen. In den Träumen erscheint das Tier gewöhnlich als Symbol der Instinkte. Sie können hilfreich sein, doch auch in Blindheit zerstörerisch wirken. In den Gottesgebilden der Religionsgeschichte haben wir nach Jung Menschheitsträume vor uns, in denen die Menschen der damaligen Zeit ihre Faszination, aber auch ihren Schrecken vor der eigenen Instinktwelt ausdrücken. In einer noch großen Unbewußtheit fühlen sie sich ihr weithin ausgeliefert. Mit der zunehmenden Bewußtheit des Menschen erhält auch das Gottesbild andere Züge. Wenn die Ezechielvision noch an den ‚Wildheitscharakter' Jahwes erinnern mag, so liegt der Fall in der Bilderwelt des Christentums anders.

23 *C. G. Jung*, Ein moderner Mythos, 84.

„Die christliche Trinität besteht aus drei menschlichen Personen, und der Vierte, der Teufel, erscheint nur mehr als Halbtier. Die Quaternität des Alten Testaments verhält sich somit komplementär zur Quaternität des Neuen Testaments.[24]

Der ‚unbewußte Gott' wird mehr und mehr im Laufe der Geschichte zu einem ‚bewußten Gott'. An diesem Werk der ‚Gottesbildwerdung' ist der Mensch eminent beteiligt. Die „Verbesserungsbedürftigkeit Gottes" ist das Anliegen des Hiobbuches. Sie bedeutet, wie Jung sagt: „Die Wandlung des alttestamentlichen zornigen Gottes in den Gott der Liebe des Neuen Testaments."[25]

1.2. Das Problem des Bösen in der ‚Antwort auf Hiob'

Schon in ‚Aion' hatte sich Jung mit dem Problem einer Psychologie des Christentums auseinandergesetzt. Das Buch ‚Antwort auf Hiob' ist eine Fortsetzung dieser Thematik.[26]

In der Beschäftigung mit dem Buch Hiob und seinem Gottesbild geht es Jung nicht in erster Linie darum, wie die Menschen des Alten Testaments ihren Gott empfanden – wo Jung sich exegetische Erkenntnisse zunutze macht, greift er gewöhnlich auf die Studie von Riwkah Schärf[27] zurück –, sondern wie sich ein moderner, christlich erzogener Mensch mit den ‚göttlichen Finsternissen' auseinandersetzt. Für ihn ist das Buch Hiob „ein Markstein auf dem langen Entwicklungswege eines göttlichen Dramas"[28].

Man wird die Ausführungen Jungs in „Antwort auf Hiob" nur verstehen können, wenn man sich ständig vor Augen hält, daß Jung auf zwei Ebenen argumentiert und diese Ebenen nicht immer sauber auseinanderhält. Die eine Ebene ist die der Projektion. Hier spricht Hiob mit seinem Gott oder im Verständnis Jungs: Hier spricht Hiob mit seinem *Gottesbild*, das er hypostasiert. Ob diese Hypostasierung zu Recht besteht, ob das, was der Psychologe von seinem Standpunkt aus als Projektion bezeichnet, mehr ist als nur ein vom Menschen ins Außen entworfene Bild, übersteigt die Kompetenz des Psychologen. Dies zu betonen wird Jung nicht müde. Um Jung nicht mißzuverstehen, muß man sich dieser Tatsache bewußt sein. Immer wo er von Jahwe oder Gott spricht, wäre eigentlich „Gottesbild" hinzuzufügen. Die andere Ebene ist die der psychischen Realität im Menschen selbst.

24 *C. G. Jung*, a.a.O. 85.
25 *C. G. Jung*, GW 14/2, 24.
26 Vgl. *C. G. Jung*, Erinnerungen Träume Gedanken, 220.
27 *R. Schärf*, Die Gestalt des Satans im Alten Testament.
28 *C. G. Jung*, Antwort auf Hiob, 11, 393.

Um den Unterschied zwischen den beiden Interpretationsebenen besser zu verstehen, können wir das Hiobbuch mit einem Traum vergleichen. Denn wie Jung an anderer Stelle bemerkt, sind seine Ausführungen zum Gottesproblem, vorab zu dem der Trinität und Quaternität, vergleichende Parallelen zum Traum.[29] Ein Traum kann gewöhnlich auf zwei Ebenen gedeutet werden. So können einmal die im Traum auftauchenden Personen und Gegenstände als psychische Repräsentanzen dieser konkreten Personen und Gegenstände verstanden werden. Der Traum würde darüber Aufschluß geben, wie der Träumer Menschen und Gegenstände usw. in seinem Unbewußten erlebt. Der Traum kann so seine Einstellung zur konkreten Umwelt erhellen, seine bewußten Beziehungen bestätigen oder auch korrigieren. Der Traum kann ihm auch helfen, seine Lebensgeschichte besser zu verstehen. Diese Ebene der Interpretation wird gewöhnlich „Deutung auf der Objektstufe" genannt, weil die im Traum vorkommenden Symbole als Zeichen für die im objektiven Bereich vorkommenden Dinge und Personen verstanden werden. Wo etwa bizarre Symbole erscheinen, die keinen Zusammenhang mit objektiven Gegebenheiten zu haben scheinen, ist dies der Traumarbeit der Verdichtung und Verschiebung[30] zuzuschreiben.

Jung führt neben der Traumdeutung auf der Objektstufe die Deutung auf der Subjektstufe ein. Die Traumgestalten werden nicht mehr nur als Zeichen für in der Wachwelt vorkommende Lebewesen und Dinge gesehen, sondern als Persönlichkeitsteile des Träumers.

Angewandt auf die Analyse des Hiobbuches kann man einerseits sagen, es handle sich um eine Auseinandersetzung Hiobs mit Gott auf der Projektionsebene (ob diese im psychologischen Sinn verstandene Projektionsebene einen ‚realen außerpsychischen' Hintergrund hat, entscheidet Jung nicht), andererseits ist es jedoch ein innerpsychisches Geschehen des Menschen Hiob, der sich mit seinen „Traumbildern" auseinandersetzt. Der Komplex Ich-Bewußtsein liegt im Streit mit einem „numinosen Komplex", den Hiob Gott nennt. Dieses mächtige Bild seines Unbewußten bedroht sein Ich-Bewußtsein. Da es aus dem Unbewußten wirkt, läßt es sich mit Bewußtseinskategorien nicht erfassen. Auch die moralischen Kategorien des Wachlebens lassen sich nicht darauf anwenden. Weil in ihm tierischer Instinkt und ‚geistiger Trieb' noch unentmischt sind, übt es eine ungewöhnliche Faszination auf das Ich-Bewußtsein aus, erfüllt es aber zugleich auch mit Schrecken. Das Ich ist ihm scheinbar irgendwie hilflos ausgeliefert, bzw. Hiob ist Gott scheinbar hilflos ausgeliefert. Das Ich

29 Vgl. *C. G. Jung*, GW 11, 667.
30 Vgl. *S. Freud*, Die Traumdeutung, 235–259.

hat nun zwei Möglichkeiten, auf diese Faszination und Bedrohung zu reagieren. Es kann sich ihm einfach ausliefern, oder es kann dagegen aufbegehren. Im Buche Hiob sind beide Möglichkeiten dargestellt. Hiob bzw. das Ich protestiert und wehrt sich gegen die Übermacht eines Schicksals, das ihm nicht einleuchten will. Hiob begehrt auf gegen die Grausamkeit eines ‚Gottes', den er nicht verstehen kann. Doch gerade in diesem Protest, in diesem scheinbar aussichtslosen Kampf gegen eine Übermacht, wandelt sich das Verhältnis zwischen Ich-Bewußtsein und Unbewußtem. Und es ist nicht nur die einseitige Wandlung des einen oder anderen, sondern die Wandlung beider. Das Gottesbild verliert an unkontrollierter Triebhaftigkeit, aber auch das Ich begreift, daß es in dieser Beziehung nicht dominieren kann, daß es auf eine Vormachtstellung innerhalb des psychischen Systems verzichten und ein Größeres und Umfassenderes anerkennen muß. Dieses Größere und Umfassendere ist ein erneuertes Gottesbild, in dem die dunklen, triebhaften Seiten nicht ausgemerzt wurden, sondern in ein neues Verhältnis zu den hellen, bewußten Seiten gesetzt worden sind. An der Schaffung dieses neuen Gottesbildes nimmt das Ich aktiv Anteil. Gerade sein Protest gegen ein allzu triebhaftes, willkürliches und irrationales Gottesbild macht es möglich, daß es nun das neue Gottesbild als Symbol des auch sein Ich umfassenden Selbst anerkennen kann. So wird es auch Hiob möglich, sich am Ende des Buches dem Willen Gottes zu unterwerfen.

Für Jung ist das Schicksal Hiobs stellvertretend für das der ganzen Menschheit. Das Schicksal eines einzelnen Menschen, wie es das Buch Hiob dramatisch beschreibt, wird zum allgemeinen menschlichen Schicksal und erhält damit „Offenbarungscharakter" für alle Menschen.

Nur wenn wir unter diesen Voraussetzungen an die Analyse der Jungschen Aussagen über das Buch Hiob herangehen, werden wir uns nicht durch die scheinbare Vermengung von Exegese, Theologie und Psychologie verwirren lassen.

Wenn Jung sich die Erkenntnisse der Religionsgeschichte und einer bestimmten alttestamentlichen Exegese zu eigen macht, so begnügt er sich nicht damit, die Entwicklung eines Gottesbildes in der Geschichte zu verfolgen und ihre kultursoziologischen Wurzeln aufzuzeigen, sondern er möchte diesen geschichtlichen Prozeß noch einmal psychologisch hinterfragen und die Entwicklung des Gottesbildes als eine Spiegelung des allgemeinen menschlichen Bewußtwerdungsprozesses ansehen. In seinem Gottesbild sieht sich der Mensch wie in einem Spiegel.

Für Jung weist das Hiobbuch einen furchtbaren Zwiespalt in Gott auf: „Einsicht bestand neben Einsichtslosigkeit, wie Güte neben Grausamkeit und wie Schöpferkraft neben Zerstörungswillen". Einen solchen Zustand, so meint Jung, muß man als *amoralisch* bezeichnen, denn zur Moral gehört ein reflektierendes Bewußtsein, was aber in diesem alttestamentlichen Gott nicht vorhanden zu sein scheint, oder wenn doch, dann nur spurenhaft. So hat denn auch Hiob scheinbar nichts, woran er appellieren könnte. Er findet sich einem Gott gegenüber, der sich an keine Ethik und Moral gebunden fühlt. Das Großartige an Hiob ist, so Jung, daß er trotz dieser verwirrenden Erfahrung mit Gott nicht an ihm irre wird, „sondern klar sieht, daß Gott sich in Widerspruch mit sich selber befindet, und zwar dermaßen total, daß er, Hiob, gewiß ist, in Gott einen Helfer und Anwalt gegen Gott zu finden. So gewiß ihm das Böse, so gewiß ist ihm auch das Gute in Jahwe." Und hier, so ist die Überzeugung Jungs, ist ein entscheidender Unterschied zu finden zwischen Gott und Mensch. „In einem Menschen, der uns Böses antut, können wir nicht zugleich den Helfer erwarten. Jahwe aber ist kein Mensch; er ist beides, Verfolger und Helfer in Einem." So kann denn Jung sagen: „Jahwe ist nicht gespalten, sondern eine *Antinomie,* eine totale innere Gegensätzlichkeit, die unerläßliche Voraussetzung seiner ungeheuren Dynamik, seiner Allmacht und Allwissenheit."[31] Jung ist sich bewußt, daß man einen archaischen Gott nicht mit den Maßstäben einer modernen Ethik messen kann.[32] Was jedoch das Staunenswerte bei Hiob ist, ist, daß er sich des Irrationalen dieses Gottes bewußt wird, daß er das Theodizeeproblem in seiner ganzen Schärfe sieht und dennoch an die Einheit dieses Gottes weiterglaubt. Hiob verfällt nicht der Versuchung, Gott zu spalten und zwei Prinzipien zu postulieren. Wenn sich der primitive Mensch noch nicht an dem „irrationalen" Handeln seines Gottes stößt, weil er sich selbst noch keine größere Rechenschaft gibt über sein eigenes Handeln, sondern noch in so enger Symbiose mit der ständig wechselnden Natur lebt, so kommt in Hiob bereits ein Bewußtsein zur Sprache, das aus der Dumpfheit ‚reiner Natur' herausgewachsen ist und dem sich nun der Unterschied von rein triebhaftem Handeln und vernünftigem Tun als Problem stellt. Daß Hiob an diesem Problem nicht zerbrochen ist, daß er sein Gottesbild nicht zerbrochen hat und sich einseitig für einen nur „vernünftigen Gott" oder für einen durch und durch „irrationalen Gott" entschieden hat, darin liegt seine Größe. Hiobs Glaube lag darin, hinter den so widersprüchlichen Manifestationen seines Gottes noch eine umfassende, sinngebende Einheit zu sehen.

Was Hiob auf der Ebene des Gottesbildes zum Problem wird, ist zugleich seine eigene innerpsychische Problematik. In Hiob zeigt sich ein Bewußt-

31 *C. G. Jung,* GW 11, 396.
32 A.a.O. 398.

sein, ein Ich, das sich dem triebhaften Wollen des Unbewußten nicht einfach ausliefert, sondern seine Eigenständigkeit erlebt und die Möglichkeit einer wirklichkeitsbezogeneren Steuerung seiner selbst. Doch die Schwäche des Ich zeigt sich darin, daß es immer von neuem den Mächten des Unbewußten unterliegt. Diese eigene Zwiespältigkeit erlebt Hiob in projizierter Weise auch in seinem Gottesbild. Wenn Jung sagt, daß Hiob sich in der Diskussion mit Gott auf „das höhere Niveau der Vernunft zurückzieht, und sich damit dem göttlichen Partner in intellektueller und moralischer Hinsicht leise überlegen erweist", so meint er damit, daß sich das Bewußtsein dem Unbewußten gegenüber als überlegen erlebt, doch auch zugleich weiß, daß diese Überlegenheit kein sicherer Besitz ist, sondern immer von neuem der Gefahr ausgesetzt ist, vom Unbewußten überwältigt zu werden. Jung bemerkt: „Jahwe merkt es nicht, daß er ‚behandelt' wird." Das heißt mit anderen Worten: Das Ich hat nur eine Chance, seine Position zu festigen, indem es sich um das Unbewußte bemüht, indem es sich mit dem Irrationalen auseinandersetzt. Jung sieht die ‚Behandlung' Jahwes durch Hiob auch darin, daß letzterer ersteren ständig gerecht preist.[33] In dieser Gerechtpreisung Jahwes ist sicher nicht nur ein Trick des Ich den irrationalen Strebungen seines Unbewußten gegenüber zu sehen, sondern im Falle Hiob die tiefe Überzeugung, daß hinter allem scheinbar irrationalen und unverständlichen Handeln Gottes doch ein Sinn verborgen sein müsse; eine Überzeugung, die auch bei Jung wiederkehrt, wenn er annimmt, daß es im Unbewußten bereits ein Muster der Ganzheit gibt, in dessen Matrix sich die Symbole des Selbst entwickeln.
Der scheinbare „geheime Widerstand Jahwes gegen Hiob"[34], von dem Jung spricht, ist unter einem doppelten Aspekt zu sehen: Einmal ist es unbewußte Triebhaftigkeit, die das Ich oftmals als enormen Widerstand gegen sein vernünftiges Wollen empfindet, andererseits ist es aber auch das „gemeine Wissen" im Unbewußten um die Ganzheit des menschlichen Selbst, das nicht durch das Ich allein repräsentiert ist. Nach Jung ist das Selbst ja als die umfassende Einheit von Bewußtsein und Unbewußtem zu begreifen. Dieses Wissen um Ganzheit ist im Unbewußten bereits skizzenhaft angelegt und verdeutlicht sich nach Jung in der schon besprochenen Symbolik des Selbst. Das Ich dagegen muß sich dieses Wissen erst mühsam erwerben, und zwar gegen seinen eigenen Widerstand, der darin besteht, daß es seine mit Mühe vom Unbewußten losgelöste Position von neuem durch den Ganzheitsanspruch, der im Unbewußten zum Ausdruck kommt, bedroht fühlt. Das Paradox der Selbstwerdung besteht darin,

33 C. G. Jung, GW 11, 399.
34 *C. G. Jung*, GW 11, 403.

daß sie zugleich Stärkung des Ich und seine Unterwerfung unter eine übergeordnete Ganzheit bedeutet. Jung erklärt dieses Verhältnis von Bewußtsein zum Unbewußten im alttestamentlichen Gottesbild mit dem Verweis auf die Vision Ezechiels: „Ezechiels Vision attribuiert dem animalischen Gott drei Viertel Tierisches und nur ein Viertel Menschliches, während der ‚obere Gott', nämlich der über der Saphirplatte, einem Menschen nur ähnlich sieht. Diese Symbolik erklärt das – von einem menschlichen Standpunkt aus betrachtet – unerträgliche Verhalten Jahwes. Es ist das Benehmen eines vorzugsweise unbewußten Wesens, das man nicht moralisch beurteilen kann."[35] Dieses Verhältnis von Bewußtsein zum Unbewußten kehrt sich in der neutestamentlichen Symbolik um. In der „christlichen Quaternität" erscheint nur noch der Teufel als Halbtier.
Der Rekurs auf die Unbewußtheit als der Quelle des ‚Bösen' scheint Jung eine bessere Erklärung als die „privatio boni". „Die göttliche Unbewußtheit und Unreflektiertheit ermöglicht eine Auffassung, welche das Handeln Gottes dem moralischen Urteil enthebt und zwischen der Güte und der Furchtbarkeit keinen Konflikt aufkommen läßt."[36]

1.3. Kritik an der ‚Privatio boni'

Das Problem des Bösen hatte in den Schriften des Neuen Testaments eine Verlagerung, aber keine grundsätzliche Lösung erfahren. So finden wir auch in der späteren Geschichte des Christentums das Ringen um eine Lösung des Problems. Wir können dabei zwei große Richtungen unterscheiden.
1. Die Entscheidung des Christentums für den *nur* guten Gott hatte die Lehre vom ‚Summum Bonum' zur Folge. Im Kampf gegen die Gnostiker wurde sie von Irenaeus[37] aufgenommen. Aus der Lehre des ‚Summum Bonum' entwickelte sich dann folgerichtig auch der „die Realität des Bösen vernichtigende Begriff der privatio boni", den Jung schon bei Basilius dem Großen[38], Dionysius Areopagita und schließlich bei Augustin in voller Entfaltung findet. Tatian im 2. Jahrhundert vertritt bereits den späteren Grundsatz: „Omne bonum a Deo, omne malum ab homine."[39]
Jung möchte in diesem Zusammenhang nicht auf die schwierige Frage der Willensfreiheit eingehen, sondern nur darauf verweisen, daß, wenn Basilius davon spricht, daß das Böse aus einer „Verstümmelung der Seele

35 *C. G. Jung*, GW 11, 411.
36 A.a.O. 411, Anm. 13.
37 *Irenaeus:* Adv. Haer. II, 4, 3.
38 Homilia: Quod Deus non est auctor malorum, in: Migne, Patr. Graec. T. XXXI, col. 341.
39 Oratio ad Graecos, in: Migne, Patr. Graec. T. IV, col. 829.

entstehe“[40], damit das Problem lediglich auf die psychische Wirklichkeit verschoben ist, die jedoch nicht weniger real ist als andere Wirklichkeiten auch.[41]

2. Die einseitige Entscheidung des Christentums für die Güte Gottes (Mk 10, 18; Mt 19, 17) konnte jedoch manche Kreise nicht befriedigen. Jung erklärt sich aus diesem Umstand die Tatsache, daß gerade bei den Judenchristen Palästinas die Lehre von den beiden gegensätzlichen Gottessöhnen ihren Anfang nahm, dann später bei den Bogomilen und Katharern wieder auftauchte und innerhalb des Judentums in den beiden Seiten des kabbalistischen Sephirothbaumes, nämlich in chessed (Liebe) und din (Gerechtigkeit) erscheint.[42] „Die Spekulationen der Kabbalisten über das Böse und seinen Ursprung, seine Entfaltung und seine Auswirkung bewegen sich auf zwei Ebenen. Sie betreffen Vorgänge in der *Welt des Menschen,* wo die biblische Geschichte vom Fall Adams und Evas die Stichworte für den Einbruch des Bösen in die Welt des Menschen abgibt. Darüber hinaus betreffen sie aber auch die *Welt Gottes selber.* Im großen und ganzen laufen die Antworten der alten Kabbalisten darauf hinaus, den letzteren Aspekt, einen metaphysischen Grund des Bösen in der Verfassung der Schöpfung selber zu betonen und dessen Verbindung mit der Welt der menschlichen Aktion herauszuheben. Andererseits bricht oft genug die Vorstellung durch, daß es zwar einen solchen metaphysischen Grund von Gut und Böse in der Natur von Gottes Aktivität als Schöpfer gibt, daß aber, was hier anvisiert wird, in sich selber nur erst ein potentielles Sein, keine reale Existenz hat, und daß dieses Sein zu einem wirklichen, realisierten Sein von Gut und Böse erst in der Wahl und Tat des Menschen wird.“[43]

Jung nimmt in der Besprechung dieser zweiten Strömung, die sich neben der offiziellen Problemlösung des Bösen als privatio boni entwickelt, häufig Bezug auf die Clementinischen Homilien, einer Sammlung gnostisch-christlicher Schriften, die um die Mitte des 2. Jahrhunderts verfaßt wurden. Gut und Böse werden hier mit den beiden Händen Gottes verglichen, mit denen er die Welt regiert. Rechts ist dabei das Gute, links dagegen das Böse.[44] Jung glaubt, daß in diesen Ausführungen der Clemen-

40 Vgl. Migne, Patr. Graec.-Lat. T. XXIX, col. 37 sqq.

41 Vgl. *C. G. Jung,* Aion, 75–79.

42 Vgl. C. G. Jung, Aion, 93.

43 *G. Scholem,* Von der Mystischen Gestalt der Gottheit, 52–53.

44 Rechts und Links als Wertungen von Gut und Böse noch im Sprachgebrauch von rechts-recht-richtig; links – lahm – schwankend – ungeschickt (Duden (Etymologie), Mannheim 1963, 555 bzw. 405) sichtbar, kommt vor allem in der Doppelbedeutung von „sinister“: links und gefährlich zum Ausdruck. Es ist hier auch an den biblischen Gebrauch von links und rechts zu erinnern: Beim Endgericht stehen die Guten auf

tinischen Schriften das Bemühen zum Ausdruck kommt, die Kluft zwischen der alttestamentlichen Auffassung von einem nicht immer gerechten Gott und der christlichen Auffassung von einem *nur* guten Gott zu schließen. Und für ihn ist diese Clementinische Schrift vor allem wichtig, weil sie diesen Gegensatz in „einer den psychologischen Tatsachen entsprechenden Weise zu überbrücken vermocht hat"[45]. Er sieht in diesem Bild von der rechten und linken Hand Gottes noch ein echtes „Yang-Yin-Verhältnis", das der tatsächlichen Wahrheit näherkommt als die privatio boni, und überdies dem Monotheismus, wie die Yang und Yin vereinigende Einheit des Tao (von den Jesuiten folgerichtig mit ‚Gott' übersetzt) zeigt, in keinerlei Weise Abbruch tut.[46]

Wenn Jung für diesen zweiten Versuch einer Lösung des Problems des Bösen soviel Sympathie zeigt, so stellt er sich damit in eine Tradition, die Lüthi als theologisch-theosophisch bezeichnet[47] und deren Exponenten er in Franz von Baader und Schelling sieht, die sich ihrerseits wiederum auf Jacob Böhme stützen, wobei Lüthi expressis verbis festhalten möchte, daß „Böhmes Denken ein Denken im christlichen Raum ist, Böhme kommt von Luther her"[48].

Wenn Schelling sagt: „... jedes Wesen kann nur in seinem Gegenteil offenbar werden, Liebe nur in Haß, Einheit in Streit"[49], so steht dahinter die Denkform des Gegensatzes, die wir auch bei Jung vorfinden, wenn er von Licht und Schatten als dem mythischen Gegensatzpaar spricht, das

der rechten Seite, die Verdammten jedoch auf der linken. (Mt 25, 31–46.) Linksläufigkeit bedeutet in der Maltherapie eine Tendenz zum Unbewußten (vgl. *J. Jacobi,* Vom Bilderreich der Seele, 62–64). Jung sagt zu diesem Fragenkomplex: „Links (sinister) bedeutet die unbewußte Seite. Die Linksläufigkeit der Bewegung bedeutet daher soviel als eine Bewegung in Richtung des Unbewußten, während Rechtsläufigkeit ‚korrekt' ist und nach Bewußtheit zielt." (Psychologie und Alchemie, 180) Diesen Gedanken der Linksläufigkeit führt Jung weiter aus, wenn er schreibt: „Der linksläufige Weg führt also offenkundig nicht ins Reich der Götter und ewigen Ideen hinaus, sondern hinunter in die Naturgeschichte, in die tierische Instinktgrundlage des menschlichen Wesens. Es handelt sich also um ein – antik ausgedrückt – *dionysisches Mysterium.*" (A.a.O. 185) „Das dionysische Moment betrifft die Emotionalität oder Affektivität des Menschen, welche im vorzugsweise appolinischen Kultus und Ethos des Christentums keine zusagende religiöse Form gefunden hat. Die mittelalterlichen Karnevalsfeste und Ballspiele in der Kirche sind schon relativ früh ausgemerzt worden; infolgedessen ist der Karneval verweltlicht und damit die göttliche Trunkenheit aus dem heiligen Raum verschwunden. Der Kirche sind Trauer, Ernst, Strenge und wohlabgemessene geistliche Freude geblieben." (A.a.O. 201–202)

45 *C. G. Jung,* Aion, 89.
46 A.a.O. 92.
47 *K. Lüthi,* Gott und das Böse.
48 A.a.O. 79.
49 Vgl. Schellings Gesammelte Werke VII/358, zit. n. *Lüthi,* op. cit. 24.

wir auch in den ethischen Kategorien von Gut und Böse wiederfinden.
Aus dieser anderen Gewichtung von Gut und Böse ist Jungs Kritik an dem Lösungsversuch des Theodizeeproblems zu verstehen.
Wenn Gott von allem Bösen entlastet wird und der Abschied vom Teufel bereits vollzogen ist und der Mensch nun allein verantwortlich für das Böse gemacht wird: „Omne malum ab homine", so fragt sich der Psychologe: Kann der Mensch das überhaupt bewältigen? Ist hier nicht die eindeutige Gefahr der *negativen Inflation,* einer Identifikation mit dem Teufel, gegeben? So wie sich der Mensch nicht gesunderhalten kann, wollte er sich alles Gute zuschreiben und sich damit zum ‚Gott' machen, so wäre auch die Zuschreibung alles Bösen zuviel für den Menschen und würde ihn mit derselben Konsequenz in den Wahnsinn treiben. Es ist darum ein Gebot der psychischen Hygiene, daß sich der Mensch beides zuschreibt, aber auch beides zugleich im Außen der Projektion erleben kann. Denn „wenn diese übergroße Macht des Bösen der Seele zugetraut wird, so kann daraus nur eine negative Inflation, d. h. ein ebenso dämonischer Machtanspruch des Unbewußten entstehen"[50]. Mit anderen Worten: Das Ich würde von den Inhalten des Unbewußten überschwemmt werden, und zwar von den Schattenseiten des Unbewußten, und es würde sich das ergeben, was man im theologischen Sprachgebrauch mit Besessenheit zu umschreiben gewohnt war.
Das Anerkennen der Realität des Bösen in der eigenen Seele, das, was Jung den Schatten nennt, wird jedoch erst möglich, wenn das Böse und Minderwertige auch im kollektiven Bereich gesehen werden kann. Die Feststellung, daß man mit dem eigenen Dunkel nicht allein ist, sondern seinen Schatten auf dem Hintergrund eines kollektiven Dunkels sehen darf, macht es für den Menschen tragbar. Dies bedeutet auch eine psychologische Erklärung für den Glauben an die Erbsünde. Da der Mensch unter der ganzen Verantwortung für das Böse in der Welt zusammenbrechen müßte, ist es nur zu verständlich, daß die Mächtigkeit des Bösen personifiziert wird und in einen übermenschlichen Bereich verlegt wird.

1.4. Gut und Böse als menschliche Wertkategorien

„Gut und Böse sind menschliche Wertkategorien"[51], moralische Aspekte dieser natürlichen Gegensätze, die zum Leben als energetischen Prozeß dazugehören; Wertgefühle des menschlichen Bereiches, die wir nicht befugt sind, über diesen Bereich hinaus auszudehnen. „Obschon Gut und Böse

50 *C. G. Jung,* Aion, 98.
51 A.a.O. 78.

als moralische Werte unerschütterlich sind, so bedürfen sie doch einer gewissen psychologischen Revision, denn eine der stärksten Wurzeln alles Bösen ist die Unbewußtheit." Jung wünschte sich daher, daß das Logion Jesu: „Wenn Du weißt, was Du tust, so bist Du verflucht", noch im Evangelium stünde, weil er es „als Motto für eine erneuerte Moral setzen" würde.[52]

„Die radikale Trennung in Gut und Böse kann die Krankheit des Geistes sein"[53], weil „Gut und Böse die beiden Seiten des Lebens überhaupt sind"[54]. „Die Psychologie weiß nicht, was gut und was böse an sich ist; sie kennt diese nur als Urteile über Relationen: *gut ist das, was von einem gewissen Standpunkt aus als passend, annehmbar oder wertvoll erscheint; böse ist das entsprechende Gegenteil.*"[55] Weil die Psychologie es mit subjektiven Urteilen zu tun hat, lehnt Jung es ab, sich in metaphysische Streitfragen zu mischen. Auch in seiner Kritik der privatio boni möchte er die psychologische Grenze nicht überschreiten. Er sieht sich daher auch außerstande zu entscheiden, was in der Welt überwiegt, ob das Gute oder das Böse. Es bleibt lediglich die Hoffnung, daß das Gute überwiege.[56]

„Gut und Böse sind Principia unseres ethischen *Urteils,* aber auf die letzte *optische* Wurzel zurückgeführt, sind es ‚Anfänge', Aspekte Gottes, Gottesnamen." Denn immer wenn der Mensch mit einem ‚paradoxen Tatbestand oder Geschehen' zusammenstößt, stößt er mit einem ‚Gottesaspekt' zusammen, der logisch nicht mehr einzuordnen ist. Ich kann ein Numinosum nicht ‚bewältigen', sondern nur ihm gegenüber geöffnet sein, mich überwältigen zu lassen im Vertrauen auf seinen Sinn."[57]

Als Therapeut, so sagt Jung, kann er das Problem des Guten und Bösen nicht theologisch oder philosophisch lösen, sondern nur empirisch. „Wenn ich empirisch eingestellt bin, *so heißt das aber nicht, daß ich Gut und Böse an sich relativiere.* Ich sehe genau: das ist böse – aber das Paradoxe ist ja, daß es bei diesem Menschen, in dieser konkreten Situation, auf dieser bestimmten Stufe seines Reifungsweges gerade gut sein kann. Andererseits gilt: das Gute im falschen Moment, an unrichtiger Stelle, wird das Verkehrteste."[58]

Auch bedeutet noch nicht das bewußte Handeln die Überwindung des Bösen, wie es im oben zitierten Kommentar zu dem Jesus-Logion vom

52 Vgl. *C. G. Jung,* GW 11, 214–215.
53 *E. H. Erikson,* Einsicht und Verantwortung, 202.
54 *H. M. Böttcher,* Gott hat viele Namen, 94.
55 *C. G. Jung,* Aion, 86.
56 Vgl. a.a.O. 87.
57 *C. G. Jung,* GW 11, 670.
58 *C. G. Jung,* GW 11, 671.

‚wissenden Tun' erscheinen könnte. „Denn das Böse, das man tut, auch wenn man es *wissend* tut, *ist* das Böse und *wirkt* so."[59] Dennoch wird man in Situationen kommen, wo man wissend schuldig wird und wo diese Schuld und nur diese Schuld zu einer glücklichen Schuld, zu einer ‚felix culpa' wird.

In diesem Abschnitt wird sichtbar, daß es immer wieder Konflikte geben kann zwischen allgemeiner Norm, allgemeinem Gesetz und individueller Entwicklung. Weil wir nicht wissen, wonach wir die ‚allgemeine' Norm bestimmen sollen – die Normsetzung durch einen statistisch ermittelten Durchschnitt genügt sicher nicht, von einem idealen Normbegriff menschlicher Natur auszugehen, verbietet die Geschichtlichkeit des Menschen –, ist es sehr schwer, inhaltlich Gut und Böse zu bestimmen. Weil das Individuum, der Einzelmensch, nicht in allgemeinen Gesetzen völlig zu beschreiben ist (individuum ineffabile), so kann man auch nicht mit absoluter Sicherheit sagen, was für ihn in einem bestimmten Moment seines Lebens gut, was böse ist. Wohl erst im Rückblick auf die Wirkungsgeschichte seines Lebens wird es sich ausmachen lassen, was ihn nun effektiv in seiner Identität[60] und seiner Selbstwerdung gefördert hat.

Jung drückt diesen Gedanken wie folgt aus: „Damit fängt vielleicht die allerpersönlichste Ethik des Menschen an: in der ernsten Konfrontation mit dem Absoluten, im Einschlagen eines Weges, den die landläufigen Moralparagraphen und die Hüter des Gesetzes verurteilen. Und doch spürt der Mensch, daß er vielleicht nie seinem innersten Wesen und Ruf und damit dem Absoluten treuer gewesen ist, weil nur er und der Allwissende die konkrete Situation gleichsam von innen her sehen, die Beurteiler und Verurteiler aber nur von außen. Im Letzten und Tiefsten die Gesinnung, die hinter einer Tat steht, ganz durchschauen, das kann nur Gott."[61] Es ist dies eine neutestamentliche Wahrheit, die sagt, daß wir nicht urteilen (verurteilen) sollen, damit wir nicht verurteilt werden, weil schließlich nur Gott den Menschen von innen her kennt.

2. *Das verdrängte Weibliche*

Wie im vorhergehenden an schon vielen Stellen angeklungen ist, ist das Problem des Bösen eng mit dem des Weiblichen verknüpft. Diese enge Beziehung zwischen beiden Problemkreisen hat nach Jung ihren Grund in der Kontamination von Anima und Schatten. Wenn wir ein Schichten-

59 A. a. O. 672.
60 Vgl. *E. H. Erikson,* Identität und Lebenszyklus.
61 *C. G. Jung,* GW 11, 673–674.

modell verwenden, so können wir sagen, daß die Beschäftigung mit dem Schatten zu einer tieferen Schicht des Unbewußten führt: der Anima bzw. des Animus. „Durch die Analyse des Schattens und der in ihm enthaltenen Vorgänge läßt sich die Syzygie *Animus–Anima* herausschälen. Der Schatten hängt, oberflächlich betrachtet, so vom Bewußtsein ab, wie der physische Schatten, der dem Körper folgt, eine privatio lucis darstellt. Für diese oberflächliche Ansicht darf daher auch der psychologische Schatten mit seinem moralischen Minderwert als eine privatio boni gelten. Bei näherer Untersuchung aber stellt er sich als eine Dunkelheit heraus, welche an sich unterscheidbare, einflußreiche und autonome Faktoren verhüllt, nämlich Animus und Anima."[62] Der Animus ist eine Komponente des Unbewußten der Frau, während die Anima eine Komponente des Unbewußten des Mannes darstellt. Wenn wir vorher von einer Kontamination des Schattens mit der Anima sprachen und damit die Beziehung zwischen der im Dunklen liegenden Seite jedes Menschen mit der Komponente im Unbewußten des Mannes unterstrichen haben, so ist damit zugleich die gesellschaftsgeschichtliche Dimension des Problems angesprochen. Die Frage, die sich erhebt, ist die: Warum geht es gerade um die Kontamination des Schattens mit der Anima und nicht in demselben Maße um die Kontamination mit dem Animus? In anderen Worten ausgedrückt: Warum wird in unserer Kultur das Weibliche vor allem als das Verführerische und als das Minderwertige zugleich erlebt und nicht das Männliche? Die Antwort auf diese Frage kann nur mit dem Hinweis auf die patriarchalische Struktur unserer westlichen Kulturwelt gegeben werden. Wenn in den Zeugnissen der Religionsgeschichte die Frau mit auffallender Häufigkeit in die unmittelbare Nähe des Bösen gerückt wird, bzw. umgekehrt,[63] so rührt dies daher, weil in einer patriarchalisch strukturierten Gesellschaft, in der die Werte des Apollinischen bewußt gepflegt werden, alles Dionysische und Triebhafte der Frau zugeordnet wird. In der Frau projiziert nach Jung der Mann seine Anima, d. h. einen Teil seines Unbewußten. In einer Zeit jedoch, in der das Bewußtsein sich mit Mühe aus den Fesseln des Unbewußten befreit, wird dieses als äußerst gefährlich erlebt. Weil das Bewußtsein noch nicht genügend erstarkt ist, kann es sich mit dem Unbewußten nur negativ auseinandersetzen, d. h. es unterdrücken und verdrängen. Jung betrachtet diese Phase der Bewußtwerdung als eine notwendige Etappe auf dem Wege zur echten ‚Menschwerdung' oder, besser gesagt, Ganzwerdung. Doch es ist zu beachten, daß es sich lediglich um einen Abschnitt und nicht um den Abschluß der Entwicklung handelt. Die

62 C. G. *Jung*, Aion 379.
63 Vgl. *Kummer*, Frau, Weib, 1732–1739.

Parallelisierung von Onto- und Phylogenese scheint in diesem Zusammenhang erlaubt. Wie in der psychologischen Entwicklung des einzelnen die Erstarkung des Ich – das heißt in der Jungschen Psychologie: des Bewußtseinskomplexes – nicht ohne Verdrängungen einhergeht, so scheint es auch in der Menschheitsgeschichte nicht ohne die Abwertung des Unbewußten zu gehen, will sich das Bewußtsein behaupten.
Es wäre darum im höchsten Maße fragwürdig, wollte sich eine Gesellschaft und eine Kultur als vollentwickelt betrachten, wenn sie zu gleicher Zeit nur auf Kosten von Verdrängungen leben kann und sich genötigt sieht, wesentliche Bereiche des Faktischen abzuwerten, nur um damit ein prekäres Gleichgewicht zu erreichen. Die Anerkennung des Vorläufigen und Provisorischen könnte eine Gesellschaft davor bewahren, sich zu idealisieren oder sich gar als die vollkommene Gesellschaft zu betrachten.
Die Verdrängungsmechanismen arbeiten nicht in allen Gesellschaften nach dem gleichen Schema. Das, was als der Schatten empfunden wird, hängt von den Werten ab, die von der Gesellschaft bewußt akzeptiert werden. In der einen Gesellschaft sind es vor allem die Komponenten des Sexuellen, die tabuisiert werden, in der anderen sind es die der Aggression. So ist z. B. bei den Zuni-Indianern weithin die Aggression tabuisiert, während man das von anderen, benachbarten Indianerstämmen nicht behaupten kann und auch wohl nicht von unserer westlichen Gesellschaft.
Auch was als ‚typisch weiblich‘ und ‚typisch männlich‘ angesehen wird, variiert innerhalb einer vorgegebenen biologischen Differenzierung in den einzelnen Gesellschaften sehr stark. Erhellend sind in dieser Beziehung die Felduntersuchungen von Margaret Mead[64]. So wird in unserer Gesellschaft die Aggression weithin nur dem Mann zugebilligt und bei ihm auch als wertvoll akzeptiert, während man bei der Frau ein mehr unterwürfiges Verhalten erwartet.
Daß die Bewertung von Mann und Frau in unserer westlichen Gesellschaft stark von den Ansichten der Bibel her geprägt ist, dürfte kaum bestritten werden. Eine unglückliche Rolle in der negativen Bewertung der Frau haben in diesem Sinne die biblischen Erzählungen von Schöpfung und Sündenfall gespielt. Die *sekundäre Erschaffung* (1 Kor 11, 8: „denn der Mann ist nicht vom Weibe, sondern das Weib ist vom Manne“) und die *primäre Verführung* (1 Tim 2, 11: „Und Adam ward nicht verführt, das Weib aber ward verführt und hat die Übertretung eingeführt“) der Frau nimmt heidnische Gedanken auf, die die Frau als minderwertiges, unreines und damit zum Dienst am Heiligen wenig taugliches Geschöpf

64 Vgl. *M. Mead,* Male and Female.

betrachten.[65] Kummer weist darauf hin, daß sich die Bewertung der Frau durch die Germanen von diesen heidnisch-orientalischen Ansichten stark unterscheidet. Bei den Germanen wird die Frau vielmehr als die Partnerin des Mannes gesehen.[66]

Das Christentum, die Christianisierung der Germanen brachte in die Bewertung der Frau eine negative Note ein, die sicherlich nicht in der Botschaft Christi zu suchen ist, sondern eher in dem jüdisch-biblischen Traditionsstrang, der sich aus orientalisch-heidnischen Vorstellungen speist. Leider – so müssen wir heute sagen – hat sich diese Vorstellungswelt auch im christlichen Mittelalter durchgesetzt. So kann ein so profunder Kenner des Mittelalters wie Huizinga fragen: „Was sind die immer wiederholten Schmähungen der Ehe und der Schwächen der Frauen, ihrer Untreue und ihrer Eitelkeit anders als der Deckmantel männlicher Selbstsucht?“[67] „Wie vielfach bei Primitiven eine Frau direkt oder indirekt verantwortlich gemacht wird für das Hereinbrechen des Todes in die Menschheit, so wälzte die mittelalterliche Männlichkeit ritterlich ihre Sündenschuld auf das weibliche Geschlecht und benutzte den Sündenfall des Weibes als Hauptargument in dem anhebenden Kampf um die Mannesherrschaft bis ins Ehebett hinein. Man sah in der Hingabe an den Mann den Grundzug der weiblichen Natur, ‚mithin im Weib die *Quelle der Sünde* verborgen liegen‘. Auf dieser Grundlage wurde die weibliche Persönlichkeit entmündigt zum Besitz-Objekt des Mannes, und zu der auch ihr verheißenen Seligkeit verhalf ihr nur die Selbstaufgabe an den Mann oder unmittelbar an Gott. Der Weltanschauung der Welt- und Weibverachtung sich unterwerfend, als ‚Mutter der Sünde‘ dogmatisch gebrandmarkt, sank die Frau, besonders unter dem Einfluß orientalischer Ethiker, herab zum Menschen zweiter Ordnung, zum notwendigen Übel, zum bösen Prinzip.“[68]

Diese Ausführungen von Historikern zum Problem der Abwertung des Weiblichen in der westlichen Kulturgesellschaft erhalten ihre psychologische Erhellung durch die Interpretation Jungs zu dieser kulturgeschichtlichen Entwicklung.

Der Mann projiziert in der Frau sein Unbewußtes. Frauen sind ihm Animaträgerinnen. Er reagiert hier gleich wie die Frau, die ihr Unbewußtes auf Männer als Animusträger projiziert. Da das Unbewußte aber keinen eindeutigen Charakter besitzt, sondern in hohem Maße als ambi-

65 Vgl. *Kummer,* Frau, a.a.O. 1733.
66 Vgl. *Kummer,* a.a.O. 1735.
67 *J. Huizinga,* Herbst des Mittelalters, 188; vgl. auch *ders.,* a.a.O. 159 u. 189.
68 *Kummer,* a.a.O. 1738–1739.

valent erlebt wird, besitzen Anima- und Animusgestalten ebenfalls diese Ambiguität. Der schillernde Charakter dieser Figuren erscheint oft in Traumgestalten, die häufig eigentümlich schillernde Züge aufweisen. Gut und Böse, Hell und Dunkel sind gemischt und ergeben ein seltsames Zwielicht. Doch in der Bearbeitung durch das Bewußtsein, das auf Eindeutigkeit aus ist, wird Hell und Dunkel bald getrennt, und Traumfiguren erscheinen schon in der sekundären Bearbeitung als gut und böse abgestempelt. Was in Traum und Projektion des Einzelnen geschieht – in letzterer werden ‚gute' und ‚böse' Bilder mit konkreten Menschen, die als Projektionsaufhänger fungieren, verknüpft –, kann auch in der kollektiven Dimension geschehen. Durch die soziale Vorherrschaft des Mannes, der sein Unbewußtes als gefährlich erlebt, kommt es vorzugsweise zu einer Dämonisierung der Frau. Die Hexenverfolgungen des Mittelalters geben davon ein erschütterndes Zeugnis.

Wenn jedoch im Mittelalter neben der Hexenverfolgung zugleich die Marienverehrung eine neue Blüte erfährt, so bedeutet das für Jung eine Form der Kompensation. Das Bild der wirklichen Frau, in dem Schatten und Licht gleicherweise enthalten sind, wird in seine Gegensätze auseinandergerissen. Entweder sieht der Mann in der Frau ein höheres Wesen: die Geist- und Gottesbraut, oder er hat die Tendenz, sie zu verteufeln, sie zu dämonisieren. Marienkult und Hexenverfolgung sind kompensierende Formen der Projektion. Das richtige Verhältnis zur Frau, ihre realitätsgerechte Einschätzung findet er nur schwer und meistens überhaupt nicht. So kann denn Jung eine Entsprechung von nigredo (Teufel) – Erde – Weib – Sünde aufstellen.[69] Die psychologische Erklärung für diese Parallelisierung ist in der Funktionenlehre zu suchen. In ‚Psychologie und Alchemie' sieht Jung das Verhältnis von Teufel und Frau auf dem Hintergrund der Identifizierung der Anima mit der minderwertigen Funktion. „Das Unbewußte des Mannes ist weiblich, wie es durch die ‚Anima' personifiziert ist. Diese repräsentiert auch stets die sogenannte *minderwertige Funktion* und hat darum häufig einen moralisch zweifelhaften Charakter; ja öfters stellt sie direkt das Böse dar. Sie ist in der Regel die *vierte Person.* Sie ist der gefürchtete dunkle Mutterschoß, der als solcher ambivalenter Natur ist."[70] Jung war sich bewußt, daß das Problem des Weiblichen, seine Abwertung und seine Verdrängung in unserer Kultur, nur auf dem Hintergrund der kulturgeschichtlichen Entwicklung der westlichen Welt zu verstehen ist. In einer einseitig patriarchalischen Gesellschaft erhält das Weibliche naturgemäß eine Minderbewertung. Denn da

69 Vgl. *C. G. Jung,* GW 14/2, 284–288.
70 *C. G. Jung,* Psychologie und Alchemie, 212.

das Unbewußte eine kompensatorische Funktion zum Bewußtsein hat, kommt es auf die bewußte Einstellung des Mannes zur Frau an, wie er sein Unbewußtes erlebt. „Je einseitiger die bewußte geistig-männliche Haltung ist", sagt Jung, „desto niedriger, banaler, vulgärer und biologischer wird die kompensatorische Weiblichkeit des Unbewußten sein. Eine zugestandenermaßen biologische oder sogar vulgäre Einstellung zum Weiblichen erzeugt eine übermäßig erhöhte Bewertung der Weiblichkeit im Unbewußten, wo sie gerne die Form der Sophia (Sapientia) oder der Gottesmutter annimmt."[71] Beide so gegensätzlichen Bewertungsmöglichkeiten des Weiblichen in einer patriarchalischen Gesellschaft erhellen aus dem kompensatorischen Verhältnis zwischen Bewußtsein und Unbewußtem.

Ist das Unbewußte des Mannes ‚weiblicher Natur'[72], so ist es bei der Frau ‚männlicher Natur'. Das ergibt nach Jung ein zusätzliches Problem für die Frau in einer vom Mann beherrschten Gesellschaft; muß sie ja ihr Unbewußtes weithin in patriarchalischen Obervorstellungen leben.

2.1. Der Archetypus des Weiblichen in der Geschichte

Die Diskussion um die Bedeutung der Mutterrechtstheorie, wie sie von Bachofen vor hundert Jahren eingeführt wurde und auf die sich Jung bei der Erarbeitung des Archetypus des Weiblichen, vor allem aber in seiner Nachfolge sein Schüler Erich Neumann weitgehend stützen, ist auch heute noch nicht verhallt. Das beweist die Auseinandersetzung zwischen Erich Fromm und Herbert Marcuse.[73] Wenn Fromm Marcuse vorwirft, er predige die Regression zu einer infantilen Einstellung, die in einem neuen Matriarchalismus gipfele, der aber nur eine Wiederholung des Alten sei, so möchte er damit auf keinen Fall das mütterliche Prinzip in Frage stellen, so wie es Bachofen[74] formuliert hat, sondern davor warnen, daß man den Neomatriarchalismus lediglich als Negation des Patriarchalismus begreife.[75] Damit hätte man sich das Problem, das in der Schwäche der paternalistischen Gesellschaft und in ihrer notwendigen Überwindung liegt, zu leicht gemacht. Man hätte nämlich damit vergessen, daß die Bewußtseinsentwicklung der Menschheit notwendigerweise eine patriarchale Phase durchlaufen muß, ein Gedanke, dem Jung immer wieder Ausdruck gegeben hat und dem Erich Neumann in seinen kulturgeschichtlichen Ausformungen nachgegangen ist, eine Arbeit, die Jung als die Fortsetzung

71 *C. G. Jung,* GW 14/1, 195.
72 A.a.O., Anm. 54.
73 *E. Fromm,* Die Bedeutung der Mutterrechtstheorie für die Gegenwart.
74 Vgl. *J. J. Bachofen,* Mutterrecht und Urreligion.
75 *E. Fromm,* a.a.O. 75.

seiner Pioniertat verstand, wie er im Vorwort[76] zu Neumanns Buch schreibt. Wenn in unseren Tagen Mendel[77], der sich als „Neu-Freudianer" bezeichnet, den Vater nicht nur als Symbolfigur des einschränkenden Überichs sehen möchte, sondern seine grundlegende Funktion in der Menschwerdung des Menschen unterstreicht, so spricht er damit lediglich Gedanken aus, die bereits 1909 von Jung in der Studie „Die Bedeutung des Vaters für das Schicksal des Einzelnen" niedergelegt worden sind, wo er im Vater den entscheidenden Faktor sieht, der das Bewußtsein vor seiner Regression bewahrt und archetypisch als Mechanismus der Bewußtseinsentwicklung zu begreifen ist.[78]
Nicht nur die Themastellung dieses Kapitels, sondern auch die Brisanz der Frage von Matriarchat und Patriarchat läßt es gerechtfertigt erscheinen, wenn wir uns im folgenden eingehend mit dem Archetypus des Weiblichen befassen, so wie er von Jung konzipiert wurde und von Neumann in seinem Werk kulturgeschichtlich nachgewiesen wurde.
Wenn wir von der Verdrängung des Weiblichen im christlichen Weltbild sprechen, so betrifft das nur die eine Seite des Weiblichen, die im dunklen Mutterschoß und der rauschhaften Anima symbolisiert ist. Um die großen Symbole des Weiblichen besser zu verstehen, folgen wir am besten den Ausführungen Erich Neumanns.
In der Beschäftigung mit dem Problem des Weiblichen in der Kulturgeschichte hat Erich Neumann in seinem Buch ‚Die Große Mutter'[79] eine Schematisierung der Erscheinungen des Weiblichen versucht, die bei der Behandlung dieses Themas eine wertvolle Hilfe ist.
Anschließend an die Jungsche Konzeption des kollektiven Unbewußten und der Archetypen ist Neumann den Ausfaltungen des Archetypus des Weiblichen nachgegangen in den Werken der bildenden Kunst und des Mythos der verschiedenen Völker und Kulturepochen. Ein so hervorragender Kenner der Religionsgeschichte und gestrenger Kritiker wie Kurt Goldammer spricht von dem Buch Neumanns mit größter Hochachtung als einem ‚eigenartig-großartigen Werk'. „Das Thema ist grundsätzlich überzeugend, die Durchführung im Geiste C. G. Jungscher Tiefenpsychologie bestrickend, das archetypische Material vor allem und das in Textfiguren und Tafeln beigegebene, als Fundgrube hochinteressant."[80]

76 *E. Neumann,* Ursprungsgeschichte des Bewußtseins, 5.
77 Vgl. *G. Mendel,* La révolte contre le père. Une introduction à la sociopsychoanalyse; *ders.,* La crise des generations.
78 Vgl. C. G. *Jung,* GW 4, 368.
79 *E. Neumann,* Die Große Mutter.
80 *K. Goldammer,* Religionen, Religion und christliche Offenbarung.

Neumann geht von dem ‚*Archetypus an sich*', den Jung als ‚Formprinzip der Triebkraft'[81] definiert und der nicht bewußtseinsfähig zu sein scheint, aus. Er ist streng zu unterscheiden von ‚archetypischen Vorstellungen', die bewußtseinsfähige ‚Variationen über ein Grundthema' sind. Wenn Jung für den ‚Archetypus an sich' dennoch Analogien gebraucht, so greift er gern auf den ‚Uroboros', der Schlange, die sich in den Schwanz beißt, zurück; ein Symbol, das die Alchemisten gern verwendeten.[82] Der Uroboros ist ein Symbol der Unendlichkeit und der Bewußtseinsferne des Unbewußten. Zugleich ist in diesem Symbol des ‚Urdrachens' das Chaotische des Urzustandes, aber auch die Werdemöglichkeit der Zentrierung gegeben.
Neumann nimmt auf die Form des Uroborischen ausdrücklich Bezug und spricht vom ‚Urarchetyp', vom „Symbol des gegensatzenthaltenden Ursprungs, ... in dem positive und negative, männliche und weibliche, bewußtseinszugehörige und bewußtseinsfeindliche und unbewußte Elemente miteinander vermischt sind".
Dieser ‚Urarchetyp' drückt sich auch häufig in dem Bild der „miteinander vereinigten Ureltern aus, aus denen sich später die Figuren des Großen Vaters und der Großen Mutter herauslösen"[83].
Hier soll nicht auf die Entwicklung des Vaterarchetyps Bezug genommen werden, wenngleich ein solches Unternehmen nicht weniger reizvoll zu sein brauchte als die Entfaltung des Mutterarchetypus, den wir verfolgen möchten.
Das ‚Große Weibliche' in seiner ‚uroborischen Form' ist polivalent. D. h., das Ich erlebt das Weibliche unter den verschiedenen Aspekten:

1. als mütterlich Schützendes
2. als Verschlingendes
3. als tötend Aggressives
4. als tatkräftig Stützendes

Das erste Binom enthält den positiven und negativen Aspekt des Weiblichen, das zweite den negativen und positiven Aspekt des Männlichen. Aus der Kombination dieser teils positiven, teils negativen ‚männlichen' und ‚weiblichen' Elemente innerhalb des ‚Großen Weiblichen' haben sich drei Gestalten der Großen Mutter herauskristallisiert, die wir im Mythos, in der bildenden Kunst und auch in den Traumsymbolen moderner Patienten sehen können. Es sind die Gestalten der:

81 *C. G. Jung*, GW 8, 243.
82 Vgl. a.a.O. 244.
83 *E. Neumann*, Die Große Mutter, 33.

1. guten Mutter
2. furchtbaren Mutter
3. gut-bösen Mutter (Große Mutter)

Eine weitere Schicht des Neumannschen Schemas ist die „Ebene des zwischen die Welt und das Unbewußte eingeschalteten Bewußtseins. Das Ich kann die archetypischen Konstellationen des Unbewußten *direkt* oder *indirekt* schauen und erfahren. Direkt, indem es sie auf der inneren Projektionsebene als psychische Bilder wahrnimmt: in Visionen, Phantasien, Traumbildern"; „indirekt, indem es sie in ihrer Projektion auf die Welt erlebt"[84].

Auf der einen Seite ist es die Beschäftigung des Bewußtseins mit seinem Unbewußten, die Anima, die zwischen Bewußtsein und kollektivem Unbewußten vermittelt.[85] Auf der anderen Seite sind es konkrete Personen, an denen sich das archetypische Erleben entzündet. Häufig handelt es sich hier jedoch um Gestalten, die das Ich als ‚wirklich' erlebt, die aber, wenn man genauer hinschaut, Projektionen des ‚Innen-Raumes' sind. Es wäre hier an die Götterwelt zu denken.

Neumann sieht die Gestalten der guten, der furchtbaren und der Großen Mutter in drei Göttinnen symbolisiert:

1. Die gute Mutter wird durch die Sophia dargestellt,
2. die furchtbare Mutter durch Gorgo
3. und die große Mutter durch Isis.

Sophia, Weisheit, eine hellenistisch-jüdisch-christliche Figur, stellt die nur gute Mutter dar, während Gorgo oder in Indien Kali die verschlingende und zerstörerische Mutterfigur ist. In der ägyptischen Isis sind positive und negative Züge enthalten. Diese archetypischen Bilder können ihrerseits wieder auf konkrete Personen projiziert werden. So kann eine reale Frau jemandem als Sophia, Gorgo oder ambivalente Isis erscheinen.[86] Ein guter Teil psychotherapeutischer Arbeit besteht darin, diese Projektionen durchschaubar zu machen und dem Patienten zu helfen, den ‚wirklichen' Menschen zu erleben, der sich unter den Projektionen verbirgt.

Zwei weitere wichtige Unterscheidungen bei der Differenzierung des großen Weiblichen sind:

1. der *Elementarcharakter*
2. der *Wandlungscharakter*

Ersterer kann umschrieben werden durch das ‚Enthalten': Alles aus ihm Geborene gehört zu ihm, bleibt ihm untertan, und auch wenn das Einzelne

84 A.a.O. 36.
85 *C. G. Jung*, GW 14/2, 110, Anm. 390.
86 *E. Neumann*, op. cit. 30–37.

selbständig wird, relativiert das Große Weibliche diese Selbständigkeit zu einer unwesentlichen Variante des immer Seienden, das es selber ist"[87]. In diesem Elementarcharakter des Weiblichen ist auch der *Konservativismus* begründet, der allem Mütterlichen anhaftet.
Positiv bedeutet der Elementarcharakter Schutzgeben, Nähren, Wärmen. Negativ bedeutet er Verstoßen und Entbehrenmachen.
Im *Wandlungscharakter* dagegen wird das Bestehende Bewegung, Veränderung, Wandlung. In der Funktion des Gebärens und des Nährens ist bereits der Wandlungscharakter enthalten.
Elementarcharakter und Wandlungscharakter durchdringen sich eigentlich von Anfang an. Ob der eine oder andere Charakter in einer Frau vorherrscht, ist eine Frage der Dominanz, die weithin von ihren ‚elterlichen' Vorbildern und ihrer Lebensgeschichte bestimmt ist. Es ist kaum anzunehmen, daß einer der Charaktere in einer Frau völlig fehlt. Aber so wenig wahrscheinlich dies ist, ist es auch unwahrscheinlich, in einer Frau eine völlige Ausgewogenheit zwischen beiden Charakteren anzutreffen.
Den weiblichen Elementarcharakter finden wir als Dogma, als Kirche usw. in allen traditionsgebundenen psychischen Systemen.[88] Für die persönliche Beziehung zwischen Mann und Frau bedeutet die Dominanz des Elementarcharakters, daß die Frau nur kollektiv auf den Partner bezogen ist. Der Mann wird erlebt als „archetypischer Vater, der Kinder zeugt, ihr Sicherheit gibt – vorzugsweise wirtschaftliche – und ihr eine soziale Persona-Stellung in der Gemeinschaft verschafft."
Wo der Wandlungscharakter überwiegt, haben wir es mit einer „höheren und besseren Form des Weiblichen" zu tun. „Die Bezogenheit zur individuellen Persönlichkeit des Partners" ist ausgeprägter.[89]
Zur Unterscheidung von ‚guter' und ‚furchtbarer' Mutter tritt somit noch die Unterscheidung von Elementar- und Wandlungscharakter. Elementar- und Wandlungscharakter können beide sowohl positiv wie negativ sein.
„So kann eine Göttin ‚gute Mutter' sein mit einer Dominanz des Elementarcharakters, umgekehrt kann sie Züge der furchtbaren Mutter tragen, aber die Tendenz des Wandlungscharakters kann in ihr überwiegen."[90]
„Soweit das Weibliche das in ihm Enthaltene an das Leben und an das Licht freigibt, ist es die Große und Gute Mutter des Lebendigen. Andererseits wird die Große Mutter in ihrer Funktion als Fixierende und Nicht-

87 A.a.O. 40.
88 A.a.O. 43.
89 A.a.O. 49.
90 A.a.O. 50.

Loslassende einem Lebendigen, das zu seiner Selbständigkeit und Freiheit kommen will, gefährlich."[91]

2.1.1. Die Zentralsymbolik des Weiblichen

Für die Zentralsymbolik des Weiblichen stellt Neumann die Formel auf: *Weib – Körper – Gefäß – Welt.*

Diese Grundformel, so mein Neumann, ist die „Formel der matriarchalen Lebensstufe, das heißt einer Menschheitsphase, in der das ‚Große Weibliche' in seinem Übergewicht über das Männliche, das Unbewußte über das Ich und über das Bewußtsein dominiert"[92].

Sowohl Jung wie Neumann stützen sich bei ihrem Reden von der „matriarchalen Lebensstufe" auf die Thesen von Bachofen, der die Priorität des Matriarchats über das Patriarchat behauptet. Wenn auch die Thesen Bachofens über die zeitliche Priorität des Matriarchats umstritten sind,[93] so betrifft das die soziologische Situation. Der psychologische Aspekt der Thesen Bachofens hat auch heute noch Gültigkeit.

Erich Fromm sieht in ihm sogar einen gleichwertigen Antipoden zu Freud, der nach seiner Meinung dem Vater zu Unrecht den Platz gibt, der der Mutter gehört. Freud „degradiert die Mutter zum Gegenstand sexueller Lust. Aus der göttlichen Gestalt wird eine Prostituierte, und der Vater wird zur zentralen Figur des Universums erhoben. Mit dieser Ausschaltung der Muttergestalt tut Freud für die Psychologie, was Luther für die Religion getan hat. Freud ist sozusagen der Psychologe des Protestantismus."[94]

Mögen auch manche ‚historische Konstruktionen Bachofens nicht haltbar sein', so hat er doch „eine Form der gesellschaftlichen Organisation und eine psychologische Struktur aufgedeckt, die von Psychologen und Anthropologen nicht beachtet worden war, weil ihnen infolge ihrer patriarchalischen Orientierung die Vorstellung, eine Gesellschaft könne statt von Männern von Frauen regiert werden, einfach absurd vorkam."

„Sah Freud in der inzestuösen Mutterbindung nur das negative, pathogene Element, erkannte Bachofen deutlich sowohl die negative als auch die positive Seite der Bindung an die Muttergestalt. *Der positive Aspekt ist ein Sinn für Lebensbejahung, Freiheit und Gleichheit, der durch die matriarchalische Struktur hindurchgeht.*"[95]

91 A.a.O. 74.
92 A.a.O. 55.
93 Vgl. *P. R. Hofstätter,* Einführung in die Sozialpsychologie, 479.
94 *E. Fromm,* Der moderne Mensch und seine Zukunft, 43.
95 A.a.O. 44.

Bachofen nimmt eine dreistufige Entwicklung an: vom

1. Tellurisch-Erdhaft-Stofflichen über
2. Lunar-Seelischen zum
3. Geistig-Sonnenhaften.

Das patriarchalische Bewußtsein identifiziert sich mit der 3. Stufe und kehrt nun den Prozeß um und behauptet, daß das Seelische und Erdhafte Emanationen des Geistigen seien.[96] Diese Ansicht sieht Neumann ausgedrückt in der Emanationslehre der griechischen Philosophie und auf biblischem Boden in der Mythologie der Entstehung der Frau auf widernatürliche Weise aus der Rippe des Mannes.[97]

2.1.2. Die Gegensatzform von Elementar- und Wandlungscharakter

Elementar- und Wandlungscharakter sind in Gegensatzform aufgebaut. Es gibt bei ihnen einen +Pol und einen −Pol. Im Schnittpunkt der sich kreuzförmig schneidenden Achsen dominiert der Elementarcharakter, der jedoch mit zunehmender Entfernung vom Zentrum an Intensität verliert und einem Überwiegen des Wandlungscharakters nachgibt. Den Sinn dieses Schemas faßt Neumann dahingehend zusammen, „daß sowohl die Entsprechungen der positiven und negativen Seite des einen Charakters wie ihre Mischungen und ihre Kombinationen mit dem anderen Charakter erkennbar werden"[98].

Wandlung geschieht im positiven wie im negativen Sinn, einmal mit der Dominanz des Mütterlichen, das andere Mal mit der Dominanz der Anima (der Jungfrau).

Wandlung auf der *positiven Achsenseite des Mütterlichen* bedeutet:

1. Gebären, Freigeben
2. Aufbauen
3. Frucht, Neugeburt, Wiedergeburt, Unsterblichkeit (Vegetationsmysterien)

Resultat dieser Entwicklung sind die Gestalten der ‚Guten Mutter': Isis, Demeter, Maria.

Auf der *negativen Achsenseite des Mütterlichen* haben wir die regredierende Entwicklung des Mütterlichen über das

1. Festhalten, Fixieren, Einfangen
2. Verringern, Fressen
3. über die Todesmysterien des Zerstückelns, des Auslöschens, der Krankheit, des Todes zu

96 Vgl. *J. J. Bachofen*, Das Mutterrecht, 600.
97 Vgl. *E. Neumann*, Die Große Mutter, 67.
98 A.a.O. 77.

4. den Gestalten der ‚Furchtbaren Mutter': Gorgo, Hekate, Kali.

Auf der *positiven Achsenseite der Anima* (mit dem Akzent auf der partnerschaftlichen Seite des Weiblichen) haben wir die Wandlung über das

1. Geben
2. Wandeln, Steigern
3. Weisheit, Schau, Inspiration, Ekstase (Inspirationsmysterien) zu den Gestalten der Maria und Sophia.

Auf der *negativen Achsenseite der Anima* bedeutet es die regressive Entwicklung über

1. Verstoßen, Entziehen
2. Wandeln, Auflösen
3. Ekstase, Wahnsinn, Ohnmacht, Betäubung (Rauschmysterien) zu
4. den negativen Gestalten der Anima: Lilith, Circe, Astarte.

Auf der mütterlichen Linie stehen sich Mutter und Alte Hexe gegenüber; auf der Linie der Anima die Jungfrau und die junge Hexe.[99]

Diese Schematisierung des Weiblichen darf nicht zu der Annahme verführen, die konkrete Frau könne eine dieser Gestalten in Reinkultur verwirklichen. Es wird sich immer um Akzente handeln, die stärker oder schwächer auf der Seite der guten Mutter, der Geist-Anima oder umgekehrt auf der der ‚furchtbaren Mutter' oder der ‚Rausch-Anima' liegen. Positive und negative Merkmale des Weiblichen sind in jeder Frau aufs innigste verwoben. Die konkrete Frau ist niemals nur ‚Demeter' oder ‚Sophia', noch ‚Gorgo' oder ‚Circe'. Sie ist immer beides. Zur Ganzheit ihrer Weiblichkeit gehört nicht nur das Licht, sondern auch der Schatten.

Eine weitere Frage ist, wie sich die Frau selbst erlebt und wie sie vom Manne erlebt wird.

In der Mutter erlebt der Mann sein Unbewußtes als etwas Übermächtiges, als Bergendes und Verschlingendes zugleich. Mit der Entwicklung des Mannes – verharrt er nicht auf der Stufe des Sohngeliebten – wird das Bild der Mutter abgelöst vom Bild der Schwester. Über das Bild der Schwester gelangt der Mann zur geliebten Frau. Das Mütterliche und Schwesterliche sind die Grundformen des Weiblichen für den Mann. Wie die Geschwisterehen der Pharaonenzeit zeigen, ist der Schritt von der Schwesterimago zur geliebten Frau leichter zu vollziehen als der von der Mutterimago. Es ist die geschwisterliche, die partnerschaftliche Frau, die nach Jung dem Manne „Brücken baut, auf denen er das Gefühl sicher ans andere Ufer geleiten kann"[100].

99 Vgl. a.a.O. Schema III.
100 *C. G. Jung,* Von den Wurzeln des Bewußtseins, 121.

2.1.3. Positiver und negativer Elementarcharakter des Weiblichen

Den *positiven* Elementarcharakter des Weiblichen sieht Neumann vor allem im *Gefäßcharakter.* Höhle, Haus, Innen-Sein, das im Hause geschützte und gewärmte Sein erinnert an das Geborgensein im Mutterleib. Neumann kann auch nachweisen, daß der Aufbau des Gefäßes in demselben Sinne zur schöpferischen Tätigkeit des Weiblichen gehört wie der Aufbau des Kindes, das heißt des Menschen, der – wie das Gefäß – mythologisch so häufig aus Erde gemacht wurde. Wenn in patriarchalischen Religionen auch der männliche Gott als Schöpfer erscheint, so läßt sich aus einer früheren matriarchalen Schicht nachweisen, daß es hier die Göttin ist, die als Schöpferin und *Töpferin* verehrt wird.[101]

Der *negative* Elementarcharakter des Weiblichen findet seine Begründung in dem psychischen Grundphänomen, daß in einer patriarchalen Welt das Bewußtsein als männlich erfahren wird, das Unbewußte dagegen als weiblich, so wahr es auch ist, daß es im Unbewußten gleichwohl auch männliche Tendenzen, Richtungen und symbolische Inhalte gibt. Verallgemeinernd darf man dennoch sagen, daß das Bewußtsein männlich ist, das Unbewußte aber weiblich.

Die dialektische Beziehung zwischen Bewußtsein und Unbewußtem kann man als die des Männlich-Geborenen zum Weiblich-Mütterlichen sehen. Die Phasen der Bewußtseinsentwicklung treten dabei als

a) embryonales Enthaltensein im Mütterlichen
b) kindliches Abhängen vom Mütterlichen
c) Beziehung des Sohn-Geliebten zur Großen Mutter
d) heroischer Kampf des männlichen Helden gegen die Große Mutter auf.

„Da die Herauslösung dieses männlichen Bewußtseins aus dem weiblich-mütterlichen Unbewußten ein schwerer und leidensreicher Kampfweg der Menschheit ist, wird es verständlich, daß und warum der negative Elementarcharakter des Weiblichen nicht etwa einem Angstkomplex der ‚Männer' entstammt, sondern einer archetypischen Erfahrung der gesamten mann-weiblichen Menschheit Ausdruck gibt. Denn auch die Frau, soweit sie diese Bewußtseinsentwicklung mitmacht, hat ein symbolisch männliches Bewußtsein und kann das Unbewußte als ‚weiblich-negativ' erfahren."[102]

Die mythologische Vorlage für die Angst vor der ‚furchtbaren Mutter' ist das Motiv des ‚frühsterbenden Gottes'. Die Sohngötter Tammuz, Attis, Adonis, Baldur verfallen der Todesmutter. In dieser Phase der Bewußtwerdung ist das Ich noch so schwach, daß es mehr einem Traum der Mutter gleicht als dem Helden, der sich mannhaft vom Sog des Mütterlichen be-

101 Vgl. *E. Neumann,* Die große Mutter, 136–138.
102 A.a.O. 147–148.

freit hat. Jung sagt dazu: „Dies ist der Traum der Mutter im matriarchalischen Zeitalter, wo es nämlich noch keinen Vater gibt, der dem Sohn zur Seite steht."[103]

In den Begriffen von Bewußt und Unbewußt ausgedrückt, „entspricht die Mutter dem kollektiven Unbewußten, der Sohn jedoch dem sich frei dünkenden Bewußtsein"[104], das aber noch zu schwach ist in dieser Phase und der Faszination des Unbewußten verfällt. Drache oder Schlange sind die Traumsymbole dieser Angst, dem Unbewußten zu verfallen und den ‚Inzest' mit der Mutter zu begehen.[105]

Jung trifft sich mit Freud in der Annahme, daß der Grund der geheimen Angst die Furcht vor dem Inzest mit dem Vater ist.[106] Doch ist es bei Jung nicht so sehr der konkrete Vater, sondern vielmehr das, was der Vater repräsentiert: „die Welt der moralischen Gebote und Verbote". Der Vater ist „der Vertreter des *Geistes,* welcher sich der *Triebhaftigkeit* hindernd in den Weg stellt"[107].

Der Geist ist der andere Pol der Psyche, der dafür sorgt, daß sich die Psyche im Gleichgewicht halten kann. So muß ihm denn analog zum Pol der Triebhaftigkeit eine innere Dynamis innewohnen, soll es ihm gelingen, als Faktor der Selbstregulierung der Psyche zu funktionieren.[108]

103 *C. G. Jung,* Symbole der Wandlung, 444. In mythologischer Sprache kommt hier das stets aktuelle Mutter-Sohn-Problem zu Wort, das Freud vor allem aus der Perspektive des Sohnes gesehen hat, das aber von seiten der Mutter ein nicht weniger virulentes Problem darstellt. Das gilt vor allem dann, wenn der Vater fehlt: sei es durch frühen Tod, sei es durch Scheidung oder auch nur durch fehlende Männlichkeit des Ehemannes. Der Sohn wird in diesen Fällen häufig in die Rolle eines Ersatzehemannes gedrängt. Mythologisch gesprochen, wird er zum „Sohngeliebten". Wenn sich daraus auch nicht das Schicksal seiner mythologischen Vorbilder zu ergeben braucht, so hat er es dennoch schwer, den Weg ins Leben und zu einer konkreten anderen Frau zu finden. Männer mit einem negativen Mutterkomplex werden häufig homosexuell; Jung verweist in diesem Zusammenhang auf das glänzend geschriebene Buch von Saint-Exupéry: ‚Le Petit Prince', das den Mutterkomplex seines Autors in hervorragend dichterischer Form widerspiegelt. (Vgl. a.a.O. 444, Anm. 105.)

104 A.a.O. 445.

105 A.a.O. 446. In der Traumanalyse weisen diese Symbole häufig auf die Angst vor einer ausbrechenden Psychose hin.

106 Die Vater-Repräsentanz finden wir bekanntlich nach Freud im Über-Ich wieder, das den Wünschen des ‚Es' hindernd im Wege steht.

107 *C. G. Jung,* Symbole der Wandlung, 448.

108 Nach Jung wohnt dem Archetypus neben der Komponente des Triebes auch ein geistiges Prinzip inne. Er kann in diesem Zusammenhang von einem ‚Geisttrieb' sprechen, der ebenso sehr beachtet werden muß, wie der rein animalische Trieb. Von hier ist auch zu verstehen, daß die Produkte des Geistes, wie Philosophie, Kunst, Religion, nicht eine Art Überbau des Triebhaften darstellen, sondern bereits in den Tiefen der Psyche gleichberechtigt neben der Form des animalischen Triebes existieren.

Es gibt nach Jung zwei Möglichkeiten, mit der animalischen Triebhaftigkeit fertigzuwerden:

1. Der Kampf mit der Triebhaftigkeit wird gewagt auf die Gefahr hin, von ihr verschlungen zu werden. Im Mythos erscheint diese Möglichkeit im Bilde des Inzestes mit der Mutter, oder indem der Held in den Rachen des Drachen eingeht, so wie Jonas in den Bauch des Fisches, um nachher geläutert aus ihm als Sieger hervorzugehen, der den Kampf gewonnen und sich die Triebkraft untertan gemacht hat.
2. In der zweiten Variante geschieht die Überwindung der Triebhaftigkeit nicht mehr durch die ‚archaische Überwältigung der Mutter', sondern durch den Verzicht auf die eigene Triebhaftigkeit.

Das eindrucksvollste Symbol für diesen Verzicht ist das des gekreuzigten Gottes. Das Kreuz als Lebens- und Todesbaum[109] hat Mutterbedeutung, ist aber „nicht mehr die Mutter, sondern ein symbolisches Äquivalent derselben"[110]. Im Tode mit der Mutter vereinigt, verneint der Held zugleich den Akt der Vereinigung. Jung deutet diesen Akt des Opfers nicht als Regression, sondern als „geglückte Überleitung der Libido auf das symbolische Äquivalent der Mutter, und damit auf einen geistigen Tatbestand"[111]. Das Kreuz ist ein vielschichtiges Symbol. Es bedeutet Tod, aber auch Leben und Fruchtbarkeit, den Hierosgamos des Gottes mit seiner Mutter zum Zweck der Todüberwindung und Lebenserneuerung.[112]

Todes- und Lebensmutter sind im Symbol des Kreuzes vereinigt. Pietà und Furchtbare Mutter gehören mythologisch zusammen.[113] Den Symbolen der katholischen Kirche gehört Jungs Bewunderung, wenn er schreibt: „Die Katholische Kirche verfügt über Mittel und Wege, welche seit alters dazu gedient haben, auch die niederen Triebkräfte der Seele in Symbole zu fassen und damit der Hierarchie des Geistes einzuordnen."[114] Er sieht den nicht zu unterschätzenden Wert der Religionssysteme überhaupt darin, daß sie „die den Kulturzwecken nicht dienenden Triebkräfte animalischer Natur aufnimmt, organisiert und allmählich zu sublimierter Anwendung fähig macht"[115].

109 Vgl. die Totenpräfation des Römischen Meßkanons.
110 Vgl. *C. G. Jung*, a.a.O. 452.
111 A.a.O. 453.
112 A.a.O. 463; Jung zitiert in diesem Zusammenhang *Augustinus* (Serm. Suppos. 120, 8): „Procedit Christus quasi sponsus de thalamo suo, praesagio nuptiarum exiit ad campum saeculi; pervenit usque ad crucis torum et ibi firmavit ascendendo coniugium; ubi cum sentiret anhelantem in suspiriis creaturam commercio sibi perpetuo iure matronam." (Zit. n. Symbole der Wandlung, 464.)
113 *C. G. Jung*, Symbole der Wandlung, 734.
114 *C. G. Jung*, GW 11, 381.
115 *C. G. Jung*, Symbole der Wandlung, 466.

2.1.4. Der Wandlungscharakter des Weiblichen

Wenn der Elementarcharakter des Weiblichen noch ganz Natur ist, so bedeutet der Wandlungscharakter die Kulturentwicklung. Die Höhe dieser Entwicklung ist die Geistwandlung.[116]

Die Möglichkeit dieser Entwicklung ist damit gegeben, daß es im Unbewußten der Frau den Aspekt des ‚transpersonalen Männlichen', den ‚patriarchalen Uroboros' gibt.[117] Es ist die ‚Animus-Seite'[118] des Unbewußten der Frau.

Diese ‚Geist-Seite' des Unbewußten der Frau gibt ihr häufig eine eigentümliche Kraft der Intuition, die sie Dinge erkennen läßt, die sich erst im Nachhinein als rational vertretbar erweisen.

Gerade dort, wo das logische Denken noch nicht bis ins letzte durchgespielt ist, wo der Mensch noch weithin aus einer ‚participation mystique' heraus lebt, bedeuten die Ahnungen aus dem Unbewußten der Frau eine wertvolle Hilfe für die Orientierung im Leben. Es ist hier an die bekannten Sätze des Tacitus über die Frau bei den Germanen zu erinnern.[119]

Nach Neumann zeichnet sich die matriarchale Phase der Menschheit dadurch aus, daß die Männer in dieser Zeit sich noch nicht mit dem „Transpersonal-Männlichen, das die Frau erfährt, identifiziert haben". Wenngleich in dem das Matriarchat ablösenden Patriarchat Bewußtsein und Ratio für die Entscheidung von Situationen herangezogen werden, so kommt es auch dann noch vor, daß in schwierigen Situationen auf „die das Weibliche inspirierende Weisheit des Unbewußten zurückgegriffen wird, das aber nun in Ritus und Kultus angerufen und in Bewegung gesetzt wird"[120].

Aus diesem geistigen Anteil des Unbewußten erwachsen die Gestalten der Sophia, der Maria, der Beatrice, der Frauengestalten, die inspiratorisch wirken und den Mann hinanziehen[121], in ihm Wertvolles wecken.

2.2. *Der Archetypus des Weiblichen in der christlichen Kultur*

Sind wir im vorausgehenden auf die Varianten des Archetypus des Weiblichen in der Kulturgeschichte eingegangen, so wollen wir uns im folgenden explizit mit der Aufnahme bzw. der Verdrängung des Weiblichen im

116 *E. Neumann,* Die Große Mutter, 203.
117 A.a.O. 277.
118 *C. G. Jung,* Die Beziehungen zwischen dem Ich und dem Unbewußten, 117 ff.
119 Tac. Germ. c. 8: „inesse quin etiam sanctum aliquid et providum putant nec aut consilia earum aspernantur aut responsa neglegunt", und Tac. Hist. 4, 61 „... vetere apud Germanos more quo plerasque feminarum fatidicas et angescente superstitione arbitrantur deas".
120 *E. Neumann,* Die Große Mutter, 279.
121 *Vgl.* Goethe, Faust: „Das ewig Weibliche zieht uns hinan."

christlichen Kulturbereich beschäftigen, im Leben der Kirche und in der christlichen Theologie. Für Jung war es zugleich eine faszinierende Aufgabe wie auch eine Frage der Redlichkeit, daß er sich ausgiebig mit diesem Problem beschäftigt hat. Wenngleich es auch keinen expliziten Traktat über diesen Fragenkomplex bei Jung gibt, so finden wir doch über sein ganzes Werk zerstreut immer wieder Hinweise auf diese Problematik.

Eine auch psychologisch dankbare Aufgabe war es für Jung, der Rezipierung des Weiblichen in der Kirche nachzugehen, weil er diesen Vorgang auf dem Hintergrund seiner Psychologie von der Anima und der Funktionenlehre sah. Eine Frage der persönlichen Redlichkeit war es, weil sich Jung als Protestant von Haus aus von der Eingebundenheit in diesen Rezipierungsprozeß nicht ausnehmen konnte. Er war sich bewußt, daß auch in seiner persönlichen Gleichung[122] die Einstellung einer ganzen Kultur dem Weiblichen gegenüber mitenthalten ist.

Erinnern wir uns an das Schema von Neumann, der von positivem und negativem Elementar- und Wandlungscharakter des Weiblichen spricht, so kann uns das eine Hilfe sein, die scheinbar widersprüchlichen Aussagen Jungs zu verstehen. Einerseits ist Jung über Marienverehrung und die weibliche Symbolik der Kirche glücklich und betrachtet sie als eine Fortsetzung der matriarchalen Welt in eine patriarchale Kulturwelt hinein, andererseits steht er aber auch nicht an, das Christentum und vor allem den Protestantismus als eine bloße „Männerreligion“ zu apostrophieren.[123] Dieses Paradox – wir wissen bereits, daß Jung Paradoxe liebt – wird verständlich auf dem Hintergrund einer entscheidenden Frage: *Hat*

122 Die persönliche Gleichung eines Menschen wird nach Jung durch seine psychophysische Konstitution, seinen persönlichen Erfahrungshintergrund, durch kulturelle und gesellschaftliche Einflüsse, denen der Einzelne unterworfen ist, gebildet. Nicht allein bewußte, auch unbewußte Komponenten bestimmen seinen Verstehenshorizont. Jung schreibt dazu: „In wissenschaftlicher Theorie- und Begriffsbildung liegt viel von persönlicher Zufälligkeit. Es gibt auch eine psychologische persönliche Gleichung, nicht bloß eine psychophysische ... Die Wirksamkeit der persönlichen Gleichung fängt schon an bei der Beobachtung. *Man sieht, was man am besten aus sich sehen kann* ... Noch viel mehr kommt aber die persönliche psychologische Gleichung zur Geltung bei der Darstellung oder Mitteilung des Beobachteten, gar nicht zu sprechen von der Auffassung und Abstraktion des Erfahrungsmaterials ... Die Anerkennung und Beherzigung der subjektiven Bedingtheit der Erkenntnisse überhaupt, und ganz besonders der psychologischen Erkenntnisse, ist eine Grundbedingung für die wissenschaftliche und gerechte Würdigung einer vom beobachteten Subjekt verschiedenen Psyche. Diese Bedingung ist nur dann erfüllt, wenn der Beobachter über den Umfang und die Art seiner eigenen Persönlichkeit hinreichend unterrichtet ist. Er kann aber nur dann hinreichend unterrichtet sein, wenn er sich in hohem Maße von den ausgleichenden Einflüssen der Kollektivurteile freigemacht hat und dadurch zu einer klaren Auffassung seiner eigenen Individualität gelangt ist.“ (*C. G. Jung*, GW 6, 8–9.)

123 Vgl. *C. G. Jung*, GW 11, 498.

das Christentum das Weibliche in seiner Totalität integriert? Jung beantwortet diese Frage mit einem unumwundenen Nein. Die Totalität des Weiblichen würde nämlich auch das beinhalten, was Neumann den negativen Elementar- und Wandlungscharakter des Weiblichen nennt. Die dunklen Aspekte des Weiblichen sind jedoch, so ist die These Jungs, in der christlichen Kultur nicht aufgenommen worden.

Das Weibliche wurde gespalten. Das Chthonische in der Weiblichkeit, der dunkle Mutterschoß, das Rauschhafte und Ekstatische weiblicher Emotionalität und Sexualität wurde abgelehnt, verfemt, verdrängt. Eingang in christliches Denken fand allein die gute Mutter, die möglichst von jeder Sexualität unberührte, die „ante, in et post partum“ jungfräuliche Mutter, die Frau, die ähnlich Athene nur dem Geist verpflichtet, aus dem Haupte des Vaters entsprungen ist.

Neben der Rezipierung eines nur vergeistigten Frauenbildes im Christentum glaubt Jung noch eine andere Entwicklung feststellen zu können.

Der Kult der Kirche – die Kirche ist ein Symbol des Weiblichen – wird zunehmend im Lauf der Geschichte vom Marienkult abgelöst. Psychologisch bedeutet das, daß die Identifikation mit Maria als der Braut Christi leichter zu vollziehen ist als mit der Kirche, die vor allem als Mutter erlebt wird, die Leben gibt. In der subjektiver gewordenen Frömmigkeit gewinnt die Begegnung mit den Heiligen und vor allem mit Maria eine entscheidende Bedeutung, damit sich auch die einzelne Seele als die Braut Christi erleben kann. Maria als menschliche Person ist Vorbild und Symbol zugleich für die Begegnung des Menschen mit Gott. Jung sieht in dieser Entwicklung auch eine echte Förderung des Emanzipationsstrebens der Frau. Es ist nicht mehr nur die „Abstraktion“ einer Organisation, die das Weibliche symbolhaft vertritt, sondern eine konkrete Frau. Im Hintergrund steht für Jung das Symbol des göttlichen Paares, das häufig in den Mythologien auftaucht und das ein Ausdruck für den ganzen Menschen ist. So schreibt er: „Die Gleichberechtigung verlangt nämlich ihre metaphysische Verankerung in der Gestalt einer ‚göttlichen Frau‘, der Braut Christi. Wie man die Person Christi nicht durch eine Organisation ersetzen kann, so auch nicht die Braut durch die Kirche. Das Weibliche verlangt eine ebenso personhafte Vertretung wie das Männliche.“[124] Diesen Gedanken sieht er noch am ehesten in der katholischen Kirche verwirklicht, die in dieser Hinsicht dem Protestantismus etwas voraus hat, weil in ihr der Kult des Weiblichen nie völlig gestorben ist. Es ist das, was Pierre Bertaux als die „geniale Tat der römisch-katholischen Kirche“ betrachtet: daß sie den Kult des Weiblichen wieder in den jüdischen My-

124 *C. G. Jung*, GW 11, 498–499.

thos eingeführt und damit eine Brücke geschlagen hat zu den matriarchalischen vorchristlichen Kulturen: „durch die Verbindung des *Ave Maria* mit dem *Pater Noster* schlug der Katholizismus die Brücke zu den im Volk noch lange Jahrhunderte lebendigen vorchristlichen Religionen, zu den archaischen Kulturen des Weiblichen"[125].

Bei aller Bewunderung Jungs für das psychologische Gespür der katholischen Kirche bleibt jedoch seine Kritik an dem einseitigen Bild des Weiblichen in der Kirche bestehen. Wenn auf der einen Seite die Entwicklung von der kultisch-liturgischen Frömmigkeit zur persönlichen Frömmigkeit und die zunehmende Marienverehrung an der Stelle des Lobpreises der Mater Ecclesia psychologisch ein Fortschritt ist, so bedeutet auf der anderen Seite das Abrücken von der Kirche, die immer sündig und heilig zugleich ist, eine Vereinseitigung des Weiblichen, das nur mehr seinen Ausdruck und sein Symbol in der makellosen Jungfrau-Mutter-Maria findet. Das Aufgeben der Abstraktion wird eingetauscht gegen eine einseitige Vergeistigung des Weiblichen.

Daß in dieser einseitigen Betonung des Geistigen im Symbol des Weiblichen eine geschichtlich notwendige Entwicklung zu sehen ist, bestreitet Jung nicht. Es ging im Christentum immer auch zugleich um die Absetzung von den Mysterien der Geschlechtlichkeit der matriarchalen Kulturen. Um nicht vom Ansturm des Trieblebens überwältigt zu werden, flüchtet man in den Geist. Beim Mann besteht dieser Geist weithin im Intellekt, durch den er versucht, seiner Triebe Herr zu werden. Bei der Frau bedeutet Geist nicht unbedingt Intellekt, sondern das, was Jung Animus nennt: „eine Haltung, nämlich *ein Geist, in welchem man lebt*"[126].

Dieses Phänomen ist auch noch heute in den Träumen vieler Frauen zu beobachten, die ihr Triebleben durch die Betonung des Animus zu beherrschen trachten. Der Vater ist der erste Träger des Animusbildes. Von ihm wird es also weithin abhängen, ob die Tochter das richtige Verhältnis zu ihrer eigenen männlichen Seite und auch zum konkreten Mann finden wird. Es ergibt sich hier jedoch ein Circulus vitiosus, auf den Jung verweist, wenn er schreibt, daß eigentlich nur der Mann der geeignete Träger des Animusbildes ist, der selbst nicht mehr von seiner Anima besessen ist, sondern dieses Problem weitgehend gelöst hat.[127] Im konkreten alltäglichen Leben ergibt sich die Frage: Welcher Vater hat schon sein Animaproblem zufriedenstellend gelöst, damit er der geeignete Animusträger

125 *P. Bertaux*, Mutationen der Menschheit, 118.
126 *C. G. Jung*, GW 14/1, 199.
127 Vgl. *C. G. Jung*, GW 14/1, 198–199.

seiner Tochter werden kann? Auf der kulturgeschichtlichen Ebene erhebt sich die Frage, ob im Vaterbild des Christentums das Animaproblem genügend gelöst ist, damit ein ebenbürtiges Bild des Weiblichen entstehen kann. Diese Frage wird von Jung mit Nein beantwortet. Das Gottesbild des Alten Testaments, das weithin einen launenhaften, zornmütigen, von seiner Anima besessenen Gott zeigt, hat sich im Neuen Testament nicht durch wahre Auseinandersetzung mit seinem Schatten und nachfolgender Integrierung desselben gewandelt, sondern vielmehr auf Kosten von Verdrängung seiner dunklen Seite. Somit hat auch die Frau im Christentum nicht voll zu sich selbst kommen können. Mit der unerledigten Animaproblematik im männlichen Gottesbild des Christentums konnte auch das Symbol des Weiblichen im Christentum: Maria, nicht zum Symbol vollgültiger Weiblichkeit werden. Es ist das Bild der Frau, die sich dem traditionellen Geist verpflichtet weiß, der aber die positiven Seiten des Animus: geistige Beschwingtheit und Schöpfertum[128] weithin abgehen.

Nach Toni Wolff, einer engen Mitarbeiterin Jungs, die in Anlehnung an die Funktionslehre Jungs ein Strukturschema des Weiblichen entwickelt hat, umfaßt die Anima die Aspekte der Mutter, der Medialen, der Amazone und der Hetaira.[129] Alle diese archetypischen Strukturen haben ihre positiven und negativen Formen. Mutter und Hetaira (Gefährtin) sind persönlich bezogen. Die Frau, die den Typus der Mutter verkörpert, ist vor allem besorgt um das, was für die Persona des Mannes wichtig ist: was zu seiner Stellung in der Welt gehört. Die Frau, die mehr Hetaira, Gefährtin des Mannes ist, ist bezogen auf die persönliche psychische Entwicklung des Mannes. Die individuellen Interessen, Neigungen oder Probleme stehen in dieser Beziehung im Mittelpunkt. Sind Mutter und Hetaira persönlich bezogen, so sind es die Amazone und die Mediale auf einer unpersönlichen Ebene. Die Mediale ist es auf der Ebene des kollektiven Unbewußten. Als Ahnungsvolle rührt sie die archetypischen Grundlagen im Manne an und stellt sie in der Projektion für ihn dar. Der Amazone begegnet er im Bereich des kollektiven Bewußtseins als der Konkurrentin, Rivalin oder auch wertvollen Kameradin.

Diese verschiedenen Aspekte seiner Anima erlebt der Mann gewöhnlich in der Projektion, ohne zu wissen, daß es zugleich Aspekte der eigenen Seele sind. Das christliche Symbol des Weiblichen hat diese Aspekte in Dogma und Kunst gestaltet unter Bevorzugung des Mutteraspektes und Vernachlässigung der anderen Aspekte, besonders des der Hetaira. Gerade

128 Vgl. *M.-L. v. Franz,* Die Sinnfindung im Individationsprozeß, 51.
129 Vgl. *T. Wolff,* Strukturformen der weiblichen Psyche, 307 ff.

sie jedoch ist es, die dem Mann den Weg zu seiner eigenen Seele weisen kann.

2.3. *Vom Frauendienst zum Seelendienst*

In der Beschäftigung mit den geistigen Strömungen des Mittelalters, vor allem mit der Dichtkunst, wurde es Jung offenbar, daß der Minnedienst, der *Frauendienst* der mittelalterlichen Ritterwelt, letztlich *Seelendienst* war, der an der Wiege des Individualismus gestanden hat. Es ist psychologisch betrachtet der Dienst des Mannes an seiner eigenen Seele, die er entdeckt hat. „Der Minnedienst", so schreibt M. L. von Franz, „ist ein Ausdruck dafür, daß das Prinzip der Beziehung, der Eros, sich stärker bemerkbar machte und nach Berücksichtigung verlangte."[130] Bezogenheit kann einer konkreten Frau, aber auch dem inneren Seelenbild gelten.
Zu schnell ging die Blüte des ritterlichen Minnedienstes im Mittelalter zu Ende. Die selbstgewählte Herrin des Ritters wurde bald durch das Bild der Jungfrau Maria ersetzt. Jung schreibt: „Mit dieser Assimilation an das allgemeine christliche Symbol ging zunächst die im Frauendienst sich entwickelnde Knospe einer seelischen Kultur des Mannes verloren. Seine Seele, die sich im Bilde der selbstgewählten Herrin ausdrückte, verlor den individuellen Ausdruck durch ihren Übergang in das allgemeine Symbol. Dadurch verlor sie auch die Möglichkeit einer individuellen Differenzierung, sie wurde verdrängt durch einen Kollektivausdruck."[131]
Dadurch, daß der Mann die Objektlibido der realen Frau entzog und sie introjizierte, belebten sich die archetypischen Bilder seines Unbewußten. Ein Teil dieser Libido konnte vergeistigt werden und seinen Ausdruck im Bild der Jungfrau-Mutter und der Marienverehrung finden. Diesen Vorgang findet Jung beschrieben im Faust, in Dantes Göttlicher Komödie, im Hirt des Hermas und in vielen anderen Zeugnissen der religiösen und profanen Literatur. Faust steigt von Margarethe zu Helena und von ihr zur Gottesmutter auf. Dante ist der Ritter seiner Dame, dem sich ihr Bild zur mystischen Figur der Gottesmutter wandelt. Vor allem im Hirt des Hermas scheint Jung dieser Prozeß ausgiebig beschrieben. Hier ist es Hermas, der von dem brennenden Wunsch getrieben ist, seine einstige Herrin zum Weibe zu haben. Als Christ und bereits verheirateter Mann muß er diesen Wunsch verdrängen. Die dem geliebten Objekt (Rhoda) gewaltsam entzogene Libido aktiviert in seinem Unbewußten, zu dem die Libido zurückfließt, die archetypische Figur der Göttin, der Jungfrau-Mutter. Zuerst erscheint ihm seine Herrin als Göttin und nicht mehr in erotischen

130 *M.-L. v. Franz/E. Jung*, Die Graalslegende in psychologischer Sicht, 66.
131 *C. G. Jung*, GW 6, 253–254.

Phantasien. In weiteren Visionen ist es eine alte Frau, die Hermas erscheint und die er schließlich als die Kirche selber erkennt. Dies ist der Punkt, wo das Konkret-Persönliche in Abstraktion aufgelöst wird. Doch die Wandlung der Symbole geht weiter. Hermas erkennt, daß seine Herrin nicht nur die Kirche ist, sondern auch der Turm, der von Jünglingen und Zehntausenden anderer Männer gebaut wird. Der Turm ist die Kirche und zugleich die Herrin. Die Verwandlung der erotischen Libido in das phallische Symbol des Turmes macht den Verdrängungsprozeß überdeutlich. Jung erinnert dabei an die Attribute Mariens in der Lauretanischen Litanei: turris davidica und turris eburnea, die ihre Vorlage im Hohen Lied finden (4, 4; 7, 4) und die damit ihre erotische Tönung auch von der literarischen Herkunft her verraten.[132]

Die Umsetzung sexueller Libido in weibliche Symbolik sieht Jung auch in dem häufig für Maria verwandten Attribut des *vas*. Die Gefäßsymbolik: vas als Uterus, finden wir bereits im Hohenlied. Ägyptische Vorlagen für diese Symbolik lassen sich im Isis- und Osirismythos aufzeigen. Die Belebung der Gefäßsymbolik in der mittelalterlichen Gralslegende „beweist eine Verstärkung des weiblichen Prinzips in der damaligen männlichen Psychologie. Die Symbolisierung in einem rätselhaften Bilde bedeutet eine Vergeistigung der durch den Frauendienst belebten Erotik."[133] Das Symbol bindet die Libido, die sonst direkt in der Sexualität ausgelebt würde. Es versteht sich, daß das Symbol lebendig sein muß, um dies leisten zu können. Wird das Symbol auflösbar, so verliert es seine magische Kraft. Daß das Gralssymbol bis heute noch nicht völlig gestorben ist, beweist nach Jung das Beispiel Wagners und seiner Musik.[134]

Doch die andere Frage, die Jung in seinem oben zitierten Passus aufwirft, ist die, ob nicht die Libido zu früh von der konkreten Frau im Minnedienst des Mittelalters abgezogen und auf ein archaisches Symbol zurückgeworfen wurde (Marienverehrung ein heidnisches Überkommnis, welches der christlichen Kirche die Hinterlassenschaft der Magna Mater, der Isis u. a. sicherte[135]), das jedoch in seiner Beschränktheit nicht fähig war, die vom Objekt ins Unbewußte zurückflutende Libido aufzufangen. Die zu begrenzte Differenziertheit des Symbols war offensichtlich kein vollgültiger seelischer Ersatz für die Beziehung zur konkreten Frau, als daß sie nicht einen anderen Archetypus des Weiblichen, den der Hexe, konstelliert hätte. Jung schreibt: „Die relative Entwertung der Frau bedeutet: der

132 Vgl. *C. G. Jung*, GW 6, 236–248.
133 *C. G. Jung*, a.a.O. 252–253.
134 A.a.O. 253.
135 Vgl. a.a.O. 252.

Mann liebt sie in einem gewissen Sinne weniger, dafür aber tritt die Frau als Verfolgerin auf, d. h. als Hexe. Auf diese Weise entwickelte sich mit und infolge der gesteigerten Marienverehrung der Hexenwahn, dieser unauslöschliche Schandfleck des späteren Mittelalters."[136] Es wird aus diesem Zitat nicht unmittelbar klar, warum es zur Hexenverfolgung kommen mußte. Der Grund dafür liegt jedoch darin, daß die auf eine konkrete Frau projizierte Libido die ganze Frau meint. Die aber noch so sehr verklärte Frau wird den sie liebenden Mann heilsam enttäuschen müssen, indem sie ihm unmißverständlich zu erkennen geben muß, daß sie ein Wesen aus Fleisch und Blut ist, das er liebt, und nicht ein von ihm entworfenes Bild. Der Umgang mit der realen Frau läßt die schwärmerische Libido des Mannes sich in eine wirklichkeitsgerechte verwandeln. Wird nun die Libido vorzeitig vom realen Objekt zurückgenommen und introjiziert und steht kein wahrhaft umfassendes Symbol bereit, das alle Libido binden könnte, so sucht sich die im angebotenen Symbol (in diesem Fall das unzureichende einseitig geistig betonte Symbol der Jungfrau Maria) nicht zu verarbeitende Libido andere Ausdrucksmöglichkeiten. Die Archetypen der negativen Weiblichkeit werden kompensierend aktiviert. So wird es verständlich, daß der zunehmende Marienkult auf der anderen Seite die grausame Hexenverfolgung beschwor.

Das Bild der Frau klafft nun in zwei gegensätzlichen Klischees auseinander. Auf der einen Seite ist es die nur gute Jungfrau-Mutter, auf der anderen Seite ist es die verführerische Sirene, die junge Hexe, die sich dem Rausch und der bestrickenden Sexualität verschrieben hat, oder die alte Hexe, die die Kinder, die sie geboren hat, wieder verschlingen möchte.

Die Verhinderung dieser tragischen Entwicklung hätte nach Jung nur darin bestehen können, daß das Heil nicht in einem allgemeinen christlichen Symbol gesucht worden wäre, sondern in vielen individuellen Ausdrucksformen. Die Marienverehrung als Kult eines einseitigen Frauenbildes ist Jung Beispiel für eine allgemeine Erscheinung, die wir in der Kirchengeschichte als Häresie und Schisma kennen. Wenn das Symbol zu begrenzt, zu einseitig gefaßt ist, finden nicht mehr alle Strömungen in ihm Raum. Das Bewußtsein reagiert sodann auf diese ‚Randerscheinungen', die nicht mehr einzuordnen sind, mit Fanatismus. „Der Wahn der Inquisitionsgreuel war überkompensierter Zweifel, der sich vom Unbewußten her aufdrängte und der schließlich eines der größten Schismen der Kirche hervorrief, nämlich die Reformation."[137]

Was Jung im Zusammenhang mit Symbolen von Kirche und Himmels-

136 *C. G. Jung*, GW 6, 254.
137 *C. G. Jung*, GW 6, 254.

königin ausführt, ist eine grundlegende Erkenntnis der Symbollehre. Die Bildung von Symbolen bedeutet immer eine gewisse Entwertung des Objektes. Die dem Objekt entzogene Libido fließt dem Unbewußten zu, wo es zur Ausbildung von Symbolen kommt, die ein Pendant zu den Realobjekten bilden. Die positive Seite der Entwertung des Objektes und die nachfolgende Symbolbildung ist, daß sie dem Menschen einen Raum der Freiheit ermöglicht. Solange der Mensch vom Objekt so fasziniert ist, daß dieses einen unbedingten Wert für ihn bedeutet, ist er ihm verfallen und unfrei. Jung zitiert das Beispiel eines Buschmannes, der in einem Affekt des Ärgers über einen vergeblichen Fischfang dem ihm entgegenlaufenden heißgeliebten Kinde einfach den Hals umdreht.[138] Hier wird Gefühl und Objekt nicht getrennt, sondern als eines erlebt. Daß diese gefährliche ‚participation mystique' nicht nur bei sogenannten Primitiven, sondern auch unter zivilisierten Menschen vorkommt, erfährt der Psychotherapeut nur zu oft in der Behandlungsstunde, wo Übertragungssituationen entstehen können, in denen das Symbol das einzig Rettende ist, um die Überflut der Gefühle zu steuern und dem Patienten einen Raum der Freiheit zu öffnen, wo er Abstand vom ‚geliebten Objekt' finden kann. Die Symbolbildung stärkt das Subjekt, gibt ihm ein gewisses Übergewicht über die faszinierende Objektwelt und macht auch erst eigentlich ein soziales Leben möglich, wo die zerstörerischen identifikatorischen Affekte von innen her gesteuert werden können. „Das Subjekt wird zwischen eine äußere und eine innere Determinante gestellt, und daraus entsteht die Möglichkeit der Wahl und die relative Freiheit des Subjektes."[139]

Der Übergang vom Frauendienst zum Seelendienst, das dürfte aus den obigen Ausführungen erhellen, ist nicht ungefährlich, zumal wenn noch kein genügend differenziertes Symbol da ist, in dem die dem Objekt entzogene Libido ohne Verdrängung eines Teiles dieser psychischen Energie verarbeitet werden kann. Ein Ganzheitssymbol muß genügend strukturiert sein – im Sinne der Vier-Funktionen-Lehre Jungs – damit es der Ganzheit der Psyche Ausdruck geben kann.

2.4. Gottesdienst im Seelendienst

Das Mittelalter brachte eine Neuentdeckung der Frau und die Herausbildung des weiblichen Gralssymbols. Diese Entwicklung bedeutet zugleich eine Aufwertung der Seele, die sich vor allem bei den Mystikern kundtut. Was schon in der Gnosis gegenwärtig ist: der „Glaube an die Macht der eigenen Offenbarung und der eigenen Erkenntnis" – für Jung

138 Vgl. *C. G. Jung*, a.a.O. 256.
139 *C. G. Jung*, GW 6, 256.

ist das Gralssymbol gnostischen Ursprungs –, wird nun auch in der Mystik lebendig. Was Dante in dichterischer Form dargestellt hat: den Abstieg in die Unterwelt des Unbewußten, seinem Seelenbilde Beatrice folgend, kommt auf andere Weise in den mystischen Erfahrungen eines Meister Eckhart zum Ausdruck. Nicht allein im Rittertum, sondern auch im Denken eines der größten religiösen Denker seiner Zeit macht sich diese Neuorientierung bemerkbar, die die persönliche religiöse Erfahrung in den Mittelpunkt rückt, an die Erlebbarkeit Gottes in der Seele glaubt. Jung schreibt: „Fremdartig gegenüber dem christlichen Gefühl der Sündhaftigkeit mutet uns Eckharts Gefühl der inneren Gottesverwandtschaft an. Man fühlt sich in die Atmosphäre der Upanishaden entrückt."[140] Die Seele wird in einem Maße aufgewertet, daß nicht allein die offizielle Lehre der Kirche relativiert wird, sondern auch das statische Gottesbild eine Funktionalisierung in der Innigkeit des mystischen Erlebnisses erfährt. Für Jung ist Meister Eckhart so interessant, weil er die Relativierung des Gottesbildes und seiner Beziehung zum Menschen nur vollziehen konnte, indem er der eigenen Seele einen höheren Wert zumaß, was wiederum nur möglich war durch eine Introjizierung der Objektlibido. Doch anders als der Ritter, der seine erotische Objektlibido von seiner Dame ablöst und sie im Bild der Jungfrau-Mutter aktiviert, wird beim Mystiker der Gott, der im Außen erlebt wurde, in das Innen genommen. Wenn wir Gott als Chiffre für den Sinn des Ganzen unserer Existenz nehmen, so kann dieser Sinn in der Mannigfaltigkeit der Außenwelt und ihren Realisationsmöglichkeiten gesucht, oder aber auch, wie in einem Brennpunkt, in der eigenen Seele gefunden werden. Jung schreibt über Eckhart: „Die Entdeckung und ausführliche Formulierung der Relativität Gottes zum Menschen und seiner Seele scheint mir einer der wichtigsten Schritte auf dem Wege zu einer psychologischen Erfassung des religiösen Phänomens zu sein ... Unter *Relativität Gottes* verstehe ich eine Ansicht, nach der Gott nicht ‚absolut', d. h. losgelöst vom menschlichen Subjekt und jenseits aller menschlichen Bedingungen existiert, sondern nach der er vom menschlichen Subjekt in gewissem Sinne abhängt, und eine wechselseitige und unerläßliche Beziehung zwischen Gott und Mensch vorhanden ist, so daß man einerseits den Menschen als eine Funktion Gottes und andererseits Gott als eine Funktion des Menschen verstehen kann."[141]
Es könnte aus diesem Zitat der falsche Eindruck entstehen, als ginge es Jung darum, Gott als eine Funktion des Menschen zu begreifen. Doch bei genauerem Hinsehen wird es deutlich, daß Jung in keiner Weise den

140 A.a.O. 259.
141 *C. G. Jung*, GW 6, 260.

‚Deus nudus' meint, sondern die Gottesimago in der Seele, „jene Prägung, die seit uralters der kollektive Ausdruck für die stärksten und unbedingtesten Einflüsse unbewußter Libidokonzentration auf das Bewußtsein ist"[142]. Eine „Funktion des Unbewußten" ist daher ‚Gott', insofern er die „Manifestation eines abgespaltenen Libidobetrages ist, der die Gottesimago aktiviert hat". In der metaphysischen Auffassung von Gott als ens absolutum, deren Berechtigung Jung nicht bestreitet, die er jedoch auch noch einmal psychologisch hinterfragen möchte – ohne damit psychologisieren zu wollen (die Existenz Gottes ist nach Jung eine Frage des Glaubens) –, kommt er zu dem Schluß, daß sich darin die Tatsache ausdrückt, daß der Mensch sich nicht darüber bewußt ist, daß die ‚göttliche Wirkung', d. h. das Erlebnis Gottes der eigenen Seele entspringt. In dem Maße jedoch, in dem die Projektionen aus den Objekten zurückgezogen, d. h. von im Außen erlebten Gottesbildern in das Innere des Menschen verlagert werden, was einen Introversionsvorgang darstellt, wird es dem Menschen in einem gewissen Maße bewußt, daß diese vorher projizierten Inhalte eigentlich zu seinem eigenen Unbewußten gehören. Bei den Mystikern, so meint Jung, sei dieser Prozeß zu verfolgen. In diesem Sinne möchte er sich auch verstanden wissen, wenn er von der Relativität Gottes spricht, die gerade von den Mystikern erlebt worden sei.[143]

„Wer nämlich den Gott außen hat, der hat ihn notwendigerweise projiziert im Objekt, wodurch das Objekt einen Überwert erhält. Wo dies aber der Fall ist, da hat das Objekt auch einen übermäßigen Einfluß auf das Subjekt und hält es in einer gewissen sklavischen Abhängigkeit. Eckhart meint offenbar diese wohlbekannte Gebundenheit ans Objekt, welche die Welt in der Rolle des Gottes, d. h. als absolut bedingende Größe erscheinen läßt. Daher sagt er darauf, daß einem solchen ‚Gott noch nicht zur Welt geworden sei', weil ihm die Welt die Stelle Gottes vertritt. Ein solcher hat also den Überwert nicht vom Objekt abgelöst und introvertiert, so daß er diesen Wert in sich selber besäße."[144] Jung zieht das Fazit aus diesen Überlegungen, indem er sagt, „daß Gott bei Eckhart ein psychischer, genauer gesagt, *psychodynamischer Zustand*" sei. Wenn Eckhart sagt: „Die Seele ist gleich beschaffen mit der Gottheit", so knüpft Jung gern an diesen Seelebegriff an und definiert Seele „einerseits als *Beziehung zum Unbewußten,* andererseits aber auch als eine *Personifikation der unbewußten Inhalte.*"[145] Als Beziehung zum Unbewußten, als innere Ein-

142 C. G. *Jung*, GW 6, 260.
143 Vgl. a.a.O. 260–261.
144 C. G. *Jung*, GW 6, 263.
145 A.a.O. 265.

stellung ist die Seele die Anima,[146] als Personifikation unbewußter Inhalte kann sie mit Gott identifiziert werden. Jung schreibt: „Wie die ‚Seele' eine Personifikation unbewußter Inhalte ist, so ist, wie wir schon definiert haben, auch Gott ein unbewußter Inhalt, eine Personifikation, insofern er als persönlich gedacht ist, ein Bild oder Ausdruck, insofern er bloß oder hauptsächlich dynamisch gedacht ist, also im wesentlichen dasselbe wie die Seele." Meister Eckhart sagt: „Solange die Seele nur Gott ist, ist sie nicht selig." Daraus zieht Jung den Schluß, daß Meister Eckhart hier ganz psychologisch vorgeht und von der als Gott bezeichneten Dynamis oder Libido spricht, die, solange sie noch in den Objekten draußen ist, ihre Kraft nicht der Seele mitteilen kann. Indem ‚Gott oder der Hauptwert', die ‚Gottes-Libido', die ‚höchste Lebensintensität' aus den Objekten in die Seele zurückgenommen wird, ergibt sich für das Individuum ein erhöhtes Lebensgefühl. Dieser Vorgang darf nach Jung nicht in dem Sinne verstanden werden, daß Gott nun unbewußt geworden sei. Er wird vielmehr vom Ich als ein ‚autonomer Komplex' erlebt, der vom Ich nicht beherrscht werden kann, weil er im kollektiven Unbewußten verankert ist und ‚immer nur zum Teil *bewußt*' ist. Das Ich wird immer wieder einsehen müssen, daß es sich ihm unterordnen muß, weil es ihn nie ganz umfassen kann.[147]

2.5. *Das Bild der vergeistigten Frau im Christentum*

Im vorausgehenden haben wir scheinbar einen weiten Abstecher von unserem eigentlichen Thema des Weiblichen gemacht. Doch der Zweck dieses Exkurses war, aufzuzeigen, daß für den Mann eine enge Verbindung, um nicht zu sagen Identität, zwischen Seele und Weiblichem besteht. Die ‚unbewußte Seele' wird von ihm in der weiblichen Tönung der Anima erlebt. In einer vom Mann dominierten Gesellschaft ist es verständlich, daß dieses Erleben eine Kollektiv-Bewußtseins-Relevanz erhält, die ihrerseits auch das Erleben der Frau beeinflußt.

Wenn andererseits das Gotteserlebnis immer mehr verinnerlicht wird – so vor allem bei den Mystikern –, gerät auch das Weibliche durch seine Identität mit der unbewußten Seele in einer patriarchalischen Gesellschaft in die Nähe des Gottesbildes. Da aber das Gottesbild im Christentum durch und durch vergeistigt ist und vom männlichen Logos her gedacht wird, ist es das Schicksal des Weiblichen in einer so geprägten Gesellschaft, daß es nur so weit rezipiert wird, als es für den Mann durchschaubar

146 Vgl. a.a.O. 507.
147 Vgl. a.a.O. 265–266.

bleibt. So wird das Weibliche nur insoweit akzeptiert, als es dem männlichen Geiste verwandt ist.

Im täglichen Leben ist es die Frau, die aus einer starken Identifikation mit dem Vater lebt und daher dem Mann durch ihren vaterorientierten Geist eine Brücke zum Weiblichen schlägt. Jung beschreibt in „Die psychologischen Aspekte des Mutterarchetypus" diesen Typ von Frau. Frauen dieser Art leben aus dem Kampf gegen die Mutter, in der sie die eigene Triebhaftigkeit und mögliche dumpfe Unbewußtheit bekämpfen. Wenn sie auch diesen Kampf mit dem Risiko der Instinktschädigung ihrer Weiblichkeit führen, so zeichnen sie sich im Leben gewöhnlich durch Klarheit und Sachlichkeit aus. Jung bemerkt, daß sie ihre Mütterlichkeit erst spät entdecken, aber diese sich dann durch einen kühlen Verstand auszeichnet, eine Eigenschaft, die sich auf die Umgebung recht segensreich auswirkt.[148]

Jung stellt eine Skala der Animafiguren auf, die in ihren verschiedenen Aspekten das Erlebnis des Weiblichen widerspiegeln.

Es ist einmal die Gestalt der *Eva,* in der das Weibliche in rein biologischem Sinne als „Weib-Mutter", als das „Zubefruchtende" dargestellt wird.

Die zweite Stufe ist die der *Helena* und „betrifft einen noch vorherrschend sexuellen Eros, aber auf ästhetischem und romantischem Niveau, wo die Frau schon einige individuelle Werte besitzt".

Die dritte Stufe, symbolisiert durch *Maria,* „erhöht den Eros zur höchsten Wertschätzung und zur religiösen Devotion und vergeistigt ihn damit". Im Gegensatz zur chthonischen Mutterschaft Evas handelt es sich hier um „geistige Mutterschaft".

Man sollte meinen, daß damit die ganze Skala der Variationen des Weiblichen durchlaufen sei. Doch Jung führt noch eine vierte Stufe ein: die der *Sophia.*

Handelte es sich bei Maria vor allem um die Vergeistigung der chthonischen Mutterschaft Evas, so bedeutet die Sophia „eine Vergeistigung der Helena, also des Eros schlechthin". Diese Stufe kommentierend, sie vergleichend mit der der Maria, sagt Jung: „Worin aber vermöchte wohl die Weisheit das Heiligste und Reinste zu übertreffen? Vermutlich nur in der Wahrheit, daß etwas weniger nicht selten mehr bedeutet."[149]

Erst beide Gestalten zusammen: Maria und Sophia, lassen für Jung das ganze Spektrum des Weiblichen auf einer vergeistigten Ebene aufleuchten. In der Figur Mariens sind Eros und Sexus ausgeklammert, wobei man jedoch zu erklären hat, was man unter Eros verstanden wissen möchte. Will man Eros ganz allgemein als *Bezogenheit* definieren, so wird man

148 Vgl. *C. G. Jung,* Von den Wurzeln des Bewußtseins, 120–121.
149 Vgl. *C. G. Jung,* GW 16, 185–186.

auch der Mariengestalt diese Qualität nicht absprechen können. Doch Jung ist auch in diesem Begriff nicht völlig eindeutig. So unterscheidet er ganz allgemein zwischen *Logos* und *Eros,* die er mit Vorliebe mit Sol und Luna in Verbindung bringt. Er kann somit beim Mann von solarem Bewußtsein und bei der Frau von lunarem Bewußtsein reden. Das männliche oder solare Bewußtsein zeichnet sich aus durch Unterscheiden, Urteilen und Erkennen, das weibliche oder lunare Bewußtsein dagegen durch das „In-Beziehung-Setzen". Das „In-Beziehung-Setzen" ist für Jung der Eros[150]. Somit ist Eros eine Qualität, die jede Frau besitzt, sofern sie Bewußtsein hat. In diesem Sinne kann denn Jung „Maria auch als Personifikation der *himmlischen,* d. h. christlich-religiösen Beziehung" bezeichnen, jedoch in gleichem Zusammenhang vom „Eros schlechthin" reden, der in Helena seinen Ausdruck gefunden hat.[151] Diese Art der ‚romantischen' Bezogenheit mit der sexuellen Tönung, die im Volksbewußtsein als Eros bezeichnet wird, ist durch Maria nicht symbolisiert.

Und was für den Eros in dem eben genannten Sinne gilt, gilt noch viel mehr für den Sexus. Von der Symbolgestalt des Weiblichen im Christentum muß jeglicher Schatten einer sexuellen Beziehung ferngehalten werden. Es war wohl auch dieses tiefverwurzelte Ressentiment, das psychologisch erklärt, wieso es zu den manchmal seltsam anmutenden theologischen Formulierungen um die Virginität Mariens kommen konnte.

„Die vernünftige Berücksichtigung anderer Triebe ist uns zur Selbstverständlichkeit geworden; mit der Sexualität ist es aber anders, sie ist uns noch problematisch."[152] So kann Jung auch nur anerkennend feststellen, daß sich Freud zum Anwalt der Sexualität gemacht hat, wenngleich er den Freudschen Begriff der Sexualität wissenschaftlich nicht annehmen kann. Sexualität ist eben nicht nur Triebhaftigkeit, sondern auch unzweifelhaft schöpferische Macht, der wir nicht nur unser physisches Leben zu verdanken haben, sondern die auch in unserem psychischen Leben eine nicht zu unterschätzende Rolle im schöpferischen Tun spielt. Was geschieht, wenn man sie verdrängt, darüber geben ungezählte Krankengeschichten Auskunft.[153] Daß gerade die „Sexualität als die Wurzel des Bösen, Dämonischen im Menschen gilt . . ., eine vergleichbar heftige Ekelschranke gegen die abartigsten Äußerungen des Aggressionstriebes" in unserer Kultur jedoch nicht existiert, wie Alexander Mitscherlich[154] be-

150 Vgl. *C. G. Jung,* GW 14/1, 196–197.
151 Vgl. *C. C. Jung,* GW 16, 185–186.
152 *C. G. Jung,* GW 8, 63.
153 Vgl. a.a.O. 62–63.
154 *A. Mitscherlich,* Auf dem Weg zur vaterlosen Gesellschaft, 125.

merkt, sind wohl nur letztlich damit zu erklären, daß dem Manne die Aggression zugeordnet wird, die Frau aber vor allem als das sexuelle Wesen erlebt wird, als die sexuelle Verführerin par excellence. In einer patriarchalischen Gesellschaft kann die Aggression als Tugend erscheinen, auch wo sie zur destruktiven Aggression wird, die Sexualität hingegen, auch dort, wo sie als Reaktion gegen Prüderie mit aller Offenheit betrieben wird, bleibt mit dem Geruch des Amoralischen behaftet. Daß an dieser Fehleinschätzung der Sexualität Bibel, Bibelinterpretation und christliche Theologie nicht unschuldig sind, hatten wir bereits Gelegenheit zu sehen.[155] Durch die ganze christliche Geschichte und Theologie zieht sich diese Abwertung des ‚chthonisch Weiblichen'.[156]

Für Jung ist diese Vereinseitigung des Weiblichen ganz generell auf dem Hintergrund seiner Vorstellungen über die Entwicklung zu struktureller Ganzheit zu sehen. Archaische Götter und Göttinnen sind Ausdruck einer Ganzheit, in der die Gegensätze noch unentmischt miteinander verbunden sind. So sehen wir in den großen Muttergöttinnen Isis, Demeter, Kybele dunkle und helle Aspekte noch unkritisch im Erleben der Menschen jener Zeit verbunden. Was Veronica Ions über die Theologen des alten Ägyptens sagt, dürfte in einem noch größeren Maße für die einfachen Menschen jener Zeit gegolten haben. „Selbst bei ihren Theologen stand logische Strenge in geringem Ansehen. Sich widersprechende Mythen bestanden deshalb nebeneinander, ohne daß man sich durch ihre Gegensätzlichkeit gestört fühlte – man betrachtete sie als verschiedene Aspekte der Wirklichkeit. Das Suchen nach ‚Wahrheit', im modernen Sinne des Wortes, hätte man für irrelevant gehalten."[157]

Was hier für das Denken der alten Ägypter behauptet wird, das trifft auch für die Erlebniswelt anderer alter Völker zu. In China war der Uranfang Wu Gi, als Tai Gi „der in Licht und Dunkel, Yin und Yang, geteilte Kreis, der auch in Indien und Europa eine Rolle spielte"[158]; und im alten Mexiko sind die Mythen weniger dem rationalen Bereich verbunden, als vielmehr einem ahnungsvollen, gefühlsbetonten. Die wenigen Symbole verkörpern eine Vielzahl sich häufig widersprechender religiöser und philosophischer Ideen. So sind sie zugleich Symbole einer aller Relativität subjektiver Wahrheit zugrundeliegenden Einheit.[159]

Ein mehr und mehr kritisches Denken konnte sich mit diesen Gegensätzen nebeneinander nicht mehr abfinden. Die Phase größerer Bewußtwerdung

155 Vgl. HDA, Bd. II, 1733 ff.
156 Vgl. *W. G. Cole,* Sexualität in Christentum und Psychoanalyse.
157 *V. Ions,* Ägyptische Mythologie, 11.
158 Vgl. *I. Ging*, Das Buch der Wandlungen, 15.
159 Vgl. *I. Nicholson,* Mexikanische Mythologie, 11.

wurde erkauft mit der Verdrängung des einen Pols. Dies ist die grundlegende These Jungs, wie wir bereits gesehen haben. Das Christentum wurde in dieser kritischen Phase des Denkens geboren und hat somit auch an den negativen, wenn auch notwendigen Konsequenzen dieser größeren Bewußtheit teil. Es wäre hier auf eine gleiche und dennoch sehr unterschiedliche Einschätzung der christlichen Religion bei Jung und Freud hinzuweisen. Es ist bekannt, daß Freud die Religion als eine Menschheitsneurose bezeichnet.[160] Auch Jung spricht bei der christlichen Religion, wenn auch nicht explizit, so doch implizit von einer neurotischen Entwicklung. Doch liegt der entscheidende Unterschied zu Freud darin, daß Jung die Neurose viel positiver bewertet als der Vater der Psychoanalyse. Sie ist ihm nicht nur eine Krankheit, die unter allen Umständen geheilt werden muß, sondern zugleich der Versuch des Individuums, ein allgemeines Problem zu lösen.[161] Handelt es sich auch um einen mißglückten Versuch, so zeigt der Neurotiker damit, daß er nicht dumpf dahinlebt, sondern sich sensibilisieren läßt. Entschließt er sich, nicht zu regredieren, sondern einen besseren Lösungsversuch zu wagen, so gehört er tatsächlich zu den ‚höheren Menschen‘, von denen Jung spricht, und deren Neurose als ein Drang zur Selbstverwirklichung zu verstehen ist.[162] So wie die Neurose im Leben des einzelnen eine verspätete Reifung der Persönlichkeit einleiten kann, so versteht Jung auch die neurotischen Entwicklungen im Christentum als eine Phase innerhalb eines Entwicklungsprozesses der Menschheit, der auf Ganzheit gerichtet ist.

Die Verdrängung der chthonischen Seite des Weiblichen im Christentum ist nach Jung somit auch als eine neurotische Entwicklung zu begreifen, die jedoch nicht dadurch zu überwinden ist, daß man auf eine archaische Figur weiblicher Ganzheit zurückgreift, sondern dadurch, daß man sich um eine differenzierte Einbeziehung der verdrängten Seite des Weiblichen in einem strukturierten Bild weiblicher Ganzheit müht.

2.6. Das Dogma von der Assumptio Marias

Für Jung ist die Proklamation des Dogmas von der Assumptio Marias das wichtigste religiöse Ereignis seit der Reformation. Wenn er auch gern zugibt, daß das Assumptiodogma ein petra scandali für den unpsychologischen Verstand ist, so kann er selbst die Beweisführung des Papstes sehr gut nachvollziehen. Die ‚unerläßlichen Präfigurationen‘ und eine ‚mehr als tausendjährige Aussagetradition‘ sind ihm psychisches Beweismaterial

160 Vgl. *S. Freud,* Die Zukunft einer Illusion.
161 Vgl. *C. G. Jung,* GW 7, 21.
162 *C. G. Jung,* GW 7, 203.

genug. Dem Einwand, daß die Assumptio eine physische Unmöglichkeit sei, begegnet er damit, daß er darauf verweist, daß man religiöse Behauptungen, die allgemein physische Unmöglichkeiten betreffen, nicht in den Naturwissenschaften abzuhandeln hat. „Sie betreffen allesamt die *Wirklichkeit der Seele* und nicht die der Physis."

Für Jung bedeutet das Dogma der Assumptio „die unendliche Approximation der Deipara an die Gottheit". Ist er sich auch über den dogmatischen Sinn im klaren, der den Status einer Göttin für Maria ausschließt, so glaubt er dennoch, daß sie psychologisch gesehen „als Herrscherin des Himmels (im Gegensatz zum Fürsten des sublunaren Luftreiches, Satan) und Mediatrix Christo, dem König und Mittler, funktionell so gut wie gleichwertig ist". Dem Archetypus einer göttlichen Frau ist mit dem Dogma weithin Genüge getan. Damit, so meint Jung, ist auch eine gewisse Entspannung zwischen unerträglich gewordenen Gegensätzen erreicht. Das einseitig männlich-geistige Gottesbild erhält durch das Dogma eine weiblich-materielle Komplementation. Ein Stück Verdrängtes wurde bewußt gemacht und erhielt seine Anerkennung im Kollektivbewußtsein.[163]

Mit Argumenten der Vernunft und der Historie, meint Jung, ist das Dogma der Assumptio nicht zu erklären. Was im Grunde genommen dieses Dogma nur erklären kann, ist ein psychologisches Verstehen, denn das zutagegetretene Mythologem ist dermaßen offenkundig, daß es schon absichtlicher Blindheit bedarf, um dessen symbolische Natur bzw. Deutbarkeit verkennen zu können. Für Jung weist die Dogmatisierung der Assumptio Mariae auf den Hierosgamos im Pleroma hin. Dieses mythische Urbild seinerseits bedeutet die „zukünftige Geburt des göttlichen Kindes, welches, entsprechend der göttlichen Tendenz zur Inkarnation, den empirischen Menschen zur Geburtsstätte erwählen wird". Hiermit aber ordnet Jung das Dogma der Assumptio als Symbol innerhalb des Individuationsprozesses ein. Der Individuationsprozeß meint ja nach Jung Ganzheit, die einerseits aus dem besteht, was dem Menschen bewußt ist, und andererseits aus den Inhalten des Unbewußten. Die Ganzheit, der vollständige Mensch, ist das Selbst, „dessen Symbole das göttliche Kind oder dessen Synonyme sind"[164].

Was sich in den Selbstsymbolen eines Individuationsprozesses im Leben des einzelnen ereignet, das geschieht auch für Jung auf der Ebene der kulturgeschichtlichen Entwicklung. Das Dogma der Assumptio erscheint ihm als wichtige Etappe auf dem Wege zur Ganzheit im kulturgeschicht-

163 Vgl. *C. G. Jung*, GW 11, 498–499.
164 Vgl. *C. G. Jung*, GW 11, 501–502.

lichen Geschehen. Es hat aber nicht nur eine kollektive Bedeutung, sondern macht rückkoppelnd auch den Individuationsprozeß des einzelnen leichter. Denn in dem Maße, in dem das Weibliche in seinem ganzen Umfang in den kollektiven Obervorstellungen aufgenommen ist, kann es auch vom einzelnen in sich selbst leichter akzeptiert werden. Darum ist das Dogma der Assumptio für Jung nicht ein unwesentliches Ereignis, sondern ein Geschehnis von eminent wichtiger Bedeutung für unseren christlichen Kulturraum. Nunmehr braucht das Weibliche in seinem chthonischen Aspekt nicht mehr in demselben Maße verdrängt zu werden, wie es bis zu diesem Zeitpunkt gewesen ist. Die Gleichberechtigung der Frau ist damit für Jung einen entscheidenden Schritt vorwärts gekommen. In ihrem Streben nach Ganzheit ist die Frau nicht mehr gehalten, in regressiver Form auf archaische Vorbilder weiblicher Ganzheit zurückzugreifen, noch sich in einem falschen Emanzipationsstreben männlichen Leitbildern anzugleichen, sondern kann sich in der Gestalt einer ‚göttlichen Frau' personhaft vertreten wissen. Mit diesem Dogma, so meint Jung, gelangt das Weibliche endlich zu einer ebenso personhaften Vertretung, wie sie in Christus schon seit alters her für das Männliche gegeben war. Dem Bräutigam wird nun endlich eine nicht nur abstrakte Braut-Kirche, sondern eine personhafte Braut zugesellt.[165] Damit kann sich die Frau ihrer eigenen Weiblichkeit sicherer werden.

Im Dogma der Assumptio sieht Jung den Lösungsversuch des Problems, das eigentlich ein Menschheitsproblem ist: nämlich das Verhältnis zwischen Materie und Geist. Jung hatte dieses Problem bei den Gnostikern verfolgt, die in der Begegnung mit der Urwelt des Unbewußten seine Bilder mit denen der Triebwelt kontaminiert sahen. Die Gnosis, so erkannte Jung, hat ihre Verlängerung in der Alchemie, die ihrerseits als Naturphilosophie des Mittelalters die Brücke zur Gegenwart herstellt. In der Psychologie Freuds erkennt Jung die „gnostischen Motive der Sexualität einerseits und der bösen Vaterautorität andererseits" wieder. „Das Motiv des gnostischen Jahwe und Schöpfergottes erschien aufs neue in Freuds Mythus vom Urvater und dem von diesem Vater abstammenden düsteren Über-Ich. In Freuds Mythus offenbarte er sich als ein Dämon, der eine Welt von Enttäuschungen, Illusionen und Leid hervorgebracht hat. Aber die Entwicklung zum Materialismus, die schon in der Beschäftigung der Alchemie mit dem Geheimnis des Stoffes vorgezeichnet war, hatte dazu geführt, Freud den Ausblick auf einen weiteren wesentlichen Aspekt des Gnostizismus zu verwehren, nämlich auf das Urbild des Geistes als eines anderen, höheren Gottes." Es ist dieser höhere Gott, von

165 Vgl. *C. G. Jung*, GW 11, 498–499.

dem Jung spricht, der den Krater, ein Mischgefäß, dem Menschen zur Hilfe gesandt hat. Der Krater jedoch ist ein weibliches Prinzip, das gerade in der Alchemie eine bedeutende Rolle gespielt hat und neben dem männlichen Prinzip eine ebenbürtige Stelle eingenommen hat. Jung macht Freud zum Vorwurf, daß in dessen patriarchalischer Welt dieses weibliche Prinzip keinen Platz gefunden habe, so wie auch in der protestantischen und jüdischen Welt allein der Vater herrscht. Das Dogma der Assumptio hat nach Jung jetzt zumindest in der katholischen Geisteswelt das weibliche Prinzip eine gewisse Anerkennung finden lassen.[166] Jung sieht somit im Dogma der Assumptio eine gewisse Fortsetzung dessen auf offiziell anerkannter, dogmatischer Ebene, was lange vorher in der von der herrschenden Theologie verfemten Naturphilosophie der Alchemie dunkel erahnend praktiziert wurde: die wurzelhafte Einheit von Materie und Geist und die Ebenbürtigkeit des weiblichen und männlichen Prinzips.

Im Dogma der Assumptio wird die Aufnahme Mariens mit Seele und *Leib* in den Himmel deklariert. Wenngleich auch Jung einerseits anerkennt, daß damit das materielle Prinzip in die unmittelbare Nähe Gottes gebracht worden ist, so kann er es sich aber auch nicht versagen, auf die „ätherische Unverweslichkeit" dieses Körpers aufmerksam zu machen, womit noch einmal der spiritualisierende Grundzug des Christentums zum Ausdruck kommt. „Die christliche Regina Coeli hat selbstverständlich alle olympischen Eigenschaften mit Ausnahme des Lichten, Guten und Ewigen abgestreift, und sogar ihr menschlicher Körper, der als solcher der grobmateriellen Verweslichkeit am allermeisten preisgegeben ist, hat sich zu ätherischer Unverweslichkeit gewandelt." Dennoch möchte er nicht die Verwandtschaft mit den erdgebundenen Gottesmüttern der heidnischen Welt in Abrede stellen. Vor allem in Semele, der Mutter des Dionysos, sieht er eine Vorlage für die Assumptio Beatae Virginis. „Semele selber scheint eine alte Erdgöttin gewesen zu sein, wie auch die Jungfrau Maria die Erde ist, aus welcher Christus geboren wurde." Die Frage für den Psychologen Jung bleibt jedoch, „wohin die für das Mutterbild so charakteristische Beziehung zur Erde, zum Dunkel und zur Abgründigkeit des körperlichen Menschen mit seiner animalischen Trieb- und Leidenschaftsnatur und zur ‚materia' überhaupt geraten sei? Jung interpretiert sicher richtig, wenn er den Sinn des Dogmas als einen Gegenpol zu einer immer krasser werdenden Weltanschauung sieht, die „die geistigen und seelischen Güter der Menschheit mit gewaltsamer Vernichtung bedrohen".

Er sieht im Dogma der Assumptio die entgegengesetzte Bewegung zur Abspaltung des Dunklen Gottessohnes, des Teufels aus der Lichtwelt

166 *C. G. Jung*, Erinnerungen Träume Gedanken, 204–205.

Gottes. „So hat sich jetzt umgekehrt eine himmlische Gestalt von ihrem ursprünglichen chthonischen Bereiche abgespalten und hat eine Gegenstellung zu den entfesselten titanischen Mächten der Erde und der Unterwelt eingenommen."[167] Für Jung ist die Marienverehrung nichts Marginales, vielmehr sieht er sie in einem direkten Zusammenhang mit der Entwicklung der westlichen Wissenschaften. Das mag auf den ersten Blick skurril erscheinen, doch ist zu bedenken, daß für Jung Maria die christliche Nachfahrin der heidnischen Erdmütter ist. Und so wie für den Menschen der Antike die Materie, die stoffliche Welt, die Erde in der mythischen Identifikation mit seinen Göttergestalten, vorab den großen Muttergöttinnen erlebt wurde, ist es nicht von der Hand zu weisen, daß ihr Schicksal im Erleben der Menschen eng mit ihrer Einstellung zur materiellen Welt verknüpft bleibt. Jung sieht in der Entwicklung der Verehrung der Gottesmutter und der wissenschaftlichen Einstellung der Neuzeit eine gegenläufige Bewegung. „Wie die Gottesmutter aller essentiellen Eigenschaften der Stofflichkeit entledigt wurde, so wurde die Materie gründlichst entseelt ..." Jung sieht damit wieder einmal seine These bestätigt, daß sich eine primitive Einheit von Materie und Geist entmischt (für Jung ist „das Geistige ... ein Prinzip sui generis, nämlich die der Triebkraft unerläßliche Form"[168]). Wir erkennen darin das alte Materie-Form-Prinzip. Es stellt sich eine Polarisierung ein, die zur unerträglichen Gegensätzlichkeit werden kann. In dieser zugespitzten Situation sucht die Seele nach einem vereinigenden Symbol, das sich auch häufig einstellt und den Gegensatz in einer neuen Synthese überhöht. Der zur völligen Gespaltenheit hintendierende Konflikt hat sich somit im rettenden Symbol überwachsen.

Gerade in der neuesten Zeit glaubt Jung einen neuen Trend in den Naturwissenschaften, vorab in der modernen Physik, entdeckt zu haben, der auf eine neue Synthese zwischen Materie und Geist hindeutet. Die ungeheure Kluft, die sich zwischen beiden Weltanschauungen aufgetan hat seit dem Beginn der Renaissance und die im Zuge der sich schnell entwickelnden Naturwissenschaften zur „vorschnellen Entthronung des Geistes und einer ebenso unüberlegten Vergötterung der Materie führte", scheint durch die Erkenntnisse der Atomphysik und die Ergebnisse der Parapsychologie, die von Rhine im Experiment statistisch bestätigt wurden, überbrückt zu werden.

Ein Symbol für diese sich andeutende Vereinigung der Gegensätze ist Jung das Dogma der Assumptio. Er sagt: „Die Psychologie neigt dazu, im

167 Vgl. *C. G. Jung*, Von den Wurzeln des Bewußtseins, 130–132.
168 *C. G. Jung*, GW 8, 63–64.

Dogma der Assumptio ein Symbol zu erblicken, welches die angedeutete Entwicklung in einem gewissen Sinne vorausnimmt. Sie hält die Beziehungen zur Erde und zur Materie für eine unabdingbare Eigenschaft des Mutterarchetypus. Wenn also eine durch letztere bedingte Gestalt als in den Himmel, d. h. in das Reich des Geistes aufgenommen dargestellt wird, so ist damit eine Vereinigung von Erde und Himmel bzw. von Materie und Geist angedeutet."[169]

Der Weg der Naturwissenschaften, so meint Jung, wird den umgekehrten Weg einschlagen: nämlich „sie wird in der Materie selber das Äquivalent des Geistes erkennen". Wobei zu beachten ist, daß sowohl Materie wie Geist ihrer traditionellen Eigenschaften weithin entkleidet werden und diese Begriffe an sich eine Umdeutung erfahren. So wie die in den Himmel aufgenommene Materie von ihrem sogenannten ‚materiellen Charakter' viel vermissen wird, so auch der in die Materie aufgenommene Geist.[170]

Jung macht eine Unterscheidung zwischen *Assumptio-konkret* und *Assumptio-symbolisch:*

„Konkret genommen bedeutet die Assumptio einen absoluten Gegensatz zum Materialismus. Ein derartig verstandener Gegenzug vermindert die Spannung zwischen den Gegensätzen keineswegs, sondern treibt sie ins Extrem.

Symbolisch verstanden aber bedeutet die Assumptio des Körpers eine Anerkennung der Materie, welch letztere nur infolge einer überwiegend pneumatischen Tendenz schließlich mit dem Bösen schlechthin identifiziert worden war."[171]

Gerade in ihrem symbolischen Gehalt scheint Jung die Assumptio eine Verheißung zu sein für die Vereinigung der Gegensätze, die für ihn zu der polaren Grundstruktur sowohl des psychischen wie des physischen Seins gehören. „In der Materie wäre daher der Keim des Geistes und im Geiste der Keim der Materie zu entdecken." In dieser Betrachtungsweise haben andere Gegensatzpaare nur noch eine relative Bedeutung für Jung, wenngleich er auch nicht ihre praktische Bedeutung, wie z. B. bei Gut und Böse, unterschätzt. Doch er möchte Gegensatzpaare nicht als Wertungen verstanden wissen, sondern als die einfache Feststellung, daß zu einer Position auch ihre Negation gehört. So sind ihm gerade auch die chinesischen Symbole von Yang und Yin teuer, weil in jedem von beiden bereits das andere keimhaft angelegt ist. Psychisches und physisches Sein sind für ihn letztlich das Innen und Außen einer und derselben Wirklichkeit, die

169 *C. G. Jung,* Von den Wurzeln des Bewußtseins, 132.
170 Vgl. a.a.O. 132–133.
171 *C. G. Jung,* a.a.O. 133.

für uns unerkannt ist und die wir mit symbolischen Namen nennen, seien diese Namen nun Gottesnamen oder andere Symbole für die Ganzheit, für die „complexio oppositorum". Diese Vorstellung von einem „unus mundus" und seine Faszination für eine einheitliche Weltanschauung, in der der scheinbar unversöhnliche Gegensatz von Trieb (Materie) und Geist überwunden ist, erklären auch Jungs Interesse für die Parapsychologie und die schon zitierten Rhin'schen Experimente. In ihnen sieht er die Bestätigung für seine Auffassung, daß Psyche und Physis letztlich Aspekte einer und derselben Realität sind. „In der Materie wäre daher der Keim des Geistes und im Geiste der Keim der Materie zu entdecken."[172]
Jung begrüßt mit solcher Begeisterung das Dogma von der leiblichen Aufnahme Mariens in den Himmel, weil er in ihm die Überwindung des Gegensatzes von Materie und Geist, der extremen Gegenpositionen von Materialismus und Spiritualismus, die in mannigfachen Variationen das Denken des Abendlandes beherrscht haben, angedeutet sieht. Im Dogma der Assumptio sieht er öffentlich proklamiert, was die Alchemisten im *Hierosgamos der Gegensätze* vorausnahmen. „Das kirchliche Dogma, das in einer Zeit der größten politischen Spaltung, welche die Geschichte überhaupt kennt, verkündet wurde, ist ein kompensierendes Symptom, das dem Streben in der Naturwissenschaft nach einem einheitlichen Weltbild entspricht."[173]

2.6.1. Das Dogma von der Assumptio Marias und die Quaternität

Bei aller Wertschätzung des Dogmas von der Assumptio als Symbol einer sich ankündigenden Gegensatzvereinigung von Materie und Geist kann es sich Jung nicht versagen, darauf aufmerksam zu machen, daß es sich bei der Aufnahme Mariens in den Himmel doch um die Aufnahme eines makellosen Leibes handelt. „Der Mensch und der dunkle Abgrund der Welt oder des deus absconditus sind darin noch nicht aufgenommen."[174]
Wenn sich mit der Dogmatisierung der Assumptio eine im Mittelalter weitverbreitete Quaternitätsvorstellung, die ihren Ausdruck in zahllosen Kunstwerken gefunden hat, nun auch dogmatisch verwirklicht hat – eine Vorstellung, die Jung nach folgendem Schema angeordnet sieht –, so ist diese Quaternität doch letztlich nur der oberen gnostischen Mosesquaternität zu vergleichen, auf die wir bereits an anderer Stelle eingegangen sind. Es fehlt diesem Quaternio als Entsprechung die Quaternität des Schattens.

172 *C. G. Jung*, Von den Wurzeln des Bewußtseins, 133.
173 A.a.O. 134.
174 Vgl. *C. G. Jung*, GW Bd. 14/1, 205.
175 Vgl. a.a.O. 203.

Hl. Geist (Taube)

Christus — Gottvater

Maria[175]

Jung glaubt, daß die Alchemisten, unter ihnen besonders Dorneus, auf den tieferen Grund des Problems gesehen haben. Das Problem der *Vernachlässigung der Materie* hat im Mittelalter manche Philosophen dazu geführt, der Trinität noch die Materie hinzuzufügen als vierten Gottesaspekt.[176] In der Notwendigkeit einer Ergänzung der Trinität durch ein Viertes erkannten sie aber auch zugleich, daß sie sich damit in einen Gegensatz zur Trinität stellen würden. Dorneus sah in der Weiblichkeit den entscheidenden Gegensatz zur männlichen Trinität, weil ihm die Weiblichkeit „ex parte diaboli" erschien. Er kann diese Identifikation zwischen dem Weiblichen und dem Teufel herstellen aufgrund der Symbolik der Zweizahl, die sowohl dem Weiblichen wie dem Teufel zugesprochen wird.[177] „Die Zwei bedeutet Zweifel, Kritik an Gott, an dem Leben, an der Natur, an sich selbst."[178]

Die Assumptio bedeutet für Jung Integration der Materie, jedoch nur eine teilweise. Die ‚christliche Quaternität', die nach Jung mit der Assumptio entsteht, ist daher auch kein vollständiges Symbol der Ganzheit. Der ganze Umkreis und die ganze Tiefe der Materie ist durch die Assumptio noch nicht in die Gottheit heimgeholt worden. Der Aspekt des Schattens, der Sünde wird durch die Assumptio nicht integriert. Maria, so will es die kirchliche Lehre, ist ja in ihrem Leben stets sündelos geblieben. Sie hat sich nie auf die Seite des Gegenspielers Gottes gestellt und somit auch nie die absolute Gegenposition zum nur guten Gott eingenommen. Wo es aber nie einen echten Gegensatz gegeben hat, da kann es auch nicht zu einer echten Vereinigung der Gegensätze kommen. Wir können diesen Gedanken Jungs durch das Gleichnis vom verlorenen Sohn erläutern. Der ältere Sohn im Gleichnis ist nie zu seinem Vater in einen wirklichen Gegensatz geraten, und so kann es zwischen den beiden auch nicht zu einer echten Aussöhnung kommen. Der jüngere Sohn jedoch, der in den entschiedenen Gegensatz zum Vater kommt, kann dem Vater bei seiner Heimkehr auch

176 Vgl. *W. Preger*, Geschichte der deutschen Mystik, 186 ff.
177 Vgl. *C. G. Jung*, GW 14/1, 205.
178 Vgl. *M.-L. v. Franz*, Zahl und Zeit, 118.

echt begegnen. Man wird sich bei diesem Gleichnis kaum des Eindrucks erwehren können, daß fortan die bessere und tiefere Beziehung zwischen dem Vater und seinem jüngeren Sohn herrschen wird.

Erst wenn die Gegensätze radikal entmischt sind, kann es zu einer wahrhaft fruchtbaren Vereinigung der Gegensätze kommen. Darum ist für Jung nicht der Papst mit der Proklamation des Dogmas von der Assumptio Mariens zum Herold ‚maximaler Integration' geworden, sondern vielmehr der Alchemist, der die „Zweifel des Origenes über das endgültige Schicksal des Teufels"[179] zu seinen eigenen macht.

179 *C. G. Jung*, GW 14/1, 205.

V. Die Integration des Vierten

Das Dogma der Assumptio, so wie es Jung versteht, hat uns von neuem mit dem Problem des Bösen konfrontiert, ohne dessen Integration es keine wahre Vereinigung und damit Überwindung der Gegensätze gibt. Diese Behauptung Jungs bedeutet sicher die größere Herausforderung für den christlichen Glauben, der vor allem durch die Entscheidung zwischen Gut und Böse geprägt ist, als die Einbeziehung des Weiblichen in ein männliches Gottesbild.

1. Die Integration des Schattens

In einem Brief aus dem Jahre 1953 an einen katholischen Geistlichen geht Jung umrißhaft, aber klarer auf das Problem von Gut und Böse ein. Mit der Inkarnation erfährt das alttestamentliche Gottesbild eine Differenzierung. Dem Bild des nur guten inkarnierten Gottessohnes erwächst ein Gegenpart im Antichristus. „Es ist", nach Jung, „eine historische Tatsache, daß der eigentliche Teufel erst mit Christus in die Wirklichkeit trat."[1] Der Teufel ist der Schatten Christi.

Für Jung bedeutet die Inkarnation, daß Gott wirklich zu einem Menschen wird, zu einem „bestimmten Wesen, welches dieses ist und nicht jenes". Ein menschliches Wesen wirft aber einen Schatten[2]. (Nur Geister sind schattenlos.) So muß es auch im Menschen Jesu einen Schatten geben, vermutet Jung. Der Schatten beinhaltet das Verdrängte, das Nicht-Gelebte, das Minderwertige im Menschen. Der Mensch kann nur schwer seinen Schatten akzeptieren, er fühlt sich vielmehr gedrängt, ihn abzuspalten.

1 *C. G. Jung*, GW 11, 682.

2 Es ist für den Leser von Jungs Werken immer wieder ärgerlich, auf so schillernde Begriffe wie ‚Schatten' zu stoßen, die ihm zu wenig formalisiert erscheinen mögen. Doch Jung bevorzugt bewußt den mehrdeutigen Begriff. Er sagt: „Ich unterstreiche die Mehrdeutigkeit des Ausdrucks bewußt und entschieden, weil sie über der Eindeutigkeit steht und das Leben widerspiegelt" (zit. n. *G. Adler*, Gedanken zum 10. Todestag von C. G. Jung, 6).

„Darum", so meint Jung, „ist das allererste, was Christus tun muß, sich von seinem Schatten zu trennen und ihn ‚Teufel' zu nennen."[3]
In Jesus jedoch geschieht vorbildhaft, was grundsätzlich in jedem Menschen geschehen kann. Nach Jung gibt es eine dreifache Stufung der Schattenproblematik:
1. Der erste Schritt auf dem Wege zur Individuation bedeutet die Konfrontation mit dem Schatten. Bewußtwerdung bedeutet erst einmal, daß der Mensch mit seiner dunklen, minderwertigen Seite konfrontiert wird. In dieser für ihn nicht ungefährlichen Situation hat er noch nicht die Möglichkeit, sich direkt mit dem Bösen auseinanderzusetzen. Es geht darum, erst einmal einen Standpunkt zu gewinnen, der es dem Menschen erlaubt, sich mit den eigenen Abgründen auseinanderzusetzen, ohne ihnen gleich zu verfallen. „Er muß sich für das Gute entscheiden, sonst ist er ganz verloren. Nolens volens ‚imitiert' er Christus und folgt seinem Beispiel."[4] In diesem Stadium der Individuation sieht Jung das Ziel des Selbstwerdungsprozesses im Guten. Hier ist es der nur gute Christus, der zum Symbol des Selbst wird.
2. Ist der Standort durch die Betonung des Guten gewonnen, kann es nun zur direkten *„Auseinandersetzung mit dem Schatten"* kommen. „Hat man es mit dem Bösen zu tun, und vornehmlich dann, braucht man die eigenen Kräfte des Guten bis zum äußersten." Und Jung stellt sich hier der Frage, wieviel Menschen denn überhaupt von sich behaupten können, „daß sie mit dem Teufel fertig geworden seien, und die darum das christliche Symbol über Bord werfen könnten?" Solange aber das Problem des Bösen nicht gelöst ist, kann „unsere Gesellschaft sich nicht den Luxus leisten, sich von der imitatio Christi loszusagen"[5].
3. Den dritten Schritt der Individuation kann man nur vorausahnen. Jung sieht ihn als „jenseits des christlichen Äons", in der „Einheit des Heiligen Geistes". „Der ‚Status' des Heiligen Geistes bedeutet eine Wiederherstellung der ursprünglichen Einheit des Unbewußten, aber nun auf der Stufe der Bewußtheit." „Dieser Zustand jedoch", betont Jung, „ist reine Antizipation." Jung denkt dabei an die Visionen eines Gioachino da Fiori über den Äon des Heiligen Geistes.[6]
Es wäre sehr bedenklich, wollte man die Etappen dieser Entwicklung überspringen und so tun, als hätte man die Entscheidung für das christliche Symbol des Guten nicht mehr nötig und könne sich auf einen Standpunkt

3 *C. G. Jung*, GW 11, 682.
4 *C. G. Jung*, GW 11, 682.
5 Vgl. a.a.O. 682–683.
6 Vgl. a.a.O. 684.

jenseits von Gut und Böse stellen. Ein solches Verkennen der notwendigen Entwicklungsstufen führt zur Katastrophe und zur Versklavung an die Mächte der ‚Unterwelt'. Für Jung ist der Fall Nietzsche Demonstration einer solchen Hybris. „*Nietzsche* hat unzweifelhaft die christliche Verleugnung der Tiernatur aufs tiefste empfunden und suchte nach einer höheren menschlichen Ganzheit jenseits von Gut und Böse. Jeder, der die Grundhaltung des Christentums ernsthaft kritisiert, entledigt sich auch des Schutzes, den ihm dieses gewährt. *Er liefert sich unweigerlich der Tierseele aus.* Das ist der Augenblick des dionysischen Rausches, die überwältigende Offenbarung der ‚blonden Bestie', die mit ungekannten Schauern den Ahnungslosen ergreift. Die Ergriffenheit wandelt ihn zum Heros oder zu einem gottähnlichen Wesen, zu einer menschheitsüberlegenen Größe. Er fühlt sich ganz richtig ‚6000 Fuß jenseits von Gut und Böse'."[7]

Christus ist somit auch noch für unsere Zeit ein Symbol des Selbst, wenn auch Jung der Überzeugung ist, daß es ein Symbol des Überganges ist. Das Christussymbol teilt hier das Schicksal aller Symbole. Es gibt in diesem Sinne keine ewigen Symbole, die sich immer gleichblieben. Ein Symbol ist immer auch determiniert durch seinen geschichtlichen Kontext, durch kollektive und auch individuelle Erwartungshaltungen, die bewußtes und unbewußtes psychisches Leben umfassen.

Schon in den Schriften des Neuen Testaments können wir feststellen, daß sich das Verständnis der Figur Jesu Christi verschiebt. So sind die Akzente bei den Synoptikern, bei Paulus und in den Johanneischen Schriften jeweils anders gesetzt. Daß diese Verschiebungen trotz dogmatischer Fixierungen weitergehen, liegt auf der Hand. Wir wissen zuviel von dem Bedeutungswandel linguistischer Symbole und ihrer je verschiedenen Verknüpfungen in einem sich wandelnden Fragenhorizont, um behaupten zu können, daß sich dogmatische Aussagen nur ihrer Form nach entwickeln können, nicht aber ihrem Inhalt nach; eben weil Form und Inhalt zutiefst miteinander verbunden sind, um eine losgelöste Entwicklung des einen ohne den anderen zu postulieren.

Neue Symbole entstehen und alte sterben. Symbole verkümmern oder werden trächtiger. Wovor Jung warnen möchte, ist die unkluge, schnelle Verwerfung eines Symbols, das noch seine geschichtliche Gültigkeit hat, wenngleich sich schon in ihm selbst Veränderungen andeuten, die auf eine Ausfaltung und Erweiterung hindeuten.

Wenn er schreibt: „Durch den adventus diaboli wird aber das christliche Symbol des Selbst (gemeint ist das Christussymbol) nicht entwertet", so ist damit gemeint, daß das Christussymbol die innere Möglichkeit in sich

7 *C. G. Jung*, GW 7, 34–35.

trägt, gegenwärtig scheinbar unverträgliche Gegensätze in der Zukunft doch zu vereinigen. „Es geschieht eine geheimnisvolle Wandlung von beiden."[8]

Das heißt mit anderen Worten, daß Christus als Symbol des Selbst einmal ein vorläufiges Symbol des *nur* Guten ist, an das sich der Mensch in der gegenwärtigen Zeit mit aller Macht halten muß, will er nicht von den Mächten der Unterwelt verschlungen werden. Zum anderen ist Christus als Symbol des Selbst aber auch ein endgültiges Symbol der Ganzheit, das die extremen Gegensätze von Gut und Böse, die im alttestamentlichen Gottesbild in einer unbewußten Einheit erlebt wurden, dann aber in einer bewußten Gegensatzstruktur auseinanderbarsten, in einer neuen Synthese vereinigt.

In diesem Dreischritt von der Unbewußtheit der Gegensätze, über ihre Bewußtheit zu einer neuen Einheit, die nur mehr antizipatorisch vorausgeahnt werden kann, kommt ein genuiner Gedanke Jungscher Psychologie zum Ausdruck, der es von sich weist, eine im Augenblick möglicherweise unbequeme Komponente des Psychischen zu verwerfen, abzuspalten und zu verdrängen, nur weil es dem bewußten Konzept nicht paßt. Im Ernstnehmen der Faktizität alles Psychischen versucht Jung auch das scheinbar Minderwertige zu integrieren, in der Überzeugung oder doch zumindest in der Hoffnung, daß es über vermeintlich unüberwindliche Gegensätze hinaus eine Synthese geben muß, in der der helle und der dunkle Gottessohn, in der Gut und Böse letztlich *aufgehoben* werden, in dem doppelten Sinne dieses Wortes, auf daß Gott alles in allem sein kann.

Dieser Glaube an den Sinn des Paradoxen, an die sinnhafte Hintergründigkeit aller vordergründigen, unauflösbaren Gegensätzlichkeit ist die Triebfeder dessen, was Jung mit Individuationsprozeß oder Selbstwerdung beschreibt.

Wenngleich er auch der Überzeugung ist, daß es bereits einzelne gibt, die diese Entwicklung der Überformung des Gegensatzes von Gut und Böse vorausahnen, so wehrt er sich entschieden dagegen, daß man dieser Entwicklung vorausgreife und meine, man müsse ein gesellschaftliches Programm entwerfen, in dem man auf diesen Gegensatz nicht mehr reflektiert. Vielmehr erachtet er es als eine Aufgabe aller, dieser Auflösung und Entwertung eines Normensystems, das sich auf dem Gegensatz von Gut und Böse aufbaut, entgegenzuwirken.[9]

Die Integration des ‚Bösen' setzt voraus, daß man sich der Relativität des Bösen bewußt geworden ist. Solange das ‚Böse' nicht als ‚Schatten' des

8 *C. G. Jung*, GW 11, 684.
9 Vgl. *C. G. Jung*, a.a.O. 684.

Lichts erkannt ist, solange es noch als der absolute Gegensatz des Guten erlebt wird, wäre es fatal, das Böse integrieren zu wollen. In diesem Zustand ist es nicht nur klüger, sondern geradezu lebensnotwendig, mit verhülltem Gesicht, wie die Alten ihren Göttern der Unterwelt, dem Bösen zu begegnen und nicht wie das vorwitzige Mädchen im Grimmschen Märchen der Frau Trude ins Antlitz sehen zu wollen.[10] Dieser Gedanke in die Sprache christlichen Denkens übertragen würde bedeuten, daß erst die Erlösung, die der Sünde die Qualität der ‚felix culpa' gibt, es möglich macht, zu dieser Schuld zu stehen, sie nicht zu verdrängen, sie nicht abzuspalten, sondern sie als das zu erleben, was nun zu mir gehört, weil sie gewandelt wurde durch Gnade.

2. *Die Faszination des Bösen*

Wie wir im vorhergehenden gesehen haben, bemüht sich Jung nicht um eine Definition von Gut und Böse. Er begnügt sich mit einer allgemeinen Beschreibung der täglichen Erfahrung des Menschen, die in dem ständigen Kontrasterlebnis von Hell und Dunkel besteht, von Tag und Nacht.[11] So kann er denn auch sagen, daß „das Böse nicht endgültig auszumerzen ist, sondern ein unvermeidlicher Bestandteil des Lebens ist"[12]. Es nützt nichts, vor dieser Tatsache den Kopf in den Sand zu stecken oder das Böse überspielen zu wollen. Die richtige Einstellung ist, sich mit ihm auseinanderzusetzen und es dienstbar zu machen, denn „das Dunkle, das dem Hellen entgegensteht, ist die ungehemmte Triebhaftigkeit der Natur, die sich ohne und gegen das Bewußtsein durchsetzt"[13]. Wo das Bewußtsein sich mit der Triebhaftigkeit beschäftigt, wo der Mensch bereit ist, von seiner Entscheidungsfähigkeit Gebrauch zu machen, ist er seinem Trieb nicht mehr blind ausgeliefert.[14] Das ‚sogenannte Böse'[15] kann integriert werden.

Die Auseinandersetzung mit dem Schatten, wie überhaupt mit dem Gegensatzproblem führt zu einer ‚Bewußtseinserweiterung'. Jung bemerkt dazu, daß es bei der Gegensatzproblematik nicht allein darum geht, daß man sich mit den Gegensätzen *nacheinander* beschäftigt, sondern daß das „scheinbare *Nacheinander* in Wirklichkeit ein *Nebeneinander* ist. Als Zeu-

10 Vgl. Die Märchen der Brüder Grimm, München 1964 (Goldmanns Gelbe Taschenbücher 412–413), 156.
11 Vgl. *C. G. Jung*, GW 16, 232.
12 *C. G. Jung*, GW 14/1, 183.
13 *C. G. Jung*, GW 14/1, 184.
14 Vgl. *C. G. Jung*, Bd. 16, 232.
15 Vgl. *K. Lorenz*, Das sogenannte Böse.

gen des Durchleidens dieser Gegensatzproblematik zitiert er Paulus (2 Kor 12, 7), der vom ‚Pfahl im Fleische' und vom ‚Satansengel' spricht. Das *Nacheinander* ist nur eine Vorstufe für die wahre Gegensatzproblematik des *Nebeneinander*.[16]

Eine weitere Bagatellisierung des Gegensatzproblems sieht er in der Tendenz, den Konflikt zwischen Gut und Böse ins Außen zu verlegen. Er findet viel „schwieriger dagegen die Einsicht, daß die Gegensätze unausrottbare und unerläßliche Bedingungen unseres seelischen Lebens überhaupt sind, und zwar dermaßen, daß Existenz und Leben an sich schon Schuld bedeuten". Jung meint mit dieser unerläßlichen Bedingung des seelischen Lebens die Tatsache, daß das Ich, sich selbst behauptend, sich der Möglichkeit begibt, in Gott zu fallen. In diesem Sinne steckt in jedem Menschen ein Lucifer. „Alles Verschiedensein von Gott ist Entfernung, Entfremdung, Abfall."[17]

Diese „existentielle Schuld", auf die Jung anspielt, ist in der Geschöpflichkeit des Menschen begründet. Sie gibt dem Menschen aber auch erst die Möglichkeit, zum Partner Gottes zu werden, ein Aspekt, der nicht genügend Beachtung in der Psychologie C. G. Jungs gefunden hat. Auf Jung hat immer das Einswerden des Menschen mit der Gottheit, die „unio mystica", „das Einssein von Ich und Nicht-Ich", das für ihn das „Grunderlebnis aller einigermaßen lebendigen Religionen"[18] bildet, seine Faszination ausgeübt.

Die Auseinandersetzung mit dem Bösen, mit der Tiefe der Gegensatzproblematik bedeutet zunächst eine Erschütterung des Bewußtseins, bevor es zu seiner Erweiterung führt. Doch die Erweiterung des Bewußtseins führt auch zu einer Ausweitung des Menschen überhaupt, „zum ganzen Menschen, zum Menschen schlechthin"[19]. Bewußtsein und Unbewußtes erfahren eine Annäherung und durchdringen sich fortan leichter, wenngleich damit nicht gemeint ist, „daß das Unbewußte von nun an weniger unbewußt sei"[20]. „Es ist ja leider unendlich viel wahrer, daß eine Verwandlung ins Bessere keine totale Umsetzung des Dunkeln ins Helle und des Bösen ins Gute, sondern günstigen Falles einen Kompromiß bedeutet, bei welchem das Bessere das Schlechtere um ein Weniges überwiegt."[21]

Den Brief einer Patientin kommentierend, die schreibt, daß ihr aus dem Bösen viel Gutes erwachsen sei, indem sie ihr eigenes Wesen mit Positivem

16 Vgl. *C. G. Jung*, GW 14/1, 185.
17 A.a.O. 185.
18 *C. G. Jung*, GW 14/1, 187.
19 Ebd.
20 A.a.O. 188.
21 *C. G. Jung*, GW 14/2, 191.

und Negativem angenommen habe, bemerkt Jung, daß das letztlich eine zutiefst christliche Haltung sei. Der Schatten, der dunkle Bruder des Menschen, ist in einer Ausweitung des Wortes Christi vom ‚geringsten meiner Brüder' derjenige, dem unsere Liebe und Langmut am ehesten gelten sollte. „Erst auf der Basis einer solchen Einstellung, die auf keine in der christlichen Entwicklung erworbenen Werte verzichtet, sondern im Gegenteil mit christlicher Liebe und Langmut sich auch des geringsten in der eigenen Natur annimmt, wird eine höhere Stufe von Bewußtsein und Kultur möglich werden. Diese Einstellung ist in echtestem Sinne religiös und darum therapeutisch, denn alle Religionen sind Therapien für die Leiden und Störungen der Seele."[22]

Mit diesen Ausführungen könnte der Eindruck entstehen, daß man das Böse hegen und pflegen müsse und daß man es in seiner zerstörerischen Mächtigkeit verharmlose. Zeigt uns nicht die Naturgeschichte der Aggression, wie sie Konrad Lorenz beschreibt, daß die Menschen in mancher Beziehung den Rattenvölkern auf manchen Halligen gleichen, die einander ausrotten bis auf das letzte Exemplar.[23] Ist das Böse in der Form der Aggression nicht so erschreckend, daß es geradezu grotesk erscheint, von der Integration desselben zu sprechen? Aber gerade die Verhaltensforschung hat gezeigt, daß die Aggression als ein Trieb ernst genommen werden muß, der nicht zu verdrängen ist, sondern der höchstens soweit ritualisiert werden kann, daß er sozial akzeptabel wird. Es geht um Neuorientierung der Aggression,[24] um den *bewußten* Umgang mit dem ‚Bösen', damit es seine Faszination nicht ausüben kann. Die Vorgänge von gestern und heute sind die traurigen Belege dafür, daß der Mensch ohnmächtig an die Mächte des Bösen verfallen kann. Auch Jung weiß um diese Gefahr: „Der Schatten hat eine gefährliche Faszination."[25]

Doch ein Faszinosum ist nur durch ein anderes Faszinosum zu neutralisieren. Die Vernunft allein ist nicht fähig, der Faszination des Bösen beizukommen. Ricœur betont, daß gerade in den Symbolen des Bösen zum Ausdruck kommt, was in aller Philosophie nicht ausgesagt werden kann.[26] Jung kritisiert in diesem Zusammenhang auch die einseitige Haltung Freuds, der an die Macht der Vernunft glaubte und meinte, daß mit Bewußtmachung das Problem des Bösen bereits gelöst sei. „Der Mensch

22 *C. G. Jung,* Das Geheimnis der goldenen Blüte, 43.
23 *K. Lorenz,* Das sogenannte Böse, 225–237.
24 A.a.O. 373.
25 *C. G. Jung,* GW 14/1, 279.
26 *P. Ricœur,* De l'interprétation (Essai sur Freud), 506: „Tous les symboles donnent à penser, mais les symboles du mal montrent d'une façon exemplaire qu'il y a toujours plus dans les mythes et dans les symboles que dans toute notre philosophie."

ist weder so vernünftig noch so gut, daß er dem Bösen eo ipso gewachsen wäre."[27]

Auch der reine Glaube an die ‚generellen Wahrheiten der Offenbarung' verbleibt weithin im Bereich reiner Bewußtheit und ist darum nicht immer ausreichend, um der Faszination des Bösen zu begegnen. In der Beschäftigung mit der Alchemie wurde Jung deutlich, daß es im Unbewußten selbst eine Gegenmacht der Faszination des Bösen gegenüber geben müsse. Er spricht von den ‚Fischaugen der Meerestiefe, die zum Aufleuchten gebracht werden müssen'. Er will damit sagen, daß die generellen Wahrheiten der Offenbarung der Kirchen nicht ausreichend sind, um die speziellen Probleme des Einzelmenschen zu lösen. Damit das geschehe, braucht es das ‚Gotteserlebnis' in der eigenen Seele, eine Art ‚Privatoffenbarung'[28]. Das Selbst wäre dieses Licht, ‚lux, quam tenebrae non comprehenderunt', das die Finsternis erleuchten kann"[29]. Denn das Selbst hat teil am Unbewußten und Bewußten und ist damit der einseitigen Faszination des Bösen (des *nur* Unbewußten) überlegen.

Es ist die intensive Auseinandersetzung mit dem Schatten oder, wie es Neumann formuliert: „Es ist die Freundschaft mit dem Schatten, der auch zur Freundschaft mit dem Selbst führt."[30] Gerade in der höchsten Gefahr wird auch das Rettende wirksam. Theologisch würde das bedeuten, daß in der äußersten Schwachheit der Mensch die Gnade und die tragende Kraft Gottes erfährt – nach dem Wort des hl. Paulus: „virtus in infirmitate perficitur".

3. *Die Personifizierung des Bösen: Der Teufel*

Der Schatten in seiner kollektiven Form hat seine Personifizierung im ‚christlichen Teufel' gefunden. Er ist zur archetypischen Gestalt des Bösen geworden, was unseren Kulturraum betrifft. In ihm wird versucht, auf mythische Weise das Problem des Bösen zu deuten. Den tierischen Aspekt teilt er mit dem griechischen Pan[31]. So wird in der Figur des Teufels eine Symbiose von ‚geistiger Gegenmacht' Gottes und dem animalisch Triebhaften sichtbar.

27 *C. G. Jung,* GW 14/1, 282.

28 Es dürfte wohl auch in diesem Ungenügen einer ein für allemal fixierten und kanonisierten Offenbarung liegen, daß der Glaube an Privatoffenbarungen bei vielen ‚frommen Menschen' auch innerhalb der Kirche häufig größer ist als der an die ‚revelatio publica'.

29 Vgl. *C. G. Jung,* GW 14/1, 281.

30 *E. Neumann,* Ursprungsgeschichte des Bewußtseins, 282.

31 *G. van der Leeuw,* Phänomenologie der Religion, 148.

Der Mensch steht nach Jung zwischen Gott und Teufel. „Wie der Mensch nach oben in der Idee eines lichten und guten Gottes gipfelt, so ruht er unten auf einem dunklen und bösen Prinzip, welches traditionell als der Teufel bzw. als die den Ungehorsam des Adam personifizierende Schlange gilt."[32]

Die Schlange ist aber Symbol des unbewußten Triebes. Erst dort, wo der Trieb sich selbständig macht und aus der Gebundenheit einer gesunden Polarität ausbricht, bekommt er einen negativen Aspekt. So ist Trieb nicht schlechthin mit dem Bösen gleichzusetzen, wie es in der Geschichte des Christentums unter neuplatonischen und manichäischen Einflüssen leider weithin geschehen ist.

Wenn Jung Teufel und Neurose gleichsetzt, so folgt er damit den Erkenntnissen Freuds, der in seiner Studie „Eine Teufelsneurose im siebzehnten Jahrhundert" den Teufel als Projektionsträger der negativen Seite der Vater-Imago darstellt.[33] Doch in seiner Auffassung von der Psyche als ein System verschiedener mehr oder weniger autonomer Komplexe, beim psychisch gesunden Menschen kontrolliert und zusammengehalten durch den Ichkomplex, unterscheidet er sich von Freud, der vorgängig mit dem Begriff der Verdrängung arbeitet. So ist auch der Teufel für Jung in diesem Sinne ein autonomes psychisches Teilsystem, das, wenn man ihm keine Beachtung schenkt, sich nur unangenehm bemerkbar macht. Ignoriert man es, so kann es nicht an das Bewußtsein angeschlossen werden. Jung schreibt dazu: „Man vergißt völlig, daß der Grund, warum die Menschheit an den ‚Daimon' glaubt, gar nicht mit irgend etwas Äußerem zu tun hat, sondern einfach auf der naiven Wahrnehmung der gewaltigen inneren Wirkung autonomer Teilsysteme beruht. Diese Wirkung ist nicht aufgehoben dadurch, daß man ihren Namen intellektuell kritisiert oder als falsch bezeichnet. Die Wirkung ist kollektiv stets vorhanden, die autonomen Systeme sind stets am Werk.

Leugnet man die Teilsysteme, indem man sie durch Kritik des Namens aufzuheben wähnt, so kann man ihre trotzdem weiterbestehende Wirkung nicht mehr verstehen und sie daher auch nicht mehr ans Bewußtsein assimilieren. Sie werden dadurch zu einem unerklärlichen Störungsfaktor, den man dann schließlich irgendwo außen vermutet. Damit ist eine Projektion der Teilsysteme eingetreten und zugleich insofern eine gefährliche Lage geschaffen, als die störenden Wirkungen nunmehr einem bösen Willen außer uns zugeschrieben werden, der natürlich nirgendwo anders aufgefunden werden kann als beim Nachbarn ‚de l'autre côté de la rivière'.

32 *C. G. Jung*, Aion, 352.
33 Vgl. *S. Freud*, GW 13, 317–353.

Das führt zu kollektiver Wahnbildung, Kriegsursachen, Revolutionen, mit einem Wort, zu destruktiven Massenpsychosen."[34]

4. *Teufel und Weib – Schatten und Anima*

Wie wir gesehen haben, sieht Jung Schatten und Teufel in enger Verbindung. Der Teufel ist die kollektive Personifizierung des Schattens. So wie der Schatten personifiziert wird, wird es auch die Anima, die in den verschiedensten Figuren des Weiblichen auftritt: in Göttinnen, Hexen, Elfen und Nixen und in den mehr oder weniger alltäglichen Frauengestalten. Die Anima ist schillernd und in ihrer Vielgestaltigkeit nicht leicht zu fassen.

Was uns hier interessiert, ist die Beziehung zwischen Schatten und Anima bzw. die Beziehung zwischen Teufel und Frau.

Ein locus classicus über die Beziehung von Schatten und Anima ist das Schlußwort Jungs zu den ‚Beiträgen zur Symbolik des Selbst', welche sich lohnt in extenso zu zitieren, weil sie besser als jegliche Paraphrasierung diese Beziehung umreißt: „Durch die Analyse des Schattens und der in ihm enthaltenen Vorgänge läßt sich die Syzygie *Animus-Anima* herausschälen. Der Schatten hängt, oberflächlich betrachtet, so vom Bewußtsein ab, wie der physische Schatten, der dem Körper folgt, eine privatio lucis darstellt. Für diese oberflächliche Ansicht darf daher auch der psychologische Schatten mit seinem moralischen Minderwert als eine privatio boni gelten. Bei näherer Untersuchung aber stellt er sich als eine Dunkelheit heraus, welche an sich unterscheidbare, einflußreiche und autonome Faktoren verhüllt, nämlich Animus und Anima. Wenn wir diese in vivo und in voller Aktion beobachten – als verheerenden, blind eigensinnigen Meinungsteufel bei der Frau und als verblendende, possessive, schillernde und sentimentale Verführerin beim Mann –, dann beginnt man daran zu zweifeln, daß das Unbewußte ein bloßer substanzloser Kometenschweif des Bewußtseins und nichts als eine privatio luci ac boni sein soll. Wenn man bis dahin der Meinung war, daß der menschliche Schatten die Quelle alles Übels sei, so kann man nunmehr bei genauerer Untersuchung entdecken, daß der unbewußte Mensch, eben der Schatten, nicht nur aus moralisch-verwerflichen Tendenzen besteht, sondern auch eine Reihe guter Qualitäten aufweist, nämlich normale Instinkte, zweckmäßige Reaktionen, wirklichkeitsgetreue Wahrnehmungen, schöpferische Impulse u. a. m. Das Böse erscheint auf dieser Stufe der Erkenntnis vielmehr als Verdrehung, Verkrüppelung, Mißdeutung und mißbräuchliche Anwendung

34 *C. G. Jung*, Das Geheimnis der Goldenen Blüte, 30–31.

an sich natürlicher Tatsachen. Diese Verzerrungen und Karikaturen erscheinen nunmehr als die spezifischen Wirkungen von Animus und Anima und letztere als die Urheber und Verursacher des Bösen. Aber man kann auch bei dieser Erkenntnis nicht haltmachen, denn es stellt sich heraus, daß alle Archetypen überhaupt von sich aus günstige und ungünstige, helle und dunkle, gute und böse Wirkungen entfalten. Schließlich muß man erkennen, daß das *Selbst* eine complexio oppositorum darstellt, weil es eben überhaupt keine Wirklichkeit ohne Gegensätzlichkeit gibt. Dabei darf man nicht außer acht lassen, daß die Gegensätze ihre moralische Zuspitzung erst im Gebiete des menschlichen Wollens und Handelns erlangen, und daß wir außerstande sind, eine Definition des Guten und Bösen zu geben, welche schlechthin allgemeingültig wäre, d. h., wir wissen letzten Endes nicht, was Gut und Böse an sich sind. Es steht also zu vermuten, daß sie einer menschlichen Bewußtseinsnotwendigkeit entspringen und darum jenseits des Menschen ihre Gültigkeit verlieren, d. h., es ist unzulässig, sie metaphysisch zu hypostasieren, weil sie dann ihren Sinn verlören."[35] Der Schatten wird in diesem Abschnitt mit dem identifiziert, worin der Mensch unbewußt ist. Der berühmte blinde Fleck ist hierfür ein Beispiel. Wichtige Dinge, die alle anderen merken, bemerkt der Betroffene nicht. Nach dem Evangelium ist es der Balken im eigenen Auge. Hiermit bekommt der Schatten jedoch bereits eine Wertung, die ihm ursprünglich nicht eignet, weil Unbewußtheit nicht einfachhin mit dem Prädikat ‚schlecht' belegt werden kann. Unbewußtheit kann sich ungünstig, störend und selbst zerstörend für das betroffene Individuum selbst und für seine Umgebung auswirken. Doch muß zugleich festgehalten werden, daß dem weithin unbewußten Menschen oft eine erstaunliche Instinktsicherheit eignet, die ihn schwierige Situationen lösen läßt, ohne daß man genau weiß, warum ihm das gelingt. Wie Jung ausführt, können sich im Schatten sogar schöpferische Impulse verbergen. Er kann darum auch vom *‚positiven Schatten'* sprechen.

5. Der Teufel als Erlösungsfaktor

Ist der Teufel eine Personifizierung des Schattens, so werden ihm nicht nur die negativen Aspekte des Schattens eignen, sondern auch die positiven gehören dann zu ihm.

In der Beschäftigung mit der Alchemie stieß Jung auf die Figur des Mercurius, der ein schillerndes und extrem verwandlungsfähiges Wesen dar-

35 *C. G. Jung*, Aion, 379–380.

stellt.[36] Viele Züge des Mercurius sind identisch oder ähneln sich mit denen des ‚christlichen Teufels'. Doch wäre es übereilt, behaupten zu wollen, daß Mercurius der christliche Teufel sei. Vielmehr stimmt die Umkehrung, daß der Teufel eine „Verteufelung" des Mercurius ist. Dieser ist ursprünglich ein Naturgeist.[37] Als solcher hat er oft seltsame Einfälle, bzw. inspiriert er die Menschen mit Gedanken, deren Verwirklichung sich als nützlich erweist und manchmal sogar als lebensrettend. Im Geist Mercurius lebt der Gott Hermes weiter, und zugleich kann er mit der Sapientia oder dem Heiligen Geist identifiziert werden.[38] „Mercurius besteht aus allen erdenklichen Gegensätzen."[39] Mercurius stellt wie der Teufel eine Kompensation Christi dar. „Christus erscheint als der Archetypus des Bewußtseins, Mercurius aber als der des Unbewußten."[40]

Eine Entsprechung der Gestalt des Mercurius finden wir in der Schelmenfigur, im ‚Trickster'. Er verkörpert die wandlungsfähigen dämonischen Züge des alttestamentlichen Gottes Jahwe. Mit zunehmender Vermenschlichung wird der Schelm zum Heilbringer.[41] Jung vermerkt dazu, daß, wenn er diesen ‚Poltergeist' als Schatten bezeichne, nichts anderes tue wie schon der Kirchenvater Irenaeus, der denselben Begriff als ‚umbra' bezeichnet.[42]

Der Schatten und seine Personifizierung: der Teufel, hat in seinem kompensatorischen Verhältnis zum Bewußtsein somit auch ausgesprochen befruchtende Eigenschaften. Der Teufel wird in dieser kompensatorischen Eigenschaft zum Bewußtsein – so paradox das auch klingen mag – zu einem erlösenden Faktor. Der Teufel zeigt dem Menschen, was er auch noch ist, und bewahrt ihn vor dem Eindruck, nur reines Licht zu sein und vor ‚lauter Bewußtheit' innerlich zu erstarren.

Im Teufel ist angelegt, wenn auch im Negativ, was Ziel der ‚göttlichen Vierheit' ist: die ‚Ganzheit'. So kann Jung sagen, daß der Teufel eine ‚Vorstufe der Individuation' sei.[43]

Den Teufel als ‚Individuationsprinzip' sieht Jung nicht nur bewahrheitet in der gnostischen Spekulation des Clemens Romanus[44], sondern auch darin, daß der Teufel als ‚simia Dei'[45] sich zu einer ‚infernalen Anti-

36 Vgl. *C. G. Jung*, GW 14/1, 100; 14/2, 42.
37 Vgl. *C. G. Jung*, Symbolik des Geistes, 145.
38 Vgl. a.a.O. 120.
39 A.a.O. 128.
40 *C. G. Jung*, a.a.O. 144.
41 *C. G. Jung*, Zur Psychologie der Schelmenfigur, 186–187.
42 A.a.O. 194.
43 Vgl. *C. G. Jung*, GW 11, 342.
44 Vgl. *C. G. Jung*, GW 11, 342.
45 Vgl. *C. G. Jung*, a.a.O. 187; Psychologie und Alchemie, 190.

trinität' auswuchs, weil er aus der trinitarischen Ordnung ausgeschlossen wurde. Jung weist dabei auf die ,Tricephalität des Satans' bei Dante hin und auf die Publikation von Th. Sosnosky, ,Die rote Dreifaltigkeit'. Auch bei Autoren wie Milton wird der Teufel als ,Principium Individuationis' verstanden.[46] Als ,umbra trinitatis' hat der Teufel innerhalb des göttlichen Erlösungsdramas eine entscheidende Rolle.[47]

Vor allem war es die Beschäftigung mit der Alchemie, die Jung verstehen ließ, daß der Teufel als ,Widersacher' eine höchst wichtige psychologische Funktion hat. Es geht um das Verhältnis von inferiorer Funktion und Hauptfunktion. Die inferiore, unbewußte Funktion wirkt immer wieder störend auf die Hauptfunktion ein. Es kann dies in den schon von Freud beschriebenen, meist harmlosen, wenn auch manchmal peinlichen Fehlhandlungen[48] geschehen, dann aber auch in ganz massiven Blockierungen der bewußten Funktion.

Im Märchen wird die Hauptfunktion durch die Gestalt des Helden personifiziert, die inferiore Funktion dagegen durch den Teufel. In der Auseinandersetzung mit dem Widersacher wandelt sich der Held selbst, und es wird deutlich, daß eigentlich das, was er im Widersacher bekämpfte, in ihm selbst war. Doch erst die Auseinandersetzung mit dem Widersacher, in dem er seine eigene Projektion bekämpft, läßt ihn dazu gelangen, es in ihm selbst anzunehmen. Psychologisch ausgedrückt: Erst wenn es gelingt, auch die inferiore Funktion in das Dreiersystem der Hauptfunktion mit den beiden weiteren mehr oder weniger bewußten Funktionen als vierte, nun auch bewußter gemachte Funktion aufzunehmen, wird der Knoten des Problems gelöst. Wenn die Dreiheit zur Vierheit wird, ist Ganzheit erreicht.[49]

Erst dann ist der ,Teufel' erlöst und das ,große Geheimnis unseres Getriebenseins'[50] wenigstens zu einem Teil entschleiert. Denn das Getriebensein stammt zu einem Teil aus dem Schatten. Aber auch der Held wird durch ,die Erlösung' des Teufels aus seiner Einseitigkeit erlöst, und es kommt zum ,homo totus', zum ,chên yên', zum wahren Menschen der chinesischen Alchemisten, zum „Anthropos, der mit der Gottheit verwandt ist"[51]. In diesem Drang zur Ganzheit sieht Jung die andere Quelle des Getriebenseins des menschlichen Lebens, eines Dranges, der vorerst nur dunkel erahnt wird und nur langsam bewußt wird. Letztlich läßt sich

46 Vgl. *C. G. Jung*, GW 11, 343.
47 A.a.O. 188.
48 Vgl. *S. Freud*, Zur Psychopathologie des Alltagslebens.
49 Vgl. *C. G. Jung*, Symbolik des Geistes, 50.
50 *C. G. Jung*, GW 14/1, 139.
51 A.a.O. 140.

die Problematik des Schattens auf die der Ganzheit zurückführen. Das Problem des Schattens ist unlösbar mit dem Problem des Gegensatzes verbunden. Es ist zugleich gekoppelt mit dem Problem des Bewußtseins, „denn das Bewußtsein als Teilmensch kann das Ganze nicht umfassen. Der ganze Mensch ist aber stets vorhanden, denn die Teilung der menschlichen Erscheinung ist Effekt des Bewußtseins, welches nur aus den supraliminalen Vorstellungen besteht. Kein psychischer Inhalt kann bewußt werden, ohne eine bestimmte energetische Spannung zu besitzen. Sinkt diese, so wird der Inhalt unterschwellig, d. h. unbewußt. Durch diesen Umstand wird eine Auswahl unter den möglichen Inhalten getroffen, indem die bewußtseinsfähigen von den bewußtseinsunfähigen geschieden werden. Aus dieser Trennung entsteht einerseits das *Bewußtsein* mit seiner durch Sol dargestellten Tageshelle, andererseits der Schatten, welcher der ‚umbra solis' entspricht."[52] Aus diesem Zitat erhellt, daß sich unter dem ‚mythischen' Ausdruck „Schatten" ein energetisches Problem verbirgt. Was in den ‚ethischen' Begriffen von Gut und Böse so sauber und klar geschieden erscheint, entpuppt sich bei genauerem Hinschauen, so Jung, als Aspekt einer das menschliche Dasein grundlegend bestimmenden Polarität.

52 *C. G. Jung*, GW 14/1, 140.

VI. Theologische Würdigung

1. Psychologisches Gottesbild und theologischer Gottesglaube

Methode und Gegenstand *der* Psychologie zu bestimmen, ist nicht ganz einfach, weil es eine Vielzahl von ‚Psychologien' gibt. Thomae und Feger sind der Ansicht, daß man auf mehr als 50 Definitionen von Psychologie kommen würde, wollte man sich auch nur auf die geläufigsten Beschreibungen beschränken. Will man dennoch auf die *eine* Psychologie reflektieren, so darf man bei dem Bemühen, die Einheitlichkeit der Problematik und methodischen Prinzipien aufzuzeigen, nicht die Mannigfaltigkeit dieser Versuche vergessen.

Psychologie, so können wir sagen, möchte menschliches Verhalten und Erleben möglichst angemessen erfassen – wobei die Frage der Tierpsychologie bereits ausgeklammert ist, die jedoch von vielen Autoren als Teilgebiet der Psychologie betrachtet wird.[1] Psychologie will als empirische Wissenschaft verstanden werden, und um das zu verdeutlichen, sprechen moderne Autoren lieber von menschlichem Verhalten und Erleben als von der ‚Seele', die als „metaphysischer Begriff nicht Gegenstand empirisch-wissenschaftlicher Erkenntnis sein könne"[2]. So wird Psychologie von ihnen definiert als „eine Bezeichnung für eine Mannigfaltigkeit von wissenschaftlichen Versuchen, menschliches Verhalten und Erleben adäquat zu erfassen, wobei der Begriff der ‚adäquaten Erfassung' durch folgende Kriterien umschrieben wird: Beschreibung bzw. Messung der Variation von Verhalten und Erleben, Analyse der Bedingungen dieser Variation, Vorhersage des Verhaltens aufgrund von Gesetzmäßigkeiten"[3]. Wo Psychologie sich mit den letzten Fragen nach dem Wesen des Seelischen beschäftigt, wird sie als Teil der Philosophie gesehen.[4] Man wird sich jedoch

1 Vgl. *F. Dorsch*, Psychologisches Wörterbuch, 418.
2 *H. Thomae* und *H. Feger*, Hauptströmungen der neueren Psychologie, 1–2.
3 A.a.O. 2.
4 Vgl. *F. Dorsch*, Psychologisches Wörterbuch, 332.

mit Philipp Lersch fragen müssen, ob die Bestrebungen vieler moderner Psychologen, die Psychologie gegen die Philosophie streng abzugrenzen und sie auf die rein naturwissenschaftliche Methode zu beschränken, nicht eine Engführung bedeutet, die der Wirklichkeit des Psychischen[5] nicht mehr voll gerecht wird, geht es doch in der Psychologie um den ganzen Menschen. „Die Psychologie kann ihrem Gegenstand gar nicht anders gerecht werden denn als Tiefenpsychologie und dynamische Psychologie. Und als solche muß sie die naturwissenschaftliche und die geisteswissenschaftliche Methode gleichermaßen zum Einsatz bringen. Es ist heute an der Zeit zu erkennen, daß die Richtungen der Psychologie, die sich wissenschaftsgeschichtlich herausgebildet und die die Begriffe der Tiefe, der Ganzheit, der Gestalt, der dynamischen Fundierung oder die naturwissenschaftlich-experimentelle bzw. die geisteswissenschaftlich-verstehende Methode zu ihrem Programm und Signalement erhoben haben –, daß alle diese Richtungen auf einer Verschiedenheit der Aspekte beruhen; ... Die gegenseitige Ergänzung all dieser Aspekte ist es, was die Einheit der Psychologie ausmacht. ... In der Mannigfaltigkeit der Aspekte kommt nichts anderes zum Ausdruck als die Mannigfaltigkeit der Bezüge, in die das Seelische verflochten ist. Und in all diesen Bezügen ist das seelische Leben des Menschen je und je das Sein eines einmaligen, unvertauschbaren und unwiederholbaren Einzelwesens, herkommend aus und verankert in einem metaphysischen Urgrund."[6]
In der Mannigfaltigkeit der ‚Psychologien' oder der Aspekte der Psychologie ist es in unserer Problemstellung die Tiefenpsychologie, die in ihrer Beziehung zur Theologie gesehen werden soll. Unter Tiefenpsychologie versteht man die Schulrichtungen der Psychoanalyse Freuds, der Individualpsychologie Adlers und der komplexen Psychologie Jungs,[7] die bis in die Gegenwart hinein weiterentwickelt und entfaltet worden sind.[8] Die Tiefenpsychologie hat deutlich gemacht, „daß das Seelische mehr ist als das, was wir je und je im Bewußtsein erfahren", wie es noch die reine Bewußtseinspsychologie des vergangenen Jahrhunderts verstanden wissen wollte.[9] Wenn die Psychoanalyse im Unbewußten vor allem verdrängte Inhalte sieht, „so beschränkt sich der Umfang des Begriffs der Tiefe keineswegs auf den Bereich des Verdrängt- oder des Kollektiv-Unbewußten, sondern er wird zu einem Grundbegriff der Psychologie überhaupt. Er

5 Vgl. *D. v. Uslar,* Die Wirklichkeit des Psychischen (Leiblichkeit Zeitlichkeit).
6 *Ph. Lersch,* Aufbau der Person, 571–572.
7 Vgl. *P. R. Hofstätter,* Psychologie, 294.
8 Vgl. *D. Wyss,* Die tiefenpsychologischen Schulen von den Anfängen bis zur Gegenwart (Entwicklung, Probleme, Krisen).
9 *Ph. Lersch,* Aufbau der Person, 568.

bringt zum Ausdruck, daß unser Seelenleben sich nicht in dem erschöpft, was wir an der Oberfläche des Bewußtseins feststellen, sondern daß es seine Hintergründe und Untergründe hat, die ins Ungewußt-Unbewußte verdämmern und bis ins Bewußtlos-Unbewußte hinabreichen, und daß das Unbewußte zur Wirklichkeit des seelischen Lebens ebenso gehört wie das bewußt Erlebte. Psychologie kann von ihrem Gegenstand her gar nicht anders gedacht werden denn als ‚Tiefenpsychologie'."[10]
Der Libidobegriff, bei Freud ‚die psychische Repräsentanz des Sexualtriebes', wird von Jung als allgemeine Energie des Individuums gedeutet. Die Umwandlung der Energie geschieht durch Symbolbildung. Symbole sind nach Jung Abbildungen der Energie. Ihr Inhalt kann rational nie vollständig ausgedrückt werden. Die Psychologie Jungs vereinigt die naturwissenschaftliche mit der geisteswissenschaftlichen Methode, wenngleich im Alterswerk Jungs die naturwissenschaftliche Komponente immer mehr zugunsten der Interpretation von Mythen, religiösen Kulten und magischen Vorstellungen zurücktritt.[11] Für Jung ist, wie wir bereits sehen konnten, Mythos nicht ein Produkt der Einbildung, wie es der aufklärerische Rationalismus wollte, sondern „auch ihm stellen die Mythen eine der bemerkenswertesten Äußerungsformen jener ‚Archetypen des kollektiven Unbewußten' dar, in denen er eine der Grundstrukturen der menschlichen Realität erblickt".[12]
Mit Mythos und Symbol befassen sich sowohl die Tiefenpsychologie, vorab die Jungscher Prägung, die auch dem religiösen Symbol seinen Ort zubilligt, ohne es monothematisch reduzieren zu wollen, als auch die Theologie. Die von Rudolf Bultmann mit seinem berühmten Vortrag (1941) über das Neue Testament initiierte Diskussion um die Entmythologisierung ist bis heute nicht verklungen.[13]
Sinn und Recht religiöser Symbole hat Paul Tillich dargetan, wenn er schreibt: „Religiöse Symbole bedürfen keiner Rechtfertigung, wenn ihr Sinn begriffen ist. Denn ihr Sinn ist, daß sie die Sprache der Religion sind, die einzige Sprache, in der sich die Religion unmittelbar ausdrücken kann. *Über* die Religion kann man auch in philosophischen oder theologischen Begriffen Aussagen machen, oder man kann das Religiöse in künstlerischen Bildern zu erfassen suchen. Aber das Religiöse selbst kann sich nur in Symbolen ausdrücken oder in Komplexen von Symbolen, die wir,

10 A.a.O. 570.
11 *H. Thomae* u. *H. Feger*, Hauptströmungen . . ., 128–129.
12 *R. Marlé*, Mythos, 201.
13 Vgl. *R. Bultmann*, Neues Testament und Mythologie, 15–48; *H. Fries*, Bultmann, Barth und die katholische Theologie; *ders.*, Entmythologisierung und theologische Wahrheit, 366–391.

wenn sie zu einer Einheit verbunden sind, Mythen nennen."[14] *Repräsentatives Symbol* nennt Tillich das echte Symbol, das nicht mit Zeichen, Symptom, Metapher usw. zu verwechseln ist. Seine Merkmale sind: 1. die Eigenschaft, über sich hinauszuweisen; 2. die Teilhabe an der Wirklichkeit dessen, auf das es hinweist; 3. sein spontanes, jeder Willkür entzogenes Entstehen. Echte Symbole werden geboren und sterben; 4. die Macht, Dimensionen der Wirklichkeit zu erschließen, die gewöhnlich durch die Vorherrschaft anderer Dimensionen verdeckt sind; 5. seine aufbauende, ordnende, aber auch zersetzende und zerstörerische Macht.[15]
Wenn Tillich die ‚Symbole des Unbewußten' eher als Symptome denn als echte Symbole verstehen möchte, so gesteht er Jung jedoch zu, daß dort, wo ‚Symptome' von Archetypen abgeleitet werden, es sich um echte Symbole handelt, die auf die Situation des Menschen in seiner Welt hinweisen. „Auf die Theologie angewandt bedeutet dies, daß ein Verständnis des Ausdruckes ‚Wort Gottes' in dem Sinn, daß gewisse Worte von Gott inspiriert seien, ein entscheidendes Element im Verhältnis von Gott und Welt übersieht, nämlich die Einwirkung der Gegenwart Gottes auf das Unbewußte. Das geschieht nicht magisch, indem das Bewußtsein ausgeschlossen wird, sondern so, daß alle Seiten des persönlichen Lebens erfaßt werden. Der Theologe, der ohne nähere Erklärung von den ‚Lehren Jesu' spricht, zeigt, daß er von der Psychotherapie und der Wiederentdeckung des Unbewußten im 20. Jahrhundert nichts gelernt hat."[16]
Nach Tillich gibt es „zwei Methoden zur Erfassung des Heiligen, auf das das religiöse Symbol hinweist: die phänomenologische und die ontologische". Wo sich die Psychologie allein der empirisch-induktiven Methode bedient, hat sie zu diesem Problem nichts zu sagen. Denn die Schlußfolgerung von einer endlichen Wirklichkeit kann nur wieder zu einer endlichen Wirklichkeit gelangen. „Die Intention eines religiösen Symbols ist aber gerade, auf das hinzuweisen, was alles Endliche transzendiert." Die phänomenologische Methode beschreibt das Heilige als eine Begegnungsqualität', als „eine Qualität in einer bestimmten Begegnung mit der Wirklichkeit". Die ontologische Methode „analysiert die Endlichkeit des Endlichen in verschiedenen Richtungen. ... Sie deckt in der Analyse der begegnenden Welt deren Endlichkeit auf und offenbart damit ihren selbsttranszendenten Charakter. Was jenseits der Endlichkeit ist, ist der Bezugspunkt aller religiösen Symbole, im Sinne dessen, was uns unbedingt angeht." Für Tillich ergänzen sich der phänomenologische und der ontologi-

14 *P. Tillich,* Symbol und Wirklichkeit, 3.
15 A.a.O. 4–5.
16 *P. Tillich,* Offenbarung und Glaube, 331.

sche Weg.[17] Wenn Tillich im Bemühen, die religiösen Symbole und unter ihnen das zentrale Symbol ‚Gott' zu erschließen, die Forderung aufstellt: „Wir müssen von unten beginnen und nicht von oben. Wir müssen mit den Erfahrungen anfangen, die der Mensch in seiner Situation hier und jetzt macht, und mit den Fragen, die in ihr ihren Grund haben und aus ihr entstehen. Dann erst können wir zu den Symbolen weitergehen, die Anspruch darauf erheben, die Antwort zu enthalten."[18] – so umreißt er damit den Ort, wo die Psychologie ihren Beitrag zum Gottesproblem leisten kann.

Der Psychologe – vor allem der Tiefenpsychologe – interessiert sich für die *Erlebnisweisen* des Menschen. Er stellt fest, daß Menschen Bilder entwerfen: von sich selbst, von den Mitmenschen, vom Sinn ihres Lebens, daß sie projizieren. Wenn er einen Text liest, so interessiert er sich vor allem für das Erleben von Welt, das den Hintergrund des intellektuellen Inhaltes bildet. Er weiß, daß „das Konzept oder das Symbol, selbst wenn es der Erfahrung nicht entfremdet wird, nur ein approximativer Ausdruck der Erfahrung" ist. Mit Recht weist Erich Fromm darauf hin, daß es gar nicht anders sein kann, „weil die Erfahrung eines Menschen nie mit der eines anderen identisch ist; sie sich ihr nur so weit annähern, um die Verwendung eines gemeinsamen Symbols oder Konzepts zu ermöglichen". Was für das Konzept im allgemeinen gilt, das gilt auch für das ‚Konzept oder Symbol Gott'. Man kann die berechtigte Frage stellen: „Ist der Gott Abrahams derselbe wie der Gott Moses, Jesajas oder Maimonides oder Meister Eckharts oder Spinozas?"[19] Ist die Erfahrungsgrundlage bei gleichem Gebrauch der Vokabel Gott nicht bei jedem Menschen verschieden, ja ist sie nicht eigentlich auch in den verschiedenen Phasen ein und desselben Menschenlebens verschieden? Es ist diese individuell und kulturell verschieden getönte Erfahrungsschicht, die der Psychologe untersucht.

„Es gibt", wie W. Pannenberg sagt, „keine Vergewisserung der Wirklichkeit Gottes mehr, die an der Problematik des Selbstverständnisses des Menschen vorbeiführte. Es gibt keinen direkten Weg mehr von der Naturerkenntnis zur Gotteserkenntnis ... Wohl aber gibt es neben einem unmittelbaren Verhältnis zu den Weltphänomenen ein Verhältnis des Menschen zur Welt, das nicht gegen sein Verhältnis zu sich selbst isoliert ist, sondern bei dem der Mensch in der Erfahrung seiner Welt sich selbst erfährt. Und diese durch das Verhältnis des Menschen zu sich selbst ver-

17 *P. Tillich,* Symbol und Wirklichkeit, 6–8.
18 *P. Tillich,* Symbol und Wirklichkeit, 27.
19 Vgl. *E. Fromm,* Die Herausforderung Gottes und des Menschen, 24–25.

mittelte Erfahrung seiner Welt ist es, in der ihm die Wirklichkeit der Dimension aufgeht oder auch entzogen bleibt, auf die er in der Struktur seiner Subjektivität verwiesen ist. Das gilt für die Geschichtlichkeit der individuellen Erfahrungen ebenso wie für die Allgemeinheit der theologischen Reflexion."[20]

Die Erfahrung, von der hier die Rede ist, bedeutet Welt- und Selbsterfahrung zugleich. Es ist die Schwäche des psychologischen Ansatzes, die Welterfahrung, die zugleich auch immer Erfahrung in einem bestimmten geschichtlichen Horizont ist, nicht genügend mitzubedenken. Religiöse Symbole, wie sie in der Religionsgeschichte vorkommen, sind nicht gleichwertig zu beurteilen, was das Selbst- und Weltverständnis des Menschen betrifft und wie der Psychologe versucht ist zu tun, wenn er Symbole ganz allgemein unter dem energetischen Standpunkt als Energietransformatoren betrachtet. „Die Wahrheit solcher Erfahrung", die im Symbol ihren Ausdruck findet, „hängt an ihrer erhellenden Kraft für die Situation der Menschen in ihrer geschichtlichen Welt."[21]

Wenn auch das quaternäre Symbol im psychischen Prozeß des Individuums auf Heilung hinweist und es auch in der Religionsgeschichte in auffallender Weise mit numinosem Charakter erscheint, so ist damit noch nichts über seine endgültige Wahrheit ausgemacht. Um das zu bestimmen, müßte man wissen, was Heilung in einem letztgültigen Sinne bedeutet. Über Heilung, die zugleich Heil ist: die heilende Kraft der Wahrheit Gottes, kann Psychologie und Psychotherapie nichts ausmachen. Sie kann nur von vorläufiger Heilung sprechen, vom inneren Gleichgewicht, von der Überwindung spalterischer, zerstörerischer Tendenzen in der Psyche, von der Bindung der Gegensätze, von einer neugefundenen Identität[22] des Individuums. Wie sehr sie dabei von den Normvorstellungen der jeweiligen Gesellschaft abhängig ist, der das Individuum angehört, beweist die Diskussion um die Begriffe von Gesundheit und Krankheit, die bei ‚seelischen Störungen' ein besonderes Gewicht erhält.[23]

Was die These einer fortschreitenden Bewußt- und Ganzwerdung in der Menschheitsgeschichte betrifft, die dem Gedanken der Quaternität zugrunde liegt, so wird man sich bei allem Enthusiasmus für diese Idee auch fragen müssen, ob es in der Erfahrung des Menschen nur Fortschritt gibt oder ob er nicht auch immer in der Gefahr steht, hinter wegweisende Erfahrungen zurückzufallen. „Der Fortgang der Erfahrung bedeutet nicht

20 *W. Pannenberg*, Gottesgedanke und menschliche Freiheit, 26–27.
21 A.a.O. 28.
22 Vgl. *E. H. Erikson*, Identität und Lebenszyklus.
23 Vgl. *K. Jaspers*, Allgemeine Psychopathologie, 651–661.

immer auch ein Wachstum der Erkenntnis, sondern allzuoft nur die Ablösung eines Vorurteils durch ein anderes. Darum fehlt dem religiösen wie allem geistigen Leben nicht nur die Endgültigkeit der Wahrheit, sondern auch die Eindeutigkeit des Fortschritts in der Erkenntnis der Wahrheit. Die Endgültigkeit von Wahrheit und Unwahrheit und damit auch die Nähe oder Ferne geschichtlicher Epochen zur Wahrheit wird erst im Lichte des Endes aller Dinge sichtbar. Alle menschliche Erfahrung aber ist noch auf dem Wege. Sie ist nicht getrennt von der Wahrheit. Doch die Wahrheit, die sich ihr zeigt, bleibt auf ihre Tragfähigkeit stets noch zu erproben im Gang durch wechselnde Horizonte weiterer Erfahrungen."[24] Die Religionen stellen Entwürfe von Sinnerhellung des menschlichen Daseins dar. Pannenberg spricht von der ‚Sinntotalität des Daseins', mit der es jede religiöse Erfahrung zu tun habe, „auch da schon, wo die heilvolle Ganzheit des Daseins nicht im Modus des ‚Noch nicht' und der Verheißung, sondern als urbildliche und urzeitliche Ordnung geschaut wurde, von der der Mythos kündete"[25]. Mit dem Vatikanum II können wir von „einer Art verborgener Gegenwart Gottes"[26] in den Religionen sprechen. Denn „die Religionen der Menschheit als geschichtlicher Ausdruck und als Konkretion der jedem Menschen ursprünglich innewohnenden Religion ... tragen das Zeichen der Offenbarung an sich. Zugleich dokumentieren sie anschaulich und variationsreich, was die Menschen im Lauf und auf dem Weg der Geschichte aus diesen – theologischen – Gegebenheiten gemacht haben: in positiver Aufnahme und Erfüllung sowie in Irrtum und Verkehrung."[27]

Jung sucht in den Religionen, in ihren Mythen und Symbolen der Ganzheit Beweismaterial für den Individuationsprozeß. Diese Methode ist nicht zu beanstanden, weil es ja gerade den Religionen um Sinntotalität, um Ganzheit geht und nicht um das „unvollendet Fragmentarische des jeweils Vorhandenen"[28]. Die Kritik an der Methode Jungs besteht darin, daß er die ‚Gottesbilder' der Religionsgeschichte in einer geschichtlich zu wenig differenzierten Weise als Symbole des Selbst und damit von Ganzheit wertet. Jung spricht von verschiedenen Stadien im Prozeß der Selbstwerdung, von Symbolen der Ganzheit verschiedener Dichte. Er setzt aber voraus, daß diese Ganzheit bereits bestehe, wenn auch unbewußt, un-

24 *W. Pannenberg*, Gottesgedanke und menschliche Freiheit, 28.
25 *W. Pannenberg*, Gottesgedanke ..., 66.
26 Vatikanum II – Vollständige Ausgabe der Konzilsbeschlüsse (zusammengestellt von *K. W. Krämer*), Osnabrück ²1966, Dekret über die Missionstätigkeit der Kirche (9), S. 508.
27 *H. Fries*, Die Offenbarung, 190–191.
28 *W. Pannenberg*, Gottesgedanke ..., 66.

entfaltet. Doch Ganzheit beinhaltet auch immer ein Zukünftiges, das im Menschen nicht bereits vorgegeben, sondern ihm geschenkhaft verheißen ist. „Erst die Religion der Verheißung hat das Heil in der noch offenen Zukunft gesucht, statt in einer unvordenklichen Vergangenheit."[29] Diese Dimension der Geschichtlichkeit, die ihren Quellgrund in der Erfahrung der jüdisch-christlichen Heils- und Offenbarungsgeschichte hat,[30] spielt im Denken Jungs kaum eine Rolle. Die Frage nach der Besonderheit des israelitischen und des urchristlichen Offenbarungsglaubens im Vergleich zu den Offenbarungsansprüchen anderer Religionen, wie sie der Theologe stellt,[31] wird bei Jung nicht zum Thema. Dem Christentum weiß er sich anders verpflichtet als anderen Religionen, weil er in seiner Tradition aufgewachsen und erzogen wurde und sich von seinen Symbolen, vor allem von dem des Kreuzes, zu innerst geprägt wußte. Wie sehr ihm die Zerrissenheit des Christentums zum persönlichen Problem geworden ist, geht aus dem schon erwähnten Brief an Gebhard Frei hervor.[32] Doch bleibt seine Antwort auf die Frage, ob er an Gott glaube, unmißverständlich: „I do not believe, I know."[33] Jung wollte wissen und nicht glauben müssen. In der Erfahrung der eigenen Seele, des Selbst, war er sich auch Gottes gewiß.

Für die Theologie hingegen ist der Glaube konstitutives Prinzip. Nicht der Glaube des einsamen Einzelnen, sondern der Glaube der Gemeinschaft, der Kirche, deren Glied der Glaubende ist. Glaube und Offenbarung sind die konstitutiven Prinzipien der Theologie. So sagt Heinrich Fries: „Wenn Offenbarung und Glaube konstitutives Prinzip der Theologie sind, dann folgt daraus, daß die Theologie an jene Weise verwiesen ist, wie Offenbarung und Glaube konkret zugänglich werden und zugleich jeweils anwesend sind. Dieser Ort ist nach katholischem Verständnis die Kirche als das transzendentale Subjekt des Glaubens, die Kirche als zum Träger und Vermittler der Offenbarung bestellte und verfaßte Instanz,

29 *W. Pannenberg*, Gottesgedanke . . ., 66.

30 Vgl. *A. Darlapp*, Geschichtlichkeit, in: Handbuch theologischer Grundbegriffe, Bd. 3, München (dtv) 1970, 120; Darlapp bestimmt Geschichtlichkeit als „eine bestimmte (Welt und Zeit versammelnde) Verfaßtheit des menschlichen Daseins (in seiner Einheit von Individualität und Sozialität). Durch sie hat der Mensch zwischen einer schon immer vorgegebenen, behaltenen und entzogenen Vergangenheit (Anfang) und einer besorgten, ankommenden und ausständigen Zukunft (Ende) im Dialog zwischen Freiheit und Verfügtheit (Innerweltlichkeit) sein konkretes ‚Wesen' nicht ‚statisch' als fertiges, er hat es vielmehr in der Hinnahme und Auseinandersetzung mit den ihm vorgegebenen Gründen und Bedingungen seiner Freiheit, die sich ihm epochal als jeweilige ‚Welt' zueignen." (a.a.O. 121)

31 Vgl. *W. Pannenberg*, Gottesgedanke . . ., 52.

32 *G. Frei*, Diskussionsbeitrag.

33 *C. G. Jung*, GW 11, XII.

die glaubende und den Glauben lehrende und proponierende Kirche, die um dieses Glaubens willen jene Struktur hat, die das Gesetz des Glaubens hervorbringt: Hören, Verkündigen, Beauftragt- und Gesandtsein. Genauer gesagt hat die Theologie sachgemäß auszugehen von dem Glauben und der Glaubenserkenntnis der jeweiligen, gegenwärtigen Kirche. Deshalb ist Theologie als *scientia fidei* wesentlich immer auch kirchliche Theologie, eine Funktion, die im Dienst der Kirche steht und in ihrem Namen und Auftrag ausgeübt wird."[34]
Glaube und Offenbarung gehören zusammen, wurde oben gesagt. Der Glaube ist nicht allein eine Sache des Individuums, sondern immer zugleich auch Sache der Gemeinschaft, der das Individuum angehört. Das erhellt aus der Geschichtlichkeit des Menschen, die als Verfaßtheit menschlichen Daseins in der Einheit von Individualität und Sozialität bestimmt wurde. Pannenberg spricht gar von einer Priorität der Gemeinschaft gegenüber dem Individuum, die durch die Naturgeschichte der Menschheit belegt sei, die es offenbar mache, „daß der Mensch seine Stellung im Kosmos nicht als isoliertes Individuum realisieren kann"[35]. Die Ergebnisse der Psychologie, vor allem die der *Kinderpsychologie,* die unter den Stichwörtern ‚Hospitalismus'[36] einerseits und ‚Urvertrauen'[37] andererseits über

34 *H. Fries,* Theologie, 212.

35 *W. Pannenberg,* Gottesgedanke . . ., 56.

36 Vgl. *R. A. Spitz,* Vom Säugling zum Kleinkind: Hospitalismus bedeutet nach Spitz ‚Totaler Entzug affektiver Zufuhr'. „Das Fehlen der mütterlichen Fürsorge kommt einem emotionellen Verhungern gleich. Wir haben gesehen, daß dieses einen fortschreitenden Verfall herbeiführt, der sich auf die ganze Person des Kindes erstreckt. Dieser Verfall manifestiert sich zuerst in einer Stockung in der psychischen Entwicklung des Kindes; dann setzen psychische Funktionsstörungen ein, mit denen somatische Veränderungen einhergehen. Im nächsten Stadium führt dies zu gesteigerter Infektionsanfälligkeit und schließlich, wenn der Mangel an affektiver Zufuhr bis ins zweite Lebensjahr hinein andauert, zu einer auffallenden Erhöhung der Sterblichkeitsquote." (a.a.O. 292)

37 Vgl. *E. H. Erikson,* Kindheit und Gesellschaft: Das Urvertrauen hängt nach Erikson von der Qualität der Mutter-Kind-Beziehung ab. „Ich glaube, daß die Mutter in dem Kinde dieses Vertrauensverhältnis durch eine Pflege erweckt, die ihrer Qualität nach mit der einfühlenden Befriedigung der individuellen Bedürfnisse des Kindes zugleich auch ein starkes Gefühl von persönlicher Zuverlässigkeit innerhalb des wohlerprobten Rahmens des Lebensstiles in der betreffenden Kultur vermittelt. Hier formt sich die Grundlage des Identitätsgefühls, das später zu dem komplexen Gefühl wird, daß man ‚in Ordnung' ist, daß man ein Selbst besitzt und daß man das Vertrauen der Umwelt rechtfertigt, indem man so wird, wie sie es von einem erwartet." (A.a.O. 243) Erikson hat auch auf die Verflochtenheit des Urvertrauens des Kindes mit dem ‚religiösen Glauben' der Eltern aufmerksam gemacht. „Der Glaube der Eltern, der das im Neugeborenen keimende Vertrauen unterstützt, hat stets im Verlaufe der Geschichte seine institutionelle Sicherung in einer organisierten Religion gesucht (und ist dort gelegentlich auf seinen größten Feind gestoßen). Das aus der liebenden Fürsorge erwachsene Vertrauen ist tatsächlich der Prüfstein der *Aktualität* jeder Religion." (A.a.O. 244)

die unabdingbare Notwendigkeit von fördernden Bezugs*personen* bei der Aufzucht der Kinder Auskunft gibt, und der *Sozialpsychologie*[38] bestätigen diese These ,wenngleich es verfehlt wäre, daraus den Schluß ziehen zu wollen, daß das Individuum der Gemeinschaft geopfert werden dürfe. Gerade die christliche Theologie ist es immer wieder gewesen, die die Würde des Individuums betont hat, das sowohl als Einzelner wie zugleich als Gemeinschaftswesen von Gott angesprochen ist und ihm in dieser doppelten Dimension auch antworten soll.

Was über den Glauben gesagt wurde, gilt auch für die Offenbarung. Hier haben wir es ebenfalls mit der Geschichtlichkeit des Menschen in seinem Doppelaspekt von Individualität und Sozialität zu tun. Offenbarung und Heilsgeschichte sind nicht zufällig miteinander verbunden. „Offenbarung ereignet sich vor allem und wesentlich als Heilsgeschichte"[39], „in Taten und Worten, die beide innerlich miteinander verknüpft sind. Die Werke nämlich, die in der Heilsgeschichte von Gott vollbracht werden, machen die Lehre und die durch die Worte bezeichneten Wirklichkeiten offenbar und bekräftigen sie; die Worte aber verkünden die Werke und lassen das darin verborgene Geheimnis ans Licht treten."[40]

Nach katholischem Verständnis gibt es die *natürliche* Offenbarung in der Schöpfung: „per ea quae facta sunt", wie es das Vatikanum I formuliert. Von der natürlichen Offenbarung ist die *übernatürliche* Offenbarung zu unterscheiden, „die objektiv nicht mit der Schöpfung und dem Menschen gegeben ist und die subjektiv nicht mit der auf sich gestellten Einsichtskraft des menschlichen Geistes erreicht werden kann". Die übernatürliche

38 Vgl. *E. Fromm,* Der moderne Mensch und seine Zukunft. Für Fromm ist die Verbundenheit des Menschen mit seinen Mitmenschen, das Mitsein, ein menschliches Grundbedürfnis. „Der Mensch ist von der ursprünglichen Einheit mit der Natur, welche die tierische Existenz kennzeichnet, weggerissen. Da er zugleich mit Vernunft und Vorstellungskraft begabt ist, kommen ihm seine Vereinsamung und sein Abgetrenntsein, seine Ohnmacht und sein Unwissen und die Zufälligkeit seiner Geburt und seines Todes zu Bewußtsein. Er könnte diesen Zustand nicht einen Augenblick ertragen, fände er nicht neue Bindungen an seine Mitmenschen, welche die einst von Instinkten gelenkten ersetzen. Selbst wenn all seine physischen Bedürfnisse gestillt wären, würde er dennoch seinen Zustand des Alleinseins und der Individuation als ein Gefängnis empfinden, aus dem er auszubrechen hat, wenn er geistig gesund bleiben will. In der Tat ist der Geisteskranke ein Mensch, dem es nicht gelungen ist, irgendwelche Verbundenheit herzustellen, und er ist ein Gefangener, auch wenn er nicht hinter vergitterten Fenstern sitzt. Die Notwendigkeit, sich mit anderen lebenden Wesen zu vereinigen, ist ein gebieterisches Bedürfnis, von dessen Erfüllung die geistig-seelische Gesundheit des Menschen abhängt. Dieses Verlangen steht hinter der ganzen Stufenleiter intimer menschlicher Beziehungen und aller Leidenschaften, die im weitesten Sinn den Namen der Liebe verdienen." (a.a.O. 31)

39 *H. Fries,* Die Offenbarung, 159.

40 Vatikanum II, Dogmatische Konstitution über die göttliche Offenbarung (vollständige Ausgabe), Osnabrück ^{2}1966, 216.

Offenbarung bedeutet, daß Gott sich selbst erschließt. „Diese Kundgabe hat die Grundgestalt der *Person* und der Selbsterschließung der Person, die Grundgestalt des *Wortes*. Die übernatürliche Offenbarung erfolgt im Wort – im Unterschied zur Offenbarung im Werk der Schöpfung."[41]

Das Gottesbild, von dem Jung spricht und das er in den Symbolen des Selbst zu entdecken glaubt, hat nicht die ‚Grundgestalt der Person', es ist nicht ein Du, das sich im Wort dem Menschen erschließt, sondern es ist ein Seelenbild, das in der psychischen Immanenz verbleibt, ohne zu einem Gegenüber des *ganzen* Menschen zu werden. Wenn man von einem Gegenüber sprechen will, so nur von dem Gegenüber von Selbst und Ich, das aber immer nur ein innerpsychisches ist, wobei noch zu bedenken ist, daß das Ich, eigentlich integrierender Bestandteil des Selbst, dieses jedoch nach Jung auch zugleich als eine ihm übergeordnete Macht erleben kann. Jung hat sich bei seinen Ausführungen über das Selbst häufig auf die Erfahrung der Mystiker berufen und Offenbarung als Einbrüche des Unbewußten gedeutet.[42] Die Phänomenologie des echten mystischen Erlebnisses und die des Selbsterlebnisses mögen ununterscheidbar sein. Der Mensch erleidet in beiden Erlebnissen eine Bewußtseinsveränderung, die ihn zu einem Ergriffenen, einem Ausgelieferten macht.[43] Der theologische Ort jedoch aller mystischen Erfahrungen ist der Glaube. Das gilt sowohl für die mystische Erfahrung im Alten wie im Neuen Bund.[44] Es ist darum zu bedauern, daß der ekklesiologische Charakter der Mystik, der in den Hoheliedkommentaren des Mittelalters noch lebendig ist, immer mehr verblaßt, so daß es häufig schwierig wird, bei der Subjektivität der Aussagen noch „echte Mystik von bloßer Affektivität zu unterscheiden"[45]. Mystik sollte darum nicht isoliert betrachtet werden, sondern im ‚Gesamtzusammenhang der Heilsgeschichte'.[46]

Was jedoch im Selbsterlebnis, wenn wir es auch theologisch nicht einfach dem echten mystischen Erlebnis gleichsetzen können, deutlich wird, und dessen psychologische Phänomenologie Jung meisterhaft herausgearbeitet hat, ist das tiefe Streben nach Ganzheit, das in jedem Menschen psychologisch nachweisbar angelegt ist, die Suche nach einer Sinntotalität, in der der begrenzte Standpunkt des Ich aufgehoben ist, ohne daß der Mensch damit seine Identität verliert. In diesem Sinne ist die Psychologie der ‚Selbstwerdung' eine Herausarbeitung dessen, was Gott „im Menschen,

41 *H. Fries*, Die Offenbarung, 165.
42 Vgl. *C. G. Jung*, GW 11, 102; 450; 467; 474; 586.
43 Vgl. a.a.O. 587; vgl. *F. Wulf*, Mystik, 192.
44 Vgl. a.a.O. 193–194.
45 A.a.O. 193.
46 A.a.O. 193.

zumal in dessen Geist, Herz und Gewissen"[47] angelegt hat und an die die übernatürliche Offenbarung anknüpfen kann.

Jung hat sich bei der psychologischen Bearbeitung des Individuationsprozesses nicht allein auf die Symbole des Selbst bezogen, wie sie in den Träumen seiner Patienten erschienen. Er hat die Bestätigung seiner These vor allem in der Religionsgeschichte gesucht. Mystische Erlebnisse fand er nicht nur in der jüdisch-christlichen Tradition, sondern auch in den Traditionen anderer Religionen. Jung hat leider darauf verzichtet, diese Erfahrungen religionswissenschaftlich vergleichend zu untersuchen. Der christliche Theologe bestreitet nicht die Möglichkeit echter mystischer Erlebnisse in anderen Religionen.[48] Er wird das Vorkommen dieser Erlebnisse außerhalb der jüdisch-christlichen Tradition auch nicht als ein Argument gegen die These empfinden, daß Mystik im Gesamtzusammenhang der Heilsgeschichte zu betrachten sei. Natürliche und übernatürliche Offenbarung dürfen in Kontinuität gesehen werden, und mit Darlapp können wir von der Religionsgeschichte ‚vorchristlicher' Heilsgeschichte sprechen, die „ihre Sinnspitze in Jesus Christus hat"[49].

„Er ist es darum", wie die Konstitution ‚Verbum Dei' des Vatikanums II sagt, „der mit Worten und Taten, mit Zeichen und Wundern, vor allem aber durch seinen Tod und seine glorreiche Auferstehung, ja, einfach durch seine Gegenwart und seine Erscheinung, schließlich durch Sendung des Geistes die Wahrheit der Offenbarung vollendet und erfüllt und durch sein göttliches Zeugnis befestigt."[50]

Das Wort ‚Gott', so sagt Karl Rahner, bringt den Menschen „vor das eine Ganze der Wirklichkeit als solches" und „vor das eine Ganze seines Daseins als solches".[51] Das „Gottesbild als Symbol des Selbst", wie es Jung versteht, bringt den Menschen vor das Ganze seiner psychischen Wirklichkeit, läßt in ihm die Frage nach dem Sinn der verschiedenen psychischen Strebungen entstehen, läßt ihn nicht nur nach ihren Kausalgründen, sondern auch nach ihrer Finalität fragen.

In einer Zeit, wo an die Stelle der „Frage nach der Rechtfertigung des Menschen vor Gott die Frage nach der Rechtfertigung Gottes vor den Menschen getreten ist"[52], bedeutet die Frage nach der Ganzheit psychi-

47 *H. Fries,* Die Offenbarung, 188.
48 Vgl. *E. Benz,* Die Vision.
49 *A. Darlapp,* Fundamentale Theologie der Heilsgeschichte, 143–144.
50 Dogmatische Konstitution über die Göttliche Offenbarung, in: Vatikanum II, vollständige Ausgabe der Konzilsbeschlüsse (zusammengestellt v. K. W. Krämer), Osnabrück ²1966, 217.
51 Vgl. *K. Rahner,* Meditation über das Wort ‚Gott', 17.
52 *H. Fries,* Gesichtspunkte der Theologie, 87.

schen Lebens und eine empirisch begründete Antwort auf diese Frage, einen wertvollen Beitrag für das Anliegen der Theologie, die in ihrer ‚Zwei-Einheit' von „spekulativer und positiver historischer Theologie" nicht nur „einen Sektor der Wirklichkeit ergreift, sondern das Ganze, und dieses jeweils ursprünglich"[53], weil die Sache der Theologie die Sache mit Gott ist[54]: Gott, der als Sinngrund des Daseins des Menschen, seiner Geschichte und seiner Welt, seiner Vergangenheit und seiner Zukunft, die nicht mehr zu überbietende Ganzheit ist, die alle ‚weltimmanenten Ganzheiten' umschließt und sie als Stückwerk erscheinen läßt.

1.1. Der Individuationsprozeß in der Menschheitsgeschichte

Den Prozeß, den Jung auf individualpsychischer Ebene immer wieder in seiner psychotherapeutischen Praxis mitverfolgen, ja an dem er in gewisser Hinsicht als Analytiker ‚geburtshelferisch' teilhaben konnte, von dem er glaubt, daß er sich auch außerhalb der großen Analyse – diese hat im Grunde genommen nur die Aufgabe, ihn zu beschleunigen – in vielen Menschen vor sich geht und zu einem guten Abschluß kommt, sieht er sich auch auf der Kollektivebene ereignen.

Wenn es einen Ganzwerdungsprozeß im Individuum gibt, so lautet die These Jungs, gibt es auch einen solchen Prozeß in der Menschheitsgeschichte. Es ist klar, daß sich beide Prozesse: der der Geschichte eines Einzelnen und der der Menschheitsgeschichte nicht in streng getrennter Parallelität abspielen, sondern in Wechselwirkung zueinander stehen. Die Bewußtseinsentwicklung in der Geschichte der Menschheit ist sicherlich entscheidend bestimmt und vorangetrieben worden durch große Einzelne, die ihrer Zeit voraus waren und sich eher als ihre Zeitgenossen aus der Dumpfheit einer im Sinne Lévy-Bruhls verstandenen ‚participation mystique' befreit haben. Die Bewußtwerdung des Einzelnen konnte nicht ohne rückwirkende Folgen auf das Kollektiv bleiben. Wir wissen, wie wichtig der Mechanismus der Identifikation für den Heranwachsenden ist, der sich mit Eltern- und Erzieherfiguren identifiziert und dadurch in seiner Entwicklung gefördert werden kann, wir wissen aber auch durch das Studium der menschlichen Gruppe[55], welche Bedeutung der Identifikation der Gruppe mit ihrem Führer zukommt. Große geistige Führer haben ihre Gruppen und darüber hinaus die Menschheit um entscheidende Schritte in der Bewußt- und Selbstwerdung vorangebracht. Erinnert sei hier an

53 *H. Fries,* Theologie, 212.
54 Vgl. *H. Zahrnt,* Die Sache mit Gott.
55 Vgl. *G. Le Bon,* Psychologie der Massen; *P. R. Hofstätter,* Gruppendynamik; *Ph. E. Slater,* Mikrokosmos; *R. Battegay,* Der Mensch in der Gruppe.

Sokrates, Buddha, Konfuzius und Jesus, von Karl Jaspers „Die maßgebenden Menschen“ genannt.[56]

1.2. Jesus Christus im Entwicklungsprozeß der Menschheit

Bestimmend für die westliche Kultur wurde die Gestalt Jesu Christi. Jung weiß diese Tatsache zu würdigen, wie wir bereits sehen konnten. Für ihn ist Jesus der, dem die ‚Demokratisierung der Seele‘ gelang. Was in früheren Zeiten nur das Privileg von Pharaonen, von Kaisern und Königen, von einer dünnen Oberschicht war, das wurde durch Jesus jedem Menschen zuerkannt: der unvergleichbare Wert der Seele jedes Einzelnen und prinzipiell die Möglichkeit eines jeden Menschen, in direkten Kontakt mit Gott zu treten.

Für Jung hat Jesus Christus eine vielschichtige Bedeutung. Er ist einmal unser Kulturheros[57], der im Sinne des von Erich Neumann ausführlich beschriebenen Heldenmythos[58] den Bewußtwerdungsprozeß und die Ichstärkung verkörpert, zum anderen aber wird er zum Selbstsymbol, weil er als die Inkarnation des Logos, als der Gottessohn den Gegensatz von Geist und Materie überwindet. In der mystischen Hochzeit Christi mit seiner Kirche, im Christus mysticus, erscheint auch der Gegensatz von Männlich und Weiblich überwunden. Wie Jung betont, wird Christus in dieser seiner Doppelfunktion als ‚Imago Dei‘ praktisch ununterscheidbar von den spontanen Symbolen des Selbst, das vom Menschen als erlösende Ganzheit erlebt wird.[59]

Die weltgeschichtliche Bedeutung des Christusereignisses liegt nach Jung aber nicht allein in der Gestalt Jesu Christi, die der frommen Betrachtung und Nachahmung seiner Gläubigen überantwortet ist, sondern in der grundsätzlichen Möglichkeit, die Christus jedem Menschen eröffnet, in sich wie in ihm den Gegensatz von Geist und Materie, von Männlich und Weiblich zu überwinden und ganz zu werden, so wie Christus ganz ist. Jung zitiert bei der Behandlung dieser Frage gern das von Johannes überlieferte Jesuswort: „Ihr seid Götter“.[60]

Mit diesen Überlegungen gibt Jung einen Anstoß, das Christusereignis auch vom psychologischen Standpunkt neu zu überdenken. Die Frage nach der Absolutheit des Christentums, nach dem Besonderen der Gestalt Christi unter den Religionsstiftern, nach dem Missionsanspruch des Christentums erhält durch die Ausführungen Jungs ein neues Licht. Hält er

56 Vgl. *K. Jaspers,* Die maßgebenden Menschen – Sokrates, Buddha, Konfuzius, Jesus.
57 Vgl. *C. G. Jung,* Aion, 63–64.
58 *E. Neumann,* Ursprungsgeschichte des Bewußtseins, 112–157.
59 Vgl. *C. G. Jung,* Aion, 67–68.
60 Vgl. *C. G. Jung,* GW 11, 444.

auch z. B. Buddha im Kulturraum des Buddhismus für ein dem Christus im abendländischen Kulturraum ebenbürtiges Selbstsymbol, das als Symbol grundsätzlich austauschbar wäre, so könnte man dennoch die Frage nach der größeren oder kleineren Konstellation der Gegensätze innerhalb des vereinigenden Symbols stellen. Wir wissen aus den Ausführungen Jungs über den Individuationsprozeß, daß Symbole der Ganzheit am Anfang und am Ende stehen, daß sich diese Ganzheitssymbole jedoch im Laufe des Selbstwerdungsprozesses immer mehr differenzieren, der Gegensatz immer deutlicher wird. Nur dort, wo sich das Ich seiner selbst immer bewußter wird, kann es auch zugleich seine gegensätzliche Position zum Unbewußten verstehen. Wohl in kaum einer anderen Kultur ist sich das Ich seiner Autonomie so bewußt geworden als in dem vom Christentum geprägten Abendland. Die Gestalt Jesu Christi und die nachfolgende Theologie, die sich mit seiner Menschheit und Gottheit leidenschaftlich beschäftigt hat, haben sicherlich dazu beigetragen, den Gegensatz im abendländischen Menschen überdeutlich zu machen. Im Christussymbol ist dieser Gegensatz immer gebunden geblieben. Das christliche Dogma ist nie der Versuchung von Monophysitismus und Nestorianismus erlegen. Doch hieße es das Christusereignis verkürzen, wollte man Christus lediglich als das vereinigende Symbol eines psychischen Gegensatzes von Bewußt und Unbewußt sehen. Christus ist mehr als das, was der Psychologe im ‚Christussymbol' zu erkennen vermag.

Christus ist nicht allein das Symbol für psychische Ganzheit, das in dieser auf die abendländische Psyche beschränkten Funktion in einem anderen Kulturraum durch ein anderes Selbstsymbol ersetzt werden könnte, sondern er ist der eigentliche Angelpunkt zwischen Gott und Welt. In ihm ist der nicht mehr zu überbietende Gegensatz von der Wirklichkeit Gottes und von der Wirklichkeit der Welt auf immer überwunden. „Das Christusereignis und die Wirklichkeit Christi" liegen, theologisch gesehen, „innerhalb des Verhältnisses zwischen Gott und Welt. ... Das Gott-Welt-Verhältnis und die Wirklichkeit Christi verhalten sich zueinander gleichsam wie Horizont und Brennpunkt."[61] Darum ist auch Buddha, bei aller religiösen Größe, die ihn noch über die Gestalten von Sokrates und Plato hinausragen läßt,[62] und von dem Romano Guardini sagt, daß er der Einzige sei, „der den Gedanken eingeben könnte, ihn in die Nähe Jesu zu rücken"[63], nicht mit Christus zu vergleichen. Christi „Existenz ist die Fülle, und mit ihr ragt die innergöttliche Aktualität mitten in die Welt

61 *D. Wiederkehr,* Entwurf einer systematischen Christologie, 501.
62 Vgl. *R. Guardini,* Der Herr, 425.
63 A.a.O. 360.

hinein. Indem sich hier Außen und Innen – asymptotisch – auf eine so vollkommene Weise entsprechen, daß man den Innenraum Gottes als Außenraum der Welt und den Außenraum der Welt als Innenraum Gottes betrachten kann (Idiomenkommunikation), die Welt also, ‚innerlich' von Gott umgriffen, nicht – naturalistisch – als Ende des Menschseins hingenommen werden muß, steht Christus mit der ganzen Wirklichkeit in einer inneren Beziehung."[64] „Christus ist", wie Karl Rahner sagt, „am radikalsten Mensch", in ihm hat das „Endliche selbst eine unendliche Tiefe erhalten"[65]. Das Vatikanum II spricht vom Geheimnis des Menschen, das in Jesus Christus seine Erfüllung findet: „In Wirklichkeit leuchtet nur im Geheimnis des menschgewordenen Wortes das Geheimnis des Menschen wahrhaft auf."[66] In Christus wird die Spannung zwischen Gott und Welt, in der der Mensch immer schon steht, „durchgetragen und ausgekostet bis auf den Grund der menschlichen Existenz"[67].

Jung spricht vom ‚Archetypus Christus' und meint damit den Archetypus des Selbst, der die konkrete Gestalt des Rabbi Jesu assimiliert habe.

„Er (Jesus) wurde zu jener kollektiven Gestalt, welche das zeitgenössische Unbewußte erwartete, und darum fragt man vergeblich, wer und wie er ‚eigentlich' war. Wäre seine Gestalt nichts als menschlich und historisch getreu, so wäre sie nach aller Wahrscheinlichkeit ebenso unerleuchtend wie die eines Pythagoras, Sokrates oder Apolonius von Tyana. Er wirkte darum offenbarend, weil und insofern er *ewiger* (und darum unhistorischer) *Gott* war, und er konnte als solcher nur wirken dank dem consensus generalis der unbewußten Erwartung."[68]

Auch der Theologe muß sich dieser Frage stellen, warum gerade der Rabbi Jesus von Nazaret diese welthistorische Bedeutung erlangte, oder besser, warum er sie hatte? Der Psychologe spricht vom „seelischen Bereitschaftssystem", von einem ‚pattern' in der Psyche, das Jesus von Nazaret vollkommen ausfüllte; die Antwort des Theologen ist: weil Jesus Christus am radikalsten Mensch ist, denn je mehr einer bei Gott ist, desto mehr ist er bei sich selbst und umgekehrt. „Das Schicksal Jesu bestimmt nicht aus Zufall die Verkündigung der Urgemeinde; denn in der Tat umspannt es alle Dimensionen des Menschen; es greift bis auf den Grund unseres Daseins, es zeigt im Tod die Vollendung des Lebens und in der Auferstehung

64 *E. Klinger*, Formaler Vorentwurf und geschichtstheologische Einführung, 38–39.
65 *K. Rahner*, Zur Theologie der Menschwerdung, 151.
66 Pastoralkonstitution über die Kirche in der Welt von heute (22), in: Vatikanum II – Vollständige Ausgabe der Konzilsbeschlüsse (zusammengestellt von K. W. Krämer), Osnabrück ²1966, 261.
67 Vgl. *E. Klinger*, a.a.O. 36.
68 *C. G. Jung*, GW 11, 168.

die Bedeutsamkeit und Lebenskraft des Todes. Die Auferstehung bringt den Tod Jesu zum Wissen von sich selbst und öffnet darin die Spannweite und Tiefendimension unserer eigenen Existenz."[69]
Das Schicksal Jesu, in das unser aller Schicksal eingetaucht ist, das Sinngrund menschlicher Existenz schlechthin ist, wird im Glauben zum universalen Anspruch. „Glaube zielt nicht einfach nur auf eine ‚historische Person', der man begegnet und von der man alles mögliche erwartet, sondern vollzieht in strenger Identität die Grundentwicklung des ‚Lebens' dieser Person selber nach, und deshalb kann der ‚Jünger-glaube' so lange nicht zu sich selber kommen, sich als Glaube begreifen und damit wirklich gegeben sein, wie Jesus nicht als er selber sich gezeigt hat und in seiner Eigentlichkeit erschienen ist. Lebensvollzug und Auferstehung Jesu gehören dogmatisch ebenso zusammen wie Glaube und ‚Wissen' des Glaubens um sich selbst, wenn er überhaupt auf innerliche Weise mit Jesus selbst zu tun hat."[70]
Der ‚Archetypus Christus' macht den Glauben an Jesus von Nazaret, an seinen Tod und seine Auferstehung nicht überflüssig, wie das in den Ausführungen Jungs den Anschein erweckt. Nicht allein darum, weil Jesus Christus ewiger Gott ist, wirkt er offenbarend, sondern weil er zugleich echter Mensch war mit einem menschlichen Schicksal. „Die Person Jesu gewinnt ihre Dimension aus der Heilsgeschichte. Ohne diesen Hintergrund kann man sie nicht begreifen, bleibt auch ihr metaphysischer Gehalt abstrakt und ‚ohne Wahrheit'. Sie selbst macht sein Erscheinen möglich. Deshalb gehört auch dieser Hintergrund unabhängig von seiner historischen Bedingtheit in den Bereich des Glaubens."[71]
In der Person Jesu Christi, das hat Jung richtig gesehen, treffen wir auf ein nicht mehr zu überbietendes Kraftfeld, das in der fruchtbaren Spannung der Gegensätze das Herz der Welt ist. „Sein Wesen ist in der Tat das eigentliche Geheimnis der ganzen christlichen Theologie. Daß es im Feld der permanenten Gegensätze und steigenden Widersprüchlichkeiten nicht auseinanderfällt, sondern trotz und gerade durch alle Entfremdungen hindurch die eigene Identität bewahrt, ja sogar daraus seine Energien schöpft, daß es in all den Höhen und Tiefen, dem Außen und Innen, zwischen Anfang und Ende, von der Geburt in Gott bis zur Wiederkunft in der zu sich selbst und darum zu Christus gekommenen Welt es selber bleibt und in der Unendlichkeit der Dimensionen noch einmal es selber wird und bei solchen Bedingungen die eigene Tragfähigkeit und Spann-

69 *E. Klinger*, a.a.O. 17–18.
70 A.a.O. 20.
71 A.a.O. 41.

kraft entwickelt, das alles, sein Wesen also, macht ihn zum Sohn des Vaters, ‚der in die Welt gekommen ist', zum Fundament unserer Erlösung und zum eigentlichen Gegenstand des Glaubens der bekennenden Kirche – hier liegt ihre Sicherheit, ihr innerer Halt und die Fähigkeit zu überlegen."[72]

Doch was für das Spannungsverhältnis im Christusdogma gilt, kann nicht mit dem gleichen Recht vom christlichen Lebensgefühl der folgenden Jahrhunderte behauptet werden. Im Christentum ist viel mehr der einseitig bewußte Standpunkt gelebt worden als der der Ganzheit. Die Erstarkung des bewußten Ich geschah weithin auf Kosten von Verdrängung wichtiger Aspekte des menschlichen Lebens. Ja, Jung meint, daß selbst die Aussagen des Dogmas über die Zwei-Naturen-Lehre, über den „Verus Deus" und „Verus Homo", die in einer kaum zu überbietenden Weise den Gegensatz konstellieren, durch die Aussagen der kirchlichen Lehre über die Sündelosigkeit Jesu Christi gemindert werden, so daß bereits im Gesamtkomplex des christologischen Dogmas ein Übergewicht zugunsten des Geistigen der Bewußtseinsseite besteht. Für Jung gehört zum empirischen Menschen notwendigerweise auch sein Schatten, den er durch die Lehraussagen über die Sündelosigkeit Christi negiert sieht.

Somit wird es für Jung zum unabdingbaren Postulat, daß sich die Inkarnation Gottes im empirischen Menschen fortsetzen muß. Die Deifikation des Menschen durch den Geist, der ihm nach dem Versprechen Jesu einwohnen soll, scheint ihm die konsequente Fortsetzung der in Jesus begonnenen Inkarnation.

Dieses Verständnis von zweierlei Inkarnation, wie es Jung voraussetzt, wenn er von ‚Fortsetzung der Inkarnation' im empirischen Menschen redet, die die nicht eigentlich vollendete Inkarnation in Christus zu komplementieren hätte,[73] trifft den theologischen Sachverhalt nicht.

In der Theologie ist zwischen Inkarnation und Geistsendung klar zu unterscheiden. „Die ‚Selbstmitteilung' des Heiligen Geistes darf man in keiner Weise als ‚Inkarnation' interpretieren, da er in keinem Sinne Mensch geworden ist, sondern seine ‚Leibhaftigkeit' sich in der Pluralität schon existierender Personen der Kirche bzw. aller Menschen zeigt."[74] Das gilt auch für die repräsentativen Symbole, in denen der Heilige Geist in Erscheinung tritt. Wind, Taube, feurige Zungen usw. sind keine Inkarnationen.[75] Heribert Mühlen weist darauf hin, daß gerade das Vatika-

72 A.a.O. 42.
73 Vgl. *C. G. Jung*, GW 11, 443–445.
74 *H. Mühlen*, Das Christusereignis als Tat des Heiligen Geistes, 518.
75 Vgl. a.a.O. 514.

num II[76] „in einer lehramtlich bisher nicht ausgesprochenen Deutlichkeit das Christusereignis vom Geistereignis unterschieden habe, ohne jedoch beides zu trennen“[77]. Wenn es auch vor dem Konzil noch häufig Ausdrücke wie die Kirche als ‚Fortsetzung der Inkarnation‘ bzw. der ‚fortlebende Christus‘ gegeben hat, so kann es sich nach dem Konzil nicht um Identität, sondern nur mehr von ‚Analogie‘ zwischen Geistsendung und Inkarnation handeln. „Zu beachten ist, daß das Konzil hier und an vielen anderen Stellen ausdrücklich nicht nur vom ‚Heiligen Geist‘ spricht, sondern vom ‚Geist *Christi*‘, so daß das Geistereignis immer als ein durch Christus selbst *vermitteltes* zu verstehen ist und nicht als ein gleichsam unvermittelt vom Vater gewirktes.“ Daß diese beiden Mysterien nicht identisch sein können, erhellt auch aus der Überlegung, daß „der Logos sich nur mit einer einzigen menschlichen *Natur* verbindet und diese Union *als solche* nicht wiederholt, während der Geist Christi sich mit schon existierenden menschlichen Personen verbindet, und zwar in einer ständig das Gewesene (das geschichtliche Christusereignis) vergegenwärtigenden bzw. aus der Zukunft (von dem wiederkommenden Christus her) in die Heilsgeschichte eintragende Weise“[78].

Die Heilsgeschichte nach dem Fortgang Jesu kann als „heilsgeschichtliche ‚Teilhabe‘ an der Salbung Jesu“ betrachtet werden, doch nicht als ‚Fortsetzung der Inkarnation‘. „Die Heilsgeschichte als Zeit der Kirche Christi kann also nicht verstanden werden ohne die heilsgeschichtliche Vermittlung einer ‚Teilhabe‘ der Kirche am Geiste Jesu durch diesen selbst.“[79]

Diese Vermittlung des Geistes im Menschen durch den Geist Jesu selbst wird bei Jung zu wenig reflektiert. Wenn er von der „Einwirkung des Heiligen Geistes auf die zur Kindschaft berufenen Menschen“ spricht, so weiß er, daß der aus dieser Einwirkung resultierende Status dem Erlösungswerk Christi zu verdanken ist. „Diese tiefgreifenden Änderungen im menschlichen Status sind direkt durch das *Erlösungswerk* Christi bewirkt.“[80] Doch gewinnt man dabei den Eindruck, daß bei dieser Veränderung, von der Jung spricht, Jesu Geist nicht aktiv beteiligt ist, sondern Gott der Vater im Ansehen der Verdienste Christi die Menschen in den Rang der Geschwister Christi erhebt. „Die fortlaufende, unmittelbare Einwirkung des Heiligen Geistes auf die zur Kindheit berufenen Menschen bedeutet de facto eine in die Breite sich vollziehende Menschwer-

76 Dogmatische Konstitution über die Kirche (8), in: Vatikanum II (vollständige Ausgabe), Osnabrück ²1966, 79–80.
77 *H. Mühlen*, a.a.O. 524.
78 A.a.O. 525.
79 A.a.O. 533.
80 *C. G. Jung*, GW 11, 445.

dung. Christus, als der von Gott gezeugte Sohn, ist ein Erstling, der von einer großen Anzahl nachgeborener Geschwister gefolgt wird."[81] Solche Formulierungen haben jedoch in einer heilsgeschichtlichen Theologie keinen Platz, weil sie nicht genügend die Endgültigkeit der Menschwerdung in Jesus Christus reflektieren. „Da das Wort das Fleisch und den Tod unserer Geschichte annahm, endgültig und unwiderruflich annahm, weil als seine ureigenste Wirklichkeit annehmend, ist nun alles anders, alles endgültig. Mag auch der Einzelne sein eigenes, privates Schicksal noch als offenes erfahren müssen, die Geschichte als ganze ist schon seit Menschwerdung, Tod und Auferstehung in ihr Ziel gekommen."[82]

Wenn wir die Vermittlung der ‚Teilhabe' an der Gnadenfülle Jesu durch seinen Geist in der Kategorie der ‚geschaffenen Gnade' fassen, können wir mit H. Mühlen sagen, daß die ‚geschaffene' Gnade eine ‚Teilhabe' an der einen göttlichen Natur ist, „wie sie im Heiligen Geist subsistiert, da dieser ja die ‚letzte' und uns ‚nächste' Vermittlung des einen göttlichen Gnadengeschehens ist. Dies gilt dann sowohl im Hinblick auf den Menschen Jesus als auch im Hinblick auf uns. Dabei ist jedoch daran festzuhalten, daß die sogenannte ‚geschaffene' Gnade als die in das je unmittelbare Personsein des Menschen eingehende *Wirkung* der Selbstmitteilung des Heiligen Geistes nicht in Christus und uns numerisch identisch sein kann, wie die Enzyklika ‚Mediator Dei' Papst Pius' XII. betont. Eine solche Auffassung wäre ‚Panchristismus'."[83] Die Aussagen Jungs über die Einwohnung des Heiligen Geistes erreichen nicht diese Differenzierung, doch will man sie theologisch beurteilen, so wird man seiner Auffassung den Vorwurf des ‚Panchristismus' kaum ersparen können. „In dem Menschen Jesus von Nazareth ist der Heilige Geist nämlich als in seinem eigenen Ursprung (der Logos ist ja der zeitgewordene Ursprung des Heiligen Geistes), in uns dagegen als solchen, die an der apriorischen Fülle der Geisterfülltheit Jesu eben aufgrund der heilsgeschichtlichen Identität des einen Geistes in Christus und uns teilhaben."[84] Das Mysterium der Gnade kann so „als heilsgeschichtliche Identität der ungeschaffenen Gnade (des Heiligen Geistes) in Christus und uns bei gleichursprünglicher Nicht-Identität der ‚geschaffenen' Gnade in Christus und uns"[85] gesehen werden.

Bei aller Kritik an der theologisch wenig differenzierten Redeweise Jungs,

81 Ebd.

82 *K. Rahner*, Geist über alles Leben, 192.

83 *H. Mühlen*, a.a.O. 451; vgl auch *ders.*, Der Heilige Geist als Person in der Trinität, bei der Inkarnation und im Gnadenbund: Ich-Du-Wir, 9. 58 – 9. 70.

84 *H. Mühlen*, Das Christusereignis als Tat des Heiligen Geistes, 541.

85 A.a.O. 542.

bei der man vor allem immer wieder die heilsgeschichtliche Dimension vermissen muß, hat er mit der Einwohnung des Heiligen Geistes im Menschen ein Thema berührt, das in der offiziellen Theologie noch nicht die Beachtung gefunden hat, die es eigentlich verdiente. Hätte man sich eingehender mit diesem Problem beschäftigt, wäre es heute unter Umständen leichter, den Entsakralisierungs- und ‚Entdogmatisierungsprozeß' aufzufangen. Ernst Benz weist darauf hin, daß es in der Schrift zwei Schemata für das Problem gibt, von dem die Rede ist und die wir unter die Stichworte: *Restauration* und *Deifikation* fassen können. Das Schema der Restauration, so meint Benz, habe sich im folgenden durchgesetzt: „Die Erlösung tritt in der kirchlichen Theologie unter dem Gesichtspunkt der Restauration des Ursprünglichen hervor; das Ende kehrt zum Anfang zurück. Christus stellt das durch die Sünde verderbte Menschenbild des Anfangs wieder her."[86]

Die andere Auffassung sieht im Ende nicht die „Restauration des Ursprünglichen, sondern die schöpferische Weiterbildung und Erhebung des Menschlichen von einer Herrlichkeit zur anderen; so steht am Ende ein Neues von einer unfaßlichen Entwicklungsfähigkeit ins Himmlische und Geistige, ins *Übermenschliche* hinein"[87]. Erlösung und Neuschöpfung sind auf diese Weise miteinander verknüpft. Christus wird zum Paradigma der Möglichkeit des Menschlichen.

Die Deifikation, die ‚Vergöttlichung' des Menschen, wäre nach Jung das Ziel der Geschichte, die im Selbstwerdungsprozeß erlebt werden kann. Jung glaubt, daß strukturierte Ganzheit, so wie sie in den Quaternitätssymbolen zum Ausdruck kommt, im psychischen Erleben von dem nicht mehr unterscheidbar ist, was die Theologie die „Einwohnung des Hl. Geistes" nennt, und das von den Mystikern als das ‚Einswerden', als das ‚Verschmelzen' mit Gott beschrieben wird.

Mit den Ausführungen über den Individuationsprozeß und seine Symbolik, vorab über die Quaternitätssymbolik, hat Jung die empirischen Grundlagen der religiösen Erfahrung aufgezeigt, soweit sie dem analytischen Psychologen und Psychotherapeuten zugänglich sind. Er hat auch aufgezeigt, daß der ‚religiöse Trieb', die Sinnsuche des Menschen nicht als ideologischer Überbau abzuqualifizieren ist oder als Illusion, Menschheitsneurose oder gar als Wahn, sondern eigentlich der grundlegende ‚Trieb' ist, der das menschliche Leben vom Anfang bis zum Ende bestimmt. Dieser ‚Trieb' nach Ganzheit wird von den Einzelnen sicherlich unterschiedlich bewußt erlebt und auch noch einmal in den verschiedenen Phasen des

86 *E. Benz*, Creator Spiritus, 295.
87 *E. Benz*, Creator Spiritus, 296.

Lebens stärker oder schwächer das Interessenzentrum der Person berühren. Erikson ist in seinem Buch „Identität und Lebenszyklus“ auf die verschiedenen Lebensphasen und ihre zentrale Thematik eingegangen. Auch für ihn steht das Ende des Lebens unter dem Zeichen der ‚Integrität‘, die sich gegen die Verzweiflung zu behaupten hat.[88] Für Jung ist es vor allem die zweite Lebenshälfte, in der die Frage nach dem Sinn unüberhörbar wird, wenngleich sie auch im Streben nach Teilzielen im menschlichen Leben schon immer gegenwärtig war. So ist nach Jung der „religiöse Trieb“ nicht ein Trieb unter anderen, sondern die eigentliche Grundströmung des menschlichen Lebens, in der die anderen Triebe eingebettet sind. Wenn hier von „religiösem Trieb“ die Rede ist, so ist ‚religiös‘ nicht im Sinne eines engen religiösen Konfessionalismus oder einer bestimmten Menschheitsreligion zu verstehen, sondern in der umfassenden Weise der Sinnsuche, dem Streben nach Ganzheit und Selbstwerdung, so wie Jung Religion versteht.

1.3. Gottesbilder im Konflikt

Mit den Ausführungen über Individuation hat Jung nachgewiesen, daß es im Einzelnen ein Streben nach Ganzheit gibt. Der Prozeß der Ganzwerdung hat seine Sprache, in der er sich ausdrückt. Es sind die Symbole des Selbst, Bilder mehr oder weniger strukturierter Ganzheit. Es gibt künstliche, und es gibt natürliche, uneigentliche und eigentliche Ganzheitssymbole. Das natürliche und eigentliche Symbol der Ganzheit ist das quaternär strukturierte Selbstsymbol. Es ist das Symbol, das am Ende eines gelungenen Individuationsprozesses steht. Es wird als numinos, als göttlich erlebt, sagt Jung.

Der Mensch ist der Mikrokosmos, „die *eine* Monade . . ., die alles in sich enthält“[89], eine immer wieder betonte Ansicht der Alchemisten, die sich auch Jung zu eigen macht, und die zum Abbild des Makrokosmos wird. Es ist die synchronizistische Idee Jungs, daß das, was sich in der Seele abspielt, auch eine Entsprechung im materiellen Kosmos haben muß. So muß die innere Geschichte des Individuationsprozesses des Einzelnen auch eine Entsprechung in der allgemeinen Menschheitsgeschichte finden. Doch was in der Seele des Einzelnen innerhalb eines Lebenszyklus geschehen kann, das braucht in der Menschheitsgeschichte Jahrhunderte und Jahrtausende. Wenn auch die Bilder des individuellen Prozesses mit den Bildern der kollektiven Bewußt- und Selbstwerdung in einer Wechselwir-

88 Vgl. *E. H. Erikson,* Identität und Lebenszyklus, 118–120.
89 *C. G. Jung,* GW 14/1, 45.

kung stehen, so kann man nicht erwarten, daß sie stets deckungsgleich sind. Die Bilder und Symbole des Individuationsprozesses des Einzelnen können in Konflikt geraten mit den offiziell gültigen Vorstellungen und Symbolen einer bestimmten Epoche.

Im Buch ‚Hiob' sieht Jung eine solche Konfliktsituation zwischen einem ‚offiziell geglaubten Gottesbild' und einem anderen Gottesbild, das aus der persönlichen Krise Hiobs erwächst. In seinem Buch „Antwort auf Hiob" hat Jung, wie wir bereits sehen konnten, versucht, dieses Problem vom psychologischen Standpunkt aus zu beleuchten. Was Jung in „Antwort auf Hiob" programmatisch behandelt, ist in fast allen Schriften seines Werkes Thema, weil er glaubt, daß es hier nicht allein um die Problematik der damaligen Zeit und des Menschen Hiob geht, sondern daß es sich gerade auch in unserer Zeit wieder um einen ähnlichen Konflikt handelt wie den, der im alttestamentlichen Buch Hiob dramatisch gestaltet wurde.

Das Gottesbild ist zugleich immer ein Bild der Seele. Es ist sozusagen ein Spiegelbild dessen, was ‚objektiv' in einer Religion, in einer Weltanschauung geglaubt wird. Das ‚objektivierte Gottesbild' hat jedoch den Nachteil, daß es, wenn es einmal fixiert ist, womöglich festgelegt nicht nur in Bildern und Statuen, sondern in einem feierlich verkündeten Dogma, an Wandlungsfähigkeit einbüßt. Das Bild in der Seele des Einzelnen ist jedoch weiterhin den verschiedensten Strömungen, Eindrücken, prägenden Erlebnissen ausgesetzt. Es ist einem ständigen, wenn auch nicht immer wahrgenommenen Wandel unterworfen.

So ergibt sich zuerst eine kaum wahrgenommene Verschiebung zwischen ‚objektivem' und ‚subjektivem' Bild. Diese kaum wahrgenommene Dekkungsverschiedenheit kann sich immer mehr vergrößern und auch bewußt erlebt werden. Sie wird dann für den Einzelnen zum inneren Konflikt, der auch zum sozialen Konflikt werden kann, wenn das ‚objektive' Gottesbild auch weithin den gesellschaftlichen Raum mitgestaltet hatte und eine Symbiose mit politischer Macht eingegangen war. Die Geschichte der Ketzer und ihre oft grausame Verfolgung ist dafür ein trauriges Zeugnis.

Ist das ‚neue subjektive' Gottesbild jedoch zu einem geheimen Allgemeingut geworden, psychologisch ausgedrückt: haben sich die Symbole des kollektiven Unbewußten gewandelt, so wird es zu einer Zerreißprobe zwischen den ‚alten objektiven' Bildern des kollektiven Bewußtseins und den sich gewandelten Symbolen des Unbewußten kommen. Dies sind Zeiten eines scheinbaren religiösen Niedergangs.

Jung spricht von dem alten mythologischen Motiv der ‚Gotteserneuerung'[90]. Psychologisch bedeutet das „eine erneuerte Einstellung, eine erneuerte Möglichkeit intensiven Lebens", weil „Gott immer den größten Wert, also die größte Libidosumme, die größte Lebensintensität, das Optimum der psychologischen Lebenstätigkeit bedeutet"[91]. Nimmt diese Einstellungsänderung jedoch historische Ausmaße an, geht es um eine allgemeine religiöse Einstellungsänderung, so handelt es sich immer um einen der delikatesten Wendepunkte in der Geschichte. Und das darum, weil „der Mensch immer wieder vergißt, daß etwas, das einstmals gut war, nicht für immer und ewig gut bleibt. Die Macht der Gewohnheit läßt ihn noch lange die alten Wege gehen, die einstmals gut waren, doch inzwischen schlecht geworden sind."[92] Es ist ein Gedanke, den auch K. Niederwimmer aufnimmt, wenn er schreibt: „Autoritäre Religionen sind dämonisch fixierte Religionen."[93] In der Erstarrung werden sie zu Feinden des Lebens.

In diese Kritik erstarrter Religionsformen bezieht Jung auch das Christentum ein. So sehr er auch einerseits von den therapeutischen Auswirkungen dogmatischer Formulierungen und festgefügter Riten überzeugt ist, weil sie für viele ich-schwache Menschen einen stützenden Effekt haben, so sehr glaubt er andererseits feststellen zu müssen, daß die vorgegebenen Formen religiösen Glaubens und Lebens auch hemmend auf die innere Entwicklung vieler Einzelner einwirken können.

Die Kritik, die Jung dem Dogma gegenüber anmeldet, gilt wohl eher dem Dogmatismus als dem echten Dogma. Unter Dogmatismus versteht man seit Kant die Einstellung, die meint, alle Probleme aus vorgefaßten, abstrakten Prinzipien lösen zu können, ohne selbst wieder nach deren Recht zu fragen.[94] In diesem Sinn würde die Kirche dann so sehr an ihre Geschichte gebunden, würde zum „Platzhalter des bloß Vergangenen", daß sie, wie Friedrich Nietzsche es formulierte, den Jung übrigens sehr intensiv gelesen hat und zu dem er eine innere Wesensverwandtschaft spürte,[95] unfähig wird zum Leben.[96] „Das Dogma wäre dann Ausdruck einer heillosen Selbstverschließung der Kirche und des Verlustes des Zukunftshorizontes, der dem Glauben nach dem Evangelium doch verheißen ist."[97]

90 *C. G. Jung*, GW 6, 206.
91 A.a.O. 191.
92 A.a.O. 197.
93 *K. Niederwimmer*, Kerygmatisches Symbol und Analyse, 219.
94 *I. Kant*, Beantwortung der Frage: Was ist Aufklärung?, 53.
95 Vgl. *C. G. Jung*, Erinnerungen Träume Gedanken, 109.
96 *F. Nietzsche*, Unzeitgemäße Betrachtungen, 211 ff.
97 *W. Kasper*, Evangelium und Dogma, in: Glaube und Geschichte, 197.

Der Begriff des Dogmas hat sich, wie Walter Kasper deutlich macht, mit dem Beginn der Neuzeit verengt. Die „Trennung des Dogmas von der kirchlichen und theologischen Lehre wurde erstmalig von dem Jesuiten Franz Veronius (1575–1649) vollzogen, ohne daß dieser schon den Begriff Dogma verwendet hätte. Die großen mittelalterlichen Theologen haben dagegen einen viel umfassenderen Begriff von Dogma. Für sie ist der Glaubensartikel eine Erkenntnis der göttlichen Wahrheit, die über sich selbst hinaus in das je größere Geheimnis Gottes hinweist: „Articulus fidei est perceptio divinae veritatis tendens in ipsam."[98] Hier wird der Glaubensartikel bzw. das Dogma bewußt funktional und dynamisch bestimmt.[99]

Das „mehr statische neue Dogmenverständnis"[100], in dem die Gefahr des ‚dogmatischen Fixismus'[101] nicht gebannt erscheint, bietet verständlicherweise Angriffsflächen für den Psychologen, dem es um die psychische Lebendigkeit seiner Patienten geht, in denen er häufig ein ähnlich dogmatisches und ungeschichtliches Festhalten an überkommenen Formeln feststellen kann, wie das im dogmatischen Fixismus gegeben ist. Jung hat, bei allem Interesse für das christliche Dogma, diese innere Geschichte des Begriffs nicht genügend wahrgenommen.

Das Wissen um die Entwicklung des Dogmas, um seine Lebendigkeit, ist bei aller zeitweiligen Verengung des Begriffs doch eigentlich nie verlorengegangen und hat spätestens in der Theologie von J. E. Kuhn der Tübinger Schule des 19. Jahrhunderts neuen Auftrieb erhalten.[102] In unserer Zeit ist es vor allem Karl Rahner gewesen, der, nach einem Wort von Hans Küng, „einem Laokoon gleich, ... unter höchstem spekulativen Einsatz und mit allen Mitteln der Dialektik mit dem Dogma gerungen"[103] und einem dynamischen Verständnis des Dogmas neue Wege gewiesen hat.[104]

Auch bei der durch Küngs Buch ‚Unfehlbar?' erst jüngst ausgelösten Kon-

98 *Albert d. Gr.*, III Sent. d 24 a; *Bonaventura*, III Sent. d 24 a 3 q 2; *Thomas v. A.*, S.th. II/II q1 a 6. Dazu: *J.-M. Parent*, La notion de dogme au XIIIe siècle, 141-163.

99 *W. Kasper*, Evangelium und Dogma, 201.

100 A.a.O. 202.

101 A.a.O. 203.

102 *J. E. Kuhn*, Einleitung in die katholische Dogmatik. Dazu *J. R. Geiselmann*, Die katholische Tübinger Schule. Ihre theologische Eigenart, 49–64; *ders.*, Dogma, 268–271.

103 *H. Küng*, Im Interesse der Sache, 114.

104 Vgl. *K. Rahner*, Zur Frage der Dogmenentwicklung, 11–50; *K. Rahner/K. Lehmann*, Geschichtlichkeit der Vermittlung, 727–787; *K. Rahner*, Zum Begriff der Unfehlbarkeit in der katholischen Theologie, 18–31.

troverse[105] um die Dogmeninterpretation ist man sich einig, komme man von einem mehr spekulativen oder einem mehr geschichtlichen Ansatz her, daß, wie es Walter Kasper formuliert, „der letzte Sinn theologischer Aussagen erst eschatologisch offenbar wird, weil der biblische Wahrheitsbegriff – anders als der philosophische, der auf der Identität von Denken und Sein beruht – in der „Identität von Verheißung und Erfüllung" gründet, so daß der theologische Wahrheitsbegriff aus der eschatologischen Spannung von Schon und Noch-Nicht konstituiert wird.[106]

Diese Offenheit jedes definierten Dogmas nach vorn[107] erklärt sich aus der Tatsache, daß „jedes Dogma nach seiner Definition noch einen oft erstaunlich weitreichenden und sprunghaften Interpretations- und Rezeptionsprozeß in der Kirche durchmacht. Der eigentliche Sinn und Inhalt eines Dogmas erschließt sich oft erst viel später. Er erschließt sich auch immer wieder neu. Neue, anderswoher kommende Erkenntnisse lassen neues Licht auf eine alte Wahrheit fallen, neue Fragestellungen lassen neue Aspekte erkennen. Da ein Dogma nicht Selbstzweck sein darf, sondern dem Leben der Kirche und aller einzelnen Christen zu dienen hat, muß das Dogma auf die lebendigen Fragen einer Zeit hin interpretiert werden."[108]

„Bloße abstrakte Verbalorthodoxie, die nicht auch Orthopraxie ist und das heute aus dem Geist des Evangeliums heraus Notwendige sagt und tut, ist gar nicht konkrete Wahrheit in einem theologischen Sinn."[109] Als ein weiteres Kriterium der Wahrheit eines Zeugnisses sieht Kasper die ‚ekklesiale Liebe'. Das Dogma soll ja Gemeinsamkeit im Bekenntnis stiften. „Es ist möglich, daß eine bestimmte dogmatische Formulierung in einer geschichtlichen Situation notwendig ist, um wenigstens in Grenzen zu einer Gemeinsamkeit zu kommen, daß sie aber später einem gemeinsamen Bekennen im Wege steht, weil nicht jeder jede historisch gewordene und an sich mögliche Position auch existentiell einnehmen kann. In einer solchen Situation würde es zwar nicht der Wahrheit in einem abstrakten Sinn, wohl aber der Funktion des Dogmas, konkrete Wahrheit hic et nunc zu erschließen, widersprechen, solche Formulierungen einfach starr festhalten. Das Dogma wird sich gerade dann als Zeugnis für das Evangelium erweisen, wenn es neue Formen gemeinsamen Bekennens freigibt, ohne

105 Vgl. *H. Küng*, Unfehlbar?; *K. Rahner*, Kritik an Hans Küng, 361–377; *H. Küng*, Im Interesse der Sache, H. 1, 43–64; H. 2, 105–122; *K. Rahner* (Hrsg.), Diskussion um Hans Küng (Unfehlbar?).
106 Vgl. *W. Kasper*, a.a.O. 204–205.
107 Vgl. *K. Rahner*, Zum Begriff der Unfehlbarkeit in der katholischen Theologie, 19.
108 *W. Kasper*, Geschichtlichkeit der Dogmen?, 401–416.
109 *W. Kasper*, Evangelium und Dogma, 207.

in der Sache die Treue zur geschichtlichen Tradition damit in Frage zu stellen."[110]

Wo das Dogma als starre, abstrakte Wahrheit erlebt wird, findet die Kritik Jungs ihre Berechtigung. Daß sich ein solch unlebendiger theologischer Wahrheitsbegriff bei vielen, gerade ‚strengkatholisch' erzogenen Menschen findet, kann der Praktiker in Seelsorge und Psychotherapie bestätigen. Nicht der theologische Begriff von Dogma der Theologie unserer Tage wird somit kritisiert, sondern die *dogmatistische Erlebnisweise* vieler Menschen, für die das Dogma nicht dynamisch und funktional ist, sondern ein starres Gerüst, das ihren Fixierungen entgegenkommt und damit als Ausdruck neurotischer Stereotypien mißbraucht wird.

Jung argumentiert aus großer Praxisbezogenheit. Als Psychiater und Psychotherapeut hatte er es vor allem mit Neurotikern und Psychotikern zu tun. In der Neurose, vor allem in der Zwangsneurose, die häufig eine latente Schizophrenie kaschiert,[111] hat der Neurotiker ein prekäres Gleichgewicht erworben, einen ‚Lebensstil', der es ihm unter Einschränkung seiner Lebensmöglichkeiten gestattet zu ‚überleben'. Er hat sich mit seiner Neurose ein festgefügtes Gerüst verschafft, das ihm Schutz gibt und ihn gegen die Unberechenbarkeiten des Lebens abschirmt. Vor allem beim Zwangsneurotiker wird sichtbar, wie durch ein stereotypes Zeremonial häufig die innere Angst abgewehrt wird. Das eigentliche Leben verkümmert dabei. Der schützende Panzer wirkt zugleich erstickend.

In der analytischen Behandlung wird versucht, diesen Panzer aufzubrechen. Dieses Unternehmen ist nicht ungefährlich, setzt es doch Energien frei, die chaotisch wirken können, wenn sie nicht wieder neu gebunden werden. Häufig wird es angezeigt sein, auf eine aufdeckende Therapie zu verzichten, weil man keine Möglichkeiten sieht, wie das Individuum nach Abbau seiner neurotischen Schutzmechanismen zu einer neuen sinngebenden Einheit und Ganzheit kommen soll. Darum ist nicht für jeden der Weg der Individuation, wie ihn Jung versteht, gangbar. So wünschenswert es ist, die bis dahin ungelebten Möglichkeiten seines Lebens zu verwirklichen und zu einer neuen Ganzheit im Selbst zu kommen, so ist dabei auch das Risiko zu beachten, das die Möglichkeit einer Zerstörung der Persönlichkeit einschließt. Einer gespaltenen Persönlichkeit ist eine neurotische noch immer vorzuziehen.

Jung ist sich als verantwortungsvoller Arzt dieser therapeutischen Gegebenheit voll bewußt. Das Wissen, daß nicht jede Neurose heilbar ist, ja, daß es nicht einmal wünschenswert wäre, weil Ärgeres aus dem Hei-

110 Ebd.
111 Vgl. *C. G. Jung*, GW 3, 297.

lungsversuch erwachsen würde, hat ihn auch zu einem differenzierteren Verständnis ‚neurotisierender Religionsformen' geführt. Existenzformen religiösen Daseins, die für die einen veraltet, unbrauchbar und die persönliche Entwicklung hemmend geworden sind, mögen für die anderen noch gültige Formen ihrer religiösen Existenz sein. Gültig, weil sie den Menschen, die in ihnen leben und sich in ihren Glaubenssymbolen ausdrücken, einen Schutz gewähren, ohne den sie in Gefahr gerieten, ihre mühsam erworbene Identität zu verlieren.

So berechtigt es auch sein mag, von „neurotisierenden Religionen" zu sprechen – denn dort, wo wesentliche Aspekte des menschlichen Daseins keine genügende Beachtung finden oder gar abgelehnt und verdrängt werden, kann man von Neurose sprechen – so sucht Jung doch auch immer den dynamischen Gesichtspunkt zu berücksichtigen. Die Religionen sind zugleich Ausdrucksformen des Bewußtwerdungs- und Selbstwerdungsprozesses der Menschheit. So wie es in der Ontogenese des Menschen Entwicklungsphasen gibt, die, für sich allein betrachtet, losgelöst von den vorausgehenden und den nachfolgenden Phasen, den Eindruck des Neurotischen machen könnten, weil gewisse Aspekte einer werdenden Ganzheit noch unentwickelt sind, andere dagegen übergewichtig erscheinen, so gibt es auch in der Menschheitsentwicklung Phasen, die einen ähnlichen Eindruck erwecken könnten. In den Religionen und ihren Symbolen haben diese Menschheitsphasen ihren vordringlichsten Ausdruck erfahren. Religionen werden damit zu Reifestadien der Menschheitsentwicklung. Neurotisierend wirken Religionen erst dort, wo sie sich den Weg weiterer Entwicklung selbst versagen, wo sie dogmatisch einen bestimmten Entwicklungsstand als definitiv erklären und damit ihren Gläubigen den Fortschritt verunmöglichen oder doch unvernünftig erschweren.

Die Frage könnte hier entstehen: Gehört das Christentum auch in diese Kategorie neurotisierender Religionen? Aus dem, was über die Offenheit des Dogmas gesagt wurde, daß „es sich dadurch als Zeugnis für die größere Wahrheit des Evangeliums erweist, indem es die Zukunft des Evangeliums je neu freigibt und offen ist für neue, unableitbare Situationen, die Gott der Kirche in der Geschichte setzt"[112], dürfte hervorgegangen sein, daß zum Wesen des Christentums die Zukunft, die Erschlossenheit für das Wirken Gottes gehört. Nur in dem Maße, in dem die Dimension der Zukunft und der mit ihr verbundenen Hoffnung[113] verkürzt wird oder gar im Erleben der Christen völlig entfallen sollte, würde das Christentum damit zu einer neurotisierenden Religion, die, einseitig fixiert auf

112 *W. Kasper,* Evangelium und Dogma, 205–206.
113 Vgl. *J. Moltmann,* Theologie der Hoffnung.

ihre Vergangenheit, nicht mehr fähig wäre, den Raum abzugeben, in dem sich der Mensch zugleich geborgen und frei fühlen könnte, frei für eben diese durch Gott ermöglichte Zukunft.

1.4. Das Ganzheitssymbol im Christentum

Das Christussymbol ist für Jung, wie wir bereits sahen, ein Selbstsymbol, das er jedoch kritisiert, weil Christus in seiner Sünde- und Schattenlosigkeit nicht wirkliche Ganzheit verkörpere. Was die Christologie nicht geleistet habe: die Integration des Schattens und damit die ‚Inkarnation' des ‚empirischen Menschen', das erhoffte sich Jung von der Pneumatologie.

Stellt Christus für Jung ein Ganzheitssymbol dar, wenn auch ein Symbol beschränkter Ganzheit, weil in Christus der Gegensatz von Gott und Mensch, von Geist und Materie überwunden erscheint, so ist für Jung dennoch das das Christentum eigentlich beherrschende Symbol das der Trinität.

Die Drei ist die eigentliche Zahl des Christentums, so wie der jüdische Religionswissenschaftler Schalom Ben-Chorin die Vier als *die* Zahl des Judentums bezeichnet. Er sieht das Verhältnis von Drei zur Vier, in dem sich das Verhältnis von Christentum zum Judentum spiegelt, wie folgt: „Die Zahl vier ist eine heilige Zahl im Judentum, ja ich neige dazu zu sagen: *Die* heilige Zahl. Diese Erkenntnis wurde im Christentum durch die Faszination der Drei verdunkelt, durch das dem Judentum und damit dem Glauben Jesu fremde Dogma der Trinität, der Dreifaltigkeit Gottes. Vier als heilige Zahl kommt zunächst im vierbuchstabigen Gottesnamen JHWH zum Ausdruck. – In der Vision des Propheten Ezechiel, in der er den göttlichen Thronwagen sieht, begegnen wir wiederum der heiligen Vier, denn dieser Wagen Gottes wird von Engelswesen getragen, die vierfaches Antlitz zeigen: ein Menschengesicht, ein Löwengesicht, ein Stiergesicht und einen Adlerkopf. Die spätere kirchliche Tradition hat diese Vision mit den vier Evangelisten in Verbindung gebracht, die nun auch diese Symbole für sich in Anspruch nehmen." Ben-Chorim fügt hinzu, daß auch über der Passah-Feier mit seinen vier Namen und von der Mischna vorgeschriebenen vier Becher Weins, dem Midrasch der vier Söhne, das Mysterium der Vierzahl waltet.[114]

Jung hat sich in „Antwort auf Hiob" mit der alttestamentlichen Quaternität befaßt und auf die Vermenschlichung des überwiegend tierischen Quaternio der Ezechielvision im Neuen Testament hingewiesen. Wenn in der alttestamentlichen Quaternität drei Anteile der quaternierten Ganzheit

114 *Schalom Ben-Chorin,* Bruder Jesus, 166–167.

in tierischen Symbolen dargestellt werden und damit die überwiegende Unbewußtheit verdeutlicht wird, so haben wir in der „christlichen Quaternität“ das umgekehrte Verhältnis, wo nach Jung nunmehr der Teufel als Halbtier erscheint. Es scheint ein antithetischer Umschlag zu nun dominierender Bewußtheit stattgefunden zu haben. Das würde bedeuten, daß weder im Alten noch im Neuen Testament die wohlausgewogene Vereinigung der Gegensätze von Trieb und Geist, von Unbewußt und Bewußt verwirklicht worden ist. Die sogenannte „christliche Quaternität“ konnte nicht zum erlösenden Symbol werden, weil in ihr der Schatten nicht wirklich integriert war, sondern in der Psyche des Christen immer entschiedener abgespalten wurde. Die Drei wird zum Symbol des Übergangs, ein „künstliches Ganzheitssymbol“, in dem einseitig die Bewußtheit betont wird oder, um mit John Cobb zu sprechen, wo der „Sitz der Existenz“ vom Unbewußten in das Bewußtsein verlegt worden ist, ohne daß der Mensch dadurch bereits zu einer „geistlichen Existenz“, die Unbewußtes und Bewußtsein umfassen sollte, gekommen wäre. Die Existenzweise, die ihr Zentrum im Bewußtsein hat, schreibt Cobb dem „axialen Menschen“ zu, in Anlehnung an Jaspers Begriff der Achsenzeit. Wir könnten daher auch von *„axialer Existenz“* sprechen, die das Christentum mit buddhistischer, homerischer, sokratischer und prophetischer Existenz teilt. Alle diese Existenzstrukturen haben miteinander gemeinsam, daß sie das Zentrum ihrer Existenz nicht mehr im Unbewußten haben, sondern im Bewußtsein.[115] So trifft sich hier ein moderner Theologe und Schüler Whiteheads, der Existenzanalytik und Kulturanthropologie zu verbinden sucht, mit grundlegenden Einsichten C. G. Jungs. Gerade im wichtigen Begriff der „geistlichen Existenz“[116] kommt Cobb dem verblüffend nahe, was Jung in seinen für ihn zentralen Begriff des Selbst faßt.

Auf dem Wege zum Selbst steht die Trinität als Symbol des Übergangs. Das Trinitätssymbol ist aus Verdrängung und Abspaltung hervorgegangen, meint Jung. Darum muß er es als Psychologe kritisieren, weil Verdrängung nicht der Weg zur psychischen Gesundheit ist, sondern zur Neurose. Zu gleicher Zeit weiß er, daß die Trinität eine „verkappte Quaternität“ ist, in ihr also die Keime zukünftiger natürlicher Ganzheit liegen.

Jung hat den Eindruck, daß die Gegensatzproblematik in der christlichen Dogmatik nicht die adäquate Lösung gefunden hat. Vor allem im christlichen Gottesbild sei diese Spannung nicht mehr vorhanden, sondern auf

115 Vgl. *J.B. Cobb. jr.*, Die christliche Existenz, mit einem Geleitwort von Prof. Dr. Wolfhart Pannenberg, 98–99; zum Begriff der „Achsenzeit“ vergleiche: *K. Jaspers*, Vom Ursprung und Ziel der Geschichte, und die Kritik *Cobb's*, a.a.O. 62–63.

116 *J. Cobb*, a.a.O. 172.

Kosten der Verdrängung des Dunklen einseitig mit einer Option für den nur guten Gott gelöst worden. In der Beschäftigung und Auseinandersetzung mit der Religionsgeschichte und ihren Symbolen stieß Jung immer wieder auf die Gestaltungen des Bösen.
Dieser allmähliche, aber stetige Verdrängungs- und Abspaltungsprozeß ist nicht eine Projektion Jungscher Psychologie, sondern läßt sich in der Religionsgeschichte mit bemerkenswerter Deutlichkeit verfolgen.

2. Gott und die Symbolik des Bösen

2.1. Der Grund des Bösen

Eine den Menschen bis auf den Grund seiner Existenz erschütternde Frage ist immer wieder das Problem des Bösen gewesen. „Das Leiden des Unschuldigen treibt den Menschen Job von jeher in die Frage nach dem Warum, Woher, Wozu.“[117] In dieser quälenden Frage ist ihm der Sinn seines Lebens nicht mehr eindeutig, das Ziel menschlicher Geschichte verdunkelt. „Das Leid der Welt wird zum Argument gegen Gott, zum ‚Felsen‘ des Atheismus“ (Georg Büchner).[118]
Es ist darum nicht zu verwundern, daß das Böse einen Denker wie Jung, der sich nicht auf den engen Raum seines psychiatrischen Fachgebietes beschränken mochte – „Sein Werk ragt aus der akademischen Sphäre in alle anderen Lebensbereiche hinüber, denn Jung interessierte sich nicht nur für die spezifischen Krankheiten der Seele, sondern mehr noch für das Geheimnis der menschlichen Psyche an sich, und dieses letztere steckt schlechthin hinter *allen* Tätigkeiten des Menschen“[119] –, zum Problem wurde. Seine „Antwort auf Hiob“ zeigt die ganze Leidenschaft, die ihn sich mit der Frage Hiobs, die die Frage des gequälten Menschen überhaupt ist, auseinandersetzen läßt. Zu diesem seinem Buch sagt Jung: „Dies ist kein wissenschaftliches Buch, sondern eine persönliche Auseinandersetzung mit der traditionellen christlichen Anschauungswelt, veranlaßt durch den Anstoß, den das neue Mariendogma erregt hat. Es sind Betrachtungen eines Arztes und theologischen Laien, der auf viele Fragen über religiöse Gegenstände antworten mußte und dadurch gezwungen wurde, sich von seinem besonderen, außerkonfessionellen Standpunkt aus den Sinn der Glaubensvorstellungen zu vergegenwärtigen. Der Grund für diese Fragen war endlich durch die Zeitereignisse gegeben: Lüge, Unrecht, Sklaverei und Mas-

117 *W. Kern,* Kosmodizee durch Christus, 549.
118 A.a.O. 550.
119 *M.-L. v. Franz,* C. G. Jung, 9–10.

senmord haben nicht nur einen großen Teil Europas überflutet, sondern beherrschen noch immer weite Gebiete der Erde. Was sagt ein gütiger und allmächtiger Gott dazu? Das ist die tausendfach erhobene verzweifelte Frage, mit welcher sich diese Schrift beschäftigt."[120]

Doch ist die Antwort Jungs auf Hiobs Frage auch eine Antwort im christlichen Sinn?

Wo ist der Grund des Bösen zu suchen? Im Laufe der Geschichte hat es die verschiedensten Lösungsversuche gegeben. Scheffczyk faßt die Lösungsmöglichkeiten für das Problem des Bösen in drei grundsätzlichen Positionen zusammen. „Man kann den Grund des Bösen entweder *in* Gott *selbst* hineinverlegen oder in das höchste Sein, das man an die Stelle Gottes setzt. Man kann diesen Grund aber auch in ein neben Gott stehendes *böses Urprinzip* versetzen und gelangt dann zu der Auffassung, daß die Wirklichkeit in den Urgegensatz von Gut und Böse aufgespalten ist und die Welt von zwei feindlichen Mächten beherrscht ist. Als dritte Möglichkeit ergibt sich schließlich die, daß man die geschaffene Welt unter Einschluß des Menschen wegen ihrer *Endlichkeit* und *Begrenztheit* als böse und sündig erklärt oder – in einer Abwandlung dieser Version – das Materielle an der Welt oder das Leibhaft-Sinnliche am Menschen als von Anfang an befleckt und sündig darstellt."[121] Scheffczyk meint, daß keine der drei angeführten Lösungen das menschliche Denken befriedige und sie auch der christlichen Wahrheit zuwiderlaufen. Als vierte Lösungsmöglichkeit verweist er auf die Freiheit des Menschen und die Möglichkeit ihres Mißbrauches.[122]

Jung wendet sich mit aller Entschiedenheit gegen die philosophische Lösung des Bösen durch die Erklärung der „privatio boni" und des aus ihr abgeleiteten Satzes „Omne bonum a Deo, omne malum ab homine",[123] wie sie in der Diskussion mit Jung vor allem Victor White[124] vertreten hat.

Für Jung ist die Mächtigkeit des Bösen so offenbar, daß es nicht einfach im Mangel des Guten bestehen kann. Wenn Jung bemerkt, daß es nicht angeht, Adam für die Bosheit der Schlange verantwortlich zu machen,[125] so liegt darin eine Kritik an der ethischen Auffassung vom Bösen, die die Freiheit des Menschen als Quell des Bösen betrachtet. Jung sieht darin eine Engführung des Problems, die Umfang und Ausmaß dieser Menschheitsfrage verharmlost.

120 *C. G. Jung*, GW 11, 687.
121 *L. Scheffczyk*, Wirklichkeit und Geheimnis der Sünde, 92.
122 A.a.O. 96–102.
123 *C. G. Jung*, GW 11, 333.
124 *V. White*, Gott und das Unbewußte; Seele und Psyche, vor allem S. 161–175.
125 Vgl. *C. G. Jung*, GW 11, 333, Anm. 5.

Jung war betroffen durch die Macht des Bösen, nicht allein durch die schrecklichen Ereignisse der Geschichte, sondern auch durch die Macht des Bösen in der Seele der Einzelnen. Zur Kritik der „privatio boni" wurde er, wie er selbst schreibt, angeregt durch die Behandlung eines Patienten, der diese Idee mißbrauchte, um seine moralisch anfechtbaren Handlungen zu bagatellisieren.

Es hieße Jung mißverstehen, wollte man ihn durch seine Kritik an der ethischen Auffassung vom Bösen dahin festlegen, daß er die Entscheidungsfreiheit des Menschen in Abrede gestellt habe. Der Rekurs auf die menschliche Freiheit als Quell des Bösen erschien ihm ungenügend, um die Tiefe des Problems auszuloten. Die Freiheit des Menschen spielt eine entscheidende Rolle in der Frage des Bösen. Ist sie jedoch der alleinige Erklärungsgrund? Die Freiheit ist, wie Ricœur sagt, wenn auch nicht die Erklärung für den Ursprung des Bösen, so doch der Ort, wo das Böse auftritt und wo es wahrgenommen werden kann.[126]

Gerade in der Auslegung der Mythen[127] über den Ursprung des Bösen tritt zutage, daß das Problem vielschichtig ist. „Einerseits kommt das Böse in die Welt, insofern der Mensch es *setzt,* aber der Mensch setzt es nur, weil er der Umgarnung des Feindes *nachgibt.*"[128]

So suchte denn auch Jung nicht mit Hilfe der philosophischen Spekulation den Grund des Bösen, sondern er war davon überzeugt, daß die Geschichte der Symbole und Mythen ihm mehr Auskunft über dieses geheimnisvolle Dunkel geben könne als die scharfsinnigsten Syllogismen. Diese Überzeugung erklärt auch weithin sein Interesse für den Niederschlag der Religionsgeschichte zu diesem Thema.

126 Vgl. *P. Ricœur,* Die Fehlbarkeit des Menschen – Phänomenologie der Schuld I, 12.

127 „Wir verstehen hier unter Mythos, was die Religionsgeschichte heute darin sieht: nicht eine falsche Erklärung mittels Bildern und Fabeln, sondern einen überlieferten Bericht, bezogen auf Ereignisse, die sich am Ursprung der Zeiten zugetragen haben, und dazu bestimmt, das rituelle Tun der jetzt von ihm angesprochenen Menschen zu untergründen und überhaupt alle Formen des Tuns und Denkens zu regeln, durch welche der Mensch sich selbst in seiner Welt versteht." (*P. Ricœur,* Symbolik des Bösen – Phänomenologie der Schuld II, 11) Für Ricœur – und er kommt damit der Auffassung Jungs von der fundamentalen Bedeutung des Symbols sehr nahe – ist die grundlegende Sprache der Erfahrung die des ‚*Bekenntnisses*'. Sie verwendet Ursymbole. Die Sprache des Mythos und die der Spekulation sind von dieser Sprache Wiederaufnahmen zweiten und dritten Grades. Der Mythos ist ein in Erzählform entwickeltes Symbol. (Vgl. a.a.O. 13 u. 26). Diese positive Bewertung des Mythos – Mythos als Ursprungsgeschichte (vgl. RGG, IV. Bd., Tübingen [3]1960, 1264) – berechtigt, auch im Alten Testament von Mythen zu sprechen. (Vgl. *S. Mowinckel,* Mythos imAT, 1275)

128 *P. Ricœur,* Die Fehlbarkeit des Menschen, 15.

2.2. *Gestaltungen des Bösen in der Religionsgeschichte*

In der Beschäftigung und Auseinandersetzung mit der Religionsgeschichte und ihren Symbolen stieß Jung immer wieder auf die Gestaltungen des Bösen. Jung trägt in seinen Werken ein kaum zu überschauendes und häufig sehr detailliertes mythisches und symbolisches Material zusammen, das die Orientierung nicht gerade leicht macht. Die Mythen, die sich mit dem Bösen, seinem Ursprung, seiner Erklärung beschäftigen, sind so zahlreich und vielgestaltig, daß es sinnvoll erscheint, den Versuch zu machen, sie zu klassifizieren. In Anlehnung an die strukturalistische Methode Lévi-Strauss' versucht P. Ricœur eine Typologie der Mythen vom ‚Ursprung und Ende des Bösen'.

Er unterscheidet vier mythische Grundtypen:

1. Der Mythos vom *Schöpfungsdrama* beinhaltet, daß „der Ursprung des Bösen koextensiv mit dem Ursprung der Dinge ist; er ist das *‚Chaos'*, *mit dem der Schöpferakt Gottes kämpft*". Die Grundzüge dieses ersten Typs sind nach Ricœur die Identität des Bösen mit dem ‚Chaos' und die des Heils mit der Schöpfung.
2. Die Idee eines *‚Sündenfalls'* des Menschen setzt eine vollendete Schöpfung voraus, aus der dieses irrationale Ereignis hervorbricht. Das Heil wird in diesem Schema von der Geschichte erwartet, während die Kosmogonie in den Hintergrund tritt.
3. Ein Typ zwischen dem Mythos vom Chaos und dem vom Sündenfall ist nach Ricœur die *Tragik*. Hier geht es um die „tragische Theologie des Gottes, der versucht, verblendet, irreführt". Ricœur glaubt, daß diese ‚tragische Theologie' letztlich unaussprechlich ist. Das ‚tragische Heil' bestünde in einer „Art ästhetischer Befreiung", die im Schauspiel selbst erlebt wird.
4. Ein letzter Typ, der nach Ricœur eine außerordentliche Bedeutung im Abendland erhalten hat, ist der *‚Mythos von der verbannten Seele,* der sich von den anderen darin unterscheidet, daß er den Menschen in *Seele* und *Leib* spaltet.[129]

Zum ersten Typus gehören nach Ricœur die sumerisch-akkadischen Theogonien. „Diese Mythen erzählen den endgültigen Sieg der Ordnung über das Chaos."[130] Weil das Chaos früher ist als die Ordnung, „ist das Prinzip des Bösen originär, koextensiv mit der Erzeugung der Gottheit. Die Ordnung ist im Göttlichen selbst heraufgekommen, und zwar durch den Sieg der späten über die frühesten Mächte der Gottheit."[131] Das Prinzip des

129 *P. Ricœur,* Symbolik des Bösen – Phänomenologie der Schuld II, 197–199.
130 A.a.O. 201.
131 A.a.O. 203.

Bösen ist zweifach bezeichnet: „als das der Ordnung vorausgehende Chaos und als der Kampf, durch den das Chaos besiegt wird".[132] Für den Menschen bedeutet das, „daß er nicht der Ursprung des Bösen ist; der Mensch findet das Böse vor und setzt es fort". Anders gewendet heißt das, daß das Böse so alt ist wie das älteste Wesen: daß das Böse die Vergangenheit des Seins ist; daß es durch die Einsetzung der Welt besiegt ist; daß Gott die Zukunft des Seins ist".[133]

Das Fehlen eines echten ‚Sündenfall-Mythos' in der sumerisch-babylonischen Kultur sieht Ricœur in der Weltanschauung begründet, die den Schöpfungsmythen zugrunde liegt. „Da wo das Böse urgegeben und von urher eingelassen ist selbst in das Werden der Götter, da ist das Problem, das ein Sündenfall-Mythos lösen könnte, bereits gelöst; darum ist neben einem solchen Schöpfungsmythos kein Platz für einen Sündenfallmythos. Das Problem des Bösen ist von Anfang an gelöst, ja selbst vor dem Anfang: vor der Erschaffung des Menschen, vor der Erschaffung der Welt, selbst vor der Geburt des Gottes, der die Ordnung einrichtet."[134]

Eine ‚rezessive' Form des Schöpfungsdramas sieht Ricœur in der Figur des ‚hebräischen Königs'. „Das ‚rituell-kultische' Schöpfungsdrama, das sich in den Kämpfen des Königs gegen seine Feinde wiederholt, ist sicherlich der Schlüssel zu einer Anzahl von *Psalmen*[135], die zugleich den Eindruck vermitteln, als sei das Böse der Geschichte, wie es sich in den Feinden Jahwes und des Königs darstellt, selbst in einer Urfeindschaft verwurzelt, über die Jahwe gesiegt hat, als er die Welt gründete und das Firmament errichtete, über dem sein Thron feststeht auf immer."[136]

Doch in dieser ‚rezessiven Form' des Mythos kündigt sich auch bereits eine Umpolung an. „Nicht mehr das Schöpfungsdrama, sondern die Geschichte wird Brennpunkt des Symbolismus. Damit hört der Feind auf, das Urchaos darzustellen; er wird gewissermaßen auf das rein Historische reduziert, entsprechend den Taten Jahwes. ... Wenn aber der Feind seinen kosmischen Grund verliert und historisch, nichts als historisch wird, dann muß auch der erste Mensch selber menschlich, nichts als menschlich werden, und das menschliche, nichts als menschliche Böse muß einen neuen Mythos finden, der die Bosheit des Feindes und mehr noch als die des Feindes, die Bosheit des Menschen schlechthin, auffängt."[137] Der kosmische Mythos wird durch einen anthropologischen Mythos abgelöst. Die Frage bei die-

132 A.a.O. 205.
133 A.a.O. 204–205.
134 A.a.O. 217.
135 Vgl. Psalm 8; 89, 10 f; 32, 6; 18, 5.
136 *P. Ricœur*, a.a.O. 227.
137 A.a.O. 233.

sem Wechsel des Mythos ist die, „ob der Mensch das Gewicht des Bösen in der Welt allein tragen kann. Die Schlange, deren ‚List' dem Sündenfall vorausgeht, ist vielleicht der letzte Zeuge des Schöpfungsdramas. Aber selbst dann ist es so, daß sich das Schöpfungsdrama nicht im *Menschen,* sondern vielmehr in der Figur Adams, des Königs der Schöpfung, fortsetzt, sondern vielmehr in dem Anderen des Menschen, in jenem Anderen, der später Satan, der Widersacher, genannt wird."[138]

„Während der Mythos vom Chaos dazu neigt, eine spätere und ethisch geartete Gottheit von einer älteren und roheren Gottheit abzusetzen, sucht der tragische Mythos Gut und Böse im Gipfel der Gottheit zu konzentrieren."[139]

Den Zwischentyp der ‚Tragik' sieht Ricœur untrennbar verknüpft mit dem tragischen Schauspiel. „Die Ununterschiedenheit des Göttlichen und des Diabolischen ist das unausdrückliche Thema dieser tragischen Theologie und Anthropologie."[140] Diese Ununterschiedenheit kann aber nicht zu Ende *gedacht* werden. Das ist der Grund dafür, daß sich der Mythos nicht spekulativ entfalten konnte, sondern des Schauspiels bedurfte. „Wiewohl dieses Gefühl der Identität des Guten und Bösen in Gott dem Denken widersteht, hat es sich in dramatische Werke projiziert, die eine indirekte Reflexion anregen von immerfort bestürzender Wirkung."[141]

„Wenn das religiöse Gewissen zögert, die tragische Theologie zu *formulieren,* dann deshalb, weil es die ‚Unschuld Gottes' zu verkünden pflegt, ‚Unschuld Gottes' in der Sprache Platons, ‚Heiligkeit Gottes' in der Sprache der Bibel. Ginge das religiöse Gewissen so weit, die tragische Theologie ausdrücklich zu formulieren, würde es sich selbst zerstören."[142]

So gibt es auch keine eigentliche Befreiung vom Tragischen, sondern das Heil ist in der Tragik selbst zu suchen. „Leiden um zu verstehen", das ist die tragische Weisheit, das „tragische Wissen", wie Karl Jaspers sagt.[143]

„Der Adamsmythos und die ‚eschatologische' Anschauung der Geschichte" überschreibt Ricœur das Kapitel, in dem er sich mit diesem „anthropologischen Mythos schlechthin" auseinandersetzt.[144] Beim Adamsmythos möchte er eher von einem Mythos der ‚Abweichung' als von einem Mythos des ‚Falles' sprechen. In ihm sieht er den extremsten Versuch, den Ursprung des Bösen und des Guten auseinanderzuhalten. „Die Absicht dieses My-

138 A.a.O. 234.
139 A.a.O. 247.
140 A.a.O. 244.
141 A.a.O. 244.
142 A.a.O. 258.
143 Vgl. *K. Jaspers,* Von der Wahrheit, 915–953.
144 *P. Ricœur,* a.a.O. 265.

thos ist, einen radikalen Ursprung des Bösen zu begründen, abgehoben vom *urgründigeren* Ursprung des Gut-seins der Dinge."[145] „Der adamische Mythos *erzählt* – wie man ein Ereignis erzählt – den Übergang von der Unschuld zur Sünde auf dem Grundriß eines zum Guten bestimmten und zum Bösen geneigten Menschen."[146]

Doch gelingt es dem Adamsmythos nicht, „den Ursprung des Bösen allein in der Figur eines Urmenschen zu konzentrieren; er spricht auch vom Widersacher, von der Schlange, die der Teufel wird; er spricht von einer anderen Person, Eva, die das Gegenüber dieses Anderen, der Schlange des Teufels, darstellt; so treibt der Adamsmythos einen oder mehrere Gegenpole zur Hauptfigur des Urmenschen hervor; von diesen Gegenpolen empfängt er eine rätselhafte Tiefe, durch die er unterbödig mit den anderen Mythen des Bösen in Verbindung steht"[147], die er aber zugleich auch kritisiert. „Die Kritik der Grundvorstellungen, auf denen der Mythos des Chaos und der des bösen Gottes aufbauen, wurde nirgends so weit getrieben wie in Israel. Der hebräische Monotheismus und insbesondere die ethische Qualität dieses Monotheismus haben die Theogonie und den tragischen Gott, der auch noch theogonisch ist, hinfällig und unmöglich gemacht."[148] Spuren einer tragischen Lebensanschauung finden sich jedoch auch noch in der Bibel, vor allem in der Rolle der Schlange[149], auf die wir noch eingehender zu sprechen kommen. Die Doppeldeutigkeit des tragischen Gottes verlagert sich in das Herz des Menschen, der gut geschaffen, aber böse geworden ist.[150] „In diesem Paradox der ‚Bestimmung' des Menschen zum Guten und seines ‚Hanges' zum Bösen ist der ganze Sinn des Fall-Symbols verwahrt."[151]

„Aber derselbe Mythos, der das ‚Ereignis' des Falles in einem Menschen, in einem Akt, in einem Augenblick zusammenballt, verteilt es auch auf mehrere Mitspieler: Adam, Eva, die Schlange – und auf mehrere Episoden: die Verführung der Frau und der Fall des Mannes."[152] Die Frau versinnbildlicht im biblischen Bericht ‚den Punkt des geringsten Widerstandes'.

145 A.a.O. 266.
146 A.a.O. 267.
147 A.a.O. 267–268.
148 A.a.O. 273; es ist hier noch einmal darauf hinzuweisen, daß Mythos für Ricœur nicht ein Weniger als Geschichte, sondern ein Mehr bedeutet: „Die Geschichte vom Sündenfall hat die Größe des Mythos, d. h. hat mehr Sinn als eine wirkliche Geschichte." Beim Adamsmythos handelt es sich um einen ätiologischen Mythos, eine Hermeneutik ersten Grades der ‚Ursymbole der Sünde', die der ‚spekulativen Chiffre der Erbsünde', einer Hermeneutik zweiten Grades, vorausliegt (a.a.O. 270).
149 A.a.O. 273–274.
150 A.a.O. 281.
151 A.a.O. 287.
152 A.a.O. 288.

Das ‚Ewig Weibliche', das hier in den Blick genommen wird, könnte man „die ‚*Vermittlung der Schwäche*', die Zerbrechlichkeit des Menschen" nennen. „Eva ist also nicht die Frau als ‚zweites Geschlecht'; jede Frau und jeder Mann sind Adam; jeder Mann und jede Frau sind Eva; jede Frau sündigt ‚in' Adam, jeder Mann wird verführt ‚in' Eva."[153] Ricœur spricht hier in feinsinniger Art aus, was Jung immer wieder mit den Begriffen von Anima und Animus auf psychologischer Ebene zu verdeutlichen versucht hat.
Doch was bedeutet die *Schlange*? Der Jahwist scheint „die Schlange absichtlich *bewahrt* zu haben; als einziges Ungeheuer von den theogonischen Mythen, das davongekommen ist, wurde das chthonische Tier nicht entmythologisiert"[154]. Die Schlange des Sündenfalls findet Parallelen im persischen Angramainju, in der Schlange Dahaka im Iran.[155] In Ägypten ist es die Apophisschlange, die gegen den Sonnengott Re aufbegehrt und von ihm vernichtet wird.[156] Im Epos ‚*Enuma Elisch*' wird die große Meerschlange Tiamat von Marduk besiegt. Das hebräische Wort ‚tehom' ist mit babylonisch ‚tiamat' identisch.[157] „Jahwe tötet oder spaltet *Rahab* oder Leviathan (Ps 89, 11; Hiob 26, 12; 40, 20). In abgeblaßter Form (als Tehom) erscheint dieser Drache in der Schöpfungserzählung des Priesterkodex (1. Mos. 1)."[158]
Bei den Hethitern ist es die Illujankas-Schlange, die von den Göttern bekämpft wird. In Indien ist es der Held und Gott Indra, der im Iran Veretragna heißt, was Töter des Urdrachens bedeutet, der den Kampf mit dem Drachen wagt.[159] Im nordischen Mythos nagt der Neiddrache Nidhöggr an der Wurzel der Weltesche Yggdrasil. In der deutschen Mythologie erzeugt Loki die Midgardschlange, das ‚Symbol des Weltmeeres, das am Jüngsten Tag aus seinen Ufern treten und die ganze Erde überfluten, die letzten Spuren menschlichen Daseins vertilgen wird.[160] In Griechenland ist es Apollo, der die Pythonschlange besiegt („Der eigentliche Feind des Apollo war weiblichen Geschlechtes, eine Drachin [drakaina] namens Delphyne. Der Name hängt mit dem alten Wort für Gebärmutter zu-

153 A.a.O. 291.
154 A.a.O. 292; vgl. über die Schlange als Symbol der chthonischen Gottheiten und der Vegetationsgottheiten: *W. F. Allbright*, The Goddness of life and wisdom, 258–294; *H. L. Strack* und *P. Billerbeck*, Kommentar zum Neuen Testament aus Talmud und Midrasch, 138 sub C.
155 *F. Heiler*, Erscheinungsformen und Wesen der Religion, 87.
156 *S. Morenz*, Ägyptische Religion, 26, 81.
157 *H. Ringgren*, Israelitische Religion, 94.
158 *F. Heiler*, Erscheinungsformen und Wesen der Religion, 85.
159 Vgl. *U. Mann*, Das Christentum als Absolute Religion, 109.
160 Vgl. *H. Jens*, Mythologisches Lexikon, 139, 140, 152.

sammen").[161] Es soll hier nicht der vielen Mythen gedacht werden, „in welchen die Schlange als Trägerin des Verderbens mitspielt"[162].
Psychologisch könnte man sagen, daß die Schlange die „Projektion der Begierde" darstellt[163], so wie der Apostel Jakobus es ausdrückt, wenn er sagt: „Jeder wird versucht, indem er von der eigenen Begierlichkeit gelockt und geködert wird" (1, 14). Doch die Reduktion der Schlange auf einen Teil von uns selbst ist noch nicht der ganze Symbolgehalt. Die Schlange symbolisiert auch die äußere Situation, in der der Mensch in seiner geschichtlichen Erfahrung das Böse bereits vorfindet. „Es gibt so etwas wie ein Sich-selber-vorausliegen des Bösen, wie wenn das Böse das wäre, was immer sich selbst zuvor ist, was jeder vorfindet und fortsetzt, indem er es beginnt, und zwar indem er es seinerseits beginnt; darum ist die Schlange im Garten Eden schon da; sie ist das Gegenbild dessen, was beginnt." „Doch hinter der *Projektion* unserer Begehrlichkeit, jenseits der *Tradition* des schon vorfindlichen Bösen", scheint es noch eine kosmische Struktur des Bösen zu geben, „die der Struktur unseres Universums inhärent scheint, wenn wir sie der Grundintention des Menschseins und seinem Streben nach Wahrheit und Glück gegenüberhalten"[164]. „So symbolisiert die Schlange etwas vom Menschen *und* etwas von der Welt, eine Seite des Mikrokosmos und eine Seite des Makrokosmos, das Chaos *in* mir, *zwischen* und *draußen*. ... Das Schlangenthema stellt sohin den ersten Markstein dar auf dem Weg des Satans-Themas, so daß es in der persischen Epoche möglich wurde, einen Quasi-Dualismus in den Glauben Israels einzuschließen; sicher wird Satan nie ein anderer Gott sein; die Juden werden immer eingedenk sein, daß die Schlange ein Teil der Schöpfung ist; zumindest gestattet das Satanssymbol, die Konzentration des Bösen im Menschen durch eine zweite Bewegung aufzuwiegen, die den Ursprung des Bösen in eine vormenschliche dämonische Realität verlegt."[165]
Den Typ des Mythos von der verbannten Seele sieht Ricœur vor allem in der *Orphik* exemplifiziert.[166] Im orphischen Mythos ist die Seele göttlich, der Leib irdisch.[167] „Das Böse beginnt nur, weil es immer schon in gewisser Weise da ist; es ist Wahl *und* Erbe."[168]

161 *K. Kerényi*, Die Mythologie der Griechen, 108.
162 *G. Roskoff*, Geschichte des Teufels, 194.
163 *P. Ricœur*, a.a.O. 293.
164 A.a.O. 294.
165 A.a.O. 295.
166 A.a.O. 319.
167 A.a.O. 320.
168 A.a.O. 342.

Bei dieser Phänomenologie des Bösen in den verschiedenen Mythentypen gibt Ricœur bewußt dem Adamsmythos den Vorzug und macht ihn zu seinem Standpunkt, wenngleich er der Überzeugung ist, daß alle Mythen uns etwas zu sagen haben. „Die Überlegenheit des Adamsmythos impliziert nicht, daß die anderen Mythen einfachhin abzutun seien; sie werden vielmehr durch den bevorzugten Mythos aufgerufen und wiederauferweckt."[169]

Der entscheidende Gegensatz zwischen Freiheit und Tragik, die quälende Frage nach dem Ursprung des Bösen, nach seiner Einordnung in ein umfassendes Sinnganzes, die Jung die Antwort auf Hiob schreiben ließ, wird auch durch den Adamsmythos nicht eindeutig beantwortet.

„Der Adamsmythos ist antitragisch. Gleichwohl behauptet er in sich etwas vom tragischen Menschen und selbst vom tragischen Gott."[170] Und „vielleicht darf die Möglichkeit des tragischen Gottes nie ganz ausgetilgt werden, damit die biblische Theologie vor den Plattheiten des ethischen Monotheismus bewahrt bleibe. ... Weil die tragische Theologie immer möglich, wenngleich unsagbar ist, ist Gott der Deus absconditus. Und sie ist immer möglich, weil das Leiden nicht mehr als Strafe verstanden werden kann."[171]

Das Fazit aus seinen Überlegungen zum Problem des Bösen in den Mythen der Religionsgeschichte zieht Ricœur, wenn er sagt: „Was die Besinnung auf die Symbole und Mythen des Bösen zu verstehen gibt, ist allein dies: daß die Setzung des Bösen durch den Menschen eine Kehrseite des Bösen aufdeckt, ein nichtgesetztes Moment, das mit der Setzung des Bösen durch den Menschen verschränkt ist; dieses nichtgesetzte Moment verweist wiederum über den Menschen hinaus auf einen anderen, der durch die Schlange versinnbildet wird; aber dieses nichtgesetzte Moment, dieser Andere, kann nur an der Grenze einer Anthropologie des Bösen erscheinen. Jede Hypostase dieser nichtmenschlichen Quelle des Bösen in einer absoluten Dialektik überschreitet die Mittel dieser Anthropologie." In der Christologie sieht Ricœur die Überwindung der Tragik. „Unter Christologie verstehe ich eine Lehre, die imstande ist, die Figur des leidenden Knechts, den wir als höchste Möglichkeit des menschlichen Leidens gedeutet haben, in das Leben Gottes einzuschließen, in eine Dialektik göttlicher ‚Personen'. Nach der ‚Christologie' ist dieses Leiden ein Moment der Gottheit; dieses Moment der Erniedrigung, der Vernichtung des gött-

169 A.a.O. 352.
170 A.a.O. 354.
171 A.a.O. 367.

lichen Lebens, verwirklicht die Erfüllung und Aufhebung der Tragödie."[172] Doch hier weiß sich Ricœur an den Grenzen seiner Kompetenz als Philosoph. Hier müßte der Theologe eine Antwort suchen.

2.3. *Das Problem des Bösen in der Heilsgeschichte*

Das Geheimnis des Bösen, wie es sich in der Phänomenologie der Mythen zeigt, beschäftigt auch die heilsgeschichtliche Offenbarung.

Hier ist es vor allem die Gestalt Satans, des Teufels, in der sich das Problem des Bösen artikuliert.

Jung hat sich eingehend mit dieser Figur des Schattens befaßt, weil sie ihm wesentlich für das Verständnis von Ganzheit erschien und damit auch für das Gottesbild.

Das Thema der Entwicklung des alttestamentlichen Gottesbildes nimmt Riwkah Schärf in ihrer sehr sorgfältigen und umfassenden Monographie „Die Gestalt des Satans im Alten Testament" auf. Die These ihrer Schrift ist, daß die „Figur des Satans nicht ‚an sich' erfaßt werden kann, sondern nur in ihrem Bezug zu Gott"[173].

In der Auseinandersetzung mit den verschiedenen Herkunftshypothesen des Satans im Alten Testament würdigt sie vor allem die Arbeit von Volz: „Das Dämonische in Jahwe", auf die wir bereits verwiesen haben. Bei Duhm[174] und Kaupel[175] ist das Böse im Alten Testament etwas Peripherisches. Bei Jirku[186] ist Satan ein Krankheitsdämon. Für Brock-Utne[177] liegen die Wurzeln der Satansvorstellungen in der menschlich-sozialen Sphäre. Bei diesen Überlegungen ist die Rolle des Satans als Ankläger und Verleumder wichtig, in der Satan an verschiedenen Stellen des Alten Testaments erscheint. Es wird in diesem Zusammenhang auf die *El-Amarna-Briefe* hingewiesen, die diesen Sachverhalt in der Umgebung Israels unterstreichen. Ausgehend von der Wortanalyse, die ihre primäre Bedeutung in ‚Feind, Widersacher' hat, sieht Gerhard von Rad den Ursprung der Satansvorstellungen im israelitischen Rechtsleben. Der Satan ist hiernach Ankläger vor Gericht.[178] Eine ähnliche Position wird auch von H. Torczyner[179] und A. Lods[180] vertreten.

Gegen die letztgenannten Autoren macht Schärf geltend, daß sie den

172 A.a.O. 373.
173 *R. Schärf,* Die Gestalt Satans im Alten Testament, 156.
174 *H. Duhm,* Die bösen Geister im Alten Testament.
175 *H. Kaupel,* Die Dämonen des Alten Testaments.
176 *A. Jirku,* Die Dämonen und ihre Abwehr im Alten Testament.
177 *A. Brock-Utne,* Der Feind.
178 *G. von Rad,* diabolos, 71–74.
179 *H. Torczyner,* Wie Satan in die Welt kam.
180 *A. Lods,* Les origines de la figure de Satan, ses fonctions à la cour céleste, 649–660.

Satansbegriff aus dem Hiobprolog entnehmen und ihn in unzulässiger Weise auch auf andere „Satansstellen" des Alten Testaments verwenden, wo er keine Funktion hat.[181]
Nach einer eingehenden Diskussion der ethymologischen Herkunft des Begriffes Satan und seiner Anwendung im profanen und metaphysischen Bereich kommt die Autorin zu der Ansicht, daß der Satan im Gegensatz zu den eigentlichen Kakodämonen in den göttlichen Bereich einbezogen ist und im Vergleich mit den mythologischen Gestalten der Seraphim, Kerubim, Leviathan und Behemoth, die eine Naturseite Gottes darstellen, ein *geistiger* Dämon ist, mit dem Gott in dialektischer Auseinandersetzung steht. Er ist eine personifizierte Funktion Gottes, die sich schrittweise aus der Gottpersönlichkeit herausentwickelt und loslöst.[182] In der Bileam-Erzählung Num 22, 22ff, in Ex 12, 23, 2 Sam 24, 16, 2 Kön 19, 35 erscheint der *Malak Jahwe* in der zerstörerischen Funktion des Satans. Schärf meint daraus schließen zu können, daß es eine der ‚Gottpersönlichkeit immanente Differenzierungstendenz' gibt. Wenn in einer früheren Phase Jahwe noch identisch mit seiner zerstörerischen Funktion erlebt wurde, so tut sich in der Gestalt des Malak Jahwe eine ‚innere Auseinandersetzung in Gott' kund.[183] Es beginnt ein Abspaltungsprozeß des Dämonischen und eine Personifizierung dieser Seite des Gottesbildes, weil es ein fortgeschrittenes Bewußtsein nicht mehr erträgt, Gott unmittelbar auch für das Böse und Zerstörerische, das geschieht, verantwortlich zu machen.
Ein weiterer Begriff, der ebenfalls immer wieder im Alten Testament erscheint und der mit dem Satanischen in Beziehung gesetzt werden kann, ist der des *ben-ha-elohim.* Vor allem im Hiobbuch erscheint der Satan als einer der Gottessöhne. Der Satan im Hiobbuch hat bereits eine andere Funktion als der *malak Jahwe.* Er steht in einer dialektischen Auseinandersetzung Gott gegenüber. Wenngleich er auch hier als ein Jahwe untergeordneter Dämon erscheint, so läßt sich dennoch Jahwe von ihm zu folgenschweren Entscheidungen veranlassen, läßt sich gegen Hiob reizen. Schärf macht darauf aufmerksam, daß, psychologisch gesehen, hier sozusagen der Herr vom Diener überredet wird.[184]
Erscheint der ‚malak' von Mal zu Mal als Gott selbst in der Ausführung einer intendierten göttlichen Handlung, so sind die ‚bene-elohim' immer um Gott als Teile der Gottsubstanz.[185] Im Hiobbuch verkörpert der Satan

181 *R. Schärf,* op. cit., 171–172.
182 A.a.O. 204.
183 A.a.O. 218–220.
184 A.a.O. 230–232.
185 A.a.O. 253.

als ‚ben-ha-elohim' eine „selbst agierende Wesensseite Gottes, die mit seiner Gesamtpersönlichkeit in Konflikt steht und durch deren Willensstrebung Gott in Unruhe versetzt wird. *Der Satan erscheint hier als der manifestierte Zweifel in Gott.*"[186]

Der ‚Hiob der Dichtung' erlebt im Gegensatz zum Hiob der Volkserzählung das Auseinanderfallen der beiden Gottesseiten. *Gott spaltet sich in ihm.* „Gott wird nicht mehr unproblematisch in seiner Ambivalenz hingenommen, sondern sie wird Hiob durch sein Erleben als solche offenbar. Sie wird ihm bewußt, so wie auf der himmlischen Ebene Gott sein eigener Zweifel dadurch, daß er ihm gegenübertritt, bewußt wird. Es ist eigentlich ein identisches Geschehen, in göttlicher und menschlicher Manifestation." So wird der Satan eigentlich derjenige, der Gott zu seiner eigenen Bewußtheit verhilft. „Indem sich Gott seiner dunklen Seite aus dem Konflikt heraus überläßt, wird sie ihm erst in ihrem Wesen faßbar. Gott erlebt bewußt seine ganze Unberechenbarkeit. Er *ist* sie nicht nur, er *weiß* um sie.

Die ‚Lösung des Hiob-Rätsels', das in seiner ganzen Grausamkeit gesehen werden muß, sieht Schärf darin, daß Hiob zum Opfer und zum Träger des göttlichen Schicksals zugleich wird. „Auf der Ebene des Bewußtseins Hiobs geschieht die Integration des Gottes als coincidentia oppositorum." Hiob steht stellvertretend für den Menschen, den Gott als Partner braucht, „um der Erkenntnis willen". Der Satan wird in einem tieferen Sinne zum Luzifer. „Der Satan ist die Not der Welt, durch die der Mensch erst nach innen getrieben wird, in die ‚andere Welt'", d. h., der Mensch wird dadurch darüber hinausgetrieben, nur Naturwesen zu sein.[187]

In Sach 3, 1 ff. wird der Satan zum Gegenspieler des malak Jahwe. Schärf sieht darin einen weiteren Fortschritt im ‚innergöttlichen Differenzierungsprozeß'. *„Der Herauslösung des Satans, der dunklen Gottseite, ist die Herauslösung der entsprechenden hellen Gottesseite gefolgt."* Es sind „zwei Wesensseiten Gottes, die um den Menschen miteinander kämpfen. Die eine verlangt *Gerechtigkeit,* die andere gewährt Gnade." Schärf sieht darin eine der „ganz großen Wendungen im alttestamentlichen Gottesbegriff". Die Gerechtigkeit Gottes wird nun negativ gewertet, weil ein höheres Prinzip gesichtet ist: die *Liebe.*" Da es sich um eine Polarität in Gott handelt, so wird Gerechtigkeit negativ, wenn sie an die Stelle der Liebe tritt.[188] Dieser Gedanke wird von der Kabbala aufgenommen und weitergeführt. Im Sephirotbaum der Kabbala „steht die Gnade, die Liebe

186 A.a.O. 276–277.
187 Vgl. a.a.O. 284–292.
188 Vgl. a.a.O. 300–302.

(hesed) auf der rechten (männlichen) Seite, die Gerechtigkeit oder das Gericht (din) auf der linken (weiblichen). Erst in seiner Liebe drückt sich das Männlich-Schöpferische in Gott aus. Seine unberechenbare Emotionalität, sein Zorn, sein Eifern, seine Gerechtigkeit, sind weiblich. Das ist – psychologisch gesprochen – gewissermaßen die weibliche Seite Gottes, die undifferenziert und chaotisch ist. Der Geistgott hatte sich aus der mütterlichen Urnatur herausgerungen, aus dem Urgrund der heidnischen Naturreligionen. Dadurch ist das Weibliche naturnotwendig ausgeschaltet, um dann aber unbewußt und negativ doch in seinem Wesen zu erscheinen. Hier wird von neuem der Zusammenhang zwischen dem Weiblichen und dem Satan sichtbar. Das Fruchtbare und Weiterführende der Kabbala ist aber, daß diese weibliche Seite wohl ‚links' ist, aber doch ihre volle Dignität im geistigen Weltsystem hat. Das Weibliche ist nicht nur überwunden, sondern auch aufgehoben im Sinne des Bewahrtseins, Wesenhaft-Seins. Hier umfaßt Gott seine beiden Seiten, er ist männlich und weiblich. Er ist die coincidentia oppositorum."[189]
Unter persischem Einfluß, so meint Schärf, komme es dann aber doch noch zu einer völligen Abspaltung des Satans aus der Beziehung zu Gott. So glaubt sie, daß in 1 Ch 21, 1 „der Satan seines Charakters als *Gottesfunktion* entkleidet" ist. Hier ist der göttliche Differenzierungsprozeß der Herauslösung und Sichtbarwerdung der dunklen Wesensseite Gottes bis zur vollständigen Ablösung gediehen."[190]
Die Ablösung des Satans von Gott, durch die er von seiner Dunkelheit „gesäubert wurde, barg ungeheure Konsequenzen. Sie bildete die Voraussetzung für die neutestamentliche Entwicklung des Satans zur Gegenpersönlichkeit Gottes und zu seiner völligen Abspaltung."[191]
Im Gottesbild des Alten Testamentes gibt es eine Spannung, darüber sind sich die Alttestamentler einig. Einerseits ist der Gott Israels *ein* heiliger Gott – im strengen Monotheismus hat eine Pluralität von Göttern, die die israelische Umwelt kennzeichnete, keinen Platz –, „andererseits war es (s. c. das Alte Testament) aber so überzeugt vom allumfassenden Wirken Jahwes in der Welt, daß es sich nicht scheute, auch die bösen Taten der Menschen irgendwie mit dem Walten Gottes in Verbindung zu bringen"[192].
War der Satan ursprünglich einfach ein „vollberechtigtes Glied im Hofstaat Jahwes", der „öffentliche Ankläger oder Staatsanwalt, der die

189 A.a.O. 303–305.
190 A.a.O. 311.
191 A.a.O. 317.
192 *H. Haag*, Abschied vom Teufel, 35.

Schuld der Menschen bei Gott in Erinnerung bringt"[193], so verdichtet sich diese Vorstellung mehr und mehr zu einer schärfer umrissenen Gestalt, die nun für die Versuchungen des Menschen verantwortlich gemacht wird, die das alte Israel noch unbekümmert auf Jahwe allein bezogen hatte.[194] Das zeigt die Stelle Sam 24, 1, wo Gott selbst den David reizt, eine Volkszählung durchzuführen und sich damit schwer zu versündigen. Eine spätere Zeit konnte dieses gegensätzliche Handeln Gottes nicht mehr auf einen Nenner bringen. „Der Chronist", so meint Gerhard von Rad, „hat diese große theologische Spannung nicht mehr ertragen; er sagt: ‚Satan verleitet den David' (1 Chr 21, 1)."[195]
Was für den Chronisten gilt, das gilt auch für das Buch Hiob, das im fünften oder vierten Jahrhundert entstanden ist. Auch hier „finden wir den Versuch, das Böse nicht mehr unmittelbar auf Gott, sondern auf ein seiner Macht unterworfenes Wesen zurückzuführen, den Satan"[196]. Doch auch diese Lösung ist letztlich nicht befriedigend, „denn was ändert es schließlich, ob Gott das Böse selber veranlaßt oder ob er sich dafür eines Zwischenwesens bedient?"[197] Für das Gottesbild bedeutet es jedoch eine Verarmung. Aus dem nahen wurde ein immer fernerer Gott.[198] „Der Glaube der alten Zeit hatte das Bedürfnis, das göttliche Wirken so allumfassend als möglich zu denken, und führte darum auch das Böse auf ihn zurück." Im vierten Jahrhundert, so meint Eichrodt, wurde dieser Teil der göttlichen Wirksamkeit gewissermaßen als selbständige Hypostase von Gott abgelöst.[199] Damit ist allerdings die Vorbedingung gegeben, um einen bösen Geist, einen Urheber des Bösen, als übermenschliches Zentrum aller Sünde in das religiöse Denken einzuführen"[200]. Doch darf für das Alte Testament behauptet werden, wenn sich auch bereits eine Tendenz der Herauslösung eines obersten dämonischen Prinzips abzeichnet, daß „die eigentliche Ausbildung und Dogmatisierung der Idee nicht mehr auf alttestamentlichem Boden, sondern in den Apokryphen und Pseudoepigraphen stattgefunden hat"[201]. „Erst das *Spätjudentum* hat die bewußte Zurückhaltung des AT gegenüber volkstümlichen und heidnischen Dä-

193 Vgl. *W. Eichrodt*, Theologie des Alten Testaments, Teil 2 und 3, 139.
194 Vgl. *F. J. Schierse*, Satan, 22.
195 *G. von Rad*, Theologie des Alten Testaments, Bd. I, 331.
196 *H. Haag*, a.a.O. 36.
197 A.a.O. 37.
198 A.a.O. 38–39.
199 Eichrodt stimmt R. Schärf zu, daß es nicht falsch sei, beim Satan von „einer personifizierten Funktion Gottes zu reden, die sich schrittweise aus der Gottpersönlichkeit herausentwickelt und loslöst".
200 *W. Eichrodt*, a.a.O. 140.
201 Ebd.

monenvorstellungen weitgehend aufgegeben"[202], und das unter dem Einfluß der persischen Religion,[203] in der die Gestalten des Bösen und Guten in Ahriman (Ahra Mainyu) und dem Spenta Mainyu verkörpert sind, die in Ahura Mazdā überhöht sind, in der aber das böse Prinzip sich schließlich doch verselbständigt.[204]

Wenn Jung von einer Gegensatzspannung im alttestamentlichen Gottesbild redet, so ist dieser Gedanke nicht von der Hand zu weisen. Er stimmt auf jeden Fall für eine bestimmte Periode des alten Testaments. Auch wird man ihm zugeben müssen, daß es bereits auf alttestamentlichem Boden eine Tendenz gab, das als unerträglich erlebte Spannungsverhältnis im Gottesbild auf neurotische Weise aufzulösen. Die neurotische Konfliktlösung besteht ja darin, daß einer der konfliktauslösenden Faktoren aus dem Spannungsverhältnis sich widerstreitender Strebungen verdrängt wird. Ob nun Jung mit der Übertragung des Konfliktschemas auf das Gottesbild dem alttestamentlichen Befund gerecht wird, ist eine andere Frage. Zum echten Konflikt gehört, daß es sich um gleichwertige Faktoren handelt, zwischen denen der Mensch entscheiden muß.

Es gibt zwei Möglichkeiten, mit einem Konflikt umzugehen. Entweder verdrängt man den einen Faktor, um sich damit für den anderen entscheiden zu können – das ist die neurotische Lösung, oder man hat die genügende Toleranzbreite, um bewußt mit dem Konflikt zu leben in der Hoffnung, daß es etwas Drittes gibt, in dem der Gegensatz aufgehoben wird. Letztere wäre die gesunde Lösung.

Das in der Bibel bezeugte gegensätzliche Handeln Gottes hat, wie wir oben sehen konnten, bei den Menschen einer späteren Phase der Geschichte Israels Anstoß erregt. Mit der Bewußtwerdung dieses Konflikts im religiösen Erleben wurden auch zugleich beide Möglichkeiten der Konfliktlösung konstelliert.

Die ‚neurotische Konfliktlösung', so konnten wir sehen, hat Ansätze im Alten Testament, die jedoch in der Heilsgeschichte nicht weiterentwickelt wurden, sondern lediglich in außerbiblischen Geistesströmungen Nahrung erhalten haben. Jung hat zwischen diesen beiden Entwicklungen nicht immer sauber unterschieden. So wird das Spezifische der Heilsgeschichte nicht genügend deutlich.

Die heilsgeschichtliche Lösung des Konflikts bestand nicht in neurotischer Verdrängung, sondern in dem Glauben, daß auch das scheinbar mit der Heiligkeit Gottes Unvereinbare im Urgrund der Gottheit aufgehoben sein

202 *F. J. Schierse,* a.a.O. 22.
203 *W. Eichrodt,* a.a.O. 141.
204 Vgl. *G. Widengren,* Die Religionen Irans, 75.

muß. Dieser Glaube beinhaltet allerdings eine gewisse Relativierung des Bösen und seiner Personifizierung in Satan. Satan wird in der Heilsgeschichte nicht zum Gegengott.

Mit der Relativierung des Bösen ergibt sich auch eine Verschiebung des Erlebens, was die Mächtigkeit dieses undurchdringlichen Geheimnisses betrifft, das jedoch nicht einfachhin als Verdrängung verstanden werden muß. Es handelt sich vielmehr um das Wissen oder zumindest um das unbewußte Ahnen, daß der Sinngrund des Seins und damit auch des Menschen nicht gespalten sein kann, daß es eine umfassende Ganzheit geben muß, in der auch noch extreme Gegensätze in einem fruchtbaren Spannungsverhältnis gehalten werden.

Gott ist immer der *eine*, auch dort, wo er sich in einer *Vielzahl* von Eigenschaften offenbart. Kurt Lüthi glaubt, daß sich Gott immer in einem Kosmos und nicht in einem Chaos von Eigenschaften offenbare und daß es am Menschen liege, diesen Kosmos als Kosmos zu erkennen. Da sich der Mensch mit der einen oder anderen Eigenschaft Gottes konfrontiert sieht, lebt er in der Versuchung, eine Eigenschaft für die ganze Gottheit Gottes zu setzen. Das Erlebnis einer isolierten Eigenschaft kann ihm Gott als dämonisch erscheinen lassen. „Erst im Ringen um Gott kommt es zur befreienden Begegnung mit der eigentlichen Gottheit Gottes." Schon in den Texten des Alten Testaments sei eine „deutliche Überordnung der barmherzigen über die rein vergeltenden Eigenschaften Gottes" zu bemerken, „ein prinzipielles Vorher der Liebe über die Macht, der Rettung über das Gericht"[205].

Die Frage nach den letzten Wurzeln des Bösen, die in 2 Sam 24, 1 noch mit dem widersprüchlichen Handeln Gottes in Zusammenhang gebracht wird, die später auf die Jahwe untergeordnete Figur des Satans verschoben wird, findet schließlich eine eindeutige Verlagerung in den Menschen selbst. Nach N. Lohfink ist es erst dem Bundesdenken zu verdanken, „daß alles Dunkle der menschlichen Existenz als Folge der Sünde, daß die Sünde ganz als Tat menschlicher Freiheit gesehen wird"[206]. Es sind vor allem die Propheten, die den Sündebegriff verinnerlichen und den Ursprung des Bösen im Herzen des Menschen finden. „Nachdem schon der Jahvist diese innere Hinneigung zum Bösen als eine tiefverwurzelte Anlage des Menschen erkannt hatte, wiesen die Propheten wieder und wieder darauf hin."[207] Am meisten grübelt Jeremias über dem Rätsel,

205 *K. Lüthi*, Gott und das Böse,154–155.
206 *N. Lohfink*, Der theologische Hintergrund der Genesiserzählung vom Sündenfall, 81.
207 *W. Eichrodt*, a.a.O. 270.

das sich darin auftut, daß das Böse mit faszinierender Gewalt den Menschen anzieht. ... Wie ein undurchschaubarer Abgrund voll grauenhafter Rätsel erscheint ihm das Menschenherz, dessen Anblick alle Hoffnung ersterben läßt[208]. Für die Predigt der Propheten ist „Israels Sünde etwas schlechterdings Unbegreifliches, etwas, für das es weder bei den Völkern noch bei den Tieren eine Analogie gibt“[209].

Diese Konzentration der Problematik des Bösen in der Freiheit des Menschen,[210] die bereits in der Erzählung vom Sündenfall[211] vorgezeichnet ist: „das Böse in der Welt entspringt der menschlichen Freiheit, die sich als Sünde verwirklichte“[212], wird durch die prophetische Tradition unterstrichen, in deren Sinn auch Jesus das Grundböse im Herzen des Menschen enthüllt.[213] Für Herbert Haag sind Satan oder Teufel Personifikationen für die Sünde oder das Böse. „An allen Stellen des Neuen Testaments, an denen der Satan oder Teufel vorkommt, könnten wir ebensogut ‚die Sünde‘ oder ‚das Böse‘ einsetzen.“[214] „Nicht vor dem *Teufel* will uns Jesus warnen, sondern vor der Sünde.“[215] Doch auch Haag möchte damit das Mysterium der Sünde nicht erklärt haben. „Die Sünde ist und bleibt ein Mysterium, aber sie bleibt ein solches mit und ohne Teufel.“[216]

Um dieses Geheimnis des Bösen, das nicht auf menschliche Freiheit allein zu reduzieren ist, hat die Bibel immer gewußt. Gerhard von Rad erinnert an den Begriff der Irrtumssünde, der ja beinhaltet, daß es nicht am Menschen liegt, daß er irrt, sondern „an den Umständen, religiös gesprochen an Gott“. Israel war sich dieser „menschlichen Problematik, ja Tragik“ bewußt. „Tatsächlich erheben sich manche Erzählungen, gerade weil sie das Problem des subjektiv unschuldigen Sünders so unbefangen entfalten – und es handelt sich meist um hochgestellte Männer –, zu ergreifender Dramatik. Hier wird der Leser an die aristotelische Theorie von der ‚hamartia‘ als der tiefsten Ursache tragischen Leidens erinnert.“[217] Von Rad verweist dabei auf die Erzählungen Gen 20, 3ff, 1. Sam 14, 24ff, aus denen „schon fast eine innere Zerrissenheit spricht. ... Israel hat sich also auf

208 A.a.O. 271.
209 *G. von Rad*, Theologie des Alten Testaments, 432.
210 *P. Schoonenberg*, Theologie der Sünde, 28.
211 Auch Eichrodt versteht die Erzählung vom Fall Adams in Gen 3 als ‚ätiologischen Mythus‘. Mythus ist für ihn „Sprache des Glaubens“, „Ausdrucksmittel für Glaubenswahrheiten, für deren begriffliche Fassung die Mittel fehlen“ (A.a.O. 279–280).
212 *N. Lohfink*, a.a.O. 78.
213 *J. Bernhart*, Das Böse, 218.
214 *H. Haag*, a.a.O. 48.
215 A.a.O. 52.
216 Ebd.
217 *G. von Rad*, Theologie des Alten Testaments, Bd. I, 280.

eine Auflösung seiner Schuldvorstellung ins Subjektive nicht eingelassen."[218]

Wenn auch mit der jahwistischen Darstellung vom Sündenfall die innerseelischen Vorgänge beim Schuldigwerden viel stärker fokalisiert werden, so wäre es verfehlt zu meinen, damit sei nun die Auflösung ins Subjektive vollzogen.[219] „Der Erzähler verbirgt den unheimlichen Widersacher Gottes mit Absicht hinter der unverfänglichen Gestalt des Tieres, weil er um seine undeutbare Rätselhaftigkeit weiß und die Gefahr, über die Beschäftigung mit ihm die Hauptsache undeutlich zu machen, allzu gut kennt. Die verführende Macht bleibt nach seinem Willen im Dunkeln, *das Rätsel, woher das Dämonisch-Böse stammt, wird nicht angerührt, es muß Rätsel bleiben,* wenn das Böse nicht verharmlost werden soll."[220]

Im Neuen Testament erscheint das Problem des Bösen ganz in den Menschen verlegt. Das Widersprüchliche wird nicht mehr in Gott gesehen, sondern im eigenen Herzen. Der Apostel Paulus hat diesem Zwiespalt in der eigenen Seele Ausdruck verliehen, indem er von den zwei Gesetzen schreibt, die sich in ihm widerstreiten. „Denn nicht das Gute, das ich will, tue ich, sondern das Böse, das ich nicht will, das führe ich aus. Wenn ich aber das tue, was ich nicht will, so vollbringe nicht mehr ich es, sondern die Sünde, die in mir wohnt. Ich finde also für mich, der ich das Gute tun will, das Gesetz gültig, daß das Böse bei mir vorhanden ist. Denn nach dem inwendigen Menschen habe ich Lust an dem Gesetz Gottes; ich sehe aber ein anderes Gesetz in meinen Gliedern, das dem Gesetz meines Innern widerstreitet und mich zum Gefangenen des Gesetzes der Sünde macht, das in meinen Gliedern ist" (Röm 7, 20–23).

„Einerseits", so sagt Jung, „fühlte er (Paulus) sich als von Gott unmittelbar berufenen und erleuchteten Apostel, andererseits als sündigen Menschen, der den ‚Pfahl im Fleische' und den ihn plagenden Satansengel nicht loszuwerden vermag."[221]

Die Verlagerung des Problems des Bösen in die Seele des Menschen betrachtet Jung als einen Fortschritt. Sie macht es dem Menschen möglich, seine Projektionen zurückzunehmen und die Feindbilder, die er einmal auf den ‚bösen Gott', auf den Teufel, auf den ‚bösen Nebenmenschen' projizierte, als die Problematik seiner eigenen Seele zu erkennen. Er hat damit die Möglichkeit, die ‚Sündenbocktheorie', die schon oft in der Geschichte Unheil angerichtet hat, als seine eigene Problematik zu akzeptie-

218 *G. von Rad,* a.a.O. 281.
219 Ebd.
220 *W. Eichrodt,* 282.
221 *C. G. Jung,* GW 11, 504.

ren. Integration des Schattens heißt nicht, daß man das Böse hege und pflege, sondern daß man dem Schatten seine Destruktivität nimmt, indem man lernt, mit seiner eigenen Schattenwirklichkeit umzugehen.

Integration des Schattens setzt jedoch voraus, daß man sich des Verdrängten bewußt werde. Jung zitiert hier gern das apokryphe Logion des Codex Bezae, Lk 6, 4: „Mensch, wenn Du weißt, was du tust, so bist Du selig; wenn du aber nicht weißt, was du tust, so bist du verflucht und ein Übertreter des Gesetzes."[222] Die grundlegende Moralität eines Menschen ist nach Jung nicht in der Entscheidung für dieses oder jenes zu sehen, sondern in der Grundentscheidung, ob er unbewußt dahindämmern will oder in der Bewußtwerdung zu sich selbst finden möchte. Denn erst in der Bewußtwerdung wird der Mensch vom Getriebenen zum Freien.

Wenn sich Jung auch von Bewußtmachung und Integration des Schattens viel verspricht, wenn diese Arbeit für ihn zum Individuationsprozeß gehört, der ohne die Auseinandersetzung mit der Schattenproblematik gar nicht beginnen kann, so weiß er jedoch auch, daß hinter dem persönlichen Schatten der kollektive Schatten steht, der vom Unbewußten nicht zu trennen ist. Die Bewußtmachung der vierten Funktion bedeutet die Auseinandersetzung mit Anima-Animus und Schatten zugleich und ist die Auseinandersetzung mit dem kollektiven Unbewußten überhaupt, dessen Erstreckung das Bewußtsein nie völlig ausleuchten kann. So ist auch der Schatten in einer letzten Dimension nicht mehr integrierbar. Jung hat um diese Tragik des Menschen und sein Ausgeliefertsein an eine ihm fremde Macht gewußt, von der er nur hoffen konnte, daß sie sich trotz aller Verzweiflung in der Welt als eine sinnvolle erweisen möge. In seinem Erinnerungsbuch gibt er dieser Hoffnung verhalten Ausdruck: „Das Leben ist Sinn und Unsinn, oder es hat Sinn und Unsinn. Ich habe die ängstliche Hoffnung, der Sinn werde überwiegen und die Schlacht gewinnen."[223]

Die Bibel spricht an verschiedenen Stellen von dieser Tragik des Menschen, wie wir sehen konnten. Im Neuen Testament gibt es neben der Bosheit des Menschen die Bosheit des Teufels. Ist der Teufel nur eine Personifikation der Sünde? Trägt das Reden von Satan, vom Antichristen, vom Versucher, vom Widersacher nicht vielmehr dieser abgrundtiefen Tragik des menschlichen Daseins Rechnung, der der Mensch sich ausgeliefert sieht? Will man schon von Projektion sprechen, so entsteht die Frage, ob es sich bei der Gestalt Satans nicht um ein legitimes Projizieren des Menschen handelt, der um seine Verantwortung in der Sünde weiß, sich aber auch zugleich

222 A.a.O. 465.
223 *C. G. Jung*, Erinnerungen Träume Gedanken, 360.

bewußt ist, daß ihr Mysterium seinen Verstehenshorizont übersteigt.

Das Geheimnis des Bösen, seine Tragik, kann psychologisch erhellt, doch nicht aufgelöst werden. Nur in einer heilsgeschichtlichen Dimension, die ihren Zielpunkt in Jesus Christus hat, kann das Böse, wenn auch nicht erklärt, so doch durchlitten und in diesem Leiden überwunden werden. „Es gibt Fragen, die nicht ‚beantwortet', sondern gelebt sein wollen" (R. Guardini).[224]

„Alle Aussagen der Schrift werden nicht um Satan und seiner Dämonen, sondern um Christi und seiner Kirche willen gemacht"[225]; das kann man als Fazit aus der biblischen Betrachtung entnehmen. Die Antwort des Christen auf das Problem des Bösen ist Jesus Christus selbst. Die Hoffnung auf ihn nimmt schon im Alten Testament Gestalt an, wenn Deuterojesajas vom „stellvertretenden Leiden des Gottesknechtes" spricht, oder wie es im Psalm 22 geschieht, „das eigene Leiden im Lichte eschatologischer Vollendung geschaut wird" oder bekannt wird, wie es in Psalm 73 und 16 und bei Jeremias 15, 15–21 geschieht, daß Gott der Nahe und seine Gegenwart der wahre und unzerstörbare Lebensinhalt ist.[226] Auch dort noch, wo die qualvolle Frage des Job nicht verstummen will, wird man nicht vom launischen Spiel eines grausamen Schöpfers sprechen können, „das den Menschen nur ins Gefühl seines Nichts schleudert". Die im Hiobbuch so stark betonte Freiheit des Schöpfers, „schließt eine geheimnisvolle innere Verbundenheit des Schöpfers mit seinem Geschöpf in sich, kraft derer sich der Mensch von seinem Walten, auch wo er es nicht versteht, im Innersten angesprochen und ergriffen fühlt"[227].

In Jesus Christus hat, wie Gerhard von Rad sagt, Gottes Bund erst „seinen rechten Bundespartner gefunden, denn er hat bei diesem Israel bis in den Tod ausgeharrt. Er hat die Last der Gottverlassenheit Hiobs und der anawim ausgetragen; in ihm ist die geistliche Selbstdargabe, von der schon die levitischen Spiritualen gesprochen haben, Wirklichkeit geworden; er hat auch das Amt, an dem die Charismatiker des Alten Bundes gescheitert sind – es weit über seine alttestamentliche Begrenzung hinauszuheben –, auf sich genommen. So hatte also doch Gott recht behalten: Einen gab es, an dem auch das Auge des Verklägers nichts finden würde (Hi. 1, 8; 2, 3), und auch die Propheten hatten recht behalten; ja die ganze Geschichte Gottes mit Israel war nicht ‚ins Leere gestoßen' und hatte nicht mit einer schlechterdings unerträglichen Frage an Gott geendet. In Jesus

224 *W. Kern – J. Splett,* Theodizee-Problem, 858.
225 *F. J. Schierse,* Satan, 25.
226 *W. Eichrodt,* a.a.O. 340.
227 A.a.O. 341.

Christus ist endlich der in die Geschichte des Gottesvolkes eingetreten, der ‚ganz' war mit Gott."[228]

„Alles Böse in der Welt", sagt Herbert Haag, „ist eine Erscheinung des Todes; das Böse vernichtet Leben, die Sünde wirkt Leid und Tod."[229] Doch „wie umfassend der Machtbereich des Todes auch immer sein mag: biblischer Glaube weiß um den *Sieg des Lebens.* Wenn es Gesetz der Schöpfung ist – dieser vom Tod gezeichneten Schöpfung –, daß sie zu einer immer volleren und reicheren Manifestation des Lebens hindrängt, dann ist auch der Tod einbezogen in die Ordnung des Lebens, dann steht der Tod letztlich – so widersprechend dies auch klingen mag – im Dienst des Lebens."[230] Wir können diesen Gedanken weiterführen und sagen, daß somit auch der Teufel im Dienste des Lebens steht. Wenn es in 1 Kor 15, 54 f heißt: Der Tod ist verschlungen im Sieg. Tod, wo ist dein Sieg? Tod, wo ist dein Stachel? – so ist damit gesagt, daß „das Leben stärker ist als der Tod", daß es „den längeren Atem, die größere Kraft" hat.[231] Der lebendige Gott ist stärker als der Tod, stärker als der Teufel, der ihm zu dienen hat.

In der Vorstellung des quaternären Selbstbildes, in der der Teufel als Symbol der unbewußten Funktion in ihrem unheimlichen Aspekt erscheint, ist das Bekenntnis Jungs zum Leben, zur Sinnfülle enthalten. Die durch den Teufel symbolisierte Funktion dient der Ganzheit. Die Schuld wird zur glücklichen Schuld. Dieses Geheimnis, das im Exsultet der Osternacht von der Kirche bekannt wird: „O felix culpa, quae talem ac tantum meruit habere Redemptorem", ist das Geheimnis des Deus absconditus. Jung wehrt sich dagegen, daß man dieses Geheimnis rationalistisch aufzulösen trachtet, daß man das Moment des Tragischen hinwegzudiskutieren sucht, anstatt es im Kreuz zu durchleiden. „Die Rechtfertigung Gottes ist die Welt-Rechtfertigung, die ein für allemal geschah und je weiter geschieht durch den neuen Menschen in Jesus Christus: durch den neuen Menschen, der Jesus Christus ist und der wir in ihm sind *und werden.*"[232] Die Frage der Theodizee führt zur ‚staurologischen' Überlegung zurück.[233] Das Kreuz ist für Jung das quaternäre Symbol ‚par excellence', in dem das Leid der Welt, die Fragen Hiobs, das Leiden der unschuldigen Kin-

228 *G. von Rad,* Theologie des Alten Testaments, Bd. 2, 435.
229 *H. Haag,* a.a.O. 62–63.
230 A.a.O. 64.
231 Ebd.
232 *W. Kern,* Theodizee, Kosmodizee durch Christus, 578.
233 *W. Kern – J. Splett,* Theodizee-Problem, 859.

der[234] in einem gedanklich nicht mehr auszusprechenden Sinn durchkreuzt werden.
Es ist darum letztlich nicht die größere Bewußtwerdung, die erlösend wirkt, sondern die größere Liebe, in der der liebende Gott sich im Menschen Jesu Christi der Tragik, die im Bösen, in der Sünde des Menschen und in der Sünde der Welt zum Ausdruck kommt, ausliefert und sie im Durchleiden zum Leben, in Auferstehung zum Sinnvollen, zur ‚felix culpa' wandelt.

3. Gott und die Symbolik des Weiblichen

3.1. Die Bedeutung des Weiblichen für das Gottesbild

Jung, so sahen wir, geht von der in jedem Menschen angelegten androgynen Ganzheit aus. Er verweist dabei auf diese schon im Biologischen begründete Totalität: Männliche und weibliche Chromosome entsprechen einander in jedem menschlichen Wesen. Von dieser bereits im Bios angelegten mann-weiblichen Ganzheit folgert er, daß sie sich auch in der Psyche zu erweisen habe. Seine Konzeption von Animus und Anima baut auf dem mann-weiblichen biologischen Substrat auf. So wie beim normalen Mann seine biologische weibliche Seite verborgen bleibt wie umgekehrt bei der normalen Frau die männliche, so ist in der Psyche des Mannes die Anima unbewußt und bei der Frau der Animus. Bei beiden, bei Mann und Frau, ist die gegengeschlechtliche Seite, die zum ‚totus homo' gehört, so immer schon da, wenngleich auch unbewußt und ungelebt.
Wenn Jung den ganzen Menschen auch immer in seiner Gegengeschlechtlichkeit verstanden wissen möchte, so bedeutet das zugleich, daß, sobald der Mensch über seinen Sinngrund nachdenkt, das Bild, das er sich von diesem entwirft, der Totalität seines Selbst entsprechen muß. Dem strukturierten Bild der Ganzheit, dem Selbst, darf somit dieses Spannungsverhältnis zwischen Weiblich und Männlich nicht fehlen, weil es sich um eine fundamentale Polarität des Lebens handelt, des menschlichen und des nicht-menschlichen.
Gottesbilder sind für Jung, wie wir bereits sehen konnten, Bilder des Selbst. Das, was der Mensch in seiner Seele erschauernd erlebt, wenn er sich mit einem Bild des Selbst konfrontiert sieht, kann er auch erleben, wenn er seinem Gott anbetend begegnet. Gottesbilder sind projizierte Bilder des Selbst. Wenn in den seelischen Bildern strukturierter Ganzheit die

234 Vgl. *M. Conche*, La souffrance des Enfants comme mal absolu, 145–148; *F. Heidsieck*, La souffrance des enfants constitue-t-elle un mal absolu?, 2–7.

Polarität von Männlich und Weiblich nicht fehlen darf, so sollte sie auch in den Gottesbildern zu finden sein. In Gott und Göttin, im göttlichen Paar, ist diese Polarität zu finden, wenngleich es sich auch bei den meisten heidnischen Götterpaaren mehr um ein Nebeneinander handelt als um ein wirkliches Spannungsverhältnis.

Im Gottesbild der Trinität fehlt das Weibliche. Wenn auch das große christliche Symbol dieses Aspektes entbehrt, so gibt es im Christentum Symbole des Weiblichen, die das von Jung postulierte fruchtbare Spannungsverhältnis in andersartiger Weise und tiefer begründen, als das im Nebeneinander von Gott und Göttin zum Ausdruck kommt.

Die Bedeutung des Weiblichen, die Jung immer wieder betont, weil das Weibliche der eine Pol des menschlichen Lebens ist, der seine Rolle spielen muß, wo der Mensch auf der Suche nach dem Sinn seiner Existenz ist, kann auch im Christentum nicht unterschätzt werden, soll es nicht in einem wesentlichen Bereich verkümmern.

3.2. *Das Weibliche im Christentum: Maria – Kirche*

3.2.1. Ist Maria eine Muttergottheit?

Es gibt im Werke Jungs immer wieder Stellen, die auf Parallelen zwischen Maria und den großen Muttergottheiten aufmerksam machen. Im Vorwort zu Werblowsky: „Lucifer und Prometheus" schreibt Jung: „Es ist unschwer zu sehen, daß die große Göttin von Ephesus in der theotókos wiedererstanden ist."[235] Er verweist auch darauf, daß der Ausdruck ‚dea' selbst bei der christlichen Mystikerin Mechthild von Magdeburg für Maria verwandt wird.[236]

Die Gefahr der Identifikation Marias mit einer der großen Muttergottheiten ist gerade in den Anfängen des Christentums eine nicht zu unterschätzende Gefahr gewesen. „Im Jahre 377, als der Marienkult eben seine erste Entfaltung erlebte, mußte Epiphanius mit energischen Worten Frauen zurechtweisen, die eine auf heidnischen Gebräuchen aufbauende Liturgie improvisiert hatten, wobei Maria von Priesterinnen Brote (die man collyrida nannte) als Opfergaben dargebracht wurden."[237]

Hugo Rahner macht auf die Gefahr aufmerksam, die der jungen Christenheit aus dem Kult der allmütterlichen Isis, die zur Lunargottheit wurde, erwuchs. „Dieser Mutterkult der hellenistischen Zeit hat auch in den Theosophien der christlichen Gnosis einen Widerhall gefunden und wurde so

235 *C. G. Jung*, GW 11, 341; vgl. auch a.a.O. 475, 495.
236 Vgl. *C. G. Jung*, GW 14/2, 235, Anm. 53.
237 *R. Laurentin*, Kurzer Traktat der Marianischen Theologie, 59.

dem Christentum noch gefährlicher. ... In dieser geistigen Umgebung haben die Kirchenväter ihre Spekulationen von der Kirche als der wahren Mondjungfrau erdacht. Dem Bilde der ‚holden und sinnenden mütterlichen Anmut' der im ganzen Imperium beliebten Isisdarstellungen stellten sie das hehre Bild der Mutter Kirche gegenüber. Nicht Isis, die noch Plutarch pries als ‚aller Natur weibliches Urprinzip', als ‚aufnahmebereites Zeugungsprinzip aller Geburten', die in ihrer ‚eingepflanzten Liebe zum Ersten und zum Höchsten' hineilt zu lebendiger Einsicht und als ‚Braut und Schwester' des Osiris in der Kraft seiner Zeugung zur ‚Mutter der Welt' wird, sondern die wahre Luna, die Kirche, ist das Urprinzip geistlichen Lebens."[238] Was hier in der Gegenüberstellung von Isis und Kirche gesagt wird, das gilt auch für Maria in ihrer Gegenüberstellung zur ägyptischen Isis, der Allmutter der späthellenistischen Zeit. Maria und Kirche wurden von den Vätern ineinander gesehen.

Für Jung ist Isis die Große Mutter, in der noch die Einheit der Gegensätze, „der feindlichen Elemente" gewahrt ist. In ihr kombinieren sich „Motive von Liebe, Heimtücke, Grausamkeit, Mütterlichkeit, Verwandten- und Kindsmord, Zauber, Verjüngung und Gold"[239]. In ihr sieht er die Polarität von positivem und negativem Elementarcharakter gewahrt, die die Struktur jedes echten Archetypus ausmacht. Wenn Jung in Maria die wiedererstandene Diana von Ephesus sieht, so sagt er damit, daß auch in ihr die Polarität des Archetypus lebendig ist. „Isis hat den Beinamen ‚chemeía' (die Schwarze)."[240] Marie-L. von Franz unterstreicht die Popularität der ‚schwarzen Madonnen'.[241] Auf Parallelen im Isis- und Marienkult macht auch Leipoldt aufmerksam.[242] Die Schwärze der Madonnen bedeutet nach von Franz ihren chthonischen Aspekt, der zumindest in der Volksfrömmigkeit zum Ausdruck kommt. Es wäre hier aber auch an eine Analogie zum Hoheliedtext zu denken, wo das „nigra sum sed formosa"[243] eher auf die bäuerliche Abkunft der Braut hindeutet, die durch ihre Arbeit auf dem Felde gebräunt ist.[244] Aber auch diese Interpretation würde noch einmal den chthonischen Aspekt der schwarzen Madonnen unterstreichen.

Mit dem chthonischen Aspekt der Madonna ist der Gegensatz von Himm-

238 *H. Rahner,* Symbole der Kirche, 103–104.
239 Vgl. *C. G. Jung,* GW 14/1, 18–21; vgl. auch *K. Kerenyi,* Töchter der Sonne, 92 ff.
240 *C. G. Jung,* GW 14/1, 18.
241 Vgl. *M.-L. v. Franz,* Bei der schwarzen Frau, 35–36.
242 Vgl. *J. Leipoldt,* Von Epidauros bis Lourdes, 162–163; (in Einsiedeln, Montserrat, Aparecida [Brasilien] werden schwarze Madonnen verehrt).
243 Hl 1, 6.
244 Vgl. *H. U. v. Balthasar,* Sponsa Verbi, 297.

lisch und Irdisch konstelliert, aber noch nicht der von Lebens- und Todesmutter, der die eigentliche Polarität des Archetypus der Großen Mutter bestimmt. Isis ist Lebensmutter und Todesmutter zugleich. Doch hier liegt eine entscheidende Differenz zwischen Isis und Maria. Der Tod im Kultbereich der großen Muttergöttinnen wird als der tragische Tod des frühsterbenden Gottes erlebt. Im Christentum wird der Tod nicht als etwas tragisch Definitives erlebt, sondern als Übergang zu neuem Leben. In der Totenpräfation heißt es: „Vita mutatur, non tollitur" (Das Leben wird gewandelt, nicht genommen). Maria ist nicht Todesmutter, sondern Mutter der Lebendigen, weil in Tod und Auferstehung ihres Sohnes der Fluch, der mit Eva in die Welt kam, aufgehoben ist. Wir können sagen: In Maria ist Eva im doppelten Sinne des Wortes „aufgehoben".

Eva ist noch Lebens- und Todesmutter wie die ägyptische Isis. Auch Maria kann es nicht verhindern, daß der Sohn stirbt. Wie sehr die Mutter des Toten – nicht die Todesmutter – die Menschen aller Jahrhunderte beeindruckt hat, zeigt das immer von neuem gewählte Motiv der Pietà in der Kunst. Gäbe es keine Auferstehung und beschlösse das Bild des toten Sohnes auf dem Schoß der Mutter das Leben Jesu, so würde sich Maria in nichts von ihrer heidnischen Schwester Isis und anderen Gestaltungen der Großen Mutter unterscheiden. Doch Maria ist auch die Mutter des Auferstandenen, des Erstgeborenen der Entschlafenen.

Bei aller Nähe der Muttergottes zu den Muttergöttinnen ist nicht zu verkennen, daß sich die Väter bemühen, eine strenge Trennungslinie zwischen Maria und den Muttergottheiten zu ziehen, eine Trennungslinie, die Jung nicht immer scharf sieht, weil er lieber das Ähnliche im Blick behält als das Trennende. Das ist eine Berufsschwäche des praktisch arbeitenden Psychologen, der sich mit der assoziativen Folge der Bilderwelt aus dem Unbewußten befaßt, einer Arbeit, bei der es darauf ankommt, Analogien zu sehen, Zusammenhänge zu entdecken, die Licht in das Wirken des Unbewußten bringen, das nur selten nach den Gesetzen formaler Logik verläuft.

3.2.2. Die Polarität des Archetypus in Maria

Bei aller Nähe, in die Jung Maria zu den Muttergottheiten rückt, in denen er die Polarität des Archetypus der Großen Mutter in seiner Fülle ausgeprägt sieht, spart er doch nicht mit Kritik an einer einseitigen Verschiebung der Polaritäten im Bild der Regina Coeli zugunsten des „Lichten, Guten und Ewigen"[245].

Wir müssen fragen, ob diese Kritik Jungs an dem Urbild der Kirche und

245 Vgl. *C. G. Jung*, Erinnerungen Träume Gedanken, 204–205.

Vorbild der christlichen Frau berechtigt ist. Schon im vorausgehenden machten wir deutlich, daß wir glauben, daß in Maria Eva nicht verdrängt, sondern aufgehoben ist im doppelten Sinne des Wortes. Ein so profunder Kenner der Mariologie wie Laurentin sagt zu der Antithese Eva–Maria: „Der von Johannes und Lukas angeregte Vergleich zwischen Maria und Eva wird von zwei Autoren aufgegriffen. Der hl. Justinus führt ihn gelegentlich ein, Irenäus gibt ihm seinen theologischen Rang."[246]

„Irenäus arbeitet das vom hl. Justinus angesprochene Thema wirkungsvoll heraus. Die Eva-Maria-Parallele ist für ihn mehr als ein literarischer Effekt oder die Gelegenheit zu einer brillanten Improvisation; sie ist ein integrierender Bestandteil der Theologie. Wie er sie sieht, hängt sie eng mit der Leitidee seiner Christologie zusammen. Darnach ist der Heilsplan Gottes nicht bloß ein Flickwerk zur Ausbesserung des Schöpfungswerkes, sondern eine Wiederholung vom Beginn an, eine Rekapitulation in Christus. In dieser radikalen Wiederherstellung wird jedes beschädigte Element derart erneuert, daß die seit dem Ursprung der Menschheit entstandene Kette der Übel nach rückwärts aufgelöst wird (re-circulatio). In diesem Heilsgeschehen, in dem Christus Adam, das Kreuz den Baum der Ursünde vertritt, spielt die Jungfrau, die neue Eva, eine Rolle ersten Ranges, die innerhalb der Logik des göttlichen Ratschlusses fast als notwendig erscheint."[247]

Doch dieses ‚Ineinssehen' von Eva und Maria bleibt nicht auf die Anfänge der marianischen Theologie beschränkt. „Im Fortgang der theologischen Entwicklung wird man in Maria alle Aspekte der Rolle Evas wiederfinden, angefangen von ihrer Eigenschaft als Mutter der Lebendigen, die von Epiphanius gegen 377 undeutlich gesichtet wurde, bis zu ihrer Eigenschaft als Genossin Christi, als ‚Gehilfin', die ihm ähnlich ist' (Gen 2, 18)."[248]

Die Polarität des Archetypischen in Maria wird noch deutlicher, sobald wir sie als Symbol der Kirche betrachten.

3.2.3. Maria – die Personifizierung Israels und der Kirche

Seit den Anfängen der Christenheit ist die Identität von Maria und Kirche immer wieder betont worden. Die Beziehung zwischen beiden hat die Urkirche nach Hugo Rahner als die *Kirche in Maria und Maria in der Kirche* gesehen.[249]

246 *R. Laurentin*, Kurzer Traktat der Marianischen Theologie, 52.
247 A.a.O. 53.
248 A.a.O. 55.
249 Vgl. *H. Rahner*, Maria und die Kirche, 13.

Die Parallelen lassen sich nicht nur zwischen Maria und der Kirche ziehen, sondern auch zwischen Israel und Maria. „Das Hin und Her der Parallelen zwischen den Engelsworten und der Sophonias-Weissagung" – Laurentin macht auch auf die Parallelen der Verkündigung Nathans an David und der Verkündigung Gabriels an Maria aufmerksam – „läßt in Maria die Tochter Sions, die persönliche Verkörperung Israels erkennen."[250]
Im Evangelium des Johannes und in der Apokalypse sind Maria und Kirche zugleich gemeint. „Das 12. Kapitel der Apokalypse gilt zugleich Maria und der Kirche. Johannes beschreibt absichtlich die eine in Eigentümlichkeiten, die der anderen zukommen. Er ist gewohnt, so zu verfahren, und stellt damit eine typologische Beziehung zwischen zwei Wirklichkeiten her. Wie im Johannesevangelium wird Maria (in ihrer typologischen Gleichstellung mit der Kirche) mit Betonung die Frau oder das Weib genannt (12, 1. 4. 12. 13–17); sie erscheint zugleich als die Mutter Christi und als die Mutter der Jünger Christi: diese werden als ihr Same bezeichnet (12, 17)."[251]
Was in der Heiligen Schrift kurz aufleuchtet, wird in der nachfolgenden Theologie breiter ausgeführt. Helmut Riedlinger faßt in seiner Studie „Maria und die Kirche in den Marianischen Hoheliedkommentaren des Mittelalters", die einen wesentlichen Teil der mittelalterlichen Mariologie darstellen – „Das Hohelied war im Mittelalter neben den Paulusbriefen und den Psalmen eines der am meisten kommentierten Bücher der Heiligen Schrift"[252] –, das Resultat seiner Studie wie folgt zusammen: „Im Bereich der Hohelieddeutung bestehen zwischen mittelalterlicher Mariologie und Ekklesiologie enge und tiefgreifende Beziehungen. Die ganze Hohelied-Mariologie ist auf ekklesiologischem Hintergrund entworfen." Wo es Versuche gibt, den ekklesiologischen Bereich zu transzendieren, bleiben sie vereinzelt und vage.[253]
Dieser Tradition ist auch das II. Vatikanische Konzil gefolgt, wenn es auf ein eigenes Dekret über Maria verzichtet und das Marienschema in die Konstitution über die Kirche einfügt.[254] Mit einem Wort Otto Semmelroths ist Maria in der katholischen Theologie immer als das „Urbild der Kirche"[255] verstanden worden.

250 *R. Laurentin*, Kurzer Traktat . . ., 36.
251 A.a.O. 45–46; vgl. auch *R. Flessenkemper*, Das Verhältnis der Kirche zu Maria gemäß dem Schrifttum des Hl. Johannes, 1–60.
252 *H. Riedlinger*, Maria und die Kirche in den Marianischen Hoheliedkommentaren des Mittelalters, 220–241.
253 Ebd. 289.
254 Vgl. *A. Müller*, Marias Stellung und Mitwirkung im Christusereignis, 40.
255 *O. Semmelroth*, Urbild der Kirche.

Wenn die Polarität des Archetypischen, die für Jung von grundlegender Bedeutung ist, in Maria losgelöst von der Kirche nicht so deutlich wird, so ist sie in Maria als Urbild der Kirche nicht zu übersehen.

3.3. Makellosigkeit und Sünde der Kirche

Dem Ineinander von Makellosigkeit und Sünde der Kirche ist Hans Urs von Balthasar nachgegangen. Er faßt dieses Paradox in den Ausdruck der „casta meretrix". Nicht erst Hus, Wicklif und Luther haben das Wort von der Hure Kirche geprüft. Wie Balthasar nachweist, handelt es sich um ein „uraltes Theologumenon, dessen erster Ursprung in den alttestamentlichen Gerichtsreden Gottes, des betrogenen Ehemanns, wider die Erzhure Jerusalem und in der Anwendung dieser für den Alten Bund grundlegenden Texte auf den Neuen liegt"[256].

Das Thema des Bundes Gottes mit seinem Volke im Alten Testament als einer ehelichen Vermählung zwischen Gott und Israel ist in der Bibel immer wieder neu bezeugt. Im Schicksal des Propheten Hosea, dem Gott den Befehl gibt, zu einer Dirne zu gehen, um mit ihr Kinder zu zeugen, wird die andere Seite der Jahwe vermählten Braut sichtbar. Dennoch wird sie von Gott nicht verworfen. Er akzeptiert sie in ihrem Dirnentum. Doch nicht nur bei Hosea werden die Bilder von der ungetreuen Geliebten gebraucht, auch bei den anderen Propheten werden ähnliche Bilder verwendet. „Ezechiel hat eine letzte Steigerung ‚Wie die Mutter, so die Tochter': der ganze Dämonismus ihrer heidnischen Abkunft hat sich in der Tochter durchgesetzt ..."[257] Das Thema, so von Balthasar, verblaßt in der nachexilischen Zeit, und auch das Neue Testament wirkt, „verglichen mit den Offenheiten bis zur Krudität bei den Propheten", eher verhalten. Im Neuen Testament begegnet uns die Sünderin auf einer mehr persönlichen Ebene: „die Hure bei Lukas 7, die zweifelhafte Samariterin mit ihren fünf-sechs Männern, die Ehebrecherin (Joh 8), bei Joh 12 eine Maria, die wenigstens die Gebärde der Sünderin (Lk 7) nachahmt, eine Magdalena, aus der sieben Teufel ausgetrieben werden, die vom Kreuzesblut beronnen wird und als erste der Kirche die Auferstehung verkündet"[258]. Allen diesen Sünderinnen begegnet Jesus gelassen, ohne sie zu verurteilen, ja, er richtet sie wieder auf. Von Balthasar bemerkt: „Was nun die Dirnen im Evangelium, die sich bekehren, angeht, so fällt in ihren Episoden das ganze Licht auf den Herrn ... Alles Licht fällt auf die Emporrichtung, die Absolution. Was aber wird aus der Absolvierten? Kann man sagen,

256 *H. U. v. Balthasar*, Sponsa Verbi, 203.
257 Vgl. *H. U. v. Balthasar*, Sponsa Verbi, 212–213.
258 A.a.O. 214–215.

sie sei in der Gnade gefestigt? Geht es diesen Sünderinnen nicht ähnlich wie der Kirche, die ja auch immer wieder in der Gefahr ist abzufallen, zum Dirnendienst zurückzukehren. „Diese Furcht durchzittert alle Apostelbriefe; immer ist Abfall und Rückfall möglich, kein Sakrament, kein Wort- und Geistempfang sichert endgültig das Heil (Hebr 6, 4 f.).“[259]
Bei den Vätern verfolgt von Balthasar die verschiedenen Motive, anhand derer sie die Zwielichtigkeit und das Paradox der ‚reinen Hure‘ Kirche beschreiben.[260]
Unter dem Motiv *Rahab* wird die Rettung und Reinigung der Dirne beschrieben, und wir haben immer zu verstehen, daß es jeweils um die Kirche geht. Schon der Klemensbrief nimmt dieses Thema auf. Justin, Irenäus und vor allem Origenes nehmen sich des Themas an. Viele andere Väter, bis hin zu Augustinus, zu Dionysius, dem Kartäuser, folgen ihnen darin. Letzterer sagt: Die Kirche „ist immer zugleich ‚makellose Kirche‘ und ‚entstellte Kirche‘, immer zugleich ‚Jungfrau‘ und ‚Dirne‘, denn ‚ein integrales Ganzes kann nach der Verschiedenheit seiner Teile auch entgegengesetzten Benennungen zugänglich sein‘“[261].
Das Motiv Hosea ist die Beschreibung der Erlösung durch Verbindung mit der Dirne. „Irenäus hat, mit seinem Realismus, das Thema eingebürgert, und Hieronymus hat es reich orchestriert.“[262]
Für Hilarius gehört das Hosea-Mysterium zum Grundbestand der alttestamentlichen Typik.
Im Motiv *Eva* wird von den Vätern die Häresie als Hurerei beschrieben. Das Thema *Jerusalem* nimmt die Sünde in der Kirche auf, die als Hurerei gedeutet wird. Auch hier finden griechische wie lateinische Väter harte Worte. „Aus den großen Mahnpredigten von Origenes und Hieronymus erhellt eine innerste Schicksalsgemeinschaft zwischen der Kirche im ganzen und ihren heiligen oder sündigen Gliedern. Kirche ist, wenn man von allen ihren Gliedern abstrahiert, nicht mehr Kirche. Sie hat ihr Schicksal in den Gliedern, wie die Glieder das ihrige in ihr haben.“[264]
Das Motiv *Thamar* bedeutet die Dirnengestalt der Kirche. „Von hier“, sagt von Balthasar, „wird alles über die früheren Motive Ausgeführte tief alteriert und relativiert. Es gibt etwas (und das ist nicht das Unscheinbarste) an der Wesensgestalt der Kirche, das an die Sünde gemahnt, von der Sünde bedingt ist – und in unserem Zusammenhang ist alle Sünde

259 A.a.O. 217–219.
260 Die nachfolgende Zusammenfassung betrifft a.a.O. 222–302.
261 A.a.O. 239.
262 A.a.O. 240–241.
263 A.a.O. 243.
264 A.a.O. 276.

Untreue und Unzucht – und das doch nicht Schuld ist, sondern Angleichung an die Sündengestalt ihres Hauptes."[265]
Es ist schließlich noch das Motiv *Babylon*, wo die Frage entsteht, auf welchem theologischen Wege eine orthodoxe (und von da aus eine häretische) Verwendung des Babylonssymbols überhaupt erwägbar werden konnte. Balthasar löst dieses Problem mit dem Hinweis auf die Civitas Dei Augustins: „Wo der Geist der caritas herrscht, ist Gottes Reich und Jerusalem, wo der Geist der cupiditas herrscht, ist Satansreich, Babylon." In der Kirche herrscht beides, und erst am Jüngsten Tag kann die Spreu vom Weizen in der Kirche geschieden werden.[266]
Im Motiv *Sulamith:* Schwarz bin ich, aber schön, lautet des Augustinus letztes Wort, und er soll hier für die vielen Kirchenväter stehen, die es kommentiert haben: „Die Heiligen selbst sind von täglichen Sünden nicht frei. Die Kirche als ganze sagt: Vergib uns unsere Sünden! Sie besitzt also Makeln und Runzeln. Aber durch Bekenntnis wird die Runzel geglättet, durch Bekenntnis die Makel abgewaschen. Kirche steht in Gebet, um durch Bekenntnis gereinigt zu werden, und solange Menschen auf Erden leben, steht sie so."[267]
Daß die Theologen des Mittelalters nicht anders dachten als die Väter, ja, daß Dante nicht der einzige war, der die Sünde der Kirche anprangerte,[268] das beweisen auch hier die vielen Kommentare zum Hohenlied, die von Helmut Riedlinger eingehend untersucht worden sind. Von zwei verschiedenen Grundströmungen sind die Kommentare geprägt. Die eine hat ihre Quelle in der Ekklesiologie des Origenes, in der die Kirche, die im Vollsinn wirklich ist, die pneumatische Kirche ist, das Idealbild christlicher Vollkommenheit. Die andere hat ihre Quelle in der realistischen Ekklesiologie des Augustinus. Beda, von Augustinus beeinflußt, zeichnet in dieses Bild der Vollkommenheit auch die Sündigkeit aller, selbst der vollkommensten Asketen, ein. Aber es wird nun doch versucht, die von der Sünde unberührten Aspekte der Ekklesia aufzuweisen und eine Unterscheidung zu machen – „Ecclesia, in quantum ecclesia Christi bei Beda, die Kirche hinsichtlich ihres makellosen ‚status' im Gegensatz zu den einzelnen Personen und Akten bei Gottfried von St. Viktor und Ägidius Romanus – oder wenigstens auf die Vergänglichkeit der Sünde im Raum der Kirche hinzuweisen".
„Umgekehrt kann die Kirche, falls der Blick einmal von konkreten Miß-

265 A.a.O. 287.
266 A.a.O. 291–292.
267 A.a.O. 300.
268 A.a.O. 204.

ständen angezogen wird, sogar eine schamlose Buhlerin oder ein runzeliges altes Weibchen genannt werden, ohne daß man deswegen die Existenz der Ecclesia sanctorum bestreitet. Bei Autoren wie Wilhelm von Auvergne und Odo von Cheriton laufen jedoch fast dauernd zwei Aussagereihen – höchstes Lob der Idealkirche und schärfster Tadel konkreter kirchlicher Zustände – unversöhnt nebeneinander."[269]

Wie auch immer die Kirche gesehen wird, sei es in ihrer ganzen Paradoxialität als „casta meretrix", sei es Teilbereiche der Makellosigkeit und andere der Sünde unterscheidend, immer ist man sich bewußt, daß es in der Kirche beides gibt: Licht und Schatten, und nicht ein Schatten, der sich in der Verkümmerung wichtiger Lebensbereiche erschöpft, sondern der als dämonischer Schatten als Gegenmacht zu Gott in der Kirche auftritt. Vor allem die Väter haben die Sünde der Kirche nicht verharmlost. Kirche ist, wie Karl Rahner sagt, nicht nur Kirche der Sünder, sondern sündige Kirche.[270]

Wenn Jung der Regina Coeli den chthonischen Schatten abspricht und Maria als die Makellose sieht, die Jungfrau, die dem reinen väterlichen Geiste verpflichtet ist, so sieht er damit nur einen Teilaspekt dessen, was im Symbol Mariens verborgen ist. Maria ist die Makellose, die unbefleckt Empfangene: das ist die Lehre der katholischen Mariologie.[271] Diese Tatsache ändert jedoch nichts an ihrer Symbolfähigkeit, wie das bei Jung zuweilen erscheinen mag. Sie ist echt Frau, ja die nicht mehr zu überbietende Möglichkeit des Frauentums.

Es wäre eine Verkürzung, wollte man Maria allein auf dem Hintergrunde weiblicher Symbolgestalten der Religionsgeschichte sehen, so sehr diese auch Aspekte des Weiblichen verdeutlichen mögen.[272] „Die Grundlage von Marias Herrlichkeit, ihr heilsgeschichtlicher Auftrag, gehört ihrem irdisch-zeitlichen Leben an." Dieses ist Symbol. So sind seine Vorgestaltungen nicht im reinen Mythos zu suchen, sondern ebenso im irdisch-zeitlichen Leben anderer Frauen.[273] Jung hat sich bei seiner Analyse des Weiblichen stark an der Mythologie orientiert.[274] Da man aber generell sagen kann, daß im Mythos die Frau dem Chthonischen zugeordnet ist,[275]

269 *H. Riedlinger*, Die Makellosigkeit der Kirche in den lateinischen Hoheliedkommentaren des Mittelalters, 400–402.

270 Vgl. *K. Rahner*, Sündige Kirche nach den Dekreten des Zweiten Vatikanischen Konzils, 321 ff.

271 Vgl. *A. Müller*, Marias Stellung und Mitwirkung im Christusereignis, 426–434.

272 Vgl. *A. Schimmel*, Frau, 1065–1067; *C. P. Mans*, The World's great Madonnas.

273 *A. Müller*, a.a.O. 396–397.

274 Vgl. *C. G. Jung, K. Kerényi*, Einführung in das Wesen der Mythologie, 223–250.

275 *M. Eliade, Erde*, 548–550.

wird verständlich, daß seine Interpretation des Weiblichen von dieser Perspektive her einseitig bestimmt ist.

Wenn Maria die Frau „par excellence" ist und in ihr das Frauentum seine Erfüllung gefunden hat, so ist es wahr, daß sie vor allem als die Frau in der Vollendung gesehen wird und weniger als die auf dem Wege. Doch das bedeutet nicht, daß Maria nicht Symbol der Kirche sein kann, die ihrerseits noch auf dem Wege ist als wanderndes Gottesvolk in Sünde und Erlösung. Die ‚casta meretrix', das muß betont werden, ist nicht Maria, sondern die Kirche. Und doch ist Maria das Urbild dieser Kirche, in der die Paradoxie von Sünde und Makellosigkeit noch nicht aufgehoben ist.

3.4. Christologische oder Ekklesiologische Mariologie?

3.4.1. Isolierte Mariologie

In den vorausgehenden Darlegungen wurde Maria in Verbindung mit der Kirche gesehen. Doch diese Schau ist nicht immer die gleiche in allen Jahrhunderten christlicher Geschichte. Die Hinwendung zur subjektiven und die damit verbundene größere Wertung der Seele – das, was wir mit Jung die Hinführung von Minnedienst zum Seelendienst bezeichneten – findet auch seinen Niederschlag in der Mariologie. „Der objektive Standpunkt wird auf allen Gebieten vom subjektiven abgelöst. Die Person gewinnt das Übergewicht über den objektiven Zusammenhang, in den sie hineingehört. Die marianische Theologie wandelt sich zu einer persönlichen Lobpreisung der Himmelskönigin, wobei man von ihrem Platz innerhalb der Kirche absieht."[276] Laurentin sieht im 13. Jahrhundert den Beginn dieser Wende.

Es gibt auch eine Tendenz in der Mariologie, die Maria als die heilige und jungfräuliche Frau mehr auf der Seite ihres Gottessohnes sehen möchte als auf der Seite der zu erlösenden Menschheit. In diesem Zusammenhang ist es nicht uninteressant zu wissen, daß Manichäer, Doketen und Pelagianer ungewollt zu Vorkämpfern der persönlichen Privilegien von Jungfräulichkeit und Heiligkeit Mariens wurden. „Die am meisten geneigt waren, die Lehre von der ‚virginitas in partu' zu vertreten, waren die Doketen, für die der Leib Christi nur ein Scheinleib war."[277] Julian von Eclanum, ein Pelagianer, war der erste, der ausdrücklich behauptete, „daß die Jungfrau der Verstrickung in die Urschuld nicht unterlegen sei"[278].

276 *R. Laurentin*, Kurzer Traktat . . ., 95–96.
277 A.a.O. 61.
278 A.a.O. 67.

Die Frage, ob und in welchem Maße Maria erlösungsbedürftig war und inwieweit sie neben Christus als Miterlöserin zu bezeichnen ist, ist bis in unsere Zeit hinein ein mariologisches Thema. Vor allem eine von spanischen Theologen vertretene Richtung möchte Maria als Corredemptrix an der Seite Christi sehen, während die deutschen Mariologen auf keinen Fall die Funktion Christi als einzigen Erlösers geschmälert sehen möchten.[279]

Auf diesem Hintergrund werden Aussagen Jungs verständlich, die in Maria eine gleichberechtigte Partnerin Christi sehen möchte, der man durch das Dogma der Assumptio beinahe den Status einer Göttin verliehen habe: „Durch die Dogmatisierung der Assumptio hat Maria allerdings den Status einer Göttin nach dogmatischer Ansicht nicht erreicht, obschon sie als Herrscherin des Himmels und Mediatrix Christo, dem König und Mittler funktionell so gut wie gleichwertig ist"[280]; verständlich allerdings würde es auch dem feurigsten Verteidiger der Corredemptrix nicht in den Sinn kommen, mit seinen Thesen aus Maria eine Göttin machen zu wollen.

Maria ist bei Gott. Das ist der tiefe Sinn des Dogmas von der Assumptio Marias, daß sie es in ihrer doppelten Funktion ist: als konkreter Mensch, als die erste und die vollkommen Erlöste, und als Urbild der Kirche und Vertreterin der sündigen und erlösungsbedürftigen Menschheit. In dem zweiten Aspekt, so meinen wir, liegt der Ansatzpunkt für Jungs Anliegen einer ‚christlichen Quaternität'.

3.5. Maria – Stellvertreterin der Menschheit

Die These Jungs von einer ‚christlichen Quaternität', in der neben den drei heiligen Personen der Trinität auch Maria ihren Platz fände, was nur die Konsequenz eines schon lange währenden psychischen Bedürfnisses wäre, bewegt sich im Umkreis der Maria zugeschriebenen Titel einer ‚Mediatrix' und ‚Regina Coeli'. Vor allem, so sahen wir, war es die „Dogmatisierung der Assumptio B. V. M.", die ihn in seiner Ansicht bestärkte, daß damit nicht nur die Anima, sondern auch der corpus Mariae, d. h. die Materie Aufnahme bei Gott gefunden hat.[281]

Doch scheint ihm, und darin besteht seine Kritik am Dogma der Assumptio und der Stellung Mariens im Kraftfeld der Trinität überhaupt, daß der Gegensatz zwischen Geist und Materie, zwischen Gott und Welt,

279 Vgl. *G. Barauna,* De Natura Corredemptionis Marianae in Theologia Hodierna (1921–1958), 227–229.
280 *C. G. Jung,* GW 11, 499.
281 Vgl. *C. G. Jung,* GW 14/1, 203.

zwischen dem Dreifaltigen Gott und dem konkreten Menschen, der immer zugleich auch der sündige Mensch ist, noch nicht überwunden ist, weil Maria doch letztlich die Makellose ist und ihr somit der Schatten fehlt, der sie zur vollgültigen Vertreterin und Stellvertreterin der sündigen Menschheit machen würde.

Wir meinen, daß Jung bei allem psychologischen Scharfblick und profunder Kenntnis der Welt der Symbole und ihrer Bedeutung für die Geschichte des Einzelnen und der Weltheitsgeschichte, bei seinem besonderen Interesse für die Symbole des Weiblichen und ihres Stellenwertes im Raume des Göttlichen dennoch die Stellung Mariens, ihre Symbolkraft und vor allem ihre heilsgeschichtliche Bedeutung unterschätzt hat. Maria wird in der Theologie nicht nur als Urbild der Kirche, sondern auch als Stellvertreterin der Menschheit und in einem erweiterten Sinne auch als Symbol der Erde verstanden.

Im Jahre 1954 hat die Mariologische Arbeitsgemeinschaft Deutscher Theologen einen Sammelband von Monographien über ‚Die heilsgeschichtliche Stellvertretung der Menschheit durch Maria‘[282] herausgegeben. Aus der Fülle des hier angebotenen Materials sollen nur einige Stellen angeführt werden, die die Stellung Mariens zum dreifaltigen Gott besser beleuchten, ihre Stellvertretung der Menschheit verdeutlichen und die Kritik an der einseitig erscheinenden Interpretation Marias durch Jung belegen.

Wenn auch kein eigentlicher Schriftbeweis für Mariens Stellvertretung aufzeigbar ist, sondern man eigentlich nur von seinem Ansatz dieser Rolle der Stellvertreterin der Menschheit sprechen kann, den Michl in ihrer Mutterschaft begründet sieht,[283] so tritt doch gerade im johanneischen Schrifttum die Parallele Eva–Maria hervor. In der Apokalypse ist Maria die Gestalt, „in der die Mutter Kirche urbildhaft gegeben, in der sie wie in dichtester Verwirklichung personal vertreten ist. Das steht ganz im Einklang damit, daß Maria die wahre Eva ist; denn Eva ist nach der kirchlichen Tradition nicht nur in Maria, sondern auch in der Kirche verwirklicht.“[284] „Als zweite Eva ist sie die Gehilfin Christi, wie Eva die Gehilfin Adams war, und die geistige Mutter der Christen, wie Eva die Mutter aller Lebendigen war.“[285] Dieser Gedanke wurde von dem lutherischen Theologen Georg Major (1502–1574) entwickelt und in seiner Nach-

282 *C. Feckes* (Hrsg.), Die Heilsgeschichtliche Stellvertretung der Menschheit durch Maria.

283 Vgl. *J. Michl*, Kann im Lichte der Heiligen Schrift Maria Stellvertreterin der Menschheit genannt werden?, 41.

284 *K. Wennemer*, Die heilsgeschichtliche Stellung Marias in johanneischer Sicht, a.a.O. 78.

285 *J. Michl*, a.a.O. 29.

folge von Petrus Canisius und dem spanischen Jesuitentheologen Alfonso Salmeron.[286]

In der Sicht Jungscher Psychologie wäre hier die Rede von zwei archetypischen Gestalten. In Maria, der zweiten Eva, wäre die weibliche Menschheit symbolisiert, in Christus, dem zweiten Adam, die männliche Menschheit. Als archetypisches Paar würden sie die ganze Menschheit verkörpern und in der Symbolik des Unbewußten Anima und Animus versinnbildlichen.

Auch in der griechischen Vätertheologie ist es die Eva-Maria-Parallele, die den Vergleich zwischen der „Reichweite und Verbindlichkeit der soteriologischen Tätigkeit Mariens und der Tragweite der Tat Evas“ nahelegt.[287] Für die Zeit der karolingischen Theologie glaubt Leo Scheffczyk die Heilsstellung Mariens auf vier Grundgedanken zurückführen zu können: „die Überzeugung von der Heilsbedeutung der Gottesmutterschaft überhaupt, ferner die Betrachtung Mariens als Typus der Kirche, die Vorstellung von der Brautschaft Mariens und der Gedanke an ihre himmlische Mittlerrolle“[288]. Aber dennoch kann man trotz vieler zum Stellvertretungsgedanken hinführender Äußerungen noch nicht eigentlich von einem solchen im heutigen Verständnis reden. Das ist das Fazit dieser Untersuchung.[289]

Obgleich es keine kirchliche Lehrentscheidung über die ‚heilsgeschichtliche Stellvertretung der Menschheit durch Maria‘ gibt, findet die Tradition, die sich eher versteckt in den Aussagen der Schrift, der Väter und der darauffolgenden Theologie findet, einen klareren Ausdruck in den Lehrschreiben Leos XIII. ‚Octobri mense‘ und ‚Fidentem piumque‘ und bei Pius XII. in der Enzyklika ‚Mystici Corporis‘. In diesen Enzykliken wird ausdrücklich gesagt, „Maria habe an Stelle des Menschengeschlechtes ‚loco totius humanae naturae‘ ihre Einwilligung zum mystischen Ehebund des ewigen Gottessohnes mit der Menschheit gegeben“[290]. „Als wesentlich wird betrachtet, daß die Eheschließung zwischen dem ewigen Gottessohn und dem Menschengeschlechte durch die freie Willenserklärung des menschlichen Partners zustande kommt. Dem Wollen des Gottessohnes auf der

286 *J. Michl,* Der Weibessame (Gen 3, 15) in spätjüdischer und frühchristlicher Auffassung, 391 f.
287 *G. Söll,* Das Zeugnis der griechischen Väter zur heilsgeschichtlichen Sendung Mariens als Stellvertreterin der Menschheit, 108.
288 *L. Scheffczyk,* Mariens Stellung im Heilswerk nach Zeugnissen der Karolingerzeit, 146.
289 Vgl. *L. Scheffczyk,* a.a.O. 162.
290 *K. Schwerdt,* Die heilsgeschichtliche Stellvertretung der Menschheit durch Maria nach der päpstlichen Lehrverkündigung in den letzten hundert Jahren, 3.

einen Seite entspricht die freie Zustimmung der Jungfrau Maria, die hierbei das gesamte Menschengeschlecht vertritt."[291]
Eine systematische Ausarbeitung der in den Papstworten, vorab in den Leos XIII., enthaltenen Aussagen über die Stellvertretung der Menschheit durch Maria versucht Köster.[292] „Nach Leo XIII. übt Maria eine wahre, wenn auch eigengeartete Stellvertretung der Menschheit aus."[293]
Köster geht bei seiner Darstellung der Stellvertretung der Menschheit durch Maria von dem universellen Heilswillen Gottes aus: „Gott will, daß alle selig werden."[294] Gott geht es dabei nicht um atomisierte Einzelne, sondern um die Gemeinschaft. „Seine Heilsführung hinsichtlich der Menschheit ist nicht solitarisch, sondern solidarisch. ... Diese *Totalisierung* des göttlichen Heilswillens, und diese *Solidarisierung* der angesprochenen Menschheit, die *Konzentrierung* sodann des Menschen-Gesamt in eine Einzelgestalt (von allgemeiner Bedeutung) und schließlich die *Konfrontierung* dieser so zusammengeschlossenen Menschheit mit Gott findet ihren Ausdruck vorzüglich in den beiden Symbolen des einen mystischen Leibes vor dem Vater (Gott) und der Braut des Lammes vor dem messianischen Bräutigam (Christus)."[295]
Köster unterscheidet zwischen mittlerischer und gliedhafter Vertretung. „Zur mittlerischen Vertretung taugt auch, wer den von ihm Vertretenen nicht (in allem) gleicht; denn ein Mittler darf und muß von denen, zwischen denen er steht, verschieden sein. Zur gliedhaften Vertretung aber eignet sich jemand um so mehr, je mehr er die für seine Gemeinschaft charakteristischen Züge zum Aufscheinen bringt."[296] Maria steht demnach in der gliedhaften Stellvertretung. Köster spricht damit auch das schon oben erwähnte Corredemptrix-Problem an, die Frage, in welcher Weise Maria an der Erlösung beteiligt ist, ob sie neben Christus zu sehen ist oder als das auserwählte Gegenüber des Erlösers. „Ist nun Maria am Erlösungsvorgang unter dem Kreuze beteiligt, und weist dabei (wie es der Fall ist) ihre Rolle in die Richtung jener Akte, dann spricht alles dafür, daß sie unter dem Kreuze als gliedhafte (das heißt: selbst erlösungsbedürftige) Stellvertreterin der zu erlösenden Menschheit fungiert hat, wobei sie (anders als Christus) nach der Logik der gliedhaften Stellvertretung selbst in den Einfluß ihrer stellvertretenden Tat einbegriffen ist."[297]

291 *K. Schwerdt*, a.a.O. 5.
292 *H. M. Köster*, Die Stellvertretung der Menschheit durch Maria – Ein Systemversuch, 323–359.
293 A.a.O. 329.
294 1 Tim 2, 4.
295 *H. M. Köster*, a.a.O. 336.
296 A.a.O. 342.
297 A.a.O. 340.

Köster versteht ‚objektive Erlösung' als ein Angebot Gottes an die Menschheit. Die Menschheit hat ihre Stellvertreterin in Maria, die sich für dieses Angebot entschieden hat. Durch die Entscheidung Mariens erwächst „über sie (Maria) selbst hinaus eine neue Rechtssituation in der menschlichen Natur als solcher: das entfernte Anrecht auf Gotteskindschaft, sofern der Einzelne kein Hindernis setzt"[298].

Hier gibt es eine interessante Parallele zu einem zentralen Jungschen Gedanken. Das Unbewußte macht das Angebot des Selbst (wir erinnern, daß Christus für Jung ein zumindest für den westlichen Menschen entscheidendes Symbol des Selbst ist). Das Ich kann auf dieses Angebot eingehen. Es opfert damit seine ‚Eigenständigkeit', gewinnt dadurch aber die Befreiung von seinen Grenzen. Indem sich das Ich dem Größeren unterwirft, gewinnt der Mensch die Ganzheit, oder besser: wird er ganz. Ganzwerdung ist in der Jungschen Psychologie ein Ziel, das angestrebt wird, von dem aber niemand behaupten kann, er habe es jemals erreicht. (Es war dies ein nicht zu unterschätzender Grund, warum Jung ein Fortleben nach dem Tode annahm.) In Maria ist dieses Ziel grundsätzlich erreicht. In ihr ist vorwegnehmend die Menschheit mit Gott verbunden, weil sie in Maria ihr Ja zu dem Prozeß des ‚Einswerdens' mit Gott gesprochen hat. Maria ist ein Zeichen der Hoffnung für jeden Menschen und für die Menschheit insgesamt, daß Erlösung angenommen und vollendet werden kann und daß psychologisch gesehen das Ziel des Prozesses, den Jung Individuation nennt, erreicht werden kann, auch wenn das subjektive Erleben hinter dem zurückbleibt, was in Maria bereits Wirklichkeit geworden ist.

Der Vorteil der Einordnung der Gestalt Mariens in die Soteriologie und Heilsgeschichte besteht nach Köster darin, daß sie „die der Grundidee der Neuen Eva anhaftenden Gefahr, die Gestalt Mariens zu sehr unter das Gesetz einer fremden Person zu rücken, die bei aller Ähnlichkeit doch in einer anderen Heilssituation stand", vermeidet. „Mit dem Versuch, Maria als Urbild der Kirche zu begreifen, hat die vorgeschlagene Ordnungsidee eher Verwandtschaft als Gegensatz. ... Sie umgeht die Undeutlichkeit, ob hierarchische oder hörende Kirche gemeint ist. ... Obendrein ist es nicht nur kerygmatisch-pastoral, sondern auch dogmatisch-theologisch – der Mensch vor Gott –, auf den immer wieder zurückgreifen muß, wer von der Kirche spricht."[299]

Mit reichlichen Belegen aus der Patristik verdeutlicht Köster die *anthropologische* und *kosmologische Universalität* der Marienentscheidung. „Die

298 A.a.O. 338.
299 A.a.O. 343.

so entstehende Verbindung von Gottheit und Menschheit wird deutlich als Vermählung gekennzeichnet, die in oder durch Maria erfolgt."[300] Es ist das immer wieder von Jung beschriebene „mysterium coniunctionis", das in dieser in und durch Maria symbolischen Vermählung der Menschheit mit Gott zum Ausdruck kommt. Für Jung ist es die Überwindung des Gegensatzes schlechthin. Im Bild der Vermählung sind die gegensätzlichen Pole nicht negiert, nicht ist der eine für den anderen aufgehoben, noch sind sie ineinander zerflossen. Ein jeder Partner behält seine Eigenständigkeit, und doch bilden beide eine Einheit, ein neues Ganzes.

In der Eva-Maria- und Adam-Christus-Parallele erscheint Maria als Repräsentantin der weiblichen Menschheit an der Seite des neuen Adam. Als ‚Menschheits-Braut'[301] steht sie nicht nur in Parallele zur Eva, „sondern mit den Stammeltern beide,[302] d. h. mit der Totalität der Menschheit".

Für Karl Barth ist Maria die Vertreterin der Kreatürlichkeit, die Repräsentantin der menschlichen Natur, an der der Gott der Geschichte handelt. „Und wenn man schließlich in der Richtung gewisser Vertreter der römisch-katholischen Mariologie weiterdenken und die virgo einfach als Repräsentantin der menschlichen Natur ansehen will, die in der Fleischwerdung des Wortes der Gemeinschaft mit der göttlichen Natur (2 Petr 1, 4) gewürdigt wird, so läßt sich dafür in der Tat vielleicht sagen: die Frau ist für die menschliche *Natur* als solche ebenso bezeichnend wie der Mann für die menschliche *Geschichte*, und wenn in dem Zeichen der wunderbaren Geburt Christi der Mann als Repräsentant menschlicher Geschichte zurücktreten muß, so kann und darf doch die Frau (sofern sie einfach den Menschen als solchen vertritt, der in dieser Geschichte handelt) da sein, für Gott da sein, wenn nur Gott seinerseits an dem Menschen und mit dem Menschen handeln will." Die Menschheit ist „die durch die *virgo* vertretene Kreatürlichkeit"[303]. Und an anderer Stelle: „Gott hat nicht den Menschen in seinem Stolz und in seinem Trotz erwählt (den Mann), sondern in seiner Schwachheit und Demut (die Frau), nicht den Menschen in seiner geschichtlichen Rolle, sondern den Menschen in der Schwachheit seiner Natur, wie sie durch die Frau repräsentiert wird."[304] Wo Barth Maria und die Frau, die sie vertritt, mit der Natur verbindet, da geht W. Stählin noch einen Schritt weiter und spricht von Maria als der „Repräsentantin der Erde. Die ganze Menschheit, die Erde, ist mit

300 A.a.O. 348.
301 A.a.O. 349.
302 A.a.O. 353.
303 *K. Barth,* Die Kirchliche Dogmatik, Bd. 1/2, 213.
304 *K. Barth,* Dogmatik im Grundriß, 130–131.

gemeint und mit betroffen in dem, was die Bibel in dem Bild der Jungfrau Maria uns vor Augen stellt."[305]

Im „mysterium coniunctionis" Gottes mit Maria ist somit das von Jung immer wieder in das Zentrum gerückte Gegensatzproblem vielseitig gelöst. Gott und Mensch, Himmel und Erde, Geschichte und Natur sind miteinander versöhnt. Mit Maria Assumpta ist nicht nur die Makellose in den Himmel eingegangen, sondern in ihr symbolhaft auch die ganze Menschheit mit ihrer Sünde, die jedoch durch Erlösung zur glücklichen Schuld, zur felix culpa wird. Eingegangen ist mit ihr auch die Mutter Erde, deren Repräsentantin sie ist, auf daß Gott alles in allem sei.

3.6. Maria und die Trinität

Jung sieht die ‚christliche Quaternität' nach dem Schema

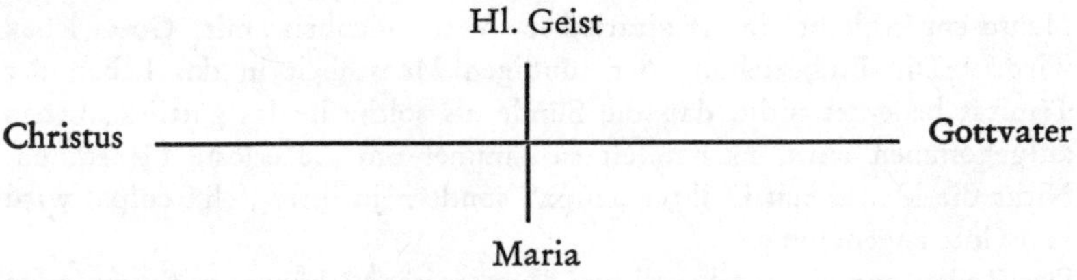

gestaltet.[306] Maria hat in diesem Schema als vierte Person neben den drei göttlichen Personen ihren Platz eingenommen.

Für Jung ist in diesem Zusammenhang das Dogma der Assumptio Marias wichtig, weil in ihm zum Ausdruck kommt, daß Maria nicht als entleibtes Wesen bei Gott ist, sondern mit Seele und Körper. Durch Mariens *leibliche* Aufnahme in den Himmel sieht Jung auch die Materie in den Raum des Göttlichen aufgenommen.

Wenn Jung jedoch meint, daß es sich bei der sogenannten ‚christlichen Quaternität' um einen „‚oberen', der menschlichen Ganzheit übergeordneten Quaternio handelt, der sich dem gnostischen Mosesquaternio psychologisch vergleichen läßt", weil auch in ihm „der Mensch und der dunkle Abgrund der Welt oder des deus absconditus noch nicht aufgenommen sind"[307], so glauben wir hier widersprechen zu müssen.

Das Geheimnis des Weiblichen ist, um mit Gertrud von Le Fort zu sprechen, die Hingebung. Maria erschöpft das Geheimnis des Frauseins in

305 *W. Stählin,* Maria die Mutter des Herrn, unter Abschnitt I.
306 Vgl. *C. G. Jung,* GW 14/1, 203.
307 A.a.O. 205.

seiner Totalität von ‚mater', ‚virgo' und ‚sponsa'.[308] Sie ist Symbol für die Hingebungsgewalt des Kosmos, der bis auf den tiefsten Grund auf Gott hingeordnet ist. Im ‚fiat' Mariens tritt die Welt aus der Verweigerung heraus und wird zur hingabebereiten Erschlossenheit für Gott.

„Das Marianische Dogma bedeutet, auf eine kurze Formel gebracht, die Lehre von der Mitwirkung der Kreatur bei der Erlösung. Maria ... ist die Hingebungsgewalt des Kosmos in Gestalt der bräutlichen Frau."[309] In ihr ist die tragische Abgründigkeit der Welt in einem tiefen Sinn aufgehoben. Sie ist das Symbol der ganzen Menschheit, die auf Erlösung harrt, und zugleich die Spitze, der Gipfel dieser Menschheit, die schon Erlöste, die ‚Redempta-Corredemptrix'[310], mit der sich Gott bräutlich verbunden hat.

Maria, so darf gesagt werden, nimmt bereits mit Leib und Seele am innertrinitarischen Leben teil, so wie einmal das ganze, durch sie vertretene Menschengeschlecht in trinitarischer Verbundenheit mit Gott leben wird.[311] Die Einbeziehung der sündigen Menschheit in das Leben der Trinität bedeutet nicht, daß die Sünde als solche in das göttliche Leben aufgenommen wird. Es handelt sich immer um die erlöste Menschheit. Nicht die Menschheit in ihrer ‚culpa', sondern in ihrer ‚felix culpa' wird von Gott angenommen.

Das Reden von einer ‚Christlichen Quaternität'[312] könnte mißverstanden werden in dem Sinne, daß es Jung um die Aufstellung eines neuen Dogmas ginge. Das ist aber nicht der Fall, wie er ausdrücklich betont.[313] Für Jung ist

308 Vgl. *G. v. Le Fort,* Die ewige Frau, München 1934, 89.

309 A. a. O. 15.

310 Das Binomen ‚Redempta-Corredemptrix' wurde von J. Lebon in die Diskussion um die Miterlöserschaft Mariens eingeführt. Vgl. *G. Barauna,* De Natura Corredemptionis Marianae in Theologia Hodierna (1921–1958), 228.

311 Was Scheeben über die Bedeutung der Inkarnation für die Gotteskindschaft des Menschengeschlechtes schreibt, gilt selbstverständlich in einem noch viel dichteren Sinn für die Repräsentantin des Menschengeschlechtes. „Weil wir nicht bloße Adoptivkinder, weil wir Glieder des natürlichen Sohnes sind, deshalb treten wir als solche auch wirklich mit in das persönliche Verhältnis ein, in welchem der Sohn Gottes zu seinem Vater steht. ... Die Inkarnation setzt den trinitarischen Prozeß in reale Kontinuität mit dem Menschengeschlechte, damit er in demselben weitergeführt werde; sie erhebt das Menschengeschlecht wirklich in den Schoß des ewigen Vaters, damit dasselbe nicht bloß durch eine gnadenvolle Zuströmung von außen her, sondern durch realen Kontakt mit der Quelle die Gnade der Kindschaft mit allen in ihr eingeschlossenen Würden und Rechten erhalte. Auf ähnliche Weise treten wir als Glieder des Sohnes Gottes in eine festere und erhabenere, in *eine mehr persönliche Beziehung zum Heiligen* Geiste, als dies durch die Gnade an sich geschieht" (vgl. *Matthias Joseph Scheeben,* Die Mysterien des Christentums [Hrsg. J. Höfer], Gesammelte Schriften Bd. II, Freiburg im Breisgau, 1941, 318–319).

312 *C. G. Jung,* GW 14/1, 203.

313 Vgl. *C. G. Jung,* GW 11, 196.

dieses Bild ein Symbol von Ganzheit, in dem sich die Psyche des christlich geprägten Menschen ausdrücken kann. Theologisch gesehen geht es um die erlöste Welt, mit der sich Gott bräutlich verbindet, „um jene letzte und allumfassende Totalität, die erst im Zusammenwirken von Gott und Mensch erscheint"[314].

Doch wie der Weg der Individuation lang ist, so ist auch der Erlösungsweg der Menschheit noch längst nicht abgeschlossen. In Maria ist die Ganzheit von objektiver und subjektiver Erlösung sichtbar geworden. Was in ihr bereits vollendet ist, ist ein Unterpfand der Hoffnung auf Vollendung der ganzen Menschheit. Das von Jung zitierte Symbol einer ‚christlichen Quaternität' scheint in seinem mehr statischen Aspekt ergänzungsbedürftig zu sein durch ein Bild, das den dynamischen Vollzug der Vermählung Gottes mit seiner Menschheit stärker betont. Das in seiner ‚Psychologie der Übertragung' von Jung verwendete Symbol des Heiratsquaternio birgt wertvolle Ansätze, um die bräutliche Vereinigung Gottes mit Maria und der Kirche (Menschheit) darzustellen.

Jung erläutert den Heiratsquaternio in folgendem Diagramm:

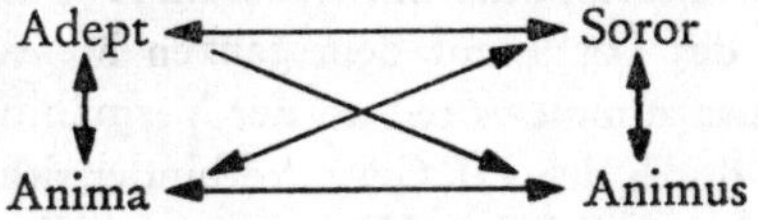

Es gibt, wie bereits gesagt wurde, in diesem Quaternio – nach Jung – eine vierfache Beziehung. Nicht nur zwischen dem konkreten Mann und der konkreten Frau besteht eine Beziehung, sondern auch zwischen dem bewußten und unbewußten Anteil in jeder Person, zwischen den beiden unbewußten Systemen des Animus und der Anima und schließlich noch die Beziehung des Bewußtseins zum Unbewußten des Partners.[315]

Ein ähnliches Diagramm der Beziehungen könnten wir für das Verhältnis des Mensch gewordenen Gottessohnes zu Maria und Kirche (Menschheit) verwenden.

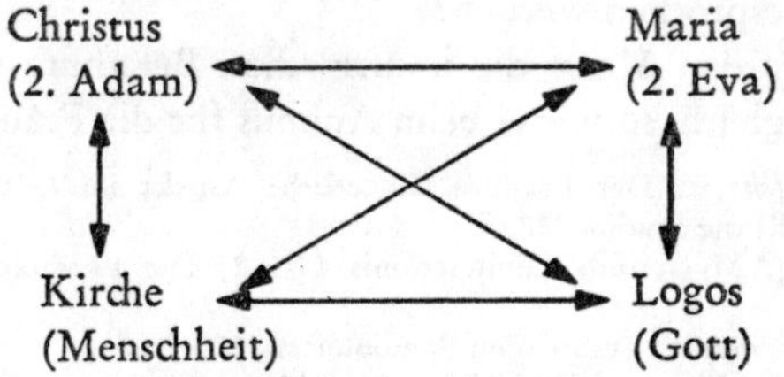

314 *G. v. Le Fort*, a.a.O. 76.
315 Vgl. *C. G. Jung*, GW 16, 234–235.

Alle Religionen haben ihre Verkörperungen von Anima und Animus.[316] Im Christentum sind es der neue Adam und die neue Eva, die zu Animusträger und Animaträgerin geworden sind.
Christus und Maria sind im Christentum das Paar, das das ‚mysterium coniunctionis' verkörpert, von dem Jung so viel zu sagen weiß.[317]
Doch wie die Beziehungen zwischen Adept und Soror vielschichtig sind, so auch die Beziehungen zwischen Christus und Maria.
Aus der Trinitätslehre ist bekannt, daß Gott, insofern er ‚ad extra' handelt, als ‚unum universorum principium'[318] handelt. Dennoch ist es auch hier richtig, vom Handeln der Trinität zu sprechen, denn „es war immer anerkannt, daß die göttliche Trinität aus sich selbst herausgetreten ist und in der Menschwerdung des Sohnes wie in der Ausgießung des Heiligen Geistes auf die Menschheit übergegriffen und diese in ihr Leben hineingezogen hat"[319]. Wittkemper spricht, Scheeben kommentierend, von einer dreifachen Vermählung Gottes mit der Menschheit. „Die grundlegende und bedeutungsvollste dieser drei Vermählungen ist die des Logos mit seiner hl. Menschheit; denn sie ist ‚Typus und Bindemittel' für die Vermählung des Logos mit Maria, diese hinwiederum ‚Typus und Bindemittel' für die Vermählung des Logos mit dem ganzen Menschengeschlecht (in Maria und durch Maria nimmt es teil an der Vermählung mit Gott)."[320]
Im göttlichen Logos, durch den Hl. Geist, verbindet sich Gott mit Maria. („Der Hl. Geist wird auf dich herabkommen und die Kraft des Allerhöchsten dich überschatten. Darum wird auch das Heilige, das aus dir geboren wird, Sohn Gottes heißen", Lk 1, 35.) In Christus, ebenfalls in der Kraft des Geistes, vereinigt sich Gott bräutlich mit der Kirche und in ihr mit der Menschheit. Das Band der Liebe, das die Beziehung ermöglicht, ist jedesmal der Geist.
Im obigen Diagramm wurde eine Parallelisierung der Vermählung Gottes mit seiner Menschheit mit dem Heiratsquaternio, wie Jung ihn versteht, versucht. Die Frage entsteht: Inwieweit kann von der Kirche als der „Anima" Christi und von Gott als dem „Animus" Marias bzw. der Kirche und Menschheit gesprochen werden?
Die Anima ist für den Mann die immer schon Bekannte und doch auch immer Fremde zugleich, so wie es beim Animus für die Frau gilt.

316 Vgl. *Th. Schipflinger*, Der Fraulich-Mütterliche Aspekt im Göttlichen, eine religionswissenschaftliche Studie, 277 ff.
317 Vgl. *C. G. Jung*, Mysterium Coniunctionis 14/1–2; Die Psychologie der Übertragung, GW 16.
318 *Denzinger-Schönmetzer*, Enchiridion Symbolorum, 800 (428).
319 *L. Scheffczyk*, Der Eine und Dreifaltige Gott, 122.
320 *K. Wittkemper*, Die heilsgeschichtliche Stellvertretung der Menschheit durch Maria bei M. J. Scheeben, 312.

Für Maria und für die von ihr vertretene Menschheit ist Gott der immer ‚ganz Andere' (Karl Barth), und dennoch gilt auch das Wort von Augustinus, daß Gott dem Menschen näher ist, als er sich selbst. Wer ist Gott näher gewesen als Maria? Und trotzdem finden wir Worte in der Hl. Schrift, die den Eindruck erwecken, daß Gott für Maria der große Unverständliche geblieben ist. Klingt nicht schon in der Frage Mariens an den Engel: „Wie soll das geschehen?" (Lk 1, 34) dieses Nicht-Verstehen an, das nur im Glauben überwunden wird? Maria ist auch als Glaubende zur Stellvertreterin der Menschheit geworden, die den unendlichen Gott in seinen geheimnisvollen Wegen nicht versteht, seinen Willen im Glauben aber dennoch als sinnvoll erfährt.
Wenn für den Menschen Gott in seiner Unendlichkeit immer der Unverständliche bleibt, so gilt die Umkehrung dieser Aussage nicht. Mensch und Welt sind für Gott nicht fremd, hat er sie doch geschaffen. Aber in der Sünde entfremdet sich der Mensch von Gott, in der Sünde wird er zum Gegenpol Gottes. Die Sünde ist das total Fremde für Gott; in psychologischer Sprache: Sünde ist für Gott nicht einfühlbar.
Dennoch scheut sich Gott nicht, sich der Menschheit zu vermählen, obgleich es auch immer die sündige Menschheit ist. Gott verbindet sich damit mit dem Abgrund menschlicher Freiheit, mit der Möglichkeit, daß der Mensch sich gegen ihn entscheide.
Was für die Menschheit gilt, gilt auch für die Kirche. In ihrer Doppelgesichtigkeit von heilig und sündig bleibt sie für den göttlichen Bräutigam in einem bestimmten Aspekt, nämlich dem ihrer Sündhaftigkeit, fremd.

3.7. Die Animaträgerinnen Maria und Kirche

Maria und die Kirche als Animaträgerinnen Christi zu sehen ist eine ungewöhnliche Perspektive. Sie diente dazu, Parallelen zwischen dem Heiratsquaternio Jungs und der mystischen Hochzeit Gottes mit seiner Menschheit aufzuzeigen.
Animusträger und Animaträgerinnen sind gewöhnlich konkrete Personen oder Symbole, in denen der Mensch sein ‚gegengeschlechtliches Unbewußtes' ausgedrückt oder gelebt zu sehen vermeint. Maria und die Kirche sind in diesem Sinne Animaträgerinnen des menschlichen Unbewußten.
Aus dem – nach Jung – bei Mann und Frau anders getönten Unbewußten ergibt sich auch bei Mann und Frau eine andersgeartete Erlebnisweise von den zwei großen christlichen Symbolen des Weiblichen: Maria und der Kirche.
Die weibliche Psyche erlebt Maria sowie die Kirche anders als die männliche. Die christliche Frau wird geneigt sein, sich in irgendeiner Form mit

der Figur Mariens unbewußt zu identifizieren. Die Möglichkeiten des Frauseins sieht sie in Maria vorgebildet. Auch ihr Verhältnis zur Kirche wird ein anderes sein als das des Mannes, ungebrochener, selbstverständlicher, fragloser.

Für die Psyche des christlichen Mannes hingegen ist Maria und mit ihr die Kirche die Animaträgerin par excellence. Von ihr fühlt er sich fasziniert. Es scheint nicht zufällig zu sein, daß, ähnlich Dichtern, die der geliebten Frau ihre Verse widmen, die Theologen wohl aller Zeiten Maria und der Kirche ihre Reverenz erwiesen haben. Von der Theologie der Väter bis auf die heutige Zeit, in der Mariologie und Ekklesiologie neuen Aufschwung erhalten haben, ist die Beschäftigung mit Maria und der Kirche eines der großen Themen der theologischen Arbeit gewesen. Doch nicht allein in der Theologie, auch in der Volksfrömmigkeit ist die liebende Verehrung der Jungfrau, der Mutter des Herrn, zum Ausdruck gekommen. Von letzterer erzählt bereits das Neue Testament. Es sind nicht die Apokryphen[321] nötig, um das Lob Mariens zu begründen. „Der Verkündigung in der Kirche reichen die biblischen Zeugnisse aus, einst wie heute."[322] Die Kirche hat „von früh an von Maria Höchstes ausgesagt"[323]. Im Magnifikat kommt zum Ausdruck, wie tief Maria in der „Geistes- und Herzenswelt des Alten Testaments lebt ... Es spricht aus, was das ganze Volk, seine ganze Geschichte denkt und sinnt."[324] Maria ist aber im Gesang des Magnifikats zugleich Prophetin – ein Titel, den die Verehrung der Kirche zur Königin der Propheten erhöht hat.[325] Daß im Magnifikat auch das Volk Gottes des Neuen Bundes sein Denken und Fühlen ausgedrückt sieht, beweist die Probe der Jahrhunderte, die das Lied Mariens bestanden hat wie wenige Lieder. „Es ist Teil, ja Höhepunkt des täglichen feierlichen Gebetsgottesdienstes der Kirche. Über alle Zeiten und Länder hinweg erfährt es die betende und feiernde Kirche, daß sie ihrer Pflicht immerwährenden Danksagens und Preisens nicht besser genügen kann als mit diesem Lied, und daß dieses Lied im Gebet immer neu auszulegen ist; daß dieser Text die Bewegung der Kirche jeden Tag neu auszusprechen vermag und daß der Geist der Kirche im je gegenwärtigen Wort je neu und wirklich wird, ohne daß das Lied sich jemals erschöpfte."[326] Liturgie

321 Vgl. *R. Laurentin,* Mythe et Dogme dans les Apocryphes, 13–29; vgl. auch alle weiteren Monographien dieses Bandes.
322 *K. H. Schelkle,* Die Mutter des Erlösers, 10.
323 *R. Guardini,* Die Mutter des Herrn, 11.
324 A.a.O. 28.
325 Vgl. *A. Grillmeier,* Maria Prophetin, 101–105.
326 *K. H. Schelkle,* a.a.O. 77.

und paraliturgische Frömmigkeit[327] bezeugen gleichermaßen, wie tief die Liebe und das Vertrauen zu Maria im gläubigen Volke verwurzelt ist.
Wie die Anima jedoch zugleich schillernd und fragwürdig ist, so ist auch die Animaträgerin Kirche nicht eindeutig. Sie ist ja das durch Maria Symbolisierte, der konkrete Ausdruck des Weiblichen in seiner kollektiven Form. Wie es in der Frau immer das Spannungsverhältnis zwischen bewußtem Ich und unbewußtem Animus gibt, so gibt es in Analogie auch in der Kirche ein Spannungsverhältnis. Hier ist es das von Menschlich und Göttlich.
Der Animus der Frau kann die Quelle des Schöpferischen sein, wie beim Mann die Anima. „Wie die Anima durch die Integration zu einem *Eros* des Bewußtseins wird, so der Animus zu einem *Logos*, und wie erstere dem männlichen Bewußtsein damit Beziehung und Bezogenheit verleiht, so letzterer dem weiblichen Bewußtsein Nachdenklichkeit, Überlegung und Erkenntnis."[328] Doch Animus und Anima können auch in pervertierter Form erscheinen, und zwar als „verheerender, blindeigensinniger Meinungsteufel bei der Frau und als verblendende, possessive, schillernde und sentimentale Verführerin beim Manne"[329]. Der Animus in seiner pervertierten Form bringt lediglich ‚hergebrachte Meinung' vor, auch dort, wo eine neue Situation ein eigenes Urteil erfordern würde.
Auch in der Kirche, so scheint es, gibt es diese Möglichkeit der Perversion des göttlich Schöpferischen, nämlich dort, wo Antworten der Vergangenheit einfach nur wiederholt werden. Neben der echten Aufgabe, die Tradition zu bewahren, das Evangelium nicht zu verfälschen, besteht die nicht weniger wichtige, die Vergangenheit der Kirche im Heute fruchtbar zu machen. Es ist das, was W. Kasper das „Heutigwerden des Evangeliums" nennt. „Das Evangelium entsteht in der jeweiligen Situation gewissermaßen schöpferisch neu. In dem Sicheinlassen auf die Situation muß sich herausstellen, was hier und heute Evangelium heißt."[330] Denn die Tradition wird nur dort lebendig bewahrt, wo sie sich mit der je neuen geschichtlichen Situation auseinandersetzt, im Vertrauen darauf, daß das Wirken des Geistes Gottes nicht nur sporadisches Ereignis ist, sondern das Charisma wesentlich zur Struktur der Kirche gehört.[331] Es ist die Forderung, die H. Fries aufstellt, wenn er sagt: „Die Kirche soll diese neue Zeit annehmen als Frage, als Chance, als *Herausforderung*, vielleicht als große

327 Vgl. *C. Balic* (Hrsg.), Maria et Ecclesia.
328 *C. G. Jung*, Aion, 34.
329 A.a.O. 379.
330 *W. Kasper*, Die Welt als Ort des Evangeliums, in: Glaube und Geschichte, 222.
331 Vgl. *H. Küng*, Die Kirche, 215–230.

neue Möglichkeit ihrer selbst. Die Kirche hat Kirche mitten in dieser Welt, mitten in dieser Zeit zu sein. Und sie hat darin *ihr Wort* zu sagen als Wort in dieser Zeit, als Antwort auf die Fragen dieser Zeit, sie hat ihren Auftrag und ihre Sendung hier und heute zu erfüllen. Sie hat zu fragen und zu überlegen, wie sie das so tun kann, daß das unverwechselbar und eigentümlich Christliche bewahrt bleibt und zugleich in der neuen Zeit wirksam wird."[332]

Die Frau mit einem pervertierten Animus wird, wenn sie Mutter ist, zur bösen Mutter, die ihren Kindern das Leben, das sie ihnen einmal geschenkt hat, wieder nimmt.

In der Kirche gibt es auch diese Möglichkeit der ‚bösen Mutter', nämlich dort, wo Menschen ihre kirchlichen Machtpositionen mißbrauchen, um neues Leben zu verhindern. Es handelt sich gewöhnlich nicht einmal um bewußten Mißbrauch, sondern um eine unbewußte Haltung, die durch ein starres Festhalten am Bestehenden lebensverneinend wirkt und im Verfallensein an den Schatten nicht wahrnimmt, daß sie verfolgt, was in ihr selbst zu korrigieren wäre. Immer wieder hat es sich in der Geschichte der Kirche gezeigt (man denke an Inquisition, Hexenverfolgung und weniger brutale Formen der Repression), daß die Möglichkeiten der ‚bösen Mutter' nicht rein theoretischer Natur sind, sondern häufig geschichtliche Gestalt annehmen.

Die Psychologie Jungs hilft vielleicht, die tiefe Ambivalenz des Menschen und der Gemeinschaften, Gruppen und Organisationen, die er bildet, besser zu verstehen, und lehrt vielleicht auch, besser mit ihr umzugehen.

4. Ganzheit im Dialog

In Maria vermählt sich Gott mit einem Einzelmenschen, aber auch mit einem Kollektiv: der Kirche und der Menschheit insgesamt. Wir möchten die Aussage Kösters: „Gott führt solidarisch, nicht solitarisch"[333], nicht als ein ‚Entweder-oder' verstehen, sondern als ein ‚Sowohl-als-auch'. Die Heilsführung Gottes meint immer sowohl den Einzelnen als auch die Gemeinschaft.

Jung hat vor allem den Einzelnen und seinen Weg zur Ganzheit betont. Individuation meint das Individuum. In dieser Akzentuierung des Einzelschicksals wurde die soziale Dimension, wenn auch nicht geleugnet, so doch stark unterbewertet. Dieser Mangel macht sich noch heute in der analytischen Psychologie bemerkbar, der der Dialog mit den Sozialwissenschaften

332 *H. Fries*, Glaube und Kirche auf dem Prüfstand, 131.
333 Vgl. *H. M. Köster*, Die Stellvertretung der Menschheit durch Maria, 336.

nur mühsam gelingen will, wo der Psychoanalyse dieser fruchtbare Kontakt schon lange gelungen erscheint.

Der Begriff der Ganzheit, wie ihn Jung versteht, der nicht allein im individuellen psychischen Bereich seinen symbolischen Ausdruck findet und im Leben des Einzelnen als Sinnfindung erlebt wird, reicht über die Psyche des Einzelnen hinaus und stellt sich im Christentum als Symbol einer sogenannten ‚christlichen Quaternität' dar. Es wurde im vorausgehenden versucht zu verdeutlichen, in welchem Sinne man theologisch diesen Quaternitätsgedanken Jungs verstehen und einordnen kann.

Wenn Jung eine verdrängende Tendenz im Christentum aufzeigt, die sich auch im psychischen Leben seiner Patienten häufig als neurotisierend erwies, so legt er damit den Finger auf eine Wunde, die bereits Freud bloßgelegt hatte. Doch anders als der Vater der Psychoanalyse versucht er nicht, den neurotischen Zug der Verdrängung im Christentum als Wesenszug zu interpretieren – aus dem man dann ableiten könnte, daß mit seinem Verschwinden auch das Christentum als solches verschwinden werde –, sondern im Sinne seiner Funktionenlehre als die ‚inferiore Funktion', die bewußt gemacht werden muß. Ja, umgekehrt zu Freud sieht Jung im Versäumnis dieser Bewußtmachung, im Desinteresse für die Sinnsuche, im Übersehen der Stunde des Mittags den Grund für eine tiefe pathologische Schädigung des Menschen. Nicht die Religion ist eine Menschheitsneurose, sondern das Fehlen der Religion macht den Menschen neurotisch. Nicht allein die ‚sexuelle Frustration', sondern auch die *existentielle Frustration*, das Gefühl der Sinnlosigkeit kann den Menschen krank werden lassen. Ja, mit Viktor E. Frankl können wir sagen: *„Erst in ein existentielles Vakuum hinein wuchert die sexuelle Libido."*[334]

Die ‚inferiore Funktion' im Christentum ist das Weibliche, die durch die Tatsache ihrer Unbewußtheit und ‚Minderwertigkeit' mit dem Schatten des Bösen behaftet ist. Jung plädiert für die Bewußtmachung und Wertschätzung des Weiblichen. In der Figur Mariens sieht er die Möglichkeit der Integration des Weiblichen in ein Symbol der Ganzheit (Vollständigkeit), das er Quaternität nennt.

Man wird die Kritik Jungs an der Verdrängung eines wesentlichen Bereichs des Humanen und einer Ungleichgewichtetheit im kirchlichen Raum und in der christlichen Kulturgeschichte ehrlicherweise teilen müssen. Das Weibliche hat trotz aller Emanzipationsbestrebungen der Frau im christlich geprägten Kulturbereich noch längst nicht seinen gebührenden Platz gefunden.

334 *V. E. Frankl,* Theorie und Therapie der Neurosen, 120.

In der Kritik Jungs am christlichen Symbol des Weiblichen kann man eine theologische Verkürzung aufzeigen, die die Symbolfülle dessen, was Maria repräsentiert, nicht voll wiedergibt. Wir haben im vorausgehenden versucht, diese verkürzte Sicht zu ergänzen, und fanden dabei in der Psychologie C. G. Jungs selbst Ansätze für die Weiterführung seiner Gedanken über die Quaternität, wie sie auch von einem christlichen Theologen verstanden werden könnte.

Begrüßen wird der Theologe das Ringen Jungs um Sinnfindung und das Aufdecken neuer Perspektiven in der Bewertung des Religiösen im allgemeinen und des Christlichen im besonderen. Wenn Ganzheit mit dem Sinn des Lebens gleichzusetzen ist und Gott der Sinngrund menschlicher Existenz ist,[335] so müssen wir Jung zugeben, daß psychische Ganzheit dem Gottesgedanken nicht widersprechen kann. Doch im christlichen Gottesverständnis wird Gott nicht allein in der Seelentiefe erlebt, als der Ureine, mit dem die Seele mystisch ‚verschmilzt', sondern zugleich als das ‚große Du', das sein Wort an den Menschen richtet. Gott ist auch immer der Gott der Geschichte, der Gott des Anfangs und der Zukunft. „Er begegnet uns in dem geschichtlichen, aber unbedingten Anspruch, der uns vom anderen Menschen her trifft."[336]

Gott ist Person. Dieser Gedanke wird in der Psychologie Jungs nicht besonders deutlich. Darum ist die kritische Anfrage nach dem Platz der Personhaftigkeit Gottes im Denken Jungs berechtigt. Unter allen Begriffen, die wir für Gott verwenden, ist der der Person für uns Abendländer einer der differenziertesten und aussagekräftigsten Begriffe. In der philosophisch-theologischen Diskussion um das Wesen der Person wurde von den Alten vor allem der ‚inkommunikable Selbststand' hervorgehoben, der die Grundlage ist, „auf der Kommunikation unter Personen erst entstehen kann. Personale Begegnung ereignet sich, wenn subsistierende Personen aus ihrem Selbst heraustreten und von sich aus frei erschließen."[337] Person meint ja die Kraft zur Mitteilung und Liebe. Der Erfahrungshorizont des christlichen Personbegriffs „fußt wesentlich auf dem geschichtlichen Erleben der gottmenschlichen Partnerschaft"[338]. Gott ist die „angesprochene" und die „sprechende" Person.[339] Das Wort Person gibt

335 Vgl. *R. Lauth,* Zur Frage nach dem Sinn des Daseins; *H. Reiner,* Der Sinn unseres Daseins; *B. Welte,* Auf der Spur des Ewigen; *M. Müller,* Über Sinn und Sinngefährdung des menschlichen Daseins, 1–29; *J. Splett,* Sinn, 546–557.

336 *W. Kasper,* Möglichkeiten der Gotteserfahrung heute, in: Glaube und Geschichte, 140.

337 *A. Guggenberger,* Person, 318.

338 *Chr. Schütz – R. Sorach,* Der Mensch als Person, 638.

339 *F. Ebner,* Das Wort und die geistigen Realitäten, 209.

dem Menschen die Möglichkeit, seine Beziehung zu Gott im Symbol menschlicher Begegnung zu beschreiben. Es wäre sinnlos, wollte man auf dieses Wort verzichten, finden wir doch kein besseres, um es zu ersetzen. Wir würden uns damit einer Verstehensmöglichkeit berauben[340] – wenn auch nicht der einzigen –, um das Verhältnis Gott–Mensch auszudrücken, wie es in der Bibel immer von neuem beschrieben wird und wie es in der zwischenmenschlichen Beziehung jeden Tag erfahren werden kann.

Wenn sich Jung auch immer wieder dagegen gewehrt hat, etwas über den ‚deus nudus' zu präjudizieren (das muß immer wieder betont werden), so muß man von seinem Gottesbild sagen, daß es diesen Aspekt des Personhaften weithin vermissen läßt. Schon sein Schüler Hans Trüb hatte das in seiner Begegnung mit Martin Buber vermerkt.[341] Hier liegt sicher eine Engführung des Jungschen Denkens vor, das auch in seiner Bewertung von Übertragung und Gegenübertragung seinen Ausdruck gefunden hat. Seine Unterbewertung dieser in der psychotherapeutischen Begegnung wichtigen Faktoren hat sich inzwischen als falsch erwiesen.[342] Seine Bezogenheit auf den Patienten galt vor allem dessen kollektivem Unbewußten.

Es ist schwer zu sagen, was in Jung dominiert hat, der Forscher oder der Therapeut. Gerhard Adler zitiert in ‚Gedanken zum 10. Todestag von C. G. Jung' einen Ausspruch Jungs, den er, befragt nach dem Ziel seines Lebenswerkes, so formuliert hat: „Ich möchte verstehen. Verständnis ist meine einzige Leidenschaft. Gleichzeitig habe ich aber auch den Instinkt eines Arztes. Ich möchte Menschen in der Not helfen. Aber um das zu können, muß ich sie verstehen."[343] Es ist nicht zu überhören, daß am Anfang und am Ende das Verstehen steht. Es paßt zu diesem Ausspruch, was er rückblickend auf sein Leben in seiner Autobiographie schreibt: „Für manche Leute war ich unmittelbar vorhanden, insofern sie in einem Kontakt zur inneren Welt standen; aber dann konnte es sein, daß ich plötzlich nicht mehr vorhanden war, weil nichts mehr da war, was mich an sie band. Ich hatte es mühsam zu lernen, daß die Menschen noch da sind, auch wenn sie mir nichts mehr zu sagen haben. Viele erweckten bei mir das Gefühl lebendiger Menschlichkeit, aber nur wenn sie im Zauberkreis der Psychologie sichtbar wurden; im nächsten Augenblick, wenn der Scheinwerfer seinen Strahl woanders hinrichtete, war nichts mehr vorhanden. Für manche Menschen konnte ich mich intensiv interessieren, aber sobald ich sie durchschaut hatte, war der Zauber verschwunden. So habe ich mir viele

340 Vgl. *W. Kasper,* Möglichkeiten der Gotteserfahrung heute, 136–137.
341 Vgl. *H. Trüb,* Heilung aus der Begegnung.
342 Vgl. *H. Dieckmann,* Die Konstellierung der Gegenübertragung beim Auftauchen archetypischer Träume. Untersuchungsmethoden und -ergebnisse, 12.
343 *G. Adler,* Gedanken zum 10. Todestag von C. G. Jung, 4.

Feinde gemacht. Aber als schöpferischer Mensch ist man ausgeliefert, nicht frei, sondern gefesselt und getrieben vom Dämon."[344] Die schlichte persönliche Bezogenheit auf einen Menschen, der ihm unter psychologischen Gesichtspunkten nicht mehr genügend interessant war, war ihm mühsam, das geht aus dem Zitat hervor. Seine Bezogenheit war vielmehr unpersönlich: das Interesse für die archetypischen Inhalte des Unbewußten eines Menschen. Wenn gerade Jung es ist, der die Wichtigkeit der persönlichen Gleichung eines Menschen für sein Verständnis unterstreicht, so ist es nicht verfehlt, auch die Engführung seines Denkens in diesem Punkt auf dem Hintergrund seiner persönlichen Gleichung zu sehen.

Die Bezogenheit, von der die Bibel spricht, ist die persönliche Bezogenheit. Es geht Gott um jeden Menschen und nicht nur um die interessanten unter ihnen. Diese persönliche Bezogenheit spüren wir auch in den Begegnungen Jesu mit den Menschen seiner Zeit. Es gibt da keine Auswahlkriterien. Jesus ist für jeden da, in der tiefen Bedeutung des Wortes vom Menschen für andere. Es sind zwei sehr verschiedene Haltungen, die des persönlich bezogenen Forschers und die des persönlich bezogenen Helfers. Beide haben ihre Berechtigung und gehören im Grunde genommen zusammen.

Auf der anderen Seite hat Jung ganz entschieden deutlich gemacht, daß das religiöse Phänomen nicht rationalistisch verdünnt in lauter Bewußtsein aufgelöst werden kann. Dieser „Aufzehrung der Seele" in Ost und West (auch im Buddhismus löst sich alles in Bewußtheit auf) setzt er einen Seelebegriff entgegen, in dem der Geheimnischarakter gewahrt bleibt.[345]

Wenn Jung Gott einen ‚autonomen Komplex' nennt, so will er damit sagen, daß nicht mehr das überwertige Objekt determinierend ist, sondern das Unbewußte. Damit meint er nicht – wie schon gesagt –, daß Gott nun völlig unbewußt geworden sei. Die Idee Gottes ist dem Bewußtsein auch weiterhin gegenwärtig, doch hat sie durch die Kollektivierung im „bewußt geglaubten Dogma" ihren größeren Wert an das Unbewußte abgetreten, das nun die Bilder der Seele belebt in einer Form, wie es das offizielle Dogma nicht vorsieht. Weil die Gotteslibido im geglaubten Dogma keine genügenden Ausdrucksmöglichkeiten findet, schafft sie sich ein ‚inneres Dogma'. Es sind nach Jung die Symbole der Ganzheit, die sich im Verlauf eines Individuationsprozesses in den Träumen eines Menschen zeigen.

Es geschieht mit der ‚Gotteslibido', was mit der Objektlibido eines Menschen in seiner Entwicklung vom Kinde zum Erwachsenen im allgemeinen geschieht. Das Kind läßt seine Libido lustvoll auf die äußeren Objekte

344 *C. G. Jung*, Erinnerungen Träume Gedanken, 358–359.
345 Vgl. *C. G. Jung*, GW 6, 264–265.

entfließen. Dadurch kommt es zur ‚Eroberung' der Umwelt des Kindes. Zu gleicher Zeit werden jedoch die äußeren Objekte durch die in sie verlegte Libido überwertig. Das Kind „verliert sich an die Welt, wie die religiöse Sprache sagt". Der Mensch gerät in ein Abhängigkeitsverhältnis. Dem wirken die religiösen Systeme entgegen, indem sie zum Opfer auffordern, d. h. psychologisch: „Zurückziehung der Libido, Abschneidung von Bindungen". Die Libido wird nun gesammelt in den religiösen Symbolen. Das sich in der christlichen Geschichte – und nicht allein in der christlichen – immer wiederholende Zurückziehen von der Welt und die Konzentration auf Gott als den höchsten Wert, gewöhnlich in bewußter Absetzung von der Welt, kann psychologisch als Introversionsvorgang bezeichnet werden.

Wenn Paul Tillich das Gotteserlebnis des modernen Menschen in der Tiefe der eigenen Existenz angesiedelt sehen möchte,[346] so kommt er mit dieser Auffassung der Jungs sehr nahe, der von der aus den Tiefen des Unbewußten wirkenden, determinierenden Kraft (Gott) spricht.[347]

Doch das Ganzheitserlebnis darf sich nicht allein auf die eigene Seelentiefe beschränken wollen. Ganzheit umfaßt das Innen und Außen des Menschen, den Mikro- und den Makrokosmos. Der ganze Mensch ist, um Jungsche Begriffe zu gebrauchen, weder der nur Introvertierte noch der nur Extravertierte, sondern derjenige, dem es gelingt, Innen und Außen in ein belebendes Spannungsverhältnis zu bringen, ohne den einen oder anderen Pol zu opfern. Gott ist im Innen wie im Außen. Er begegnet dem Menschen nicht nur in der Seele, sondern auch im Mitmenschen und im Dialog mit der Welt und der Geschichte.

346 Vgl. *P. Tillich*, Die verlorene Dimension, 26.
347 Vgl. *C. G. Jung*, GW 6, 268.

Literaturverzeichnis

Adler, Gerhard: Gedanken zum 10. Todestag von C. G. Jung, in: Zeitschrift für Analytische Psychologie und ihre Grenzgebiete, 3. Jhg. H. 1, Okt. 1971

Allbright, W. F.: The Goddess of life and wisdom, in: Am. Journ. sem. Lang. Lit., 1920–1921

Anrich, Ernst: Moderne Physik und Tiefenpsychologie, Stuttgart 1963

Apel, Karl-Otto: Szientistik, Hermeneutik, Ideologiekritik (Entwurf einer Wissenschaftslehre in erkenntnisanthropologischer Sicht), in: Hermeneutik und Ideologiekritik, Frankfurt 1971

Bachofen, J. J.: Das Mutterrecht, 2 Bde. (Ges. Werke Bde. II und III), Basel 1948

– Mutterrecht und Urreligion, Stuttgart 1954

Balic, Carolus: (Hrsg): Maria et Ecclesia (Acta congressus Mariologici-Mariani in civitate Lourdes Anno 1958 celebrati), Vol. XII: Apparitiones Marianae earumque mementum in Ecclesia, Roma 1962

von Balthasar, Hans Urs: Sponsa Verbi (Skizzen zur Theologie II), Einsiedeln–Zürich–Köln 1960

Barauna, Guilelmus: De Natura Corredemptionis Marianae in Theologia Hodierna (1921–1958) Disquisitio expositivo-critica, Roma 1960

Barth, Karl: Dogmatik im Grundriß, Stuttgart 1947

– Die kirchliche Dogmatik, Bd. I/2, Zollikon–Zürich [4]1948

Battegay, Raymond: Der Mensch in der Gruppe,
Bd. 1: Sozialpsychologische und dynamische Aspekte, Bern/Stuttgart [2]1968
Bd. 2: Allgemeine und spezielle gruppenpsychotherapeutische Aspekte, Bern/Stuttgart [2]1969
Bd. 3: Gruppendynamik und Gruppenpsychotherapie, Bern/Stuttgart 1969

von Beit, Hedwig: Symbolik des Märchens, 3 Bände, Bern 1956

Ben-Chorin, Schalom: Bruder Jesus (Der Nazarener in jüdischer Sicht), München [3]1970

Benz, Ernst: Creator Spiritus (Die Geistlehre des Joachim von Fiori), in: Eranos-Jahrbuch XXV, Zürich 1956

– Ist der Geist männlich? in: Antaios, 1966

– Die Vision (Erfahrungsformen und Bilderwelt), Stuttgart 1969

Bernhart, J.: Das Böse, in: Handbuch theologischer Grundbegriffe, Bd. 1 (dtv), München 1970

Bertaux, Pierre: Mutationen der Menschheit, München 1967

Boman, Thorleif: Das Hebräische Denken im Vergleich mit dem Griechischen, Göttingen [4]1965

Boss, Medard: Der Traum und seine Auslegung, Bern 1953
Böttcher, Helmuth: Gott hat viele Namen (Kulturgeschichte des Gottesbildes), München 1964
Brock-Utne, Albert: Der Feind (Die alttestamentliche Satansgestalt im Lichte der sozialen Verhältnisse des nahen Orients), in: Klio (Beiträge zur alten Geschichte) Bd. 28, 1935
Buber, Martin: Gottesfinsternis, in: Werke Bd. 1 (Schriften zur Philosophie), München/Heidelberg 1962
Bultmann, Rudolf: Neues Testament und Mythologie (Das Problem der Entmythologisierung der neutestamentlichen Verkündigung), in: Kerygma und Mythos I, Hamburg–Bergstedt [5]1967
Caruso, Igor A.: Psychoanalyse und Synthese der Existenz, Freiburg 1952
Cobb, John B.: Die christliche Existenz (Eine vergleichende Studie der Existenzstrukturen in verschiedenen Religionen), München 1970
Cole, William Graham: Sexualität in Christentum und Psychoanalyse, München 1969
Conche, M.: La souffrance des Enfants comme mal absolu, in: L'homme et son prochain. Actes du VIIIe Congrès des Societés de philosophie de langue française, Paris 1956
Darlapp, Adolf: Fundamentale Theologie der Heilsgeschichte, in: Mysterium Salutis Bd. I, Einsiedeln–Zürich–Köln 1965
– Geschichtlichkeit, in: Handbuch theologischer Grundbegriffe, Bd. 3, München (dtv) 1970
Denzinger, Henricus et Schönmetzer, Adolfus: Enchiridion Symbolorum, Barcinone–Friburgi Brisgoviae [34]1967
Dieckmann, H.: Die Konstellierung der Gegenübertragung beim Auftauchen archetypischer Träume. Untersuchungsmethoden und -ergebnisse, in: Zeitschrift für Analytische Psychologie und ihre Grenzgebiete, 3. Jhg. H. 1, Okt. 71
Dorsch, Friedrich: Psychologisches Wörterbuch (Herausgegeben unter Mitwirkung von Werner Traxel), Hamburg–Bern [8]1970
Duden, Konrad: Der Große Duden – Etymologie – Herkunftswörterbuch der deutschen Sprache (Bearbeitet von Günther Drosdowski, Paul Grebe und weiteren Mitarbeitern der Dudenredaktion), Mannheim/Zürich 1963
Duhn, Hans: Die bösen Geister im Alten Testament, Tübingen 1904
Ebner, Ferdinand: Das Wort und die geistigen Realitäten, Wien [2]1952
Eddington, A.: The Philosophy of Physical Science, Cambridge 1939
Ehrhardt, Arnold: Vir bonus quadrato Lapidi comparatur, in: Harvard Theological Review, 38, No. 3, 1945
Eichrodt, Walther: Theologie des Alten Testaments, Teil 1: Gott und Volk, Stuttgart/Göttingen [7]1962
Teil 2 und 3: Gott und Welt/Gott und Mensch, Stuttgart/Göttingen [5]1964
Eliade, Mircea: Images et Symboles (Essais sur le symbolisme magico-religeux), Paris 1952
– Erde, in: RGG Bd. II, Tübingen [3]1958
Erikson, Erik H.: Wachstum und Krisen der gesunden Persönlichkeit, Darmstadt 1966
– Einsicht und Verantwortung (Die Rolle des Ethischen in der Psychoanalyse), Stuttgart 1966
– Identität und Lebenszyklus, Frankfurt 1966

Erikson, Erik H.: Kindheit und Gesellschaft, Stuttgart ³1968
Feckes, Carl: (Hrsg.) Die Heilsgeschichtliche Stellvertretung der Menschheit durch Maria (Ehrengabe an die Unbefleckt Empfangene von der Mariologischen Arbeitsgemeinschaft Deutscher Theologen dargereicht), Paderborn 1954
Feiner, Johannes u. *Löhrer, Magnus* (Hrsg.): Mysterium Salutis – Grundriß Heilsgeschichtlicher Dogmatik,
Bd. I: Die Grundlagen Heilsgeschichtlicher Dogmatik, Einsiedeln–Zürich–Köln 1965
Bd. II: Die Heilgeschichte vor Christus, Einsiedeln–Zürich–Köln 1967
Bd. III/1: Das Christusereignis, Einsiedeln–Zürich–Köln 1970
Bd. III/2: Das Christusereignis, Einsiedeln–Zürich–Köln 1969
Flessenkemper, Reinhard: Das Verhältnis der Kirche zu Maria, gemäß dem Schrifttum des hl. Johannes, in: Maria et Ecclesia (Acta Congressus Mariologici-Mariani in Civitate Lourdes anno 1958 celebrati), Vol. III: De Parallelismo inter Mariam et Ecclesiam, Romae 1959
Frankl, Viktor H.: Theorie und Therapie der Neurosen (Einführung in die Logotherapie und Existenzanalyse), München/Basel ²1968
von Franz, Marie-Louise: Bei der schwarzen Frau, in: Studien zur Analytischen Psychologie C. G. Jungs (Festschrift zum 80. Geburtstag von C. G. Jung), Bd. 2, Zürich 1955
– Religiöse oder magische Einstellung zum Unbewußten, in: Psychotherapeutische Probleme, Zürich 1964
– Puer aeternus, New York 1970
– Zahl und Zeit (Psychologische Überlegungen zu einer Annäherung von Tiefenpsychologie und Physik), Stuttgart 1970
– Die Sinnfindung im Individuationsprozeß, in: Zeitschrift für Analytische Psychologie und ihre Grenzgebiete, 3. Jhg. H. 1, 1971
– C. G. Jung (Sein Mythos in unserer Zeit), Frauenfeld/Stuttgart 1972
von Franz, Marie-Louise und *Emma Jung:* Die Graalslegende in psychologischer Sicht, Zürich 1960
Frei, Gebhard: Diskussionsbeitrag, in: Vorträge über das Vaterproblem in Psychotherapie, Religion und Gesellschaft (Hrsg. W. Bitter), Stuttgart 1954
– Die Grundgedanken der Psychologie C. G. Jungs, in: Gott und das Unbewußte, Zürich 1957
Freud, Sigmund: Gesammelte Werke, 18 Bde. (Imago Publishing Co. Ltd.) London (Fischer) Frankfurt 1940–1968
– Zwangshandlungen und Religionsübungen, in: GW Bd. 7
– Das Ich und das Es, in: GW Bd. 13
– Die Zukunft einer Illusion, in: GW Bd. 14
– Der Mann Moses und die monotheistische Religion, in: GW Bd. 16
– Die Traumdeutung (Fischer-Bücherei 428/429), Frankfurt 1961
– Zur Psychopathologie des Alltagslebens (Fischer-Bücherei 68), Frankfurt 1954
Fries, Heinrich: Bultmann, Barth und die katholische Theologie, Stuttgart 1955
– (Hrsg.) Handbuch theologischer Grundbegriffe, 2 Bde., München 1963; Neue Auflage in Deutscher Taschenbuchverlag, 4 Bde., München 1970
– Entmythologisierung und theologische Wahrheit, in: Gott in Welt – Festgabe für Karl Rahner (Hrsg. Johannes Baptist Metz, Walter Kern, Adolf Darlapp, Herbert Vorgrimmler), Freiburg–Basel–Wien 1964
– Die Offenbarung, in: Mysterium Salutis, Bd. I, Einsiedeln 1965

Fries, Heinrich: Gesichtspunkte der Theologie, in: Wer ist das eigentlich – Gott? (Hrsg. Hans Jürgen Schultz), München 1969
– Theologie, in: Handbuch theologischer Grundbegriffe, Bd. 4 (dtv), München 1970
– Religion, in: Handbuch theologischer Grundbegriffe, Bd. II, München 1963
– Glaube und Kirche auf dem Prüfstand (Versuche einer Orientierung), München–Freiburg 1970
Fromm, Erich: Psychoanalyse und Religion, Konstanz 1966
– Der moderne Mensch und seine Zukunft, Frankfurt ²1967
– Die Bedeutung der Mutterrechtstheorie für die Gegenwart (1970), in: Analytische Sozialpsychologie und Gesellschaftstheorie, Frankfurt 1970
– Die Herausforderung Gottes und des Menschen, Konstanz–Zürich 1970
Furrer, Walter E.: Objektivierung des Unbewußten, Bern 1969
Gadamer, Hans-Georg: Wahrheit und Methode, Tübingen ²1965
– Replik, in: Hermeneutik und Ideologiekritik, Frankfurt 1971
Galling, Kurt: (Hrsg.) Die Religion in Geschichte und Gegenwart (RGG), Handwörterbuch für Theologie und Religionswissenschaft, 7 Bde., Tübingen ³1957 bis 1965
von Gebsattel, Victor E.: Religion und Psychologie, in: Christentum und Humanismus, Stuttgart 1947
Gebser, Jean: Abendländische Wandlung, Zürich ²1945
Geiselmann, J. R.: Die katholische Tübinger Schule. Ihre theologische Eigenart, Freiburg/Br. 1965
– Dogma, in: Handbuch theologischer Grundbegriffe, Bd. 1 (dtv), München 1970
Goldammer, Kurt: Religionen, Religion und christliche Offenbarung (Ein Forschungsbericht zur Religionswissenschaft), Stuttgart 1965
Goldbrunner, Josef: Individuation, Freiburg 1957
Görres, Albert: Methode und Erfahrungen der Psychoanalyse, München 1958
Grillmeier, Alois: Maria Prophetin (Eine Studie zur patristischen Mariologie), in: Geist und Leben 30, 1957
Grimm, Jacob u. *Wilhelm:* Die Märchen der Brüder Grimm (Kinder- und Hausmärchen), München 1964
Guardini, Romano: Der Herr (Betrachtungen über die Person und das Leben Jesu Christi), Würzburg ¹⁰1951
– Die Mutter des Herrn (Ein Brief und darin ein Entwurf), Würzburg 1955
Guggenberger, A.: Person, in: Handbuch theologischer Grundbegriffe Bd. 3 (dtv), München 1970
Haag, Herbert: Abschied vom Teufel, Einsiedeln–Zürich–Köln 1969
Haardt, Robert: Die Gnosis (Wesen und Zeugnisse), Salzburg 1967
Habermas, Jürgen: Der Universalitätsanspruch der Hermeneutik, in: Hermeneutik und Ideologiekritik, Frankfurt 1971
Haendler, Otto: Angst und Glaube, Berlin 1935
– Die Predigt (Tiefenpsychologische Grundlagen und Grundfragen), Berlin 1941
Harnack, Adolf: Lehrbuch der Dogmengeschichte, Tübingen ⁴1915
Heidsieck, F.: La souffrance des enfants constitute-t-elle un mal absolu?, in: Revue de l'enseignement philos. 9, 1958
Heiler, Friedrich: Erscheinungsformen und Wesen der Religion, Stuttgart 1961
Hempel, Johs.: Gott, Mensch und Tier im Alten Testament, in: Z. f. Syst. Th. 1932

Hochheimer, Wolfgang: Die Psychotherapie von C. G. Jung, Bern 1965
Hofstätter, Peter R.: Gruppendynamik, Hamburg 1957
– Einführung in die Sozialpsychologie, Stuttgart [4]1966
– Psychologie (Das Fischer Lexikon), Frankfurt 1968
Horkheimer, Max: Die Sehnsucht nach dem ganz Anderen, Hamburg 1970
Hostie, Raymond: C. G. Jung und die Religion, Freiburg–München 1957
Huizinga, Johan: Herbst des Mittelalters, Stuttgart [10]1969
Ions, Veronica: Ägyptische Mythologie, Wiesbaden 1968
Jacobi, Jolande: Komplex, Archetypus, Symbol, Zürich 1952
– Die Psychologie von C. G. Jung, Zürich 1967
– Vom Bilderreich der Seele (Wege und Umwege zu sich selbst), Olten 1969
James, E. O.: The cult of the Mother-Goddess, London 1959
Jaspers, Karl: Allgemeine Psychopathologie, Berlin und Heidelberg [4]1946
– Vom Ursprung und Ziel der Geschichte, München 1954
– Von der Wahrheit, München [2]1958
– Die maßgebenden Menschen – Sokrates, Buddha, Konfuzius, Jesus, München 1967
Jens, Hermann: Mythologisches Lexikon, München 1964
Jirku, Anton: Die Dämonen und ihre Abwehr im Alten Testament, 1912
Jonas, H.: Gnosis und spätantiker Geist, Teil I, Göttingen [3]1964
Jung, C. G.: Die angeführten Zitate beziehen sich im allgemeinen auf die Gesammelten Werke C. G. Jungs, soweit sie bereits im Rascher-Verlag, Zürich und Stuttgart und jetzt im Walter Verlag, Olten und Freiburg/Br. erschienen sind.
– Psychogenese der Geistkrankheiten GW Bd. 3, Zürich/Stuttgart 1968
– Inhalt der Psychose, in: GW Bd. 3, 1968
– Freud und die Psychoanalyse, GW Bd. 4, 1969
– Die Bedeutung des Vaters für das Schicksal des Einzelnen, in: Freud und die Psychoanalyse, GW Bd. 4, 1969
– Psychologische Typen, GW Bd. 6, Zürich/Stuttgart [10]1967
– Zwei Schriften über Analytische Psychologie, GW Bd. 7, Zürich/Stuttgart 1964
– Über die Psychologie des Unbewußten, in: GW Bd. 7, Zürich/Stuttgart 1964
– Die Dynamik des Unbewußten, GW Bd. 8, Zürich/Stuttgart 1967
– Theoretische Überlegungen zum Wesen des Psychischen, in: GW Bd. 8, 1967
– Die transzendente Funktion, in: GW Bd. 8, 1967
– Geist und Leben, in: GW Bd. 8, 1967
– Allgemeines zur Komplextheorie, in: GW Bd. 8, 1967
– Die Bedeutung von Konstitution und Vererbung für die Psychologie, in: GW Bd. 8, 1967
– Vom Wesen der Träume, in: GW Bd. 8, 1967
– Die Lebenswende, in: GW Bd. 8, 1967
– Über die Energetik der Seele, in: GW Bd. 8, 1967
– Synchronizität als ein Prinzip akausaler Zusammenhänge, in: GW Bd. 8, 1967
– Zur Psychologie westlicher und östlicher Religion, GW Bd. 11, Zürich/Stuttgart 1963
– Psychologie und Religion, in: GW Bd. 11, 1963
– Versuch einer psychologischen Deutung des Trinitätsdogmas, in GW Bd. 11, 1963
– Das Wandlungssymbol in der Messe, in: GW Bd. 11, 1963
– Antwort auf Hiob, in: GW Bd. 11, 1963

Jung, C. G.: Vorwort zu Z. Werblowsky: Lucifer und Prometheus, in: GW Bd. 11, 1963
– Psychoanalyse und Seelsorge, in: GW Bd. 11, 1963
– Vorwort zu Victor White: Gott und das Unbewußte, in: GW Bd. 11, 1963
– Antwort an Martin Buber, in: GW Bd. 11, 1963
– Über die Beziehung der Psychotherapie zur Seelsorge, in: GW Bd. 11, 1963
– Mysterium Coniunctionis – Untersuchungen über die Trennung und Zusammensetzung der seelischen Gegensätze in der Alchemie (Unter Mitarbeit von Marie-Louise von Franz), GW Bd. 14/1–2, Zürich/Stuttgart 1968
– Praxis der Psychotherapie – Beiträge zum Problem der Psychotherapie und zur Psychologie der Übertragung, GW Bd. 16, Zürich/Stuttgart 1958
– Seelenproblem der Gegenwart, Zürich 1932
– Wirklichkeit der Seele – Anwendungen und Fortschritte der Neueren Psychologie (mit Beiträgen von Hugo Rosenthal, Emma Jung, W. M. Kranefeld), Zürich/Leipzig 1939
– Kinderträume, Seminar 1939/40 (Privatdruck)
– Gestaltungen des Unbewußten (Mit einem Beitrag von A. Jaffé), Zürich 1950
– Die Beziehungen zwischen dem Ich und dem Unbewußten, Zürich ^{6}1950
– Aion – Untersuchungen zur Symbolgeschichte (Mit einem Beitrag von Dr. phil. Marie-Louise von Franz), Zürich 1951
– Symbole der Wandlung – Analyse des Vorspiels zu einer Schizophrenie (4., umgearbeitete Auflage von ‚Wandlungen und Symbole der Libido'), Zürich 1952
– Psychologie und Alchemie, Zürich 1952
– Symbolik des Geistes – Studien über psychische Phänomenologie mit einem Beitrag von Dr. phil. Riwkah Schärf, Zürich 1953
– Von den Wurzeln des Bewußtseins (Studien über den Archetypus), Zürich 1954
– Ein moderner Mythus – Von Dingen, die am Himmel gesehen werden, Zürich/Stuttgart 1958
Jung, C. G. (Hrsg. Aniela Jaffé): Erinnerungen Träume Gedanken, Zürich 1962
Jung, C. G., Kerényi, Karl und *Radin, Paul:* Zur Psychologie der Schelmenfigur, göttliche Kind – Das göttliche Mädchen), Zürich 1951
Jung, C. G. und W. Pauli: Naturerklärung und Psyche, Zürich 1952
Jung, C. G., Kerényi, Karl und Radin, Paul: Zur Psychologie der Schelmenfigur, in: Der Göttliche Schelm, Zürich 1954
Jung, C. G. – Wilhelm, R.: Das Geheimnis der Goldenen Blüte – Ein chinesisches Lebensbuch, Zürich/Stuttgart 1965
Kant, Immanuel: Beantwortung der Frage: Was ist Aufklärung? in: Werke Bd. 6 (Hrsg. W. Weischedel), Darmstadt 1964
Karle: Alchemie, in: Handwörterbuch des Deutschen Aberglaubens (Hrsg. H. Bächtold-Stäubli), Bd. I, Berlin und Leipzig 1927
Kasper, Walter: Geschichtlichkeit der Dogmen? (Vortrag bei der Tagung ‚Dogma und Glaube' der katholischen Akademie in Bayern am 9. April 1967), in: Stimmen der Zeit, 170, Heft 6
– Glaube und Geschichte, Mainz 1970
Kaupel, Heinrich: Die Dämonen des Alten Testaments, 1930
Kerényi, K.: Töchter der Sonne (Betrachtungen über griechische Gottheiten), Zürich 1944
– Der göttliche Arzt, Darmstadt 1964

Kerenyi, K.: Die Mythologie der Griechen, 2 Bde., München (dtv) ²1968
Kern, Walter: Theodizee: Kosmodizee durch Christus, in: Mysterium Salutis, Bd. 3/2, Einsiedeln–Zürich–Köln 1969
Kern, Walter – Splett, Jörg: Theodizee-Problem, in: Sacramentum Mundi (Theologisches Lexikon für die Praxis), Bd. 4, Freiburg–Basel–Wien 1969
Kettler, F. H.: Trinität (Dogmengeschichtlich), in: RGG, Bd. VI, Tübingen ³1962
Klinger, Elmar: Formaler Vorentwurf und geschichtstheologische Einführung, in: Mysterium Salutis Bd. 3/1, Einsiedeln–Zürich–Köln 1970
Köster, Heinrich Maria: Die Stellvertretung der Menschheit durch Maria – Ein Systemversuch, in: Die heilsgeschichtliche Stellvertretung der Menschheit durch Maria, Paderborn 1954
Kraemer, Konrad W. (Hrsg.): Vatikanum II – Vollständige Ausgabe der Konzilsbeschlüsse, Osnabrück ²1966
Kretschmer, Ernst: Körperbau und Charakter, Berlin ²⁵1967
Kuhn, J. E.: Einleitung in die katholische Dogmatik, Tübingen ²1859
Kükelhaus, H.: Urzahl und Gebärde (Grundzüge eines kommenden Maßbewußtseins), Darmstadt ²1963
Kummer: Frau, Weib, in: Handwörterbuch des Deutschen Aberglaubens, Bd. II, Berlin/Leipzig 1929/30
Küng, Hans: Die Kirche, Freiburg–Basel–Bern ²1968
– Unfehlbar? (Eine Anfrage), Einsiedeln–Zürich–Köln 1970
– Im Interesse der Sache (Antwort an Karl Rahner), in: Stimmen der Zeit, H. 1, Januar 1971; H. 2. Februar 1971
Laurentin, René: Kurzer Traktat der Marianischen Theologie, Regensburg 1959
– Mythe et Dogme dans les Apocryphes, in: De Primordiis Cultus Mariani (Acta Congressus Mariologici-Mariani in Lusitania Anno 1967 celebrati), Vol. IV: De Cultu B.V. Mariae Respectu Habito ad Mythologiam et Libros Apocryphos, Romae 1970
Lauth, R.: Zur Frage nach dem Sinn des Daseins, München 1953
Layard, John: The Incest Taboo and the Virgin Archetype, in: Eranos-Jahrbuch XII, Zürich 1945
– Familie und Sippe, in: Institutionen in primitiven Gesellschaften, Frankfurt 1967
Le Bon, Gustave: Psychologie der Massen, Stuttgart 1968
von Le Fort, Gertrud: Die ewige Frau, München 1934
Leipoldt, Johannes: Von Epidauros bis Lourdes, Hamburg-Bergstedt 1957
Leisegang, Hans: Denkformen, Berlin ²1951
Lersch, Philipp: Aufbau der Person, München ⁷1956
Lévi-Strauss, Claude: Tristes tropiques, Paris 1955
– Les structures élémentaires de la parenté, Paris 1967
– Das wilde Denken, Frankfurt/Main 1968
Lods, Adolphe: Les origines de la figure de Satan, ses fonctions à la cour céleste, in: Mélanges Syriens offerts à M. R. Dussaud, 1939
Lohfink, Norbert: Der theologische Hintergrund der Genesiserzählung vom Sündenfall, in: Realität und Wirksamkeit des Bösen (Hrsg. Karl Forster), Würzburg 1965
Lorenz, Konrad: Das sogenannte Böse, Wien ¹⁷⁻²⁰1966
Lorenzer, Alfred: Sprachzerstörung und Rekonstruktion (Vorarbeiten zu einer Metatheorie der Psychoanalyse), Frankfurt 1971

Wheelwright, J. B. u. *Bühler, J. A.:* Jungian Type Survey (The Tray-Wheelwright Test), San Francisco [15]1964
White, Victor: Gott und das Unbewußte, Zürich/Stuttgart 1957
– Seele und Psyche, Salzburg 1964
Widengren, Geo: Die Religionen Irans, Stuttgart 1965
Wiederkehr, Dietrich: Entwurf einer systematischen Christologie, in: Mysterium Salutis, Bd. 3/1, Einsiedeln–Zürich–Köln 1970
Wilhelm, Richard (Hrsg.): I Ging: Das Buch der Wandlungen, Düsseldorf–Köln 1967
Wittgenstein, Ludwig: Schriften I, Frankfurt 1963
Wittkemper, Karl: Die heilsgeschichtliche Stellvertretung der Menschheit durch Maria bei M. J. Scheeben, in: Die heilsgeschichtliche Stellvertretung der Menschheit durch Maria, Paderborn 1954
Wolff, Toni: Einführung in die Grundlagen der komplexen Psychologie, in: Die kulturelle Bedeutung der Komplexen Psychologie, Berlin 1935
– Strukturformen der weiblichen Psyche, in: Der Psychologe, H. 7/8, Bd. III, 1951
Wulf, F.: Mystik, in: Handbuch theologischer Grundbegriffe (dtv), Bd. 3, München 1970
Wyss, Dieter: Die tiefenpsychologischen Schulen von den Anfängen bis zur Gegenwart (Entwicklung, Probleme, Krisen), Göttingen [2]1966
Zahrnt, Heinz: Die Sache mit Gott (Die protestantische Theologie im 20. Jahrhundert), München 1966
Zimmer, Heinrich: Mythen und Symbole in indischer Kunst und Kultur, Zürich 1951